頭の中で、ことばのネットワークがどんどん広がる！

語彙マップで覚える 漢字と語彙

初級 1400

Learn 1400 elementary-level kanji and vocabulary items using a word map

通过单词表记住汉字和词汇 初级 1400

어휘 지도로 외우는 한자와 어휘 초급1400

徳弘康代 監修・著

N4・N5 レベル

| 入門 | 初級 | 中級 | 上級 |

Jリサーチ出版

1 この本の目的

　この本は「語彙マップ」と絵を使って、楽しく話しながら言葉や漢字を学ぶことを目的に作成されました。マップは基本的なテーマごとに作成し、それぞれのテーマに関係ある語句や表現が集めてあります。例えば「自己紹介①②」では、自己紹介をしながら、家族や国や仕事に関する言葉・漢字・表現が学べるようになっています。

　この本は日本語初級レベルの人たちを主な対象としています。各課の初めのページに絵があります。まずその絵を見て、どんな会話ができるか、その時にどんな言葉が必要か考えてみてください。日本語で言えるものも言えないものもあると思います。次のページにその絵の場面で使われる言葉や表現がまとまった語彙マップがあります。語彙マップには語句だけでなく、助詞や活用された動詞や表現も入っています。単語を覚えるだけでなく、表現の中に単語が入れられるようになっています。このマップを使って、楽しく会話をしながら、その中で言葉も覚えていきましょう。

　この本の学習では、まず絵を見て、自分の頭の中にあるイメージを広げ、そこに日本語の言葉のネットワークをつなげていくということを行います。言葉のネットワークのマップを使うと、それぞれの語が関係を持っているので、覚えやすく、思い出しやすい形で記憶されると考えられます。またさらに、このようにして覚えた言葉は、同様のシチュエーションの中で表現とともに再生されやすいものとなるのではないかと思われます。

　皆さんの記憶のネットワークが新しい日本語を吸収し、使える言葉や表現や漢字を増やしていくうえで、この語彙マップが助けになることを心から願っております。

2 構成

　この本は、本編（絵・マップ・言葉と表現の説明・会話例）、復習ドリル、語彙リストからなっています。以下に簡単に本の構成を説明します。

1．本編（絵・マップ・言葉と表現の説明・会話例）

　本編はテーマ別に 17 ユニットあります。各課の 1 ページ目には課のテーマにそった絵があります。2、3 ページ目には漢字かな交じり（ひらがな、ローマ字つき）のマップがあります。4、5 ページ目には 2、3 ページ目のマップの対訳版（英語・中国語・韓国語版）があります。マップで扱われる語句はつながりの強いものが近くになるように配置されています。各課 150 語程度で、複数出ている語句や表現もあります。日本語能力試験の旧区分に基づき 4・3 級（N5、N4）レベルの語を中心に集められ、レベル別に色分けされています。

　8、9 ページ目にはマップの中にある語句や表現の説明があります。課の最後のページには会話例があります。

2．復習ドリル

　各課の復習ドリルです。指定された語や漢字や表現を書くだけでなく、絵を見て思い出した語を自由に書いてボーナスポイントが取れる問題もあります。学習者がレベルや興味に合わせて自ら学習したものを評価できるようになっています。解答は巻末にあります。

3．言葉のリスト

復習ドリルの後に各課の言葉のリストがあります。

3　この本の使い方

① まず、各課の初めのページの絵を見て、場面をイメージしてみてください。そこでどんな会話ができるか、その時にどんな言葉が必要か考えてみてください。日本語で言えるものは言ってみてください。

② 2～7ページにその絵の場面で使われる言葉や表現がまとまった語彙マップがあります。2、3ページ目には漢字かな交じり（ひらがな、ローマ字つき）のマップがあります。マップを見て知っている語、知らない語を確認してください。分からない語は訳のマップを見て確認しましょう。難しすぎると感じた場合は、最初に訳のマップを見て、自分にとって有用だと思う語を選んで覚えるようにしてみましょう。

③ マップを見ながら会話をしてみましょう。語彙マップには語句だけでなく、助詞や活用された動詞や表現も入っています。単語を覚えるだけでなく、表現の中に単語が入れられるようになっています。このマップを使って、楽しく会話をしながら、その中で言葉を覚えましょう。自分の話したい言葉がマップにないときは、調べてマップに言葉を書き加えてさらに言葉を増やしましょう。

④ 8、9ページ目にマップの中にある語句や表現の説明があります。読んで言葉や表現の意味と使い方を確認しましょう。

⑤ 課の最後のページには会話例があります。語彙マップは見ないで、最初の絵だけを見て会話例のような会話をしてみましょう。

⑥ 復習ドリルをしてみましょう。問題には、絵を見て思い出した語を自由に書いてボーナスポイントが取れる問題もあります。自分のレベルや興味に合わせて覚えたい言葉を覚え、使える言葉を増やしていきましょう。解答は巻末にあります。
マップの形で語句を再生してみるのもよい練習になります。

⑦ 覚えた言葉を入れて、各課のテーマに関係のある題で作文を書いてみましょう。言葉や漢字を覚えるだけでなく、それらが文の中で正しく使えるようになるところまでを目標としましょう。

⑧ 発展学習：自分の興味がある分野に関する語彙マップを作ってみましょう。

徳弘康代

To Users of This Book

1   The Goal of This Book

This book was created in order to allow its readers to learn Japanese words and kanji through enjoyable conversations by using its "vocabulary maps" and illustrations. These maps collect words and expressions relating to a basic theme, with a map for each of these themes. For example, in "Self-introduction ①②," readers are able to learn words, kanji, and expressions relating to family, countries, and jobs while conducting a self-introduction.

This book is primarily for students of Japanese who are at an introductory level. Illustrations can be found at the beginning of each section. Begin each section by looking at these illustrations and thinking about what kinds of conversations you can have, as well as what kinds of words you will need during those sorts of times. There will probably be things you can and cannot say in Japanese. On the next page, you will find a vocabulary map that summarizes the words and expressions used in the illustrated scenario. The vocabulary map includes more than vocabulary words, listing particles, verbs, and expressions as well. It will teach you how to use words within expressions, not just the words themselves. Try to learn these words while using these maps and partaking in enjoyable conversations.

When studying Japanese with this book, begin by looking at its illustrations, then imagining these scenarios in your mind, and finally connecting them to a network of words. Each of the networked words on these Maps has their own relationships, allowing you to remember them easily. Not only that, the words you remember this way should come back to you more easily in similar situations, and in the correct expression.

I truly hope that these vocabulary maps will help the networks of your memory to absorb new Japanese and increase the amount of words, expressions, and kanji you are able to use.

2   This Book's Structure

This book consists of main chapters (illustrations, maps, explanations of words and expressions, sample conversations), review drills, and vocabulary lists. The following entries describe the structure of this volume.

1. Main Chapters (Illustrations, maps, explanations of words and expressions, sample conversations)

The main chapters consist of 17 units divided by theme. On the first page of each section is an illustration relating to its theme. On pages two and three are a map written in a mix of kana and kanji (including hiragana and romaji). Pages four and five show a translated version of the map on pages two and three（英語・中国語・韓国語版）. Terms that are often used together are placed close to one another on the map. Each section includes about 150 terms, some of which appear multiple times. These are primarily terms that would be included on levels 4 and 3 of the old Japanese Language Proficiency Test (now N5 and N4), and the difficulty of these terms are color-coded. Pages eight and nine explain the words and expressions in these maps. The final page of each section is a sample conversation.

2. Review Drills

These are review drills for each section. In addition to writing specified words, kanji, and expressions, there are also questions that allow you to earn bonus points by freely writing terms you can think of that relate to an image. Students can evaluate how they did based on their level and interest. Answers can be found at the end of the end of the book.

3. Vocabulary Lists

Vocabulary lists can be found after the review drills for each section.

① Begin each section by looking at the image on its first page and imagining the situation. What kinds of conversations would take place there? What kinds of words will you need for these conversations? Try speaking whatever Japanese words and phrases you can that apply to the scene.

② Vocabulary maps that summarize the words and expressions used in the situation depicted in the image can be found on pages two to seven. The map on pages two and three has a mix of kanji and kana (including hiragana and romaji). Please take note of which terms you do and do not know on this map, then look at the translated map to check the ones you do not know. If you feel that this is too difficult, begin by looking at the translated map, then select terms you think will be useful to you and remember those.

③ Try speaking while looking at the map. The vocabulary map includes more than vocabulary words, listing particles, verbs, and expressions as well. It will teach you how to use words within expressions, not just the words themselves. Try to learn these words while using these maps and partaking in enjoyable conversations. If you cannot find a word you would like to say on the map, try looking it up yourself and adding it in.

④ Pages eight and nine explain words and expressions found in the map. Read these pages to confirm the meaning and correct use of the words and expressions found in the section.

⑤ A sample conversation can be found on the final page of each section. Try having a conversation similar to the one found here while only looking at the section's illustration and not consulting the vocabulary map.

⑥ Next, try the review drill. These drills include questions where you can earn bonus points by looking at an image and freely writing whatever words come to you. Remember the words that are best suited for your level and interest and grow your vocabulary. Answers can be found in the back of the book.
Attempting to re-create a connected diagram of terms similar to the map is also a good way to practice.

⑦ Use the words you have learned to write an essay related to the theme of the section. In addition to simply learning words and kanji, also try to learn how to use them correctly within sentences.

⑧ Further Learning: Try creating your own Vocabulary Maps on subjects that interest you.

徳弘康代

致读者

1　本书的目的

　　本书的目的通过"词汇图"和图片,让读者在轻松愉快的气氛中学习到语言和日语汉字。词汇图按照每个章节的基本话题进行编写,汇聚有和各课话题相关的词语句型和表达方式。例如,在"自我介绍①②"中,读者可以一边学习自我介绍,一边掌握关于家人、国家和工作的词汇·汉字以及表达方式。

　　本书主要以初级水平水平的读者为对象编写。在每课的第一页都有图片。大家看到图片,首先可以预测一下,这篇文章会有怎样的对话内容,课文中的人物会怎样进行对话。这其中,既有用日语表达的对话内容,也有不能用日语表达的对话内容。然后,在第二页的词汇图中,会总结出首页图片中所使用过的词汇和表达方式。词汇图上不仅有词语句型,还有助词、活用的动词以及其他的表达方式。这样既能记住单词,也能在表达方式中嵌入单词。读者可以一边进行轻松的会话学习,一边进行单词记忆。

　　在本书的学习中,读者可以先看图片,在自己脑海里形成一定印象,然后再将其扩展成为日语词汇的网络系统。因为词语之间都有着千丝万缕的联系,所以使用词汇网络图,能让读者容易记忆、轻松运用。并且,通过这种方法记忆的单词,能在读者在自己的脑海中轻松而生动再现同样的场景。

我们希望通过读者能通过自己的记忆网络系统,成功运用词汇图,一方面吸收新的日语,另一方面增加语句、表达方式和汉字的词汇量。

2　构成

　　本书由主篇(图片·地图·词语和表达方式的说明·会话例)、复习练习、词汇表构成。下面对本书的构成进行简单说明。

1.　主篇(图片·地图·词语和表达方式的说明·会话例)

　　主篇按照不同话题分为 17 个单元。每课的第一页有按照各课话题内容所绘制的图片。第 2、3 页有汉字假名混合(带平假名、罗马字)的图表。第 4、5 页是第 2、3 页图表的翻译版本。编者在编写时,尽量让内容联系紧密的词汇排列在一起。每课大概 150 个左右的单词,也有多次出现的词语和表达方式。按照日本语能力考试的旧式划分,主要是以 4 级和 3 级(Ｎ 5、Ｎ 4)水平为中心收集的词汇,并按照颜色的不同来区分级别的不同。

　　第 8、9 页有图表中出现过的词语句型和表达方式的说明。每课的最后一页有会话例文。

2.　复习练习

　　各课都有复习练习。复习练习不仅能让读者书写出指定的词语、汉字和表达方式,还能看图自由书写自己所想到的词语,并取得奖励分数。可以让读者按照自己的水平和兴趣对自己所学到的知识进行评价。答案在本书的卷末。

3.　词汇表

　　复习练习后面有各课的词汇表。

3　本书的使用方法

① 首先,读者在各课的第一页看到图片后,可以想象会话场面。然后,思考课文中会进行怎样的对话,以及应该使用何种表达方式进行对话。读者可以先运用自己学过的日语进行预测会话练习。

② 第 2～7 页有该图片所在的场景所使用的汉字假名混合(带平假名、罗马字)的图表。读者可以通过图表来确认自己学过的词语和没学过的词语。不懂的单词可以翻看翻译版本的图表进行确认。感到理解困难时,可以先翻看翻译版本的图表,然后再选择对自己有用的词语进行记忆。

③ 一边看图表一边会话。词汇图不仅有词汇,也有助词、活用的动词和其它表达方式。使用此图表,既能轻松对话,也能学到各种词汇。当自己想表达的词汇没出现在图表上时,也可以查询词典,添加词语,增加自己的词汇量。

④ 第 8、9 页有图表中出现过的词语句型和表达方式的解释说明。读者可以确认词汇和表达方式的意思和用法。

⑤ 每课的最后一页是会话例文。刚开始时读者可以不着急看词汇图,而只看第一页的图片,像会话例文一样尝试会话练习。

⑥ 可以进行复习练习。练习中也有一些问题,这些问题可以让读者看图自由书写自己所想到的词语,并取得奖励分数。这样就可以让读者按照自己的水平和兴趣,记住自己想记忆的词汇,增加读者能自由运用的词汇量。答案在本书的卷末。

⑦ 可以加入自己掌握的词汇,以每课话题相关的内 s 容为题目进行作文练习。这样,读者的目标是既能记忆词汇和汉字,也能正确地运用词语在文章中的用法。

⑧ 拓展学习:读者可以制作自己感兴趣的词汇图。

德弘康代

이 책을 사용하는 자에게

1 이 책의 목적

이 책은 어휘맵과 그림을 사용하여 흥미롭게 이야기하면서 단어와 한자를 익히는 것을 목적으로 작성되었습니다. 맵은 기본적인 주제별로 작성하여 각 주제와 관련있는 단어와 표현이 수록되어 있습니다. 예를 들면 자기소개에서는 자기소개를 하면서 가족이나 나라, 일에 관련된 단어, 한자, 표현을 익힐 수 있도록 되어 있습니다.

이 책은 주로 일본어초급레벨 학습자를 대상으로 하고 있습니다. 각 과 첫 페이지에 그림이 있습니다. 우선 그 그림을 보고 어떤 대화를 할 수 있는지, 그때 어떤 단어가 필요한 지 생각 해 보십시오. 일본어로 표현할 수 있는것과 표현할 수 없는것이 있을 것입니다. 다음 페이지에 그 그림장면에서 사용되는 단어와 표현이 정리된 어휘맵이 있습니다. 어휘맵에는 단어뿐만 아니라 조사나 동사의 활용형이나 표현도 수록되어 있습니다. 오로지 단어를 익히는 것뿐만 아니라 표현속에 단어를 끼어 넣을 수 있도록 되어있습니다. 이 맵을 사용하여, 흥미롭게 이야기를 하면서 대화속의 단어도 익혀 갑시다.

이 책으로 학습하는데 있어서 우선 그림을 보고 머리속의 이미지를 펼쳐서 거기에 일본어 네트워크를 연결해 갑니다. 단어네트워크맵을 사용하면 매개 단어가 연관되어 있기에 외우기 쉬우며 떠올리기 쉬운 형식으로 익힐수 있다고 합니다. 또 이렇게 익힌 단어는 같은 상황에서 표현과 같이 재생되기 쉬울 거라고 생각합니다.

여러분의 기억의 네트워크가 새로운 일본어를 흡수하여 필요한 단어나 표현이나 한자를 늘여가는데 이 어휘맵이 도움이 되기를 진심으로 바랍니다.

2 구성

이 책은 본편(그림, 맵, 단어와 표현의 설명, 대화 예문), 복습드릴, 단어목록으로 구성되어 있습니다. 아래에 간단히 책의 구성에 대해 설명합니다.

1. 본편 (그림 , 맵 , 언어와 표현의 설명 , 대화 예문)

본편은 주제별로 17 과로 되어 있습니다. 각 과의 첫 페이지에는 주제와 연관된 그림이 있습니다. 두 번째 세 번째 페이지에는 한자와 가나가 섞인 (히라가나 , 로마문자 표기된) 어휘맵이 있습니다. 네 번째 다섯 번째 페이지에는 두 번째 세 번째 페이지에 있는 어휘맵의 뜻을 번역하여 (영어 , 중국어 , 한국어) 수록했습니다. 어휘맵에 수록된 단어는 연관성이 클수록 가깝게 배치되어 있습니다. 각 과 단어가 150 개 정도 되는데 여러 번 나오는 단어나 표현도 있습니다. 일본어능력시험 옛 구분에 따라 4 급, 3 급 (N5,N4) 레벨의 단어를 중심으로 모아서 레벨 별로 다른 색갈표기가 되어 있습니다. 여덟 번째 아홉 번째 페이지에는 어휘맵에 있는 단어와 표현에 대한 설명이 있습니다. 과의 마지막 페이지에는 대화 예문이 수록되어 있습니다.

2. 복습드릴

각 과의 복습드릴입니다. 오로지 지정된 단어나 한자와 표현을 쓰는 것만이 아니라 그림을 보고 떠오르는 단어를 자유롭게 써서 보너스포인트를 받는 문제도 있습니다. 학습자가 자신의 레벨이나 취향에 맞추어 스스로가 익힌 것을 평가할 수 있도록 되어 있습니다. 해답은 마지막 부분에 실었습니다.

3. 단어목록

복습드릴 뒤에 각 과의 단어목록이 있습니다.

3 이 책의 사용방법

① 우선 각 과의 첫 페이지의 그림을 보고 상황을 그려 보십시오. 그리고 어떤 대화가 될 지, 그 때 어떤 단어가 필요한 지 생각해 보십시오. 일본어로 표현할 수 있는 것은 말해 보십시오.

② 두 번째부터 일곱 번째 페이지에는 그 그림장면에서 사용되는 단어나 표현이 정리된 어휘맵이 있습니다. 두 번째 세 번째 페이지에는 한자와 가나가 섞인 (히라가나 , 로마문자 표기된) 어휘맵이 있습니다. 어휘맵을 보고 아는 단어와 모르는 단어를 확인해 보십시오. 모르는 단어는 번역맵을 보고 확인합시다. 너무 어려울 때는 먼저 번역맵을 보고 자신이 필요한 단어를 골라 외우도록 합시다.

③ 어휘맵을 보면서 대화를 해 봅시다. 어휘맵에는 단어뿐만 아니라 조사나 동사의 활용형이나 표현도 수록되어 있습니다. 단어를 익힐 뿐만 아니라 표현 속에 단어를 끼어 넣을 수 있도록 되어 있습니다. 이 어휘맵을 사용하여 흥미롭게 대화를 하면서 대화속에 단어를 익힙시다. 자신이 말하고 싶은 단어가 어휘맵에 없을 경우에는 찾아서 그 단어를 맵에 써 넣어 단어를 더 늘입시다.

④ 여덟 번째 아홉 번째 페이지에는 맵에 있는 단어와 표현의 설명이 있습니다. 읽고 단어나 표현의 뜻과 사용방법을 확인합시다.

⑤ 과의 마지막 페이지에는 대화 예문이 있습니다. 어휘맵은 보지 말고 첫 페이지의 그림만 보고 대화 예문처럼 대화를 해 봅시다.

⑥ 복습드릴을 해 봅시다. 문제에는 그림을 보고 떠오르는 단어를 자유롭게 써서 보너스포인트를 받는 문제도 있습니다. 자신의 레벨이나 취향에 맞추어 익히고 싶은 단어를 익히고, 필요한 단어를 늘여 갑시다. 해답은 마지막 부분에 있습니다.
맵 형식으로 단어를 재생시켜 보는 것도 좋은 연습이 됩니다.

⑦ 익힌 단어를 사용하여 각 과의 주제와 관련된 제목으로 작문을 써 봅시다. 단어나 한자를 익힐 뿐만 아니라 정확하게 사용할 수 있게 되기까지를 목표로 합시다.

⑧ 더 배우기 : 자신이 관심있는 분야에 관련된 어휘맵을 만들어 봅시다.

德弘康代

目次
もく じ

Table of contents ／计划／예정

〈参考文献〉

国立国語研究所編（2004）『分類語彙表増補改訂版』大日本図書

徳弘康代（2003）「漢字認知処理からみた効果的漢字習得法の研究—相互結合型概念地図作成の試み—」『早稲田大学日本語教育研究』2号.151-176.

――（2005）「中上級学習者のための漢字語彙の選択とその提示法の研究—学習指標値の設定と概念地図作成の試み—」『日本語教育』127号. 41-50.

――（2006）「表出能力を伸ばす漢字語彙学習の実践」WEB版『日本語教育実践研究フォーラム報告』日本語教育学会

――（2008）『日本語学習のための よく使う順 漢字2100 ―付録CD-ROM 漢字語彙3万6千語 学習指標値付き』三省堂

――（2014）『日本語学習のための よく使う順 漢字2200』三省堂

テーマ別マップ

べつ

Maps divided by theme

按主题分类的图谱

테마별 지도

How to read the map ／図谱的看法／지도를 보는 법

○ 単語のレベルについて、従来の日本語能力試験（2009 年度まで）のレベル区分（易しいものから順に4級・3級・2級・1級）に基づき、次のように表示しています。

Based on the word level classifications for the original Japanese Language Proficiency Test (up until 2009), the difficulty level of each word is indicated as follows (4 being the easiest, 1 the hardest):

关于单词的水平，根据以往日语能力考试（到 2009 年度）的水平区分（由易到难依次为：4 级、3 级、2 级、1 级。），表示如下：

단어의 수준에 따라 종래의 일본어 능력시험 (2009 년도까지) 의 수준구분 (쉬운 것부터 순서대로 4 급· 3 급· 2 급· 1 급) 에 근거하여 다음과 같이 표시하였습니다 .

●…… 4級（= N5）　　　　Level 4 ／ 4 级／ 4 급

●…… 3級（= N4）　　　　Level 3 ／ 3 级／ 3 급

●…… 2 級以上および級外　Level 2 and more and unclassified terms ／
　　　　　　　　　　　　　2 个或更多级及级外／ 2 급 이상 및 급외

○ ◯ は助詞や補助動詞などです。級の表示はしていません。

◯ is for particles and auxiliary verbs. A difficulty level is not displayed for them.

◯ 是助词或助动词。级别没有标出。

◯ 는 조사나 보조동사 등입니다 . 급 표시는 하지 않았습니다 .

○ 関係の深い言葉、連想されやすい言葉が近くに置かれています。

Words that are closely related and those with ready associations are placed close to each other.

关系密切的词、容易被联想到的词被放在旁边。

관계가 깊은 말 , 연상되기 쉬운 말이 가까운 곳에 놓여 있습니다 .

○ 対訳は見出し語の形を基本としています（そうでない場合もあります）。また、助詞や補助動詞、文型にはつけません（そうでない場合もあります）。

Translation is based on entry words. (There are some exceptions). English for particles, auxiliary verbs and grammar items are not provided. (There are some exceptions).

对译是主要是以标题例句为主 (也有例外的)。助词、助动词、句型里没有对译 (也有例外的)。

대역은 목록형을 기본으로 하고 있습니다 (그렇지 않은 경우도 있습니다). 또 , 조사나 보조동사 , 문형에는 붙이지 않습니다 .(그렇지 않은 경우도 있습니다)

1　自己紹介①〜家族

Self-introduction ①
〜 Family

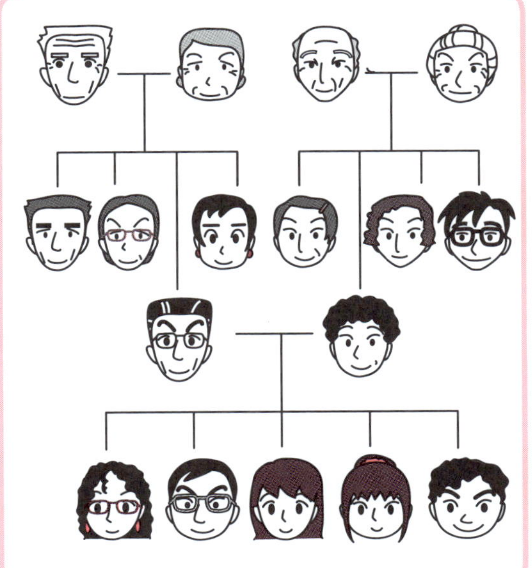

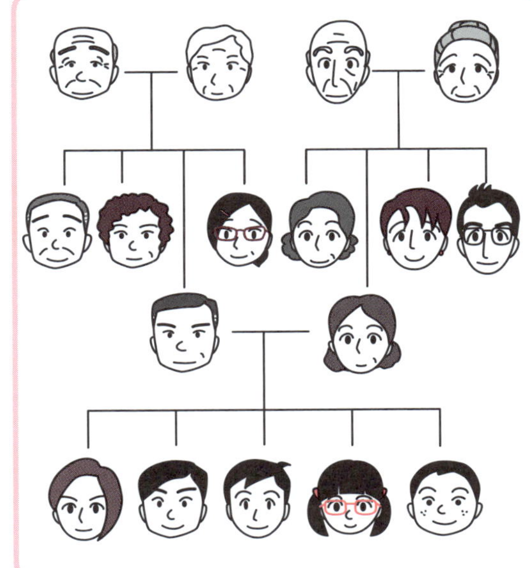

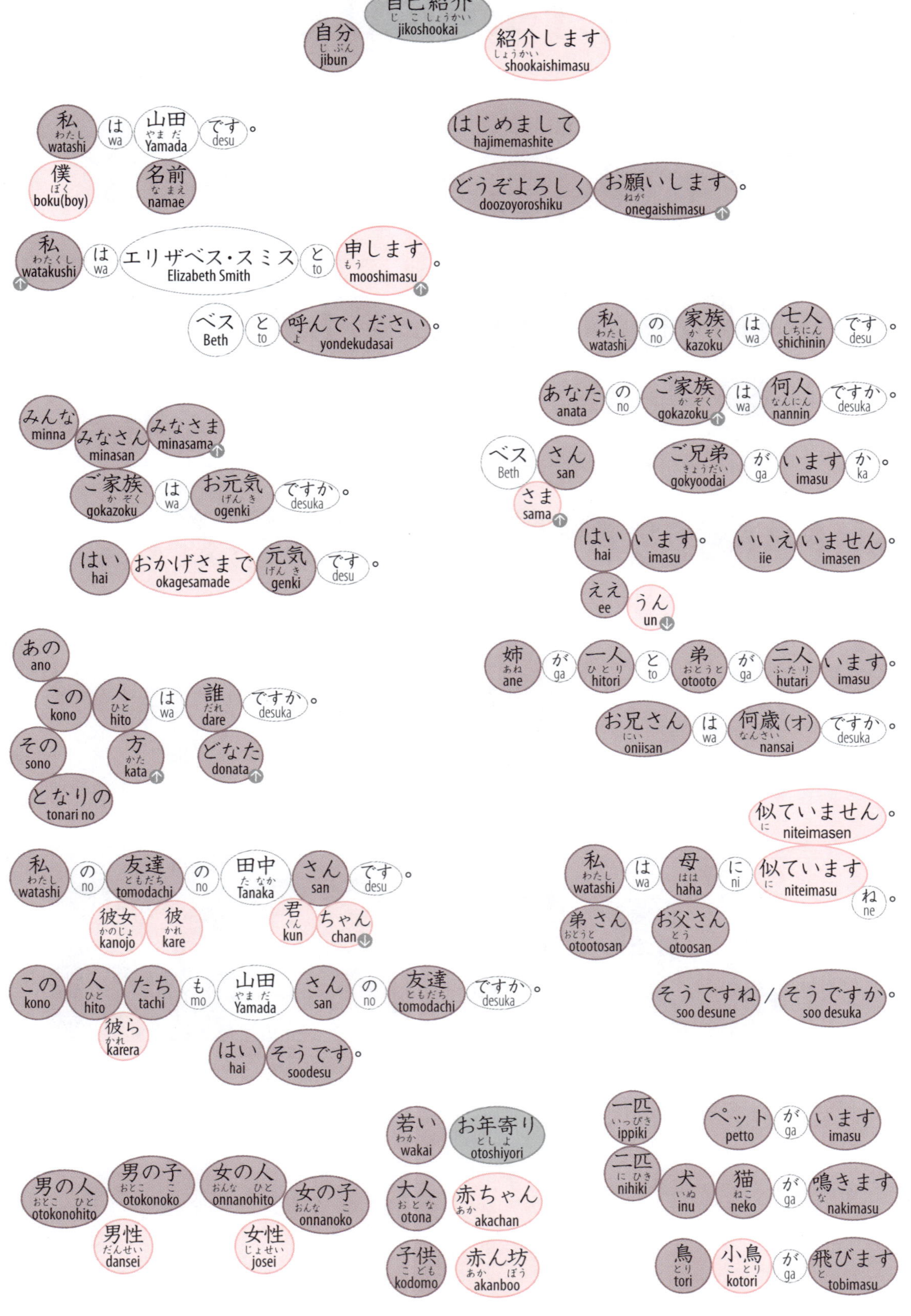
自己紹介
じこしょうかい
jikoshookai

自分
じぶん
jibun

紹介します
しょうかい
shookaishimasu

私
わたし
watashi

は
wa

山田
やまだ
Yamada

です。
desu

僕
ぼく
boku(boy)

名前
なまえ
namae

はじめまして
hajimemashite

どうぞよろしく
doozoyoroshiku

お願いします
ねが
onegaishimasu

私
わたくし
watakushi

は
wa

エリザベス・スミス
Elizabeth Smith

と
to

申します
もう
mooshimasu

。

ベス
Beth

と
to

呼んでください。
よ
yondekudasai

私
わたし
watashi

の
no

家族
かぞく
kazoku

は
wa

七人
しちにん
shichinin

です
desu

あなた
anata

の
no

ご家族
かぞく
gokazoku

は
wa

何人
なんにん
nannin

ですか
desuka

ベス
Beth

さん
san

ご兄弟
きょうだい
gokyoodai

が
ga

います
imasu

か
ka

。

さま
sama

みんな
minna

みなさん
minasan

みなさま
minasama

ご家族
かぞく
gokazoku

は
wa

お元気
げんき
ogenki

ですか。
desuka

はい
hai

います。
imasu

いいえ
iie

いません。
imasen

ええ
ee

うん
un

はい
hai

おかげさまで
okagesamade

元気
げんき
genki

です
desu

。

あの
ano

この
kono

人
ひと
hito

は
wa

誰
だれ
dare

ですか
desuka

その
sono

方
かた
kata

どなた
donata

となりの
tonari no

姉
あね
ane

が
ga

一人
ひとり
hitori

と
to

弟
おとうと
otooto

が
ga

二人
ふたり
hutari

います
imasu

お兄さん
にい
oniisan

は
wa

何歳(才)
なんさい
nansai

ですか
desuka

私
わたし
watashi

の
no

友達
ともだち
tomodachi

の
no

田中
たなか
Tanaka

さん
san

です
desu

。

彼女
かのじょ
kanojo

彼
かれ
kare

君
くん
kun

ちゃん
chan

似ていません
に
niteimasen

私
わたし
watashi

は
wa

母
はは
haha

に
ni

似ています
に
niteimasu

ね
ne

弟さん
おとうと
otootosan

お父さん
とう
otoosan

この
kono

人
ひと
hito

たち
tachi

も
mo

山田
やまだ
Yamada

さん
san

の
no

友達
ともだち
tomodachi

ですか。
desuka

彼ら
かれ
karera

そうですね / そうですか
soo desune   soo desuka

はい
hai

そうです。
soodesu

若い
わか
wakai

お年寄り
としよ
otoshiyori

一匹
いっぴき
ippiki

ペット
petto

が
ga

います
imasu

二匹
にひき
nihiki

男の人
おとこ ひと
otokonohito

男の子
おとこ こ
otokonoko

女の人
おんな ひと
onnanohito

女の子
おんな こ
onnanoko

大人
おとな
otona

赤ちゃん
あか
akachan

犬
いぬ
inu

猫
ねこ
neko

が
ga

鳴きます
な
nakimasu

男性
だんせい
dansei

女性
じょせい
josei

子供
こども
kodomo

赤ん坊
あか ぼう
akanboo

鳥
とり
tori

小鳥
ことり
kotori

が
ga

飛びます
と
tobimasu

◆ 年齢（〜歳（才））nenrei (〜 sai)

0	1	2	3	4	5	6	7	8	9	10
零 歳 れい／ゼロさい rei sai/ zero sai	一歳 いっさい issai	二歳 にさい nisai	三歳 さんさい sansai	四歳 よんさい yonsai	五歳 ごさい gosai	六歳 ろくさい rokusai	七歳 ななさい nanasai	八歳 はっさい hassai	九歳 きゅうさい kyuusai	十歳 じゅっさい jussai
	一つ ひと hitotsu	二つ ふた futatsu	三つ みっ mittsu	四つ よっ yottsu	五つ いつ itsutsu	六つ むっ muttsu	七つ なな nanatsu	八つ やっ yattsu	九つ ここの kokonotsu	十 とお too

11	12	20	31	42	53	65	76	88	99	100
十一歳 じゅういっさい juuissai	十二歳 じゅうにさい juuni sai	二十歳 はたち／にじゅっさい hatachi・nijussai	三十一歳 さんじゅういっさい sanjuuissai	四十二歳 よんじゅうにさい yonjuuni sai	五十三歳 ごじゅうさんさい gojuusan sai	六十五歳 ろくじゅうごさい rokujuugo sai	七十六歳 ななじゅうろくさい nanajyuuroku sai	八十八歳 はちじゅうはっさい hachijuuhassai	九十九歳 きゅうじゅうきゅうさい kyuujuukyuu sai	百歳 ひゃくさい hyaku sai

◆ 人数（〜人）ninzuui (〜 nin)

1	2	3	4	5	6	7	8	9	10
一人 ひとり hitori	二人 ふたり hutari	三人 さんにん sannin	四人 よにん yonin	五人 ごにん gonin	六人 ろくにん rokunin	七人 しちにん shichinin	八人 はちにん hachinin	九 人 きゅう／くにん kyuunin・kunin	十人 じゅうにん juunin

11	20	30	40	50	60	70	80	90	100
十一人 じゅういちにん juuichinin	二十人 にじゅうにん nijuunin	三十人 さんじゅうにん sanjuunin	四十人 よんじゅうにん yonjuunin	五十人 ごじゅうにん gojuunin	六十人 ろくじゅうにん rokujuunin	七十人 ななじゅうにん nanajuunin	八十人 はちじゅうにん hachijuunin	九十人 きゅうじゅうにん kyuujuunin	百人 ひゃくにん hyakunin

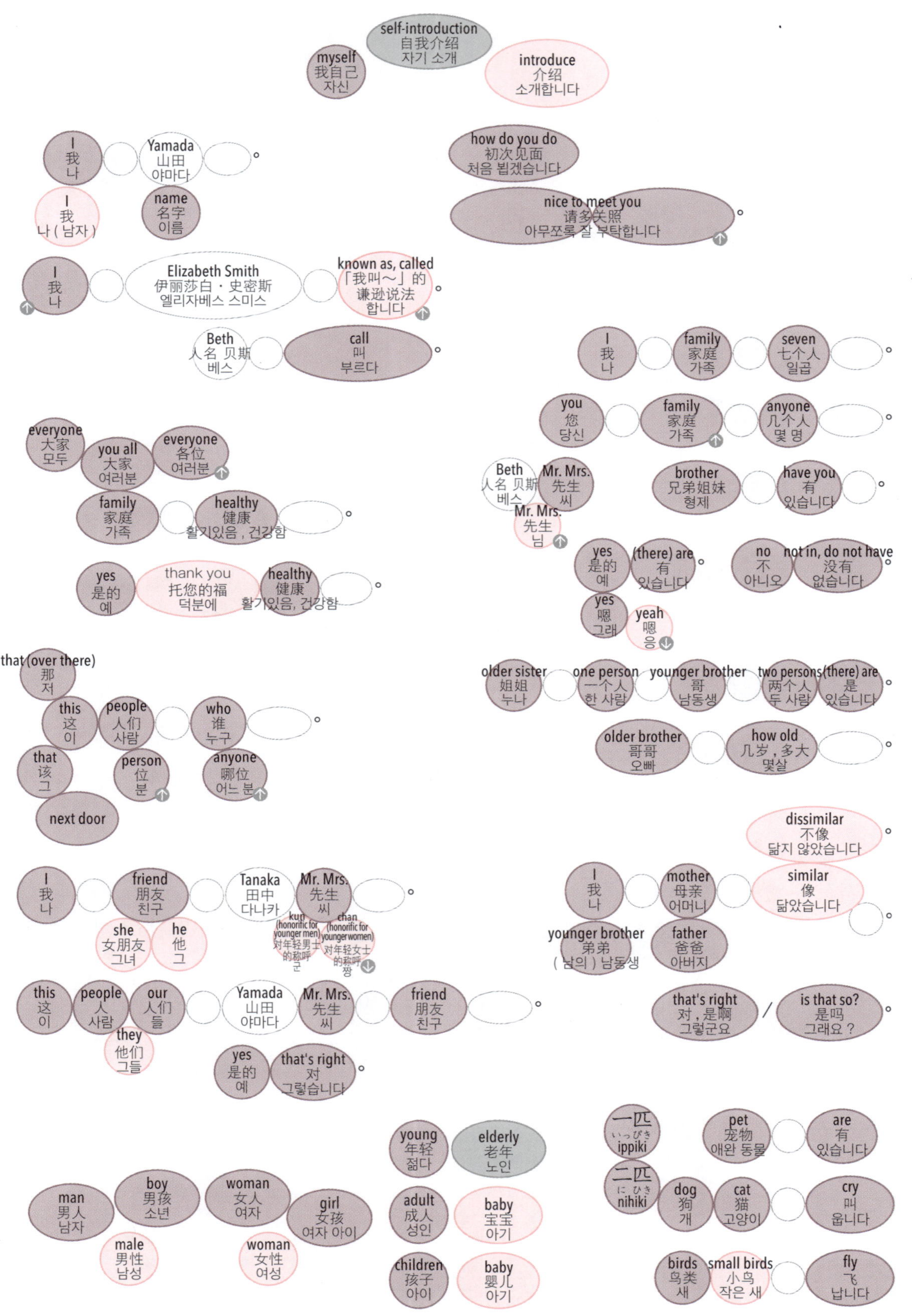

myself 我自己 자신
self-introduction 自我介绍 자기 소개
introduce 介绍 소개합니다
I 我 나
Yamada 山田 야마다
name 名字 이름
how do you do 初次见面 처음 뵙겠습니다
nice to meet you 请多关照 아무쪼록 잘 부탁합니다
I 我 나 (남자)
I 我 나
Elizabeth Smith 伊丽莎白・史密斯 엘리자베스 스미스
known as, called 「我叫〜」的 谦逊说法 합니다
Beth 人名 贝斯 베스
call 叫 부르다
I 我 나
family 家庭 가족
seven 七个人 일곱
everyone 大家 모두
you all 大家 여러분
everyone 各位 여러분
you 您 당신
family 家庭 가족
anyone 几个人 몇 명
family 家庭 가족
healthy 健康 활기있음 , 건강함
Beth 人名 贝斯 베스
Mr. Mrs. 先生 씨
brother 兄弟姐妹 형제
have you 有 있습니다
Mr. Mrs. 先生 님
yes 是的 예
thank you 托您的福 덕분에
healthy 健康 활기있음, 건강함
yes 是的 예
(there) are 有 있습니다
no 不 아니오
not in, do not have 没有 없습니다
that (over there) 那 저
yes 嗯 그래
yeah 嗯 응
this 这 이
people 人们 사람
who 谁 누구
older sister 姐姐 누나
one person 一个人 한 사람
younger brother 哥 남동생
two persons 两个人 두 사람
(there) are 是 있습니다
that 该 그
person 位 분
anyone 哪位 어느 분
older brother 哥哥 오빠
how old 几岁,多大 몇살
next door
dissimilar 不像 닮지 않았습니다
I 我 나
friend 朋友 친구
Tanaka 田中 다나카
Mr. Mrs. 先生 씨
I 我 나
mother 母亲 어머니
similar 像 닮았습니다
she 女朋友 그녀
he 他 그
kun (honorific for younger men) 对年轻男士的称呼 군
chan (honorific for younger women) 对年轻女士的称呼 짱
younger brother 弟弟 (남의) 남동생
father 爸爸 아버지
this 这 이
people 人 사람
our 人们 들
Yamada 山田 야마다
Mr. Mrs. 先生 씨
friend 朋友 친구
that's right 对 , 是啊 그렇군요
is that so? 是吗 그래요 ?
they 他们 그들
yes 是的 예
that's right 对 그렇습니다
young 年轻 젊다
elderly 老年 노인
一匹 いっぴき ippiki
pet 宠物 애완 동물
are 有 있습니다
man 男人 남자
boy 男孩 소년
woman 女人 여자
girl 女孩 여자 아이
adult 成人 성인
baby 宝宝 아기
二匹 にひき nihiki
dog 狗 개
cat 猫 고양이
cry 叫 웁니다
male 男性 남성
woman 女性 여성
children 孩子 아이
baby 婴儿 아기
birds 鸟类 새
small birds 小鸟 작은 새
fly 飞 납니다

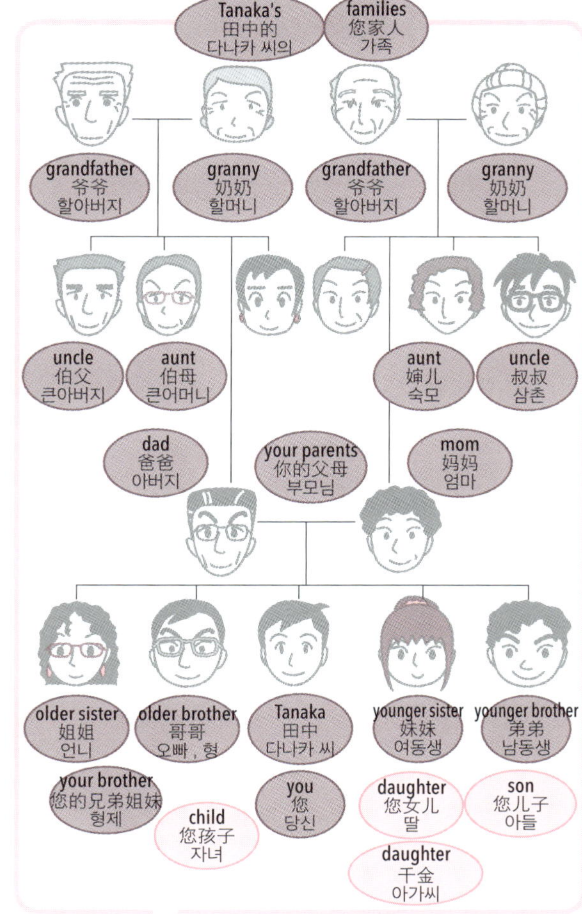

◆ age (~ years old) 年齢（〜岁） 나이 (~ 세)

0	1	2	3	4	5	6	7	8	9	10
0 years old 零岁 영 세	1 year old 1 岁 1 세	2 years old 2 年 2 세	3 years old 3 岁 3 세	4 years old 4 岁 4 세	5 years old 5 岁 5 세	6 years old 六岁 6 세	7 years old 7 岁 7 세	8 years old 8 岁 8 세	9 years old 9 岁 9 세	10 years old 10 岁 10 세
	one 一 하나	two 两 둘	three 三 셋	four 四 넷	five 五 다섯	six 六 여섯	seven 七 일곱	eight 八 여덟	nine 九 아홉	ten 十 열

11	12	20	31	42	53	65	76	88	99	100
11 years old 11 岁 11 세	12 years old 12 岁 12 세	20 years old 20 岁 20 세	31 years old 31 岁 31 세	42 years old 42 岁 42 세	53 years old 53 岁 53 세	65 years old 65 岁 65 세	76 years old 76 岁 76 세	88 years old 88 岁 88 세	99 years old 99 岁 99 세	100 years old 100 岁 100 세

◆ number of people(~ people) 人数（〜人） 인원수 (~ 인)

1	2	3	4	5	6	7	8	9	10
one 1 人 1 명	two 2 人 2 명	three 3 人 3 명	four 4 人 4 명	five 5 人 5 명	six 6 人 6 명	seven 7 人 7 명	eight 8 人 8 명	nine 9 人 9 명	ten 10 人 10 명

11	20	30	40	50	60	70	80	90	100
eleven 11 人 11 명	twenty 20 人 20 명	thirty 30 人 30 명	forty 40 人 40 명	fifty 50 人 50 명	sixty 60 人 60 명	seventy 70 人 70 명	eighty 80 人 80 명	ninety 90 人 90 명	hundred 100 人 100 명

表現 (ひょう げん)

ていねい = Polite 礼貌 정중한 표현

1　はじめまして。

Nice to meet you.
初次见面。
처음 뵙겠습니다.

- ◆ A greeting used when meeting someone for the first time.
- ★ 对初次见面的人使用的问候语。
- ● 처음으로 만난 사람에게 쓰는 인사말입니다.

2　どうぞよろしく。
どうぞよろしくお願いします。 **ていねい**

Pleased to meet you. / A pleasure to meet you.
请多多关照。
잘 부탁 드립니다.

- ◆ A greeting used when meeting someone for the first time.
- ◆ Adding「お願いします」after「どうぞよろしく」makes the phrase polite.
- ◆ Polite phrases are marked with a ⬆ on the map. Casual phrases are marked with a ⬇. Ex：「うん」
- ★ 对初次见面的人使用的问候语。
- ★ ‘どうぞよろしく’后面加上‘お願いします’，就变得更礼貌。
- ★ 礼貌用语在词汇图中标有⬆符号。　不礼貌的表达方式标有⬇符号。例如：‘うん’
- ● 처음으로 만난 사람에게 쓰는 인사말입니다.
- ●「どうぞよろしく」의 다음에「お願いします」를 붙이면 정중한 표현이 됩니다.
- ● 정중한 표현으로 말하는 방법의 경우에 사용하는 단어에는 맵에 ⬆ 가 붙어 있습니다. 정중하지 않은 표현에는 ⬇ 가 붙어 있습니다. 예：「うん」

3　A: お名前は？
**　　B:（私は）エリザベス・スミス　です。**

What is your name?
叫什么名字？
성함은？

- ◆「お名前」is a polite way of saying「名前」.
- ◆ You do not need to say「私は」.「僕」is used by boys.
- ◆ The「は」in「私は」is a particle that acts as a「＝」. What comes before the「は」is explained by what comes after it.
- ◆「です」is an auxiliary verb used after nouns and adjectives. It is an polite affirmative assertion in the present tense.「〜は〜です。」is the most typical sentence structure in Japanese.
- ★ ‘お名前’是‘名前’的礼貌的表达方式。
- ★ ‘私は’可以省略不说。‘僕’是男性用语。
- ★ ‘私は’里的‘は’是表示同等‘＝’的助词，在‘は’的后面部分对‘は’的前面部分进行说明。
- ★ ‘です’是助动词，用在名词或形容词后面。表示礼貌的判定，是现在形，肯定形。‘〜は〜です。’是日语里最典型的句型。
- ●「お名前」는「名前」의 정중한 표현입니다.
- ●「私は」는 말하지 않아도 좋습니다.「僕」는 남자가 사용합니다.
- ●「私は」의「は」는「＝」과 같은 의미의 조사로서,「は」의 앞의 부분에 대하여,「は」의 뒤에서 설명합니다.
- ●「です」는 명사와 형용사의 뒤에 붙는 조동사 입니다. 의미는 정중한 단정의 표현으로, 현재형, 긍정형 입니다.「〜は〜です。」는 일본어의 가장 전형적인 문형입니다.

4　（私は）エリザベス・スミス　と申します。 **ていねい**

My name is Elizabeth Smith
叫伊丽莎白・史密斯。
엘리자베스 스미스라고 합니다　정중한 표현

- ◆ Used when speaking to someone who does not know your name. A polite way of saying「と言います」.
- ★ 对不知道你的名字的人用。‘と言います’的礼貌的表达方式。
- ● 당신의 이름을 모르는 사람에게 사용합니다.「と言います」의 정중한 표현입니다.

5　ベス　と呼んでください。

Please call me Beth.
叫我白吧。
베스 라고 불러 주세요

- ◆ Used to tell someone a nickname or other name you would prefer to be called by.
- ★ 告诉对方昵称等你想听到的称呼。
- ● 별명 등, 불러주기 원하는 이름을 전해 줍니다.

6　私の　家族は　7人です。
わたし　　かぞく　　ななにん

There are seven people in my family.
我家有七口人。
저희 가족은 7 명입니다

- ◆「〜人」is used to count people（See chart on page 15）
- ◆「の」is a particle used to express possession or attachment. What comes before the「の」,「の」limits what comes after it. Ex: 母の本（My mother's book）, 妹の友達（my sister's friend.）
- ★ 数人数时一般说 '〜人'。（请参考表 15 页）
- ★ 'の' 是表示所有・所属的助词。连接名词和名词。'の' 前面部分修饰 'の' 后面部分。 例如：母の本（妈妈的书）、妹の友達（妹妹的朋友）
- ● 사람을 셀 때에는「〜人」를 사용합니다 .（15 페이지의 표 참조 ）
- ●「の」는 소유 , 소속 등을 나타내는 조사입니다 . 명사와 명사를 연결합니다 .「の」의 앞 단어가「の」의 뒤의 단어의 의미를 한정합니다 . 예 : 母の本（엄마의 책）、妹の友達（여동생의 친구）

7　ベスさんの　ご家族は　何人ですか。
かぞく　　なんにん

How many people are in your family, Beth-san?
白小姐家有几口人?
베스씨의 가족은 몇 분 이세요 ?

- ◆「家族」is used to speak about one's own family, while the polite「ご家族」is used to speak about the family of someone you are speaking to.
- ◆「何」is a kanji used to ask a question. It is read「なん・なに」. Ex: 何月何日
- ◆「か」is a particle primarily used at the end of sentences in order to form an interrogative sentence. It is similar to a「？」.
- ★ 自己的家属时用 '家族'，对方的家属时礼貌地说 'ご家族'。
- ★ '何' 是表示疑问的汉字。读 'なん・なに'。例如：何月何日
- ★ 'か' 主要是放在句尾的助词，用在疑问句。起 '？' 作用。
- ● 자신의 가족의 경우에는「家族」, 말하고 있는 상대의 가족의 경우에는「ご家族」と 이라고 정중하게 말합니다 .
- ●「何」는 의문을 표현하는 한자입니다 .「なん・なに」라고 읽습니다 . 예 : 何月何日
- ●「か」는 주로 문장의 가장 끝에 붙는 조사로 의문형을 만듭니다 .「？」과 같은 역할을 합니다 .

8　A：ごきょうだいが　いますか。
　　B：はい、います。　／　いいえ、いません。

A: Do you have any siblings? B: Yes, I do. / No, I do not.
A: 有兄弟姐妹吗?　B: 是, 有。/ 不, 没有。
A: 형제는 있으세요 ?　B: 예 , 있습니다 . / 아니오 없습니다 .

- ◆「います」is used to describe the existence of a person or animal. Its negative is「いません」, and its question form is「いますか」.
- ◆「が」is a particle used after the subject of「います」.
- ★ 'います' 是表示人或动物存在的动词。'いません' 是否定，'いますか' 是疑问。
- ★ 'が' 接在 'います' 的主语后面，是助词。
- ●「います」는 인간과 동물이 존재한다는 의미입니다 .「いません」는 부정 ,「いますか」는 질문입니다 .
- ●「が」는「います」의 주어의 뒤에 붙은 조사입니다 .

9　姉が一人　と　弟が二人　います。
あね　ひとり　　　おとうと　ふたり

I have one older sister and two younger brothers.
有一个姐姐和两个弟弟。
누나 (언니) 한 명과 동생이 두 명 있습니다 .

- ◆ The way you refer to your own family members when speaking about them is different to the way you refer to another person's family members. Ex：（私の）姉、（あなたの）お姉さん（See the map on page 15 ）
- ◆ However, the name you call members of your family when speaking to them is the same as how you refer to other peoples' family members (right side of map). Ex: Calling your mother「お母さん」. Additionally, you refer to family members younger than you by their name. Ex: Instead of calling your brother「弟さん」, you would call him by his name, such as「まこと（名前）」.
- ◆「と」is a particle used to join two nouns. Ex: 女性と男性 Women and men
- ★ 对家属成员的称呼也是，跟别人说自己的家属时和说对方的家属时不同。例如：(私の) 姉、(あなたの) お姉さん（请参考 15 页词汇图）
- ★ 但，直接称呼自己家属时跟说别人家属时（词汇图右侧）一样。(例如：叫自己的母亲时是 'お母さん'，比自己小的直接叫名字。 比如：叫自己的弟弟时不说 '弟さん'，而直接叫名字 'まこと（名前）'。)
- ★ 'と' 是连接名词和名词的助词。例如：女性と男性（女性和男性）

- 가족의 각각의 호칭도 자신의 가족에 대해 다른 사람에게 말할 때와 다른 사람의 가족에 대해 이야기 할 때와 다릅니다 . 예 (私の) 姉、(あなたの) お姉さん (15 페이지의 표 참조)
- 단지 , 자신의 가족을 부를 때에는 다른 사람의 가족에 대해 말할 때 (맵의 오른쪽) 과 같은 호칭으로 부릅니다 .(예 : 자신의 어머니를 부를 때,「お母さん」) 또한 , 자신보다 나이 어린 사람은 이름으로 부릅니다 .(예 : 자신의 동생을 부를 때,「弟さん」이라고 부르지 않고,「まこと (名前)」등 이름을 부릅니다 .)
- 「と」는 명사와 명사를 이어주는 조사입니다 . 예 : 女性と男性

10
山田さんは？
(〜は？)

What about you, Yamada-san?
山田先生呢？
야마다씨는 ？

◆ When the details of a question can be figured out by the context of a discussion,「〜は？」can be used as a question. It is said while slightly raising your tone at the end of the sentence. Ex: お名前は？(What is your name?) ／ごきょうだいは？（Do you have any siblings?）

★ 从对话的前后能够查知其内容时可用'〜は？'提问。将句尾的音调稍提高一些。 例如：お名前は？（名字呢？）／ごきょうだいは？（兄弟姐妹呢？）

● 회화의 흐름상 질문의 내용을 알고 싶은 경우,「〜は？」으로 질문이 됩니다 . 말끝의 톤을 조금 올려서 말합니다 . 예 : お名前は？(이름은？) ／ごきょうだいは？(형제는？))

11
お兄さんは　何歳（才）ですか。

How old is your elder brother?
你哥哥多大了？
형님은 몇 살 이세요 ？

◆「〜歳（才）」is used to talk about a person's age. Ages until the age of ten can also be counted as「ひとつ・ふたつ…」. This form of counting is also used when talking about objects such as eggs and apples (See chart on page15)

◆「二十歳」is read「はたち」In Japan, one is an adult at the age of twenty.

★ 人的年龄用'〜歳（才）'表示。10 岁以下还可以说'ひとつ・ふたつ…'。这种数法也用在数鸡蛋或苹果等东西。（请参考表 15 页）

★'二十歳'读'はたち'。在日本 20 岁就成人。

● 사람의 연령은「〜歳（才）」을 사용합니다 . 또한 , 20 살까지는「ひとつ・ふたつ…」라는 방법으로 셉니다 . 이와 같이 세는 법은 계란이나 사과 등의 사물을 셀 때에도 사용합니다 .(15 페이지의 표 참조)

●「二十歳」는「はたち」라고 읽습니다 . 일본에서는 스무살 부터 성년입니다 .

12
A: ご家族は　お元気ですか。　ていねい
B: おかげさまで、元気です。

A: Is your family doing well?　B: Yes, thank you for asking.
A: 你家里人都好吗？ 礼貌　B: 托您的福，都很好。
A: 가족 들은 건강하십니까 ？　B: 덕분에 건강하게 지내고 있습니다 .

◆「おかげさまで」can be literally translated as "thanks to you," but in practice, it is used to mean "thank you."
★'おかげさまで'的直译是'托您的福'，但实际上是'谢谢'的意思。
●「おかげさまで」는 , 직역하면「당신의 그늘 덕분에」입니다만 , 실제로는「감사합니다」라는 의미입니다 .

13
(写真を見ながら)
この人は　誰ですか。
／この方は　どなたですか。　ていねい

(While looking at a photograph)
Who is this person? / Who is this individual?
（边看照片）这个人是谁啊？ ／ 这位是谁啊？
(사진을 보면서) 이 사람은 누구인가요 ？

◆ A noun comes after「この・その・あの・どの」.「この」is used to refer to things close to oneself, as well as things that can be reached.「その人」is used to refer to an individual close to the person you are speaking to, someone slightly far away, or someone who is not present but is being spoken about that the speaker does not know but the listener knows.「あの人」is used to speak about someone visible but far away, or about someone who is not present but is being spoken about known by both speaker and listener.「どの」is an interrogative. Ex: Which person is Yamada-san?

◆「方」is a polite way to say「人」, while「どなた」is a polite form of「誰」.

★'この・その・あの・どの'后面接名词。'この'用在自己的近处或用手能指的范围内的东西。'その人'用在指对方近处的人，或离自己较远的人，或不在场，但对话中提到的，对方认识，自己不认识的人。'あの人'指在远处但能够看到的范围内的人，或不在场，但对话中提到的，对方和自己都认识的人。'どの'是疑问形。例如：山田先生是哪个人？

★'方'是'人'的礼貌用语，'どなた'是'誰'的礼貌用语。

- 「この・その・あの・どの」の 뒤에 명사가 옵니다 . 「この」 는 자신에게서 가까운 물건이나 , 손으로 가르킬 수 있을 만한 거리의 범위에 사용합니다 . 「その人」 는 말하는 상대에게 가까운 사람이나 , 자신보다 조금 떨어진 사람이나 , 그 장소에 없는 회화의 화제가 된 사람으로 상대방은 알지만 자신은 모르는 사람에게 사용합니다 . 「あの人」 는 눈에 보이지 않는 범위로 멀리 있는 사람이나 , 그 장소에 없지만 회화의 화제가 된 사람으로 상대방도 알고 자신도 알고 있는 사람에게 사용합니다 . 「どの」 는 의문형입니다 . 예 : 山田さんはどの人ですか 。
- 「方」 는 「人」 의 정중한 표현이고 , 「どなた」 는 「誰」 의 정중한 표현입니다 .

14 （この人は私の） 友達の　田中さんです。

That is my friend Tanaka-san.
是我朋友田中先生。
친구인 다나까상 입니다 .

- The 「の」 in 「友達の」 is not used to indicate possession as described in #6. Instead, it is an appositive that acts as a 「＝」 .
- 「～さん」 is broadly used regardless of sex or age.
- 「～君」 is primarily used for boys. 「～ちゃん」 is used as a nickname for children. It is not used in formal settings.

★ '友達の' 中的 'の' 不是前面语法 6 中的所有・所属的用法，而是表示同等 '＝' 的意思。
★ '～さん' 不分性别年龄，可以广泛使用。
★ '～君' 主要用在少年。'～ちゃん' 用在小孩子或呢称。正式场合不使用。

- 「友達の」 의 「の」 는 앞의 6의 소유 , 소속이 아닌 , 동격의 의미로 「＝」 과 같은 의미입니다 .
- 「～さん」 는 성별 , 연령에 관계없이 널리 사용 되어 집니다 .
- 「～君」 은 주로 소년을 칭할 때 쓰여집니다 . 「～ちゃん」 은 아이들을 칭할 때 별명등으로 쓰여집니다 . 공식적인 자리에서는 쓰지 않습니다 .

15 A: この人たちも　山田さんの　友達ですか。
B: はい、そうです。

A: Are these people also your friends, Yamada-san?
B: Yes, that is correct.
A: 这几个人也是山田先生的朋友吗？　B: 是，是的。
A: 이 사람들도 야마다상의 친구입니까 ? B: 예 , 그렇습니다 .

- 「～たち」 is a plural form used when speaking about living beings. Ex: 子供たち・山田さんたち（ ＝ Yamada-san and individuals in his or her group.)
- 「も」 is a particle that means "also."
- 「そうです」 means "That is correct (What you have said is correct)."

★ '～たち' 是生物的复数形。例如：子供たち・山田さんたち（＝山田先生和其集体的意思）
★ 'も' 表示 '也'，是助词。
★ 'そうです' 表示 '如你所说'。

- 「～たち」 는 생물에 쓰는 복수형입니다 . 예 : 子供たち・山田さんたち （ ＝야마다상과 그 그룹의 사람들 이라는 의미 ）
- 「も」 는 also 의 의미의 조사입니다 .
- 「そうです」 는、「그대로 (당신이 말한 그대로) 입니다」 라는 의미입니다 .

16 （写真を見て）
妹さんは　お母さんに　似ていますね。

Your younger sister resembles your mother.
（边看照片）你妹妹长得像你母亲。
누나 (언니) 는 어머니와 닮으셨네요 .

- 「似ています」 is used together with the particle 「に」, such as in 「お母さんに」. When both things are equal, the particle 「と」 can also be used. Ex: 妹は弟と似ています。
- 「ね」 is a particle used at the end of sentences when seeking agreement with your own thoughts from a listener. When replying in agreement, 「そうですね。 (Yes, I agree)」 is used, while 「そうですか？ (Is that so?)」 is used when one is not so sure. 「ね」 is not often used when speaking about oneself. For example, it is not used in the sentence 「私は父に似ています。 (I resemble my father).」

★ '似ています' 如 'お母さんに'，与助词 'に' 一起使用。两者同等时，也可用助词 'と'。例如：妹は弟と似ています。
★ 'ね' 是对自己的感想向对方征求同意的助词，用在句尾。回答时，同意就说 'そうですね。'，不怎么同意就说 'そうですか。' 'ね' 一般不用在指自己的句子中。例如 '私は父に似ています。' 中句尾就不用 'ね'。

- 「似ています」 는 「お母さんに」 처럼 , 조사 「に」 와 함께 쓰입니다 . 두개의 사물 (사람) 이 동등한 경우 , 조사 「と」 도 사용합니다 . 예 : 妹は弟と似ています。
- 「ね」 는 회화의 상대에 대하여자신의 감상에 동의를 구할 때에 사용하는 조사로써 문장의 끝에 붙여 씁니다 . 대답은 , 동의 할 때는 「そうですね。」, 별로 동의할 수 없을 때에는 「そうですか？」 라고 합니다 . 「ね」 는 자신의 경우를 말할 때에는 그다지 사용하지 않습니다 . 예를 들면 「私は父に似ています。」 의 문장에 「ね」 는 쓰지 않습니다 .

A：はじめまして、私は山田さとると申します。どうぞよろしくお願いします。

B：はじめまして、私はエリザベス・スミスと申します。どうぞよろしくお願いします。

A：エリザベスさんは…

B：ああ、ベスと呼んでください。

A：はい、じゃ、ベスさんはごきょうだいがいますか。

B：はい、います。姉が一人と弟が二人います。私の家族は6人です。

A：私は兄が一人います。これ、家族の写真です。

B：山田さんはお父さんに似ていますね。

A：そうですか？

B：この方はどなたですか。

A：祖母です。

B：おばあさんは何歳ですか。

A：80歳です。

B：お元気ですか。

A：おかげさまで、元気です。

B：となりの方はお母さんですか。

A：はい、そうです。

B：この人たちは山田さんの友達ですか。

A：ええ、そうです。この女の人は彼女です。

A: Hello, my name is Satoru Yamada. Nice to meet you.
B: My name is Elizabeth Smith. Nice to meet you.
A: Elizabeth-san, do you...
B: Oh, please call me Beth.
A: All right. Beth-san, do you have any siblings?
B: Yes, I do. I have one older sister and two younger brothers. There are six people in my family.
A: I have an elder brother. This is a photograph of my family.
B: You resemble your father, don't you?

A: Is that so?
B: Who is this person?
A: That is my grandmother.
B: How old is your grandmother?
A: She is eighty years old.
B: Is she doing well?
A: Yes, thank you for asking.
B: Is this your mother next to her?
A: Yes, it is.
B: Are these people your friends?
A: Yes, they are. This woman is my girlfriend.

A：初次见面，我叫山田 satoru。请多多关照。
B：初次见面，我叫伊丽莎白・史密斯。请多多关照。
A：伊丽莎白小姐是…
B：啊，就叫我贝斯吧。
A：好的，那，贝斯小姐有兄弟姐妹吗？
B：是，有。一个姐姐和两个弟弟。我家有6口人。
A：我有一个哥哥。这是我的全家福。
B：山田先生长得像你父亲。

A：是吗？
B：这位是谁啊？
A：我奶奶。
B：你奶奶多大年纪了？
A：80 岁了。
B：身体健康吗？
A：托您的福，很健康。
B：旁边的这位是你母亲吗？
A：是，是的。
B：这几个人是山田先生的朋友吗？
A：啊，对。这个女的是我女朋友。

A: 처음 뵙겠습니다 , 저는 야마다 사토루 라고 합니다 . 잘 부탁드립니다 .
B: 처음 뵙겠습니다 、 저는 엘리자베스 스미스 라고 합니다 . 잘 부탁드리겠습니다 .
A: 엘리자베스씨는 . . .
B: 아 , 베스라고 불러 주세요 .
A: 예 , 그럼 , 베스씨는 형제가 있으세요 ?
B: 예 , 있습니다 . 언니가 한 명에 동생이 두 명 있습니다 . 저의 가족은 6 명입니다 .
A: 저는 형이 한 명 있습니다 . 이게 가족 사진입니다 .
B: 야마다씨는 아버지와 닮으셨네요 .

A: 그런가요 ?
B: 이 분은 누구신가요 ?
A: 할머니 이십니다 .
B: 할머님은 연세가 어떻게 되세요 ?
A: 80 세 이십니다 .
B: 건강 하신가요 ?
A: 덕분에 건강하게 지내고 계십니다 .
B: 옆에 계신 분은 어머니 이신가요 ?
A: 예 , 그렇습니다 .
B: 이 사람들은 야마다씨의 친구이신가요 ?
A: 예 , 그렇습니다 . 이 여자가 제 여자친구입니다 .

2 自己紹介②〜国・仕事
じ　こ　しょうかい　　　　くに　　し　ごと

Self-introduction ②
〜 Country, Works

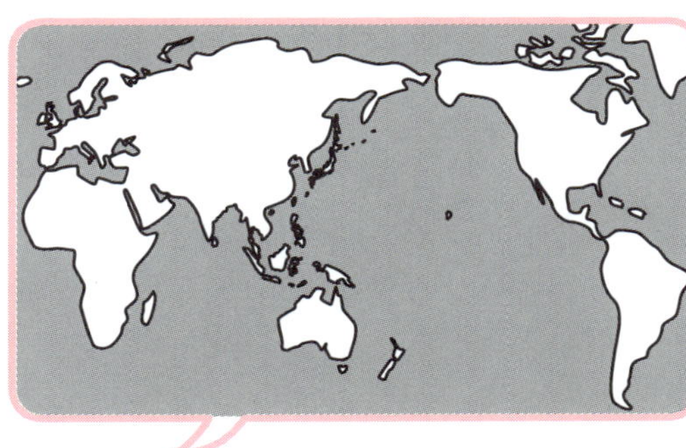

Language　语言　言語
ngôn ngữ　언어　اللغة
Хэл　மொழி　Язык
שפה　ภาษา

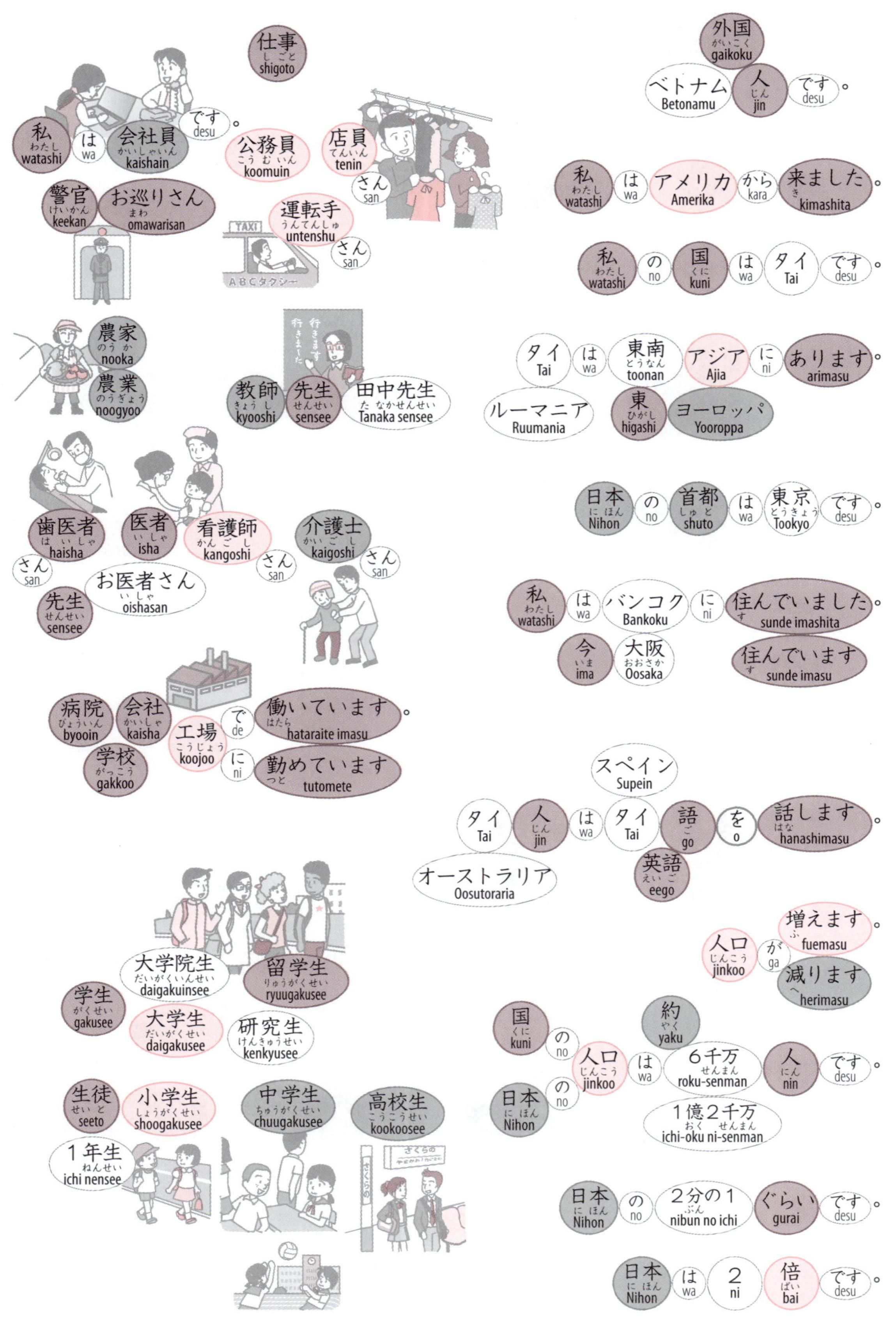
仕事
しごと
shigoto
私
わたし
watashi
は
wa
会社員
かいしゃいん
kaishain
です
desu
公務員
こうむいん
koomuin
店員
てんいん
tenin
さん
san
警官
けいかん
keekan
お巡りさん
まわ
omawarisan
運転手
うんてんしゅ
untenshu
さん
san
TAXI
ABCタクシー
農家
のうか
nooka
農業
のうぎょう
noogyoo
行きます
行きました
教師
きょうし
kyooshi
先生
せんせい
sensee
田中先生
た なかせんせい
Tanaka sensee
歯医者
は いしゃ
haisha
さん
san
医者
いしゃ
isha
看護師
かんごし
kangoshi
さん
san
介護士
かいごし
kaigoshi
さん
san
お医者さん
いしゃ
oishasan
先生
せんせい
sensee
病院
びょういん
byooin
会社
かいしゃ
kaisha
工場
こうじょう
koojoo
で
de
に
ni
働いています
はたら
hataraite imasu
勤めています
つと
tutomete
学校
がっこう
gakkoo
大学院生
だいがくいんせい
daigakuinsee
留学生
りゅうがくせい
ryuugakusee
学生
がくせい
gakusee
大学生
だいがくせい
daigakusee
研究生
けんきゅうせい
kenkyusee
生徒
せいと
seeto
小学生
しょうがくせい
shoogakusee
中学生
ちゅうがくせい
chuugakusee
高校生
こうこうせい
kookoosee
1年生
ねんせい
ichi nensee
外国
がいこく
gaikoku
ベトナム
Betonamu
人
じん
jin
です
desu
私
わたし
watashi
は
wa
アメリカ
Amerika
から
kara
来ました
き
kimashita
私
わたし
watashi
の
no
国
くに
kuni
は
wa
タイ
Tai
です
desu
タイ
Tai
は
wa
東南
とうなん
toonan
アジア
Ajia
に
ni
あります
arimasu
ルーマニア
Ruumania
東
ひがし
higashi
ヨーロッパ
Yooroppa
日本
にほん
Nihon
の
no
首都
しゅと
shuto
は
wa
東京
とうきょう
Tookyo
です
desu
私
わたし
watashi
は
wa
バンコク
Bankoku
に
ni
住んでいました
す
sunde imashita
今
いま
ima
大阪
おおさか
Oosaka
住んでいます
sunde imasu
スペイン
Supein
タイ
Tai
人
じん
jin
は
wa
タイ
Tai
語
ご
go
を
o
話します
はな
hanashimasu
オーストラリア
Oosutoraria
英語
えいご
eego
人口
じんこう
jinkoo
が
ga
増えます
ふ
fuemasu
減ります
へ
herimasu
国
くに
kuni
の
no
人口
じんこう
jinkoo
は
wa
約
やく
yaku
6千万
せんまん
roku-senman
人
にん
nin
です
desu
日本
にほん
Nihon
の
no
1億2千万
おく せんまん
ichi-oku ni-senman
日本
にほん
Nihon
の
no
2分の1
ぶん
nibun no ichi
ぐらい
gurai
です
desu
日本
にほん
Nihon
は
wa
2
ni
倍
ばい
bai
です
desu

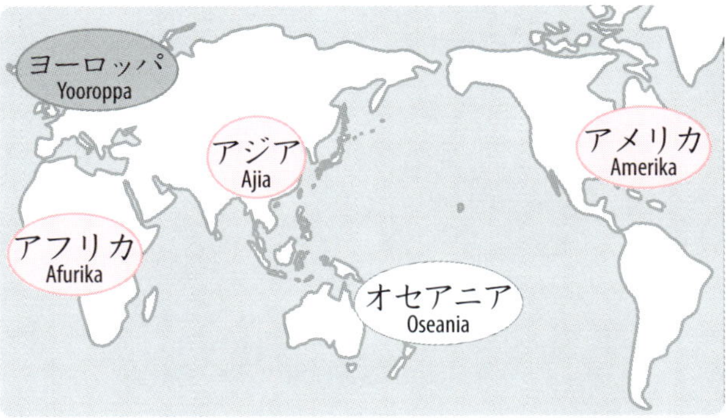

北　きた　kita
中央　ちゅうおう　chuuoo
西　にし　nishi　　東　ひがし　higashi
真ん中　まなか　mannaka
南　みなみ　minami

ヨーロッパ　Yooroppa
アジア　Ajia
アメリカ　Amerika
アフリカ　Afurika
オセアニア　Oseania

山　やま　yama
川　かわ　kawa
アマゾン川　Amazon-gawa
富士山　ふじさん　Fuji-san
湖　みずうみ　mizu-umi
びわ湖　Biwa-ko
海　うみ　umi
島　しま　shima
海岸　かいがん　kaigan
砂漠　さばく　sabaku
都市　とし　toshi 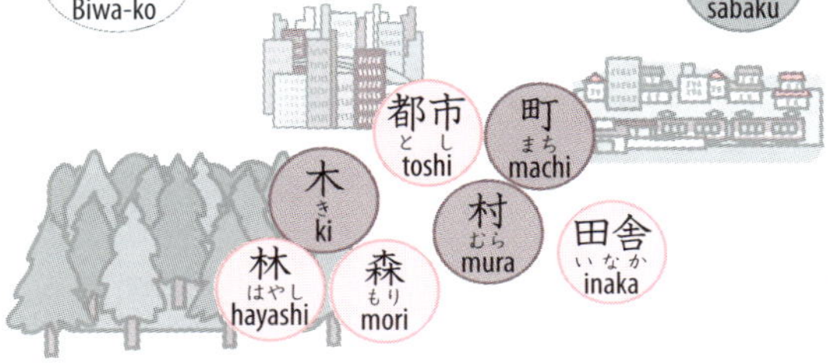
町　まち　machi
木　き　ki
村　むら　mura
田舎　いなか　inaka
林　はやし　hayashi
森　もり　mori

有名　ゆうめい　yuumee　な　na
きれい　kiree　な　na
しずか　shizuka　な　na
にぎやか　nigiyaka　な　na
大きい　おお　ookii
多い　おお　ooi
高い　たか　takai
広い　ひろ　hiroi
小さい　ちい　chiisai
少ない　すく　sukunai
低い　ひく　hikui
長い　なが　nagai
キロ　kiro
メートル　meetoru

車　くるま　kuruma　を　o
外国　がいこく　gaikoku　に　ni　へ　e
輸出　ゆしゅつ　yushutsu
しています　shiteimasu
や　ya
パソコン　pasokon
から　kara
輸入　ゆにゅう　yunyuu
など　nado

車　くるま　kuruma　を　o
生産　せいさん　seesan
しています　shiteimasu

工業　こうぎょう　koogyoo
産業　さんぎょう　sangyoo
農業　のうぎょう　noogyo
が　ga
盛ん　さか　sakan
です　desu

そこ　soko　は　wa　どんな　donna　町　まち　machi　ですか　desuka。
景色　けしき　keshiki　が　ga　いい　ii　所　ところ　tokoro　です　desu。
機会　きかい　kikai　が　ga　あったら　attara　ぜひ　zehi　来てください　き　kitekudasai。

富士山　ふじさん　Fuji-san　という　toiu　山　やま　yama　を　o　知っています　し　shitteimasu　か　ka。
はい　hai、知っています　し　shitteimasu。　いいえ　iie、知りません　し　shirimasen。
もちろん　mochiron

エベレスト　Eberesuto　と　to　富士山　ふじさん　Fuji-san　と　to　どちら　dochira　が　ga　高い　たか　takai　ですか　desuka。
どっち　docchi　大きい　おお　ookii
エベレスト　Eberesuto　のほうが　no hooga　高い　たか　takai　です　desu。
エベレスト　Eberesuto　は　wa　世界　せかい　sekai　で　de　一番　いちばん　ichiban　高い　たか　takai　山　やま　yama　です　desu。
二番目に　にばんめ　nibanme ni

A　と　to　B　と　to　比べる　くら　kuraberu　と　to　…
A　は　wa　B　より　yori　大きい　おお　ookii　です　desu。

自己紹介①　家族
自己紹介②　国・仕事
天気・自然
予定
買い物
レストランで
食べ物
生活①
生活②
トラブル
町・交通
旅行
趣味
学校
仕事・将来
体・病気
敬語で話そう
コミュニケーション

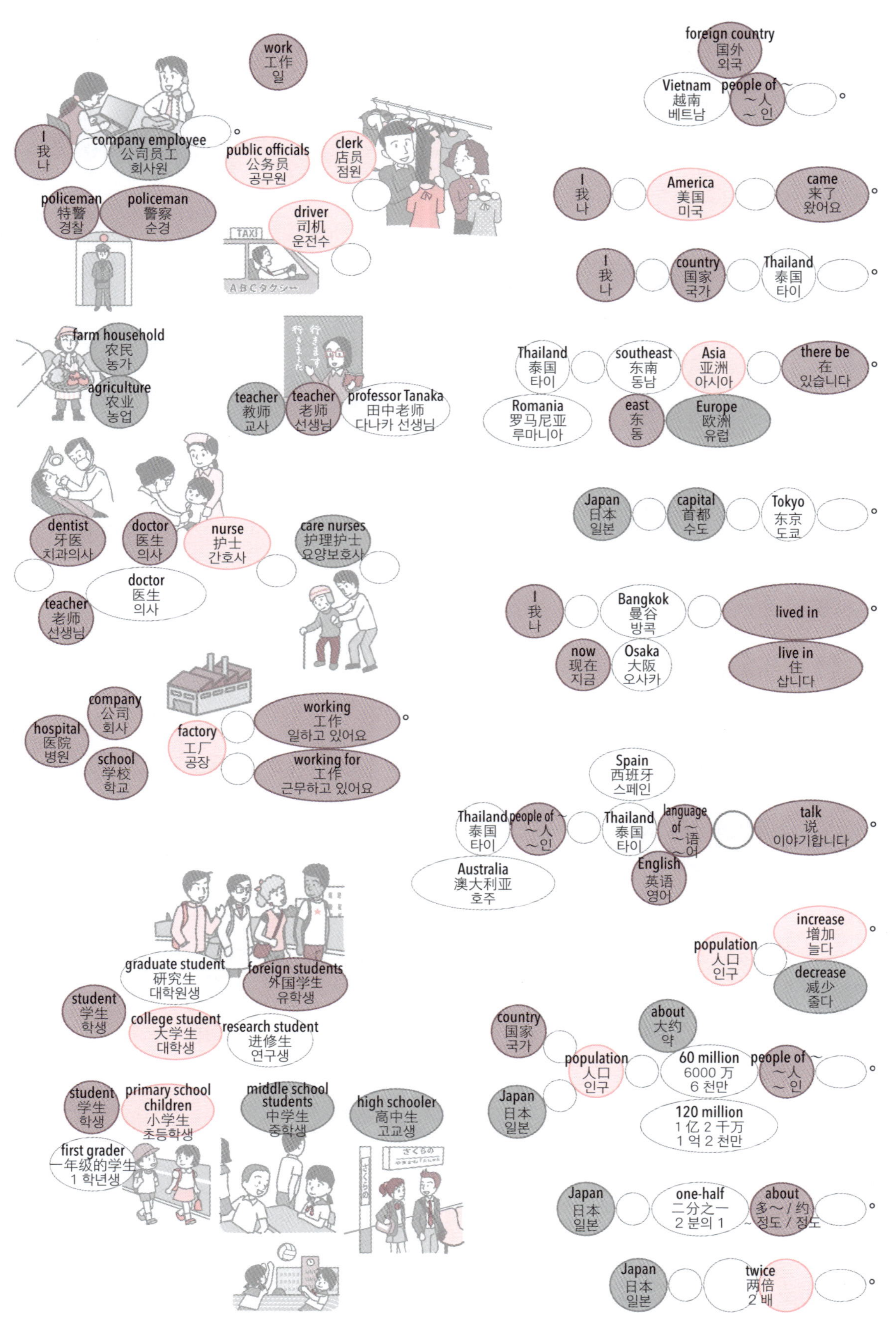
work
工作
일
I
我
나
company employee
公司员工
회사원
public officials
公务员
공무원
clerk
店员
점원
policeman
特警
경찰
policeman
警察
순경
driver
司机
운전수
TAXI
ABCタクシー
farm household
农民
농가
agriculture
农业
농업
teacher
教师
교사
teacher
老师
선생님
professor Tanaka
田中老师
다나카 선생님
dentist
牙医
치과의사
doctor
医生
의사
nurse
护士
간호사
care nurses
护理护士
요양보호사
doctor
医生
의사
teacher
老师
선생님
company
公司
회사
hospital
医院
병원
school
学校
학교
factory
工厂
공장
working
工作
일하고 있어요
working for
工作
근무하고 있어요
graduate student
研究生
대학원생
foreign students
外国学生
유학생
student
学生
학생
college student
大学生
대학생
research student
进修生
연구생
student
学生
학생
primary school children
小学生
초등학생
middle school students
中学生
중학생
high schooler
高中生
고교생
first grader
一年级的学生
1 학년생
foreign country
国外
외국
Vietnam
越南
베트남
people of ～
～人
～인
I
我
나
America
美国
미국
came
来了
왔어요
I
我
나
country
国家
국가
Thailand
泰国
타이
Thailand
泰国
타이
southeast
东南
동남
Asia
亚洲
아시아
there be
在
있습니다
Romania
罗马尼亚
루마니아
east
东
동
Europe
欧洲
유럽
Japan
日本
일본
capital
首都
수도
Tokyo
东京
도쿄
I
我
나
Bangkok
曼谷
방콕
lived in
now
现在
지금
Osaka
大阪
오사카
live in
住
삽니다
Spain
西班牙
스페인
Thailand
泰国
타이
people of ～
～人
～인
Thailand
泰国
타이
language of ～
～语
～어
talk
说
이야기합니다
Australia
澳大利亚
호주
English
英语
영어
increase
增加
늘다
population
人口
인구
decrease
减少
줄다
country
国家
국가
about
大约
약
population
人口
인구
60 million
6000 万
6 천만
people of ～
～人
～인
Japan
日本
일본
120 million
1 亿 2 千万
1 억 2 천만
Japan
日本
일본
one-half
二分之一
2 분의 1
about
多～ / 约
～정도 / 정도
Japan
日本
일본
twice
两倍
2 배

north
北
북쪽

center
中央
중앙

west
西
서쪽

middle
中间
중간

east
东
동쪽

south
南
남쪽

Europe
欧洲
유럽

Asia
亚洲
아시아

America
美国
미국

Africa
非洲
아프리카

Oceania
大洋洲
오세아니아

mountain
山
산

river
河
강

Amazon
亚马逊河
아마존강

Mountain Fuji
富士山
후지산

sea
海
바다

island
岛
섬

coast
海岸
해안

lake
湖
호수

desert
沙漠
사막

lake Biwa
琵琶湖
비와코

city
城市
도시

town
镇
도시

tree
树
나무

village
村
마을

countryside
农村
시골

forest
林
숲

forest
森林
숲

there
那里
거기

what kind of
什么样
어떤

town
镇
도시

scenery
风光
전망

good
好
좋은

place
地方
곳

chance
机会
기회

have, be
有
있다

by all means
请
꼭

come
来
옵니다

Mountain Fuji
富士山
후지산

called
叫作
라는

mountain
山
산

know
知道
알고 있습니다

yes
是的
예

know
知道
알고 있습니다

no
不
아니오

do not know
不知道
몰라요

of course
当然
물론

famous
有名
유명

beautiful
美丽
아름답다

quiet
安静
조용한

lively
热闹
번화

big
大
큰

many
多
많은

high
高
높은

wide
宽阔、大
넓은

small
小
작은

few
少
적은

low
低
낮은

long
长
긴

kilometer
公里
킬로

meter
米
미터

Everest
珠峰
에베레스트

Mountain Fuji
富士山
후지산

which, either
哪边
어느

high
高
높은

which way
哪边、哪个
어느 쪽

big
大
큰

Mount Everest
珠峰
에베레스트

high
高
높은

Mount Everest
珠峰
에베레스트

world
世界
세계

most
最
가장

high
高
높은

mountain
山
산

second
第二
둘째로

car
汽车
자동차

foreign countries
国外
외국

export
出口
수출

personal computer
电脑
컴퓨터

such as
等
등

import
进口
수입

car
汽车
자동차

production
生产
생산

A   B
compare
比较
비교

A   B
big
大
큰

industry
工业
공업

industry
产业
산업

prosperous
繁荣
활발

agriculture
农业
농업

abcSTORE

表現（ひょう げん）

1　そこはどんな町（まち）ですか。
　（どんな〜）

What kind of town is it?
那儿是什么样的城市?
그곳은 어떤 동네입니까 .

- ◆ *"donna~ka"* is used when you want to know the contents or features of something.
- ◆ *"[adjective + noun] desu"* is often used to answer.　Ex: *shizukana machi desu.* (It is a quiet town.)
- ★「どんな〜か」用在提问其内容或特征时。
- ★ 多用‘［形容词＋名词］です’的形式来回答。　比如：静かな町です。（是安静的城市。）
- ●「どんな〜か」는 내용이나 특징에 대하여 알고 싶을 때 사용한다 .
- ●‘(형용사 + 명사) 입니다 .’ 의 형식으로 대답할 때가 많다 . 예 : 静かな町です。 (조용한 동네입니다 .)

2　景色（けしき）がいい所（ところ）です。（形容詞（けいようし）＋名詞（めいし））

It is a scenic place.
景色很美的地方。
경치가 좋은 곳입니다 .

- ◆ There are two types of "adjective + noun" structures, "i-adjective + noun" such as "ii tokoro (good place)"and "na-adjective +noun" such as "yuumeena tokoro (famous place)".
- ★［形容词＋名词］有两种形式。一种如［好地方］是［い形容词 + 名词］,另一种如［有名的地方］是［な形容词 + 名词］。
- ●‘형용사 + 명사’ 에는 두 가지 형식이 있다 . ‘좋은 곳’ 과 같이 ‘い형용사 + 명사’ 와 ‘유명한 곳’ 과 같이 ‘な형용사 + 명사’ 이다 .

3　A：ふじ山（さん）という山（やま）を知（し）っていますか。
　　（〜という…）
**　　B：はい、知（し）っています。／いいえ、知（し）りません。**

A:　Do you know the mountain called Fuji?
B:　Yes, I do. / No, I don't.
A: 你知道叫富士山的山吗?
B: 是的，我知道。/ 不，我不知道。
A: 후지산이라는 산을 압니까 .
B: 네 . 압니다 ./ 아니요 , 모릅니다 .

- ◆ *"~toiu..."* is an expression to give the name of something.
- ◆ When a state continues, *"te-form of verbs + imasu"* is used. However, this structure is not used for the nagation (× *shitteimasen*). Please use *"shirimasen"* instead.
- ★「〜という…」是用来说明事物的名称。
- ★某种状态持续时用［动词的て形 + います］来表达，否定时不能用（× 知っていません），而用［知りません］来回答。
- ●「〜という…」는 그것이 무슨 이름인지를 상대방에게 제시하고 싶을 때 사용하는 표현이다 .
- ● 어떤 상태가 계속될 때는 ‘동사의 て형 + います’ 를 사용한다 . 그렇지만 부정의 경우에는 이 형식이 아니라 (× 知っていません)「知りません」 라고 대답한다 .

4　A：エベレストとふじ山（やま）とどちらが高（たか）いですか。
　　（ＡとＢとどちらが〜ですか）
**　　B：エベレストのほうが高（たか）いです。**

A:　Which is higher, Mt.Fuji or Mt.Everest?
B:　Mt.Everest is higher.
A: 珠穆朗玛峰和富士山，哪个更高?
B: 珠穆朗玛峰更高。
A: 에베레스트와 후지산은 어느 쪽이 높습니까 .
B: 에베레스트가 높습니다 .

- ◆ *"dochira ga ~ka"* asks which has a higher degree when you compare two things.
- ◆ *"~no hoo ga..."* is an expression to indicate the one having the higher degree.
- ★［どちらが〜か］是用来提问比较两个中哪个程度更高。
- ★［〜のほうが…］表示程度更高的一方。
- ●［どちらが〜か］는 두 개를 비교하여 정도가 높은 쪽을 묻는 표현이다 .
- ●［〜のほうが…］는 정도가 높은 쪽을 제시하는 표현이다 .

5　エベレストは世界（せかい）で一番（いちばん）高（たか）い山（やま）です。（一番（いちばん）〜）

Mt. Everest is the tallest mountain in the world.
珠穆朗玛峰是世界上最高的山。
쵸몰랑마봉은 세계에서 제일 높은 산입니다 .

- ◆ It is used to say that the property or the evaluation of something has the highest degree.
- ◆ When you want to say "second ~est", "third ~ est"..., please use ［二番目（にばんめ）に〜］［三番目（さんばんめ）に〜］.
- ★ 表示某种性质或评价达到最高水平。
- ★ 第二次以上用［二番目（にばんめ）に〜］［三番目（さんばんめ）に〜］来表示。
- ● 어떤 성질이나 평가가 최고의 수준임을 나타낸다 .
- ● 두 번째 이후는 ［二番目（にばんめ）に〜］［三番目（さんばんめ）に〜］ 라고 한다 .

6
車を外国に（へ）輸出しています。
／車を外国から輸入しています。

◆ "place + *ni (e)*" indicates the destination.
◆ "place + *kara*" indicates the starting point where a movement starts from.

★ 用［场所 + に（へ）］来表示目的地。
★ 用［场所 + から］来表示进行动作的出发点。

● '장소 + 에（へ）' 로 목적지를 나타낸다.
● '장소 + 에서（から）' 로 동작이 진행되는 출발점을 나타낸다.

7
タイは東南アジアにあります。
（〜にあります）

◆ "〜*ni arimasu*" describes the place something exists.
◆ For people or animals, please use "*imasu*".

★ 表示所存在的场所。
★ 人或动物等的场合，用动词［います］。

● 그것이 존재하는 장소를 나타낸다.
● 사람이나 동물 등의 경우, 동사 'います' 를 사용한다.

8
工場で働いています。
（〜で＋動詞）

◆ "〜 *de*" indicates the place where the action takes place. Ex: 駅で会います。(We will meet at the station.)
◆ "*te*-form of a verb + *imasu*" describes a repeated action.   Ex: 働いています。(I work.)

★ ［〜で］表示进行动作的场所。例如：駅で会います。（在车站见面。）
★ 用［动词的て形 + います］来表示动作的反复进行。例如：働いています。（在工作。）

● '〜で' 는 동작이 진행되는 장소를 나타낸다. 예：駅で会います。(역에서 만납니다 .)
● 동사의て형 + います' 로 반복되는 행동을 나타낸다.   예：働いています。(일하고 있습니다 .)

9
タイ語を話します。
（〜を＋動詞）

◆ "〜*o*" indicates direct objects of the action. Ex: 本を読みます、パンを食べます。(I read a book. I eat bread.)

★ ［〜を］表示动作的对象。 例如：本を読みます、パンを食べます。（看书。 吃面包。）

● '〜を' 는 동작의 대상을 나타낸다. 예：本を読みます、パンを食べます。(책을 읽습니다 , 빵을 먹습니다 .)

10
大阪に住んでいます。
（〜に＋動詞）

◆ "〜 *ni*" used with a stative verb indicates the location where the subject exists. Ex: 部屋にいます。(I'm in my room)
◆ When "〜 *ni*" is used with an active verb, it indicates the indirect object or the destination.
  Ex: 駅に行きます。(I will go to the station)

★ ［〜に］接在状态动词后，表示场所。 例如：部屋にいます。（在房间里。）
★ 接在动作动词后，则表示对象或目的地。 例如：駅に行きます。（去车站。）

● '〜에' 는 상태동사와 어울려 장소를 나타낸다.   예：部屋にいます。(방에 있습니다 .)
● 동작동사와 어울리는 경우에는 대상이나 목적지를 나타낸다.   예：駅に行きます。(역에 갑니다 .)

A：こんにちは。スリです。インドネシアの
　　ジャカルタから来ました。よろしくお願
　　いします。

B：こんにちは。グリーンです。アメリカの
　　ボストンから来ました。よろしくお願い
　　します。

A：グリーンさんは今どこに住んでいますか。

B：東京に住んでいます。英語の教師をしてい
　　ます。スリさんはどこに住んでいますか。

A：私は京都に住んでいます。ABC という会
　　社で働いています。私も東京に1年間住
　　んでいました。

B：そうですか。どこに住んでいましたか。

A：新宿です。

B：私は中野です。近いですね。新宿にはよ
　　く行きますよ。

A：そうですか。

B：ジャカルタはどんなところですか。

A：にぎやかなところです。

B：そうですか。京都とジャカルタと、どち
　　らがにぎやかですか。

A：ジャカルタのほうがにぎやかです。ボス
　　トンはどんなところですか。

B：学生が多い街です。学校がたくさんあり
　　ます。

A：いいですね。

A: Hi, I'm Suli. I'm from Jakarta, Indonesia. Nice to meet you.
B: Hi, I'm Green. I'm from Boston, the US. Nice to meet you.
A: Where do you live now?
B: I live in Tokyo. I'm an English teacher. Where do you live Mr. Suli?
A: I live in Kyoto. I work for a company called ABC. I lived in Tokyo for a year, too.
B: Really? Where did you live?
A: In Shinjuku.

B: I live in Nakano. It's close, isn't it? I often go to Shinjuku.
A: Is that so?
B: What kind of place is Jakarta?
A: It is a busy place.
B: Really? Which is busier, Kyoto or Jakarta?
A: Jakarta is busier. What kind of place is Boston?
B: We have many students in Boston. There are a lot of schools.
A: t sounds good.

A：你好。我叫思丽。从印尼的雅加达来的。请多多关照。
B：你好。我叫格林。从美国的波士顿来的。请多多关照。
A：格林先生现在住在哪儿？
B：我住在东京。当英语老师。思丽小姐住在哪儿？
A：我住在京都。在一家叫 ABC 的公司工作。我也在东京住过一年。
B：是吗？住在哪儿？
A：新宿。

B：我在中野。很近。我经常去新宿。
A：是吗？
B：雅加达是个什么样的地方？
A：很热闹的地方。
B：是吗？京都和雅加达，哪儿更热闹？
A：雅加达更热闹。波士顿是什么样的地方？
B：学生很多的城市。有很多学校。
A：很不错啊。

A：안녕하세요. 스리예요. 인도네시아 쟈카르타에서 왔어요. 잘 부탁드립니다.
B：안녕하세요. 그린이에요. 아메리카 보스턴에서 왔어요. 잘 부탁드립니다.
A：그린씨는 지금 어디에 살고 있어요？
B：도쿄에 살고 있어요. 영어 선생질을 하고 있어요. 스리씨는 어디에 살고 있어요？
A：저는 교토에 살고 있어요. ABC 라는 회사에서 일하고 있습니다. 저도 도쿄에서 1년동안 살았어요.
B：그래요？어디에 살았어요？
A：신쥬쿠예요.

B：저는 나카노예요. 가깝네요. 신쥬쿠에는 자주 가요.
A：그렇군요.
B：쟈카르타는 어떤 곳이에요？
A：번화한 곳이에요.
B：그렇군요. 교토하고 쟈카르타 어느 쪽이 더 번화해요？
A：쟈카르타가 더 번화해요. 보스턴은 어떤 곳이에요？
B：학생이 많은 거리예요. 학교가 많이 있어요.
A：좋네요.

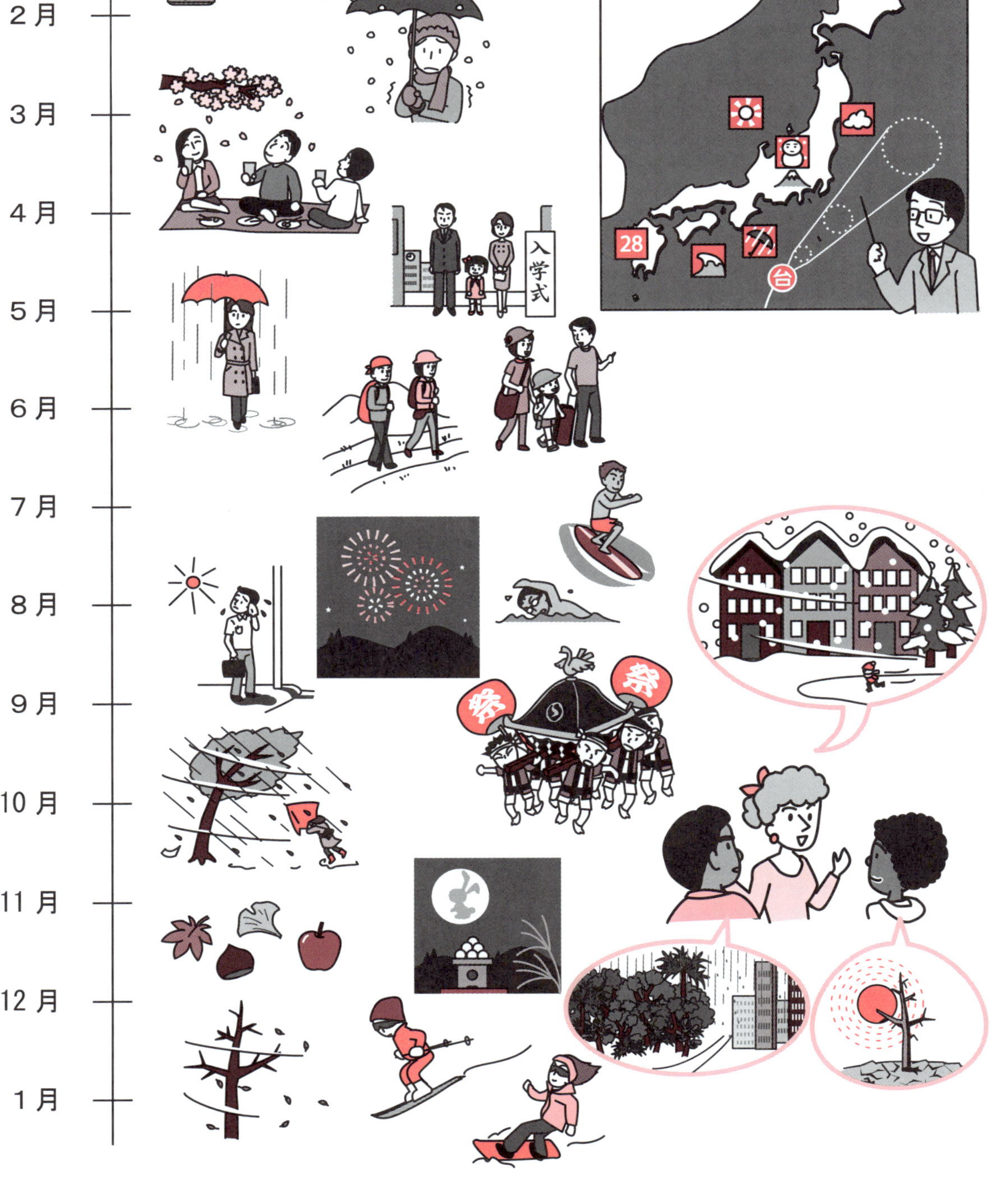

1月

2月

3月

4月

5月

6月

7月

8月

9月

10月

11月

12月

1月

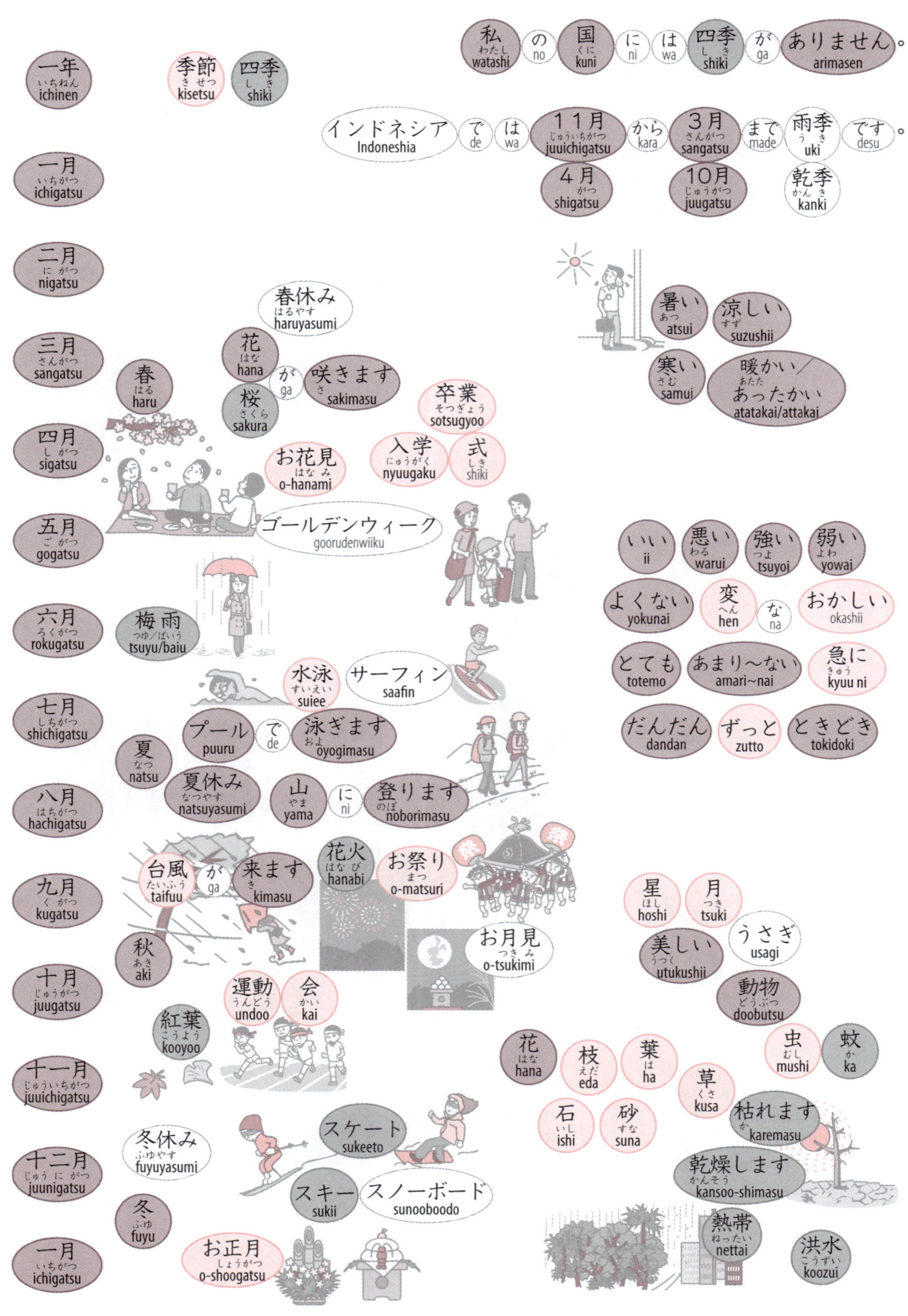
一年 いちねん ichinen
季節 きせつ kisetsu
四季 しき shiki
私 わたし watashi / の no / 国 くに kuni / に ni / は wa / 四季 しき shiki / が ga / ありません。 arimasen
一月 いちがつ ichigatsu
インドネシア Indoneshia / で de / は wa / 11月 じゅういちがつ juuichigatsu / から kara / 3月 さんがつ sangatsu / まで made / 雨季 うき uki / です。 desu
4月 がつ shigatsu
10月 じゅうがつ juugatsu
乾季 かんき kanki
二月 にがつ nigatsu
暑い あつ atsui
涼しい すず suzushii
寒い さむ samui
暖かい／あったかい あたた atatakai/attakai
三月 さんがつ sangatsu
春 はる haru
春休み はるやす haruyasumi
花 はな hana
桜 さくら sakura
が ga
咲きます さ sakimasu
卒業 そつぎょう sotsugyoo
四月 しがつ sigatsu
お花見 はなみ o-hanami
入学 にゅうがく nyuugaku
式 しき shiki
五月 ごがつ gogatsu
ゴールデンウィーク goorudenwiiku
いい ii
悪い わる warui
強い つよ tsuyoi
弱い よわ yowai
よくない yokunai
変 へん hen
な na
おかしい okashii
六月 ろくがつ rokugatsu
梅雨 つゆ／ばいう tsuyu/baiu
水泳 すいえい suiee
サーフィン saafin
とても totemo
あまり～ない amari~nai
急に きゅう kyuu ni
七月 しちがつ shichigatsu
プール puuru
で de
泳ぎます およ oyogimasu
だんだん dandan
ずっと zutto
ときどき tokidoki
夏 なつ natsu
夏休み なつやす natsuyasumi
山 やま yama
に ni
登ります のぼ noborimasu
八月 はちがつ hachigatsu
台風 たいふう taifuu
が ga
来ます kimasu
花火 はなび hanabi
お祭り まつ o-matsuri
星 ほし hoshi
月 つき tsuki
九月 くがつ kugatsu
秋 あき aki
お月見 つきみ o-tsukimi
美しい うつく utukushii
うさぎ usagi
動物 どうぶつ doobutsu
十月 じゅうがつ juugatsu
運動 うんどう undoo
会 かい kai
紅葉 こうよう kooyoo
花 はな hana
枝 えだ eda
葉 は ha
草 くさ kusa
虫 むし mushi
蚊 か ka
十一月 じゅういちがつ juuichigatsu
石 いし ishi
砂 すな suna
枯れます か karemasu
冬休み ふゆやす fuyuyasumi
スケート sukeeto
乾燥します かんそう kansoo-shimasu
十二月 じゅうにがつ juunigatsu
冬 ふゆ fuyu
スキー sukii
スノーボード sunooboodo
一月 いちがつ ichigatsu
お正月 しょうがつ o-shoogatsu
熱帯 ねったい nettai
洪水 こうずい koozui

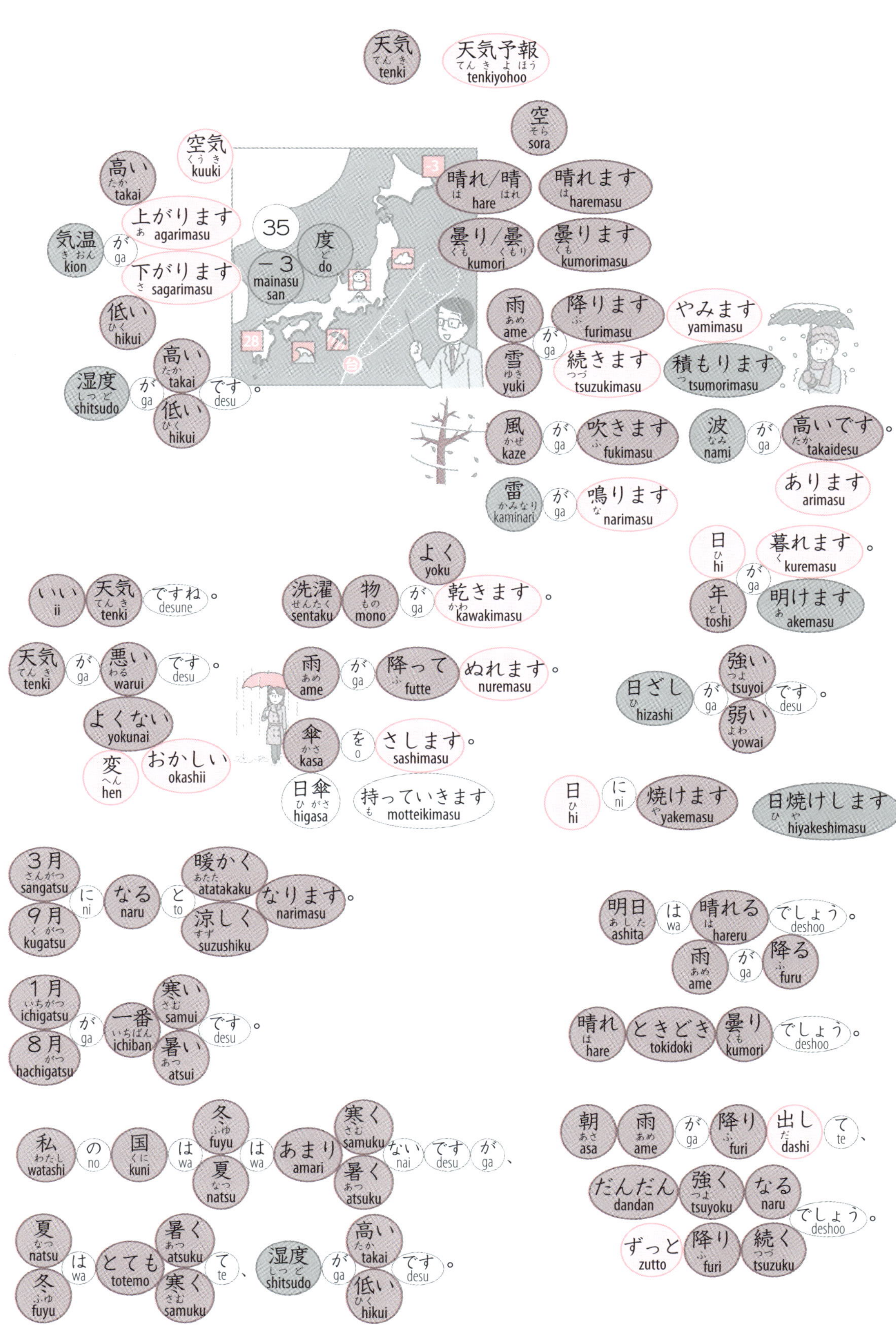
天気 tenki
天気予報 tenkiyohoo
空 そら sora
空気 くうき kuuki
高い たかい takai
上がります あ agarimasu
気温 きおん kion
が ga
下がります さ sagarimasu
低い ひくい hikui
湿度 しっど shitsudo
が ga
高い たか takai
低い ひく hikui
です desu
35
度 ど do
−3 mainasu san
28
晴れ/晴 は はれ hare
晴れます は haremasu
曇り/曇 くも くも kumori
曇ります くも kumorimasu
雨 あめ ame
が ga
降ります ふ furimasu
やみます yamimasu
雪 ゆき yuki
続きます つづ tsuzukimasu
積もります つ tsumorimasu
風 かぜ kaze
が ga
吹きます ふ fukimasu
波 なみ nami
が ga
高いです たか takaidesu
雷 かみなり kaminari
が ga
鳴ります な narimasu
あります arimasu
日 ひ hi
が ga
暮れます く kuremasu
年 とし toshi
明けます あ akemasu
よく yoku
洗濯 せんたく sentaku
物 もの mono
が ga
乾きます かわ kawakimasu
日ざし ひ hizashi
が ga
強い つよい tsuyoi
弱い よわ yowai
です desu
いい ii
天気 てんき tenki
ですね desune
天気 てんき tenki
が ga
悪い わるい warui
です desu
よくない yokunai
変 へん hen
おかしい okashii
雨 あめ ame
が ga
降って ふ futte
ぬれます nuremasu
傘 かさ kasa
を o
さします sashimasu
日傘 ひがさ higasa
も mo
持っていきます motteikimasu
日 ひ hi
に ni
焼けます や yakemasu
日焼けします ひや hiyakeshimasu
3月 さんがつ sangatsu
9月 くがつ kugatsu
に ni
なる naru
と to
暖かく あたたかく atatakaku
涼しく すず suzushiku
なります narimasu
明日 あした ashita
は wa
晴れる は hareru
でしょう deshoo
雨 あめ ame
が ga
降る ふ furu
1月 いちがつ ichigatsu
8月 はちがつ hachigatsu
が ga
一番 いちばん ichiban
寒い さむ samui
暑い あつ atsui
です desu
晴れ は hare
ときどき tokidoki
曇り くも kumori
でしょう deshoo
私 わたし watashi
の no
国 くに kuni
は wa
冬 ふゆ fuyu
夏 なつ natsu
は wa
あまり amari
寒く さむ samuku
暑く あつ atsuku
ない nai
です desu
が ga
朝 あさ asa
雨 あめ ame
が ga
降り ふ furi
出し だ dashi
て te
だんだん dandan
強く つよ tsuyoku
なる naru
でしょう deshoo
夏 なつ natsu
は wa
とても totemo
暑く あつ atsuku
寒く さむ samuku
て te
冬 ふゆ fuyu
湿度 しっど shitsudo
が ga
高い たか takai
低い ひく hikui
です desu
ずっと zutto
降り ふ furi
続く つづ tsuzuku

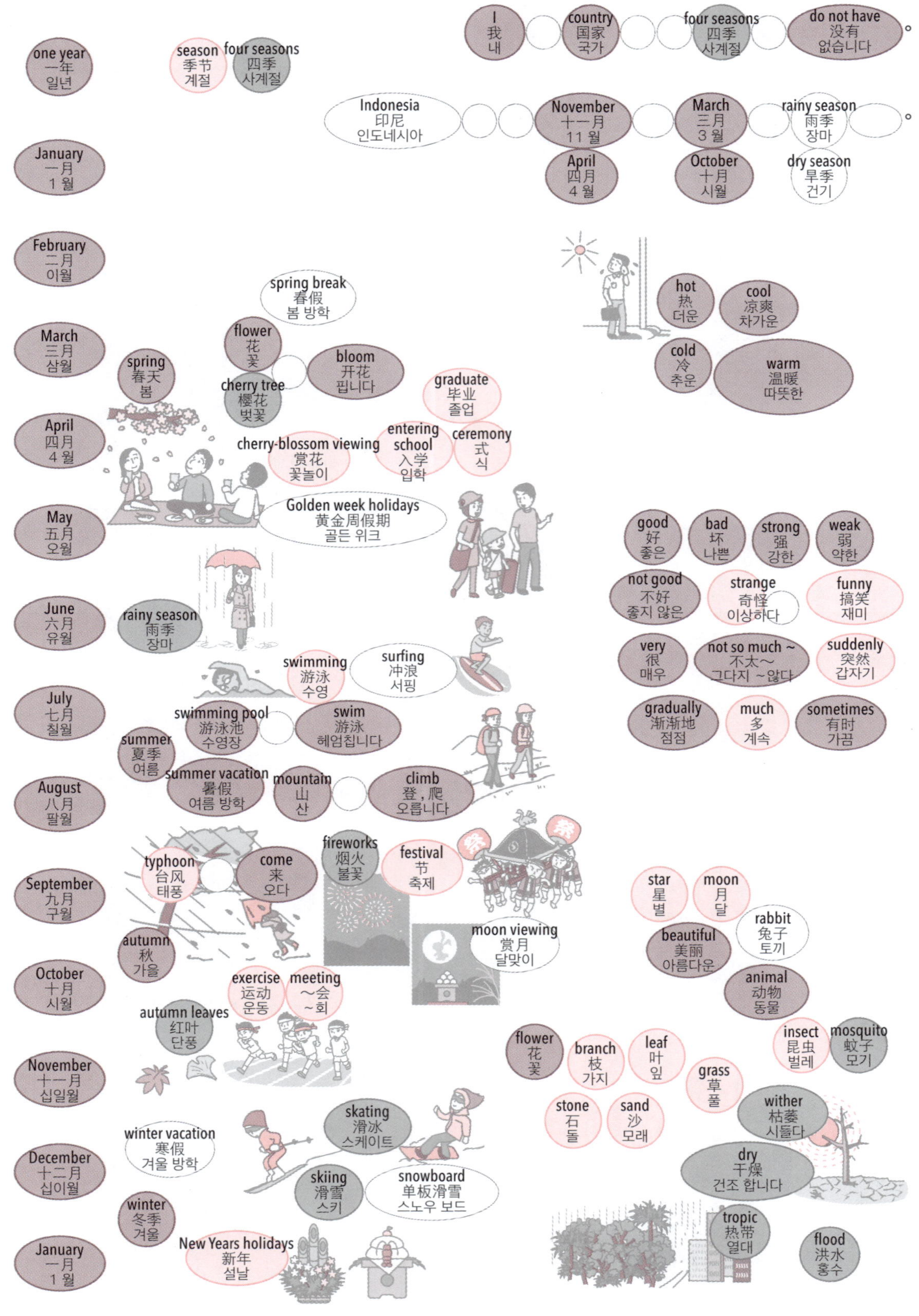

one year
一年
일년

season
季节
계절

four seasons
四季
사계절

I
我
내

country
国家
국가

four seasons
四季
사계절

do not have
没有
없습니다

Indonesia
印尼
인도네시아

November
十一月
11 월

March
三月
3 월

rainy season
雨季
장마

January
一月
1 월

April
四月
4 월

October
十月
시월

dry season
旱季
건기

February
二月
이월

spring break
春假
봄 방학

hot
热
더운

cool
凉爽
차가운

cold
冷
추운

warm
温暖
따뜻한

March
三月
삼월

flower
花
꽃

spring
春天
봄

bloom
开花
핍니다

graduate
毕业
졸업

cherry tree
櫻花
벚꽃

cherry-blossom viewing
赏花
꽃놀이

entering school
入学
입학

ceremony
式
식

April
四月
4 월

May
五月
오월

Golden week holidays
黄金周假期
골든 위크

good
好
좋은

bad
坏
나쁜

strong
强
강한

weak
弱
약한

not good
不好
좋지 않은

strange
奇怪
이상하다

funny
搞笑
재미

June
六月
유월

rainy season
雨季
장마

very
很
매우

not so much ~
不太～
그다지 ~않다

suddenly
突然
갑자기

swimming
游泳
수영

surfing
冲浪
서핑

gradually
渐渐地
점점

much
多
계속

sometimes
有时
가끔

July
七月
칠월

swimming pool
游泳池
수영장

swim
游泳
헤엄칩니다

summer
夏季
여름

summer vacation
暑假
여름 방학

mountain
山
산

climb
登 , 爬
오릅니다

August
八月
팔월

September
九月
구월

typhoon
台风
태풍

come
来
오다

fireworks
烟火
불꽃

festival
节
축제

star
星
별

moon
月
달

autumn
秋
가을

moon viewing
赏月
달맞이

beautiful
美丽
아름다운

rabbit
兔子
토끼

October
十月
시월

exercise
运动
운동

meeting
～会
～회

animal
动物
동물

autumn leaves
红叶
단풍

flower
花
꽃

branch
枝
가지

leaf
叶
잎

insect
昆虫
벌레

mosquito
蚊子
모기

grass
草
풀

November
十一月
십일월

stone
石
돌

sand
沙
모래

wither
枯萎
시듭다

skating
滑冰
스케이트

winter vacation
寒假
겨울 방학

dry
干燥
건조 합니다

December
十二月
십이월

skiing
滑雪
스키

snowboard
单板滑雪
스노우 보드

winter
冬季
겨울

tropic
热带
열대

flood
洪水
홍수

January
一月
1 월

New Years holidays
新年
설날

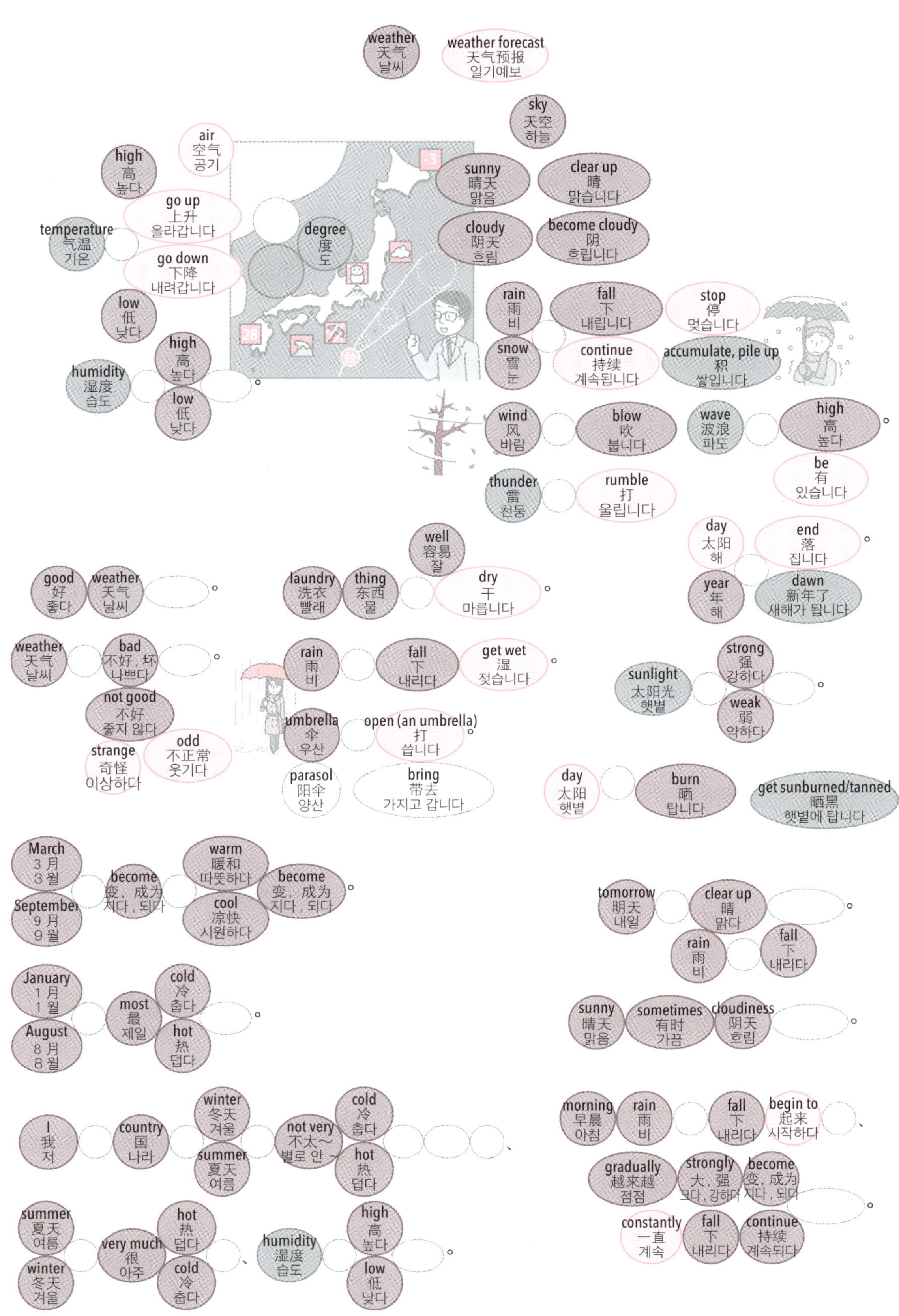

自己紹介① 家族
自己紹介② 国・仕事
天気・自然
予定
買い物
レストランで
食べ物
生活①
家
生活②
トラブル
町・交通
旅行
趣味
学校
仕事・将来
体・病気
敬語で話そう
コミュニケーション

表現（ひょうげん）

1　私（わたし）の国（くに）には四季（しき）がありません。
（AにはBがある／ない）

My country does not have four seasons.
我的国家没有四季。
우리 나라에는 사계절이 없습니다 .

- Expresses that (B) is possessed by or exists in A.
- ★ 表示A所拥有的东西（B）或者存在于 A 的（B）。
- A가 소유하고 있는 것 (B) 이나　A에 존재하는 것 (B) 을 나타냅니다 .

2　インドネシアでは 11 月（がつ）から 3 月（がつ）まで雨季（き）です。

The rainy season in Indonesia lasts from November to March.
印尼从 11 月到 3 月是雨季。
인도네시아에서는 11 월부터 3 월까지 우기입니다 .

- 「～から」Indicates the starting point (origin) of a time or action.
- 「～まで」Indicates the extent of a time or action.
- ★ 「～から」表示时间或动作的出发点（起点）。
- ★ 「～まで」表示时间或动作的范围。
- 「～から」 는 때나 동작 등의 출발점 (기점) 을 나타냅니다 .
- 「～まで」 는 때나 동작의 범위를 나타냅니다 .

3　プールで泳（およ）ぎます。

I will go swimming at the pool.
在游泳池游泳。
풀장에서 수영을 합니다 .

- "Location + で + action" is used to indicate the location where an action takes place.
- ★ 「场所＋で＋动作」表示动作发生的场所。
- 「장소＋で＋동작」 의 형태로 동작을 행하는 장소를 나타냅니다 .

4　3 月（がつ）になると暖（あたた）かくなります。
（AとB／～なります）

It will get warmer once it becomes March.
一到三月份就暖和了。
3 월이 되면 따뜻해집니다 .

- Expresses that when a condition (A) is reached （3月（がつ）になる）, a result (B) takes place （暖（あたた）かくなる）.
- "*I*-adjective + くなります（⇒暖（あたた）かくなります）" and "*Na*-adjective / noun + になります（⇒きれいになります・春（はる）になります）" are used when a situation changes. When following a verb, "root form + ように＋なります" is often used as a potential verb（⇒話（はな）せるようになります）. To use this in negative form, use an *I*- or *Na*-adjective or verb with 「～なくなります」. （⇒暖（あたた）かくなります、簡単（かんたん）じゃなくなります、わからなくなります）.
- ★ 表示条件A一成立（3 月（がつ）になる），就会出现 B 这个结果（暖（あたた）かくなる）。
- ★ 「な形容词＋くなります（⇒暖（あたた）かくなります）」「な形容词・名词＋になります（⇒きれいになります・春（はる）になります）」用于表示状态变化。接在动词后面，用「动词原形＋ように＋なります」的形式，经常用于可能动词。（⇒話（はな）せるようになります）。否定形、イ・ナ形容词・动词、都成为「～なくなります」的用法。（⇒暖（あたた）かくなります、簡単（かんたん）じゃなくなります、わからなくなります）。
- A라는 조건 (3 月（がつ）になる) 이 성립하면 B 라는 결과 （暖（あたた）かくなる） 가 되는 것을 나타냅니다 .
- 「な형용사＋くなります（⇒暖（あたた）かくなります）」「な형용사・명사＋になります（⇒きれいになります・春（はる）になります）」는 상태가 변화할 때 사용합니다 . 동사에 연결될 경우에는 「원형＋ように＋なります」 의 형태로 가능동사로 사용됩니다 . （⇒話（はな）せるようになります） 부정형은 イ・ナ형용사・동사 , 모두 「～なくなります」 입니다 （⇒暖（あたた）かくなります、簡単（かんたん）じゃなくなります、わからなくなります）.

5　山（やま）に登（のぼ）ります。

I will climb a mountain.
登山。
산에 오릅니다 .

- The particle 「に」 indicates a location to be reached.
- "Person / もの / place+ に +action" is used to indicate a place or target that the action is aimed toward.
- ★ 助词「に」表示到达的地点。
- ★ 「人・もの・地点＋に＋动作」表示实施动作的方向或对象。
- 조사 「に」 는 도달하는 장소를 나타냅니다 .
- 「사람・もの・장소＋に＋동작」 의 형태로 동작이 향하는 장소나 대상을 나타냅니다 .

6 明日は晴れるでしょう。
あした は

It should be sunny tomorrow.
明天天晴吧。
내일은 맑을 거예요 .

- ◆ 「でしょう」 is used to indicate the speaker's conjecture or speculation. It is often used in weather reports.
- ◆ 「でしょう」 can also be used to discuss events in the past. Ex: 昔この川はきれいだったでしょうね。 (I bet this river used to be pretty.)
- ★ 「でしょう」 表示说话人进行推测的词语。用于天气预报。
- ★ 「でしょう」 有时也用于表示过去的事情。例）昔この川はきれいだったでしょうね。（过去这条河很美。）
- ● 「でしょう」 는 화자의 추측을 나타내는 말입니다 . 일기예보 등에 사용됩니다 .
- ● 「でしょう」는 과거의 일에도 사용할 수 있습니다 . 예:昔この川はきれいだったでしょうね。（옛날에 이 강은 깨끗했을 거예요 .)

7 朝、雨が降り出して、だんだん強くなる でしょう。（AてB）
あさ あめ ふ だ つよ

It is forecast to rain tomorrow morning and become gradually stronger.
早上下起雨来，雨会慢慢变大吧。
아침에 비가 내리기 시작해서 점점 세차지겠죠 ?

- ◆ 「～出す」 is used to indicate the start of an event or action.
- ◆ 「て」 works to connect verb A and verb B (it can also connect i-adjectives).
- ◆ 「て」 on its own does not have any specific meaning, but can create different relationships depending on the meaning of A and B.
  Ex: ご飯を食べて学校へ行きます。(After I eat, I go to school.)（Aをして、次にBをする）
  雨が降って、ぬれました。(It rained, and I got wet.) （AがBの原因になる）
- ◆ 「だんだん＋くなります／になります」 indicates a gradually changing situation.

- ★ 「～出す」 表示某些事情或者动作的开始。
- ★ 「て」 起连接动词A和动词B的作用。（也能连接い形容词）
- ★ 「て」 本身没有任何意思，会根据A和B的意思，产生各种关联性。
  例）ご飯を食べて学校へ行きます。（吃完饭去学校。）（Aをして、次にBをする）
  雨が降って、ぬれました。（下雨，淋湿了。）（AがBの原因になる）
- ★ 「だんだん＋くなります／になります」 表示渐渐变化的情形。

- ● 「～出す」 는 어떤 일이나 동작의 시작을 나타냅니다 .
- ● 「て」 는 동사 A와 동사 B를 순서대로 연결하는 역할을 합니다 (い형용사도 연결합니다)
- ● 「て」 자체에는 의미가 없지만 , A와B의 의미에 따라 여러가지 관계성이 생깁니다 .
  예：ご飯を食べて学校へ行きます。(밥을 먹고 학교에 갑니다 .)（Aをして、次にBをする）
  雨が降って、ぬれました。(비가 와서 젖었습니다 .)（AがBの原因になる）
- ● 「だんだん＋くなります／になります」 는 서서히 변화하는 모습을 나타냅니다 .

8 私の国は、冬はあまり寒くないですが、 夏はとても暑くて、湿度が高いです。
わたし くに ふゆ さむ なつ あつ しつど たか

Winter is not very cold in my country, but summer is very hot and the humidity is high.
我的国家虽然冬天不太冷，但夏天非常热，湿度很高。
우리 나라는 겨울은 그다지 춥지 않지만 , 여름은 매우 덥고 습도가 높습니다 .

- ◆ 「A（冬）は…が、B（夏）は…。」 compares A and B side to side. 「が」 compares them in opposition to one another. 「＋が、－」「－が、＋」。
- ◆ 「あまり＋ negative form adjective」 is used to express that the adjective is limited in extent or degree.
- ◆ *Te*-form is used when using two adjectives side by side.
  Ex: この店のパンは、おいしくて安いです。(The bread at this store is delicious and cheap.)
- ◆ 「とても」 is used to express a strong extent or degree.

- ★ 「A（冬）は…が、B（夏）は…。」 表示A与B并列进行比较。「が」 表示逆接。「＋が、－」「－が、＋」。
- ★ 「あまり＋形容词的否定形」 で、表示形容词的程度并不是很高。
- ★ 两个形容词并列的时候，使用て形。 例）この店のパンは、おいしくて安いです。（这家店的面包又美味又便宜。）
- ★ 「とても」 表示程度强。

- ● 「A（冬）は…が、B（夏）は…。」 는 A와 B를 나열해서 비교하고 있습니다 .「が」 는 역접입니다 .「＋が、－」「－が、＋」。
- ● 「あまり＋형용사의 부정형」 의 형태로 그 형용사의 정도가 그다지 강하지 않다는 것을 나타냅니다 .
- ● 형용사를 두 개 나열할 때는 て형을 사용합니다 . 예：この店のパンは、おいしくて安いです。(이 가게의 빵은 맛있고 쌉니다)
- ● 「とても」 는 정도가 강한 것을 나타냅니다 .

会話 Conversation 会话 회화

A：朝からずっと雨ですね。寒いです。

B：今、梅雨ですからね。雨が降ると気温が下がります。

A：そうですか。私の国では11月から3月まで雨の季節です。でも寒くありません。

B：四季はありますか。

A：いえ。私の国には四季がありません。ずっと夏です。

B：そうですか。日本は6月になるとだんだん暑くなります。7月から9月まで夏です。

A：日本の夏は暑いですか。

B：ええ。暑い日は、日ざしがとても強いです。湿度も高いので、大変です。

A：そうですか。冬はどうですか。

B：冬は12月から2月までですね。ときどき雪も降ります。

A：いいですね。一度見たいです。

B：今年もきっと降りますよ。

A：そうですか。田中さんは、今年の夏休み、何をしますか。

B：私はプールで泳ぎます。海にも行きます。海へ行ってサーフィンをします。マリアさんは何をしますか。

A：私は富士山に登ります。お祭りにも行きます。あと、花火も見ます。

B：いいですね。

A: It has been raining all day since this morning. It is cold.

B: Yes, because it is the rainy season right now. Once it starts raining, the temperature drops.

A: Is that so? In my country, the rainy season is from November to March, but it is not cold.

B: Do you have four seasons?

A: No. We do not have four seasons in my country. It is always summer.

B: I see. Once it becomes June in Japan, the temperature begins to get hotter. Summer lasts from July to September.

A: Is summer hot in Osaka?

B: Yes. The sun is very strong on hot days. The humidity is also very high, so you should be careful.

A: Is that so. What about winter?

B: Winter lasts from December to February. Sometimes, it will even snow.

A: That is wonderful. I would like to see snow some time.

B: It will probably snow this year, too.

A: Is that so. What are your plans for summer vacation this year, Tanaka-san?

B: I am going to go swimming at the pool. I will also go to the beach and surf. What will you do, Maria-san?

A: I am going to climb Mt. Fuji. I will also go to a festival. Finally, I am going to go see fireworks.

B: That sounds great.

A：今天早上一直在下雨，真冷。

B：现在正是梅雨季节。一下雨气温就下降。

A：是吗？我的国家从11月份到3月份是雨季，但不冷。

B：有四季吗？

A：不，我国没有四季。一直都是夏季。

B：是吗，日本一到6月份就会慢慢变热。7月份到9月份是夏季。

A：大阪的夏天热吗?

B：是啊，非常热。湿度也很大，挺难受的。

A：是吧，冬天怎么样呢?

B：冬天从12月份开始到2月份。有时也会下雪。

A：那不错啊，真想看一次。

B：今年也一定会下的。

A：是吗，田中，今年暑假你要做什么呢?

B：我会在游泳池游泳。也会去海边，会在海边冲浪。玛丽亚你做什么呢?

A：我会去攀登富士山。也会去看各种节日盛典，还会去看烟花。

B：真不错啊。

A: 아침부터 계속 비가 오네요 . 추워요 .

B: 지금이 장마철이니까요 . 비가 오면 기온이 내려가요 .

A: 그래요 ? 우리 나라에서는 11 월부터 3 월까지 비가 많이 내리는 계절이에요 . 그래도 춥지 않아요 .

B: 사계절은 있어요 ?

A: 아니요 . 우리 나라는 사계절이 없어요 . 줄곧 여름이에요 .

B: 그래요 ? 일본은 6 월이 되면 점점 더워져요 . 7 월부터 9 월까지 여름이에요 .

A: 오사카의 여름은 더워요 ?

B: 네 , 매우 더워요 . 습도도 높아서 지내기가 힘들어요 .

A: 그래요 ? 겨울은 어때요 ?

B: 겨울은 12 월부터 2 월까지예요 . 가끔 눈도 내려요 .

A: 좋겠다 ! 한 번 보고 싶어요 .

B: 올해도 꼭 내릴거예요 .

A: 그래요 ? 근데 다나카 씨는 올 여름 방학 때 뭐 하세요 ?

B: 저는 풀장에서 수영을 할 거예요 . 바다에도 가요 . 바다에 가서 서핑을 할 거예요 . 마리아 씨는 뭐 해요 ?

A: 저는 후지산에 오를 거예요 . 축제에도 가요 . 그리고 불꽃놀이도 구경할 거예요 .

B: 좋으시겠네요 .

4 予定
よてい

Schedule

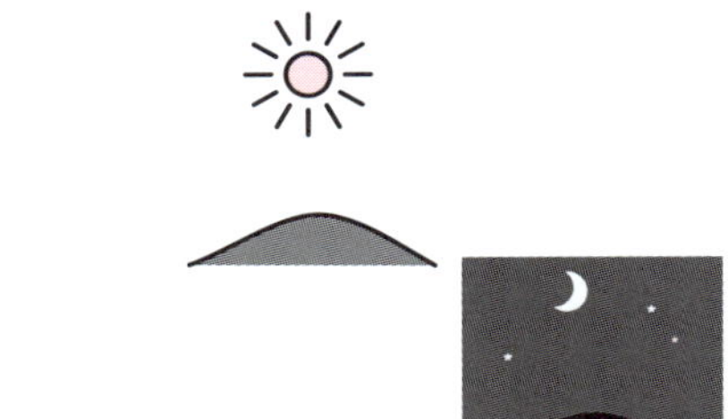

2014年10月
ねん　がつ
Nisenjuuyo-nen juu-gatsu

カレンダー
karendaa

月 げつようび getsuyoobi	火 かようび kayoobi	水 すいようび suiyoobi	木 もくようび mokuyoobi	金 きんようび kinyoobi	土 どようび doyoobi	日 にちようび nichiyoobi
		1 ついたち tsuitachi	2 ふつか futsuka	3 みっか mikka	4 よっか yokka	5 いつか itsuka
6 むいか muika	7 なのか nanoka	8 ようか yooka	9 ここのか kokonoka	10 とおか tooka	11 じゅういちにち juuichinichi	12 じゅうに にち juuninichi
13 じゅうさんにち juusannichi	14 じゅうよっか juuyokka	15 じゅうごにち juugonichi	16 じゅうろくにち juurokunichi	17 じゅうしちにち juushichinichi	18 じゅうはちにち juuhachinichi	19 じゅうくにち juukunichi
20 はつか hatsuka	21 にじゅういちにち nijuuichinichi	22 にじゅうににち nijuuninichi	23 にじゅうさんにち nijuusannichi	24 にじゅうよっか nijuuyokka	25 にじゅうごにち nijuugonichi	26 にじゅうろくにち nijuurokunichi
27 にじゅうしちにち nijuushichinichi	28 にじゅうはちにち nijuuhachinichi	29 にじゅうくにち nijuukunichi	30 さんじゅうにち sanjuunichi	31 さんじゅういちにち sanjuuichinichi		

今
いま
ima ／ 何時
なんじ
nanji ／ ですか。
desuka

年
とし
toshi ／ 月
つき
tsuki ／ 日
ひ
hi

1時	いちじ ichiji	1分	いっぷん ippun
2時	にじ niji	2分	にふん nifun
3時	さんじ sanji	3分	さんぷん sanpun
4時	よじ yoji	4分	よんぷん yonpun
5時	ごじ goji	5分	ごふん gofun
6時	ろくじ rokuji	6分	ろっぷん roppun
7時	しちじ shichiji	7分	ななふん nanafun
8時	はちじ hachiji	8分	はっぷん happun
9時	くじ kuji	9分	きゅうふん kyuufun
10時	じゅうじ juuji	10分	じゅっぷん juppun
11時	じゅういちじ juuichiji	15分	じゅうごふん juugofun
12時	じゅうにじ juuniji	30分	さんじゅっぷん sanjuppun
0時	れいじ reeji	半	はん han
何時	なんじ nanji	何分	なんぷん nanpun

一昨日 おととい ototoi	昨日 きのう kinoo	今日 きょう kyoo	明日 あした／あす ashita	明後日 あさって asatte	毎日 まいにち mainichi
先々週 せんせんしゅう sensen-shuu	先週 せんしゅう sen-shuu	今週 こんしゅう kon-shuu	来週 らいしゅう rai-shuu	再来週 さらいしゅう sa-rai-shuu	毎週 まいしゅう maishuu
先々月 せんせんげつ sensen-getsu	先月 せんげつ sen-getsu	今月 こんげつ kon-getsu	来月 らいげつ rai-getsu	再来月 さらいげつ sa-rai-getsu	毎月 まいげつ／まいつき maigetsu/maitsuki
一昨年 おととし oto-toshi	去年 きょねん kyo-nen	今年 ことし ko-toshi	来年 らいねん rai-nen	再来年 さらいねん sa-rainen	毎年 まいとし／まいねん maitoshi/mainen
		今朝 けさ kesa			毎朝 まいあさ maiasa
	今晩 こんばん konban	今夜 こんや konya			毎晩 まいばん maiban

1分(間)	いっぷん(かん) ippun(kan)	5分(間)	ごふん(かん) gofun(kan)
1時間	いちじかん ichijikan	5時間	ごじかん gojikan
1日	いちにち ichinichi	5日(間)	いつか(かん) itsuka(kan)
1週間	いっしゅうかん isshuukan	5週間	ごしゅうかん goshuukan
1か月 1月	いっかげつ ikkagetsu ひとつき hitotsuki	5か月	ごかげつ gokagetsu

午前
ごぜん
gozen ／ 朝
あさ
asa

昼
ひる
hiru ／ 昼間
ひるま
hiruma

午後
ご
gogo

晩
ばん
ban ／ 夕方
ゆうがた
yuugata

夜
よる
yoru

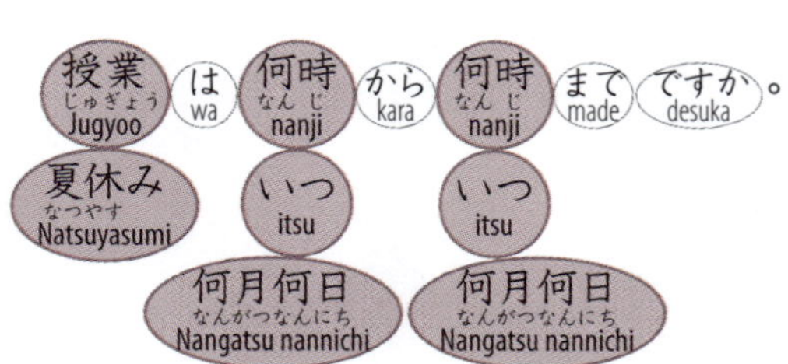

授業
じゅぎょう
Jugyoo ／ は
wa ／ 何時
なんじ
nanji ／ から
kara ／ 何時
なんじ
nanji ／ まで
made ／ ですか。
desuka

夏休み
なつやすみ
Natsuyasumi ／ いつ
itsu ／ いつ
itsu

何月何日
なんがつなんにち
Nangatsu nannichi ／ 何月何日
なんがつなんにち
Nangatsu nannichi

8時
8 ji ／ 半
はん
han ／ から
kara ／ 12時
12 ji ／ まで
made ／ です。
desu

9月
がつ
9 gatsu ／ 21日
にち
21 nichi ／ 8月
がつ
8 gatsu ／ 31日
にち
31 nichi

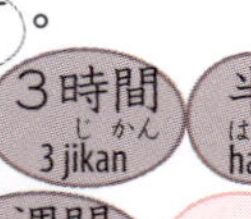 

3時間
じかん
3 jikan ／ 半
はん
han ／ です
desu

6週間
しゅうかん
6 shuukan ／ ぐらい
gurai ／ です。
desu

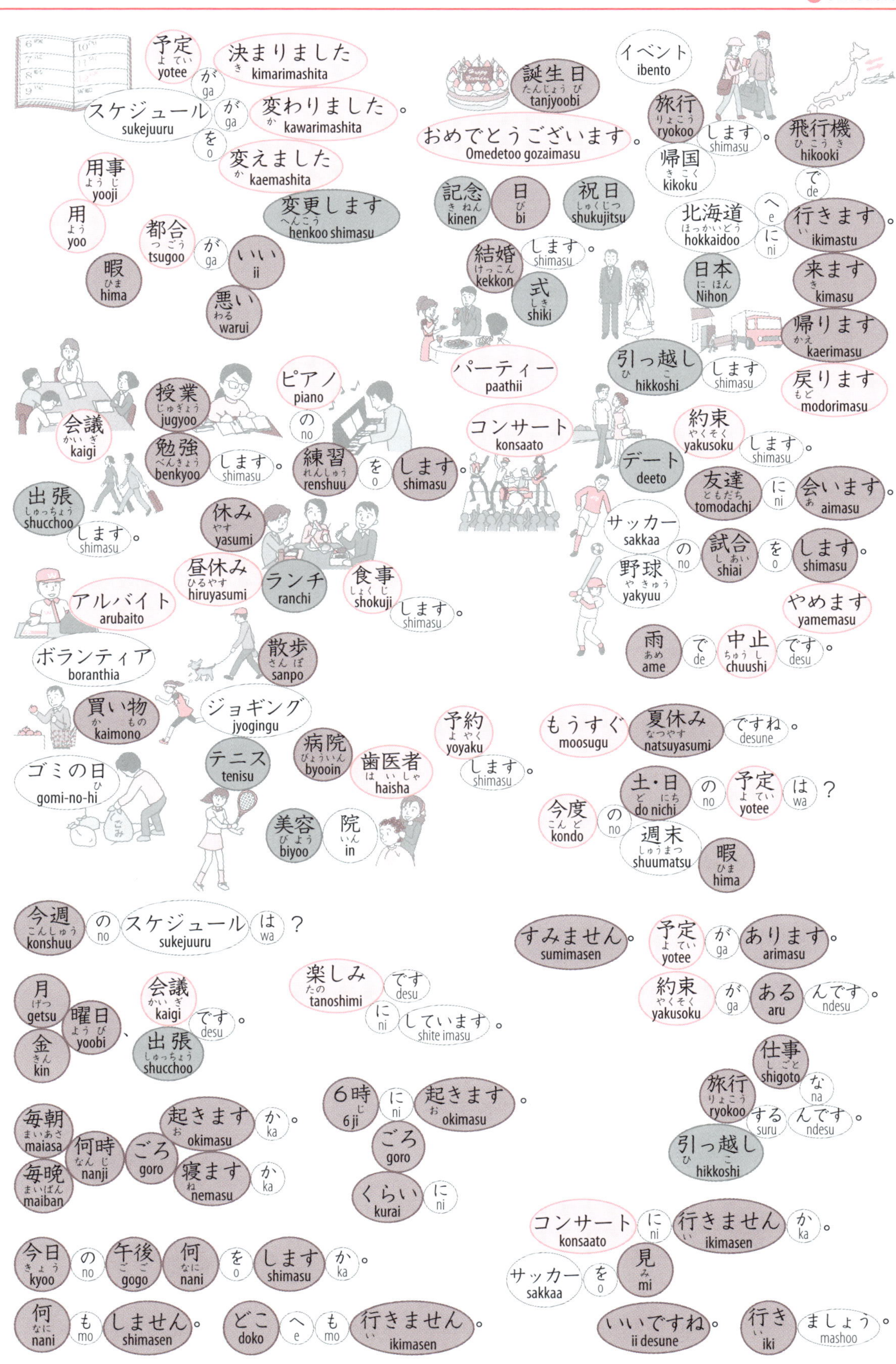
予定 yotee
決まりました kimarimashita
スケジュール sukejuuru
変わりました。kawarimashita
変えました kaemashita
用事 yooji
用 yoo
都合 tsugoo
暇 hima
変更します henkoo shimasu
ga
を o
いい ii
悪い warui
誕生日 tanjyoobi
イベント ibento
おめでとうございます Omedetoo gozaimasu
記念 kinen
日 bi
祝日 shukujitsu
結婚 kekkon
式 shiki
します shimasu
パーティー paathii
コンサート konsaato
デート deeto
旅行 ryokoo
帰国 kikoku
北海道 hokkaidoo
日本 Nihon
飛行機 hikooki
します shimasu
行きます。ikimasu
来ます kimasu
帰ります kaerimasu
戻ります modorimasu
引っ越し hikkoshi
します shimasu
で de
へ e
に ni
約束 yakusoku
します shimasu
友達 tomodachi
に ni
会います。aimasu
サッカー sakkaa
野球 yakyuu
試合 shiai
の no
を o
します。shimasu
やめます yamemasu
雨 ame
で de
中止 chuushi
です。desu
授業 jugyoo
勉強 benkyoo
会議 kaigi
出張 shucchoo
します shimasu
ピアノ piano
の no
練習 renshuu
を o
します shimasu
休み yasumi
昼休み hiruyasumi
ランチ ranchi
食事 shokuji
します。shimasu
アルバイト arubaito
ボランティア boranthia
買い物 kaimono
散歩 sanpo
ジョギング jyogingu
ゴミの日 gomi-no-hi
テニス tenisu
病院 byooin
歯医者 haisha
美容 biyoo
院 in
予約 yoyaku
します。shimasu
もうすぐ moosugu
夏休み natsuyasumi
ですね。desune
今度 kondo
の no
土・日 do nichi
の no
週末 shuumatsu
予定 yotee
は wa ?
暇 hima
今週 konshuu
の no
スケジュール sukejuuru
は wa ?
月 getsu
金 kin
曜日 yoobi、
会議 kaigi
出張 shucchoo
です。desu
楽しみ tanoshimi
です desu
に ni
しています。shite imasu
すみません。sumimasen
予定 yotee
が ga
あります。arimasu
約束 yakusoku
が ga
ある aru
んです ndesu
仕事 shigoto
旅行 ryokoo
引っ越し hikkoshi
な na
する suru
んです。ndesu
毎朝 maiasa
毎晩 maiban
何時 nanji
ごろ goro
起きます okimasu
寝ます nemasu
か ka
6時 6ji
に ni
ごろ goro
くらい kurai
起きます。okimasu
に ni
コンサート konsaato
サッカー sakkaa
に ni
を o
行きません ikimasen
見 mi
か ka
今日 kyoo
の no
午後 gogo
何 nani
を o
します shimasu
か ka
何 nani
も mo
しません shimasen
どこ doko
へ e
も mo
行きません。ikimasen
いいですね ii desune
行き iki
ましょう mashoo

October first, 2014
10.1.2014
2014 년 10 월

calendar
日历
달력

月 Monday 星期一　월요일	火 Tuesday 星期二　화요일	水 Wednesday 星期三　수요일	木 Thursday 星期四　목요일	金 Friday 星期五　금요일	土 Saturday 星期六　토요일	日 Sunday 星期日　일요일
	1 the first 1日　1일	**2** the 2nd 2日　2일	**3** the 3rd 3日　3일	**4** the 4th 4日　4일	**5** the 5th 5日　5일	
6 the 6th 6日　6일	**7** the 7th 7日　7일	**8** the 8th 8日　8일	**9** the 9th 9日　9일	**10** the 10th 10日　10일	**11** the 11th 11日　11일	**12** the 12th 12日　12일
13 the 13th 13日　13일	**14** the 14th 14日　14일	**15** the 15th 15日　15일	**16** the 16th 16日　16일	**17** the 17th 17日　17일	**18** the 18th 18日　18일	**19** the 19th 19日　19일
20 the 20th 20日　20일	**21** the 21st 21日　21일	**22** the 22nd 22日　22일	**23** the 23rd 23日　23일	**24** the 24th 24日　24일	**25** the 25th 25日　25일	**26** the 26th 26日　26일
27 the 27th 27日　27일	**28** the 28th 28日　28일	**29** the 29th 29日　29일	**30** the 30th 30日　30일	**31** the 31st 31日　31일		

now 现在 지금 ／ what time 几点 몇시 ／ evening 黄昏 저녁

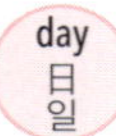
year 年 년 ／ month 月 월 ／ day 日 일

1 o'clock　1点　1시	1 minute　1分钟　1분
2 o'clock　2点　2시	2 minutes　2分钟　2분
3 o'clock　3点　3시	3 minutes　3分钟　3분
4 o'clock　4点　4시	4 minutes　4分钟　4분
5 o'clock　5点　5시	5 minutes　5分钟　5분
6 o'clock　6点　6시	6 minutes　6分钟　6분
7 o'clock　7点　7시	7 minutes　7分钟　7분
8 o'clock　8点　8시	8 minutes　8分钟　8분
9 o'clock　9点　9시	9 minutes　9分钟　9분
10 o'clock　10点　10시	10 minutes　10分钟　10분
11 o'clock　11点　11시	15 minutes　15分钟　15분
12 o'clock　12点　12시	half an hour　半小时　30분
midnight　0点　0시	half　半　반
what time　几点　몇시	how many minutes　几分　몇분

the day before yesterday 前天 그저께	yesterday 昨天 어제	today 今天 오늘	tomorrow 明天 내일	the day after tomorrow 后天 모레	every day 每天 매일
the week before last 大上个星期 지지난주	last week 上星期 지난 주	this week 本星期 이번 주	next week 下周 다음주	the week after next 大下周 다다음주	every week 每周 매주
the month before last 大上个月 지지난달	last month 上个月 지난달	this month 本月 이달	next month 下个月 다음달	the month after next 大下个月 다다음달	every month 每月 매월
the year before last 前年 재작년	last year 去年 작년	this year 今年 올해	next year 明年 내년	the year after next 后年 내후년	every year 每年 매년
		this morning 今晨 오늘 아침			every morning 每天早上， 매일 아침
		tonight 今晚 오늘 밤　tonight 今夜 오늘 밤			every night 每天晚上， 매일 밤

1 minute　1分钟　1분동안	5 minutes　5分钟　5분동안
1 hour　1个小时　한 시간	5 hours　5个小时　다섯 시간
1 day　1天　하루	5 days　5天　닷새
1 week　1个星期　일주일	5 weeks　5个星期　5 주
1 month　1个月　한 달，1 개월	5 months　5个月　다섯 달，5 개월

a.m. 上午 오전 ／ morning 早晨 아침
noon 中午 점심 ／ daytime 白天 낮
p.m. 下午 오후
evening 晚上 밤 ／ evening 黄昏 저녁
night 夜 밤

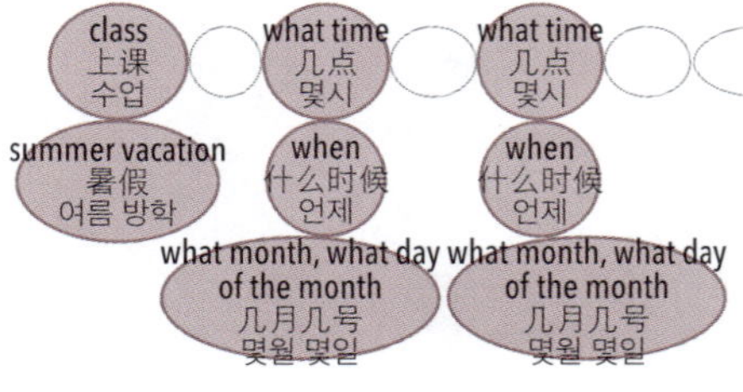

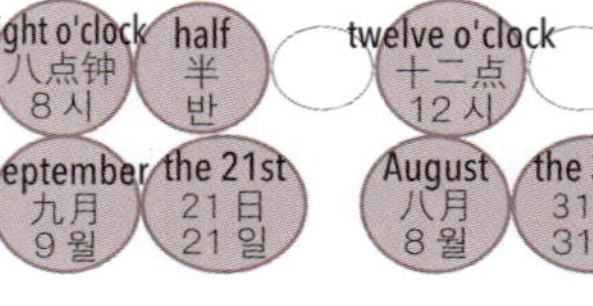

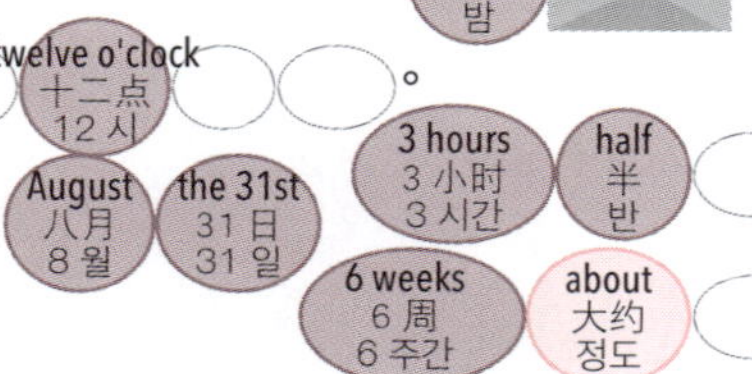

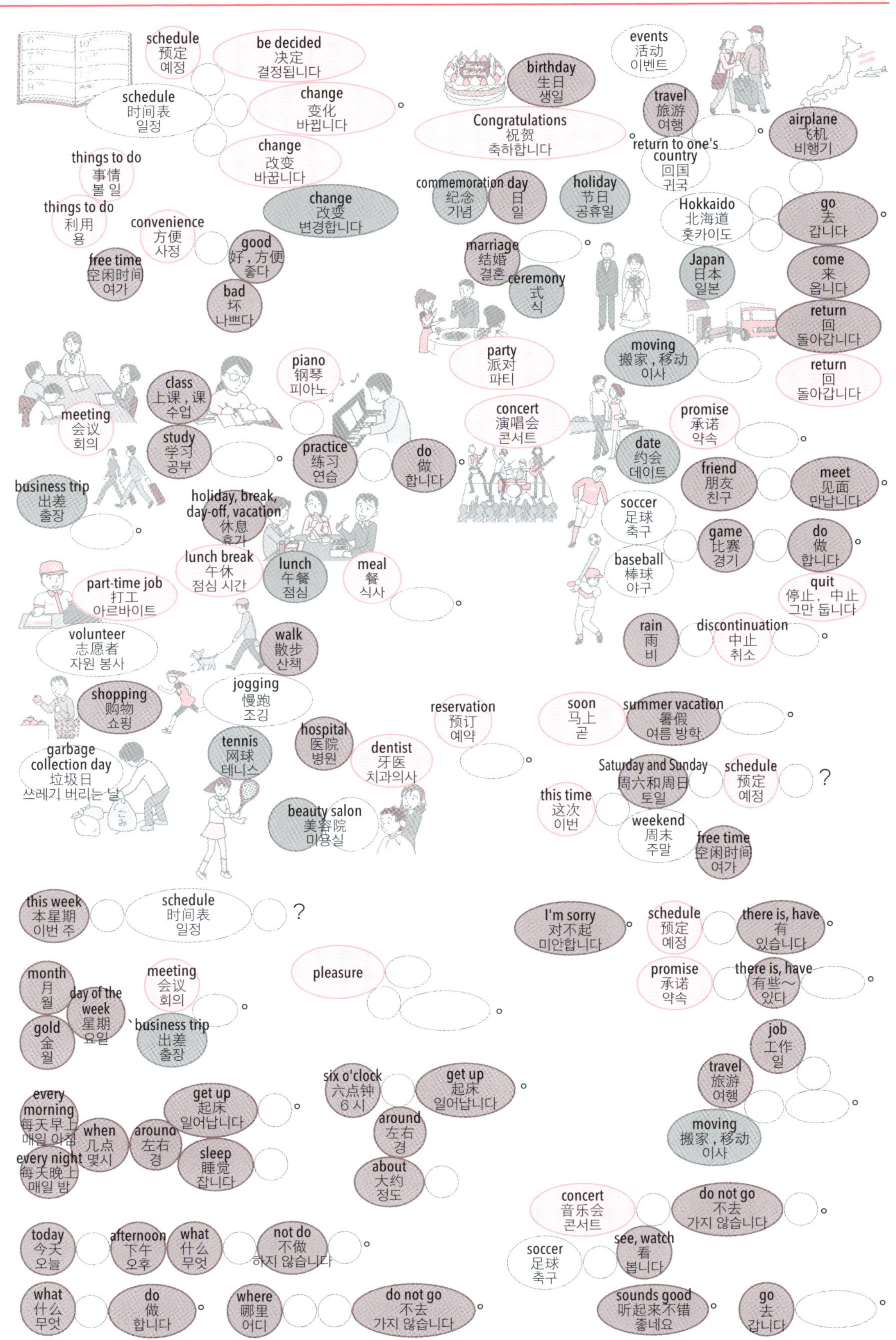

schedule 预定 예정
be decided 决定 결정됩니다
schedule 时间表 일정
change 变化 바뀝니다
things to do 事情 볼 일
change 改变 바꿉니다
things to do 利用 용
convenience 方便 사정
change 改变 변경합니다
good 好，方便 좋다
free time 空闲时间 여가
bad 坏 나쁘다
events 活动 이벤트
birthday 生日 생일
travel 旅游 여행
airplane 飞机 비행기
Congratulations 祝贺 축하합니다
return to one's country 回国 귀국
commemoration day 纪念 기념
holiday 日 일
holiday 节日 공휴일
go 去 갑니다
Hokkaido 北海道 홋카이도
Japan 日本 일본
come 来 옵니다
marriage 结婚 결혼
ceremony 式 식
return 回 돌아갑니다
moving 搬家，移动 이사
party 派对 파티
return 回 돌아갑니다
meeting 会议 회의
class 上课，课 수업
piano 钢琴 피아노
study 学习 공부
practice 练习 연습
do 做 합니다
concert 演唱会 콘서트
promise 承诺 약속
business trip 出差 출장
date 约会 데이트
friend 朋友 친구
meet 见面 만납니다
holiday, break, day-off, vacation 休息 휴가
soccer 足球 축구
game 比赛 경기
do 做 합니다
lunch break 午休 점심 시간
lunch 午餐 점심
meal 餐 식사
baseball 棒球 야구
quit 停止，中止 그만 둡니다
part-time job 打工 아르바이트
rain 雨 비
discontinuation 中止 취소
volunteer 志愿者 자원 봉사
walk 散步 산책
shopping 购物 쇼핑
jogging 慢跑 조깅
reservation 预订 예약
soon 马上 곧
summer vacation 暑假 여름 방학
garbage collection day 垃圾日 쓰레기 버리는 날
tennis 网球 테니스
hospital 医院 병원
dentist 牙医 치과의사
Saturday and Sunday 周六和周日 토일
schedule 预定 예정
this time 这次 이번
weekend 周末 주말
beauty salon 美容院 미용실
free time 空闲时间 여가
this week 本星期 이번 주
schedule 时间表 일정
I'm sorry 对不起 미안합니다
schedule 预定 예정
there is, have 有 있습니다
month 月 월
day of the week 星期 요일
meeting 会议 회의
pleasure
promise 承诺 약속
there is, have 有些～ 있다
gold 金 월
business trip 出差 출장
job 工作 일
every morning 每天早上 매일 아침
when 几点 몇시
get up 起床 일어납니다
six o'clock 六点钟 6시
get up 起床 일어납니다
travel 旅游 여행
around 左右 경
around 左右 경
moving 搬家，移动 이사
every night 每天晚上 매일 밤
sleep 睡觉 잡니다
about 大约 정도
today 今天 오늘
afternoon 下午 오후
what 什么 무엇
not do 不做 하지 않습니다
concert 音乐会 콘서트
do not go 不去 가지 않습니다
soccer 足球 축구
see, watch 看 봅니다
what 什么 무엇
do 做 합니다
where 哪里 어디
do not go 不去 가지 않습니다
sounds good 听起来不错 좋네요
go 去 갑니다
自己紹介① 家族
自己紹介②
国・仕事
天気・自然
予定
買い物
レストランで
食べ物
生活① 家
生活② トラブル
町・交通
旅行
趣味
学校
仕事・将来
体・病気
敬語で 話そう
コミュニケーション

表現
ひょう げん

1　飛行機で北海道へ / に行きます。
ひ こう き　　ほっかいどう　　　い
（〜で〜へ / に行きます）

I'm going to Hokkaido by plane.
坐飞机去北海道。
비행기로 홋카이도에 갑니다 .

◆ "Noun + で "shows the measure for doing something. Ex: ペンで書きます（I write using a pen.）

◆ " へ "and " に "in the "Destination +へ / に　行きます・来ます・帰ります "is a postposition particle, which shows the destination. It is okay to use either of them.

★ 用「名詞＋で」表示手段。例）ペンで書きます。（用钢笔写。）

★ 「目的地＋へ / に　行きます・来ます・帰ります」中的「へ」和「に」表示要到的目的地，是助词。用哪个都可以。

● ‘名詞＋で’ 는 수단을 나타낸다 . 예 : ペンで書きます（ 펜으로 씁니다 .）

● ‘목적지＋へ / に　行きます・来ます・帰ります’ 에서 「へ」 와 「に」 는 목적지를 나타내는 조사이다 . 어느 것을 사용해도 좋다 .

2　雨で中止です。
あめ　ちゅうし
（〜で）

It is canceled due to rain.
因下雨而中止。
비 때문에 중지입니다 .

◆ "Noun ＋で " shows the cause of (cancellation).　Ex: コンサートは台風で延期です。（The concert is postponed due to typhoon.）

★ 「名詞＋で」表示（中止的）原因。例：コンサートは台風で延期です。（音乐会因台风而延期。）

● ‘名詞＋で’ 는 (중지된) 원인을 나타낸다 .　예 : コンサートは台風で延期です。（콘서트는 태풍으로 인해 연기됩니다 .）

3　約束があるんです。
やくそく
（〜んです）

I have an appointment.
有约会。
약속이 있거든요 .

◆ It is used to explain a reason for something, like when declining an invitation.
Ex: A: 明日、サッカーを見に行きませんか。（Shall we go watch the soccer game tomorrow?）
　　B：すみません。明日は約束があるんです。（I'd like to, but I have an appointment tomorrow.）

★ 拒绝邀请，说明什么理由时使用。
例：A：明日、サッカーを見に行きませんか。（明天不去看足球吗 ?）
　　B：すみません。明日は約束があるんです。（对不起，明天有个约会。）

● 초대를 거절할 때거나 어떤 이유를 설명할 때 사용된다 .
예 : A：明日、サッカーを見に行きませんか。(내일 축구시합 보러 안 갈래요 ?）
　　B：すみません。明日は約束があるんです。(죄송합니다 . 내일은 약속이 있거든요 .)

4　A：毎朝何時ごろ起きますか。
まいあさいつ　　お
B：6 時ごろ起きます。（〜ごろ）
じ　　お

A:What time do you get up everyday?
B: I get up around 6 o'clock.
A: 每天几点起床 ?　B:6 点左右起床。
A: 매일 아침 몇 시 쯤에 일어납니까 ?'　B: 6 시 쯤에 일어납니다 .'

◆ 「ごろ」describes the approximate time.

★ 「ごろ」表示大概的时刻。

● ‘ごろ’ 는 대체로의 시간을 나타낸다 .

5　何もしません。／どこへも行きません。
なに　　　　　　　　　　　　　い
（何も〜ません／どこへも〜ません）
なに

I don't do anything. / I don't have plans to go anywhere.
什么也不干。／ 哪也不去。
아무것도 안 합니다 ./ 어디도 안 갑니다 .

◆ "Interrogative word like (what/where) ＋ も＋ negative form" has the meaning that there is "no intention at all"

★ 「疑問詞（何・どこ、など）＋も＋否定形」表示「完全没有」的意思。

● ‘의문사 (무엇 , 어디 등)＋도＋부정형’ 은 ‘전혀 안 ~ ’ 라는 뜻을 나타낸다 .

6

A：コンサートに行きませんか。（～ませんか）
B：いいですね。行きましょう。（～ましょう）

A: Would you like to go to the concert?
B: That sounds good. Why don't we go.
A: 要不要去看演唱会？　B: 好啊，去吧。
A: 콘서트 보러 안 갈래요？ B: 좋아요 . 가요 .

◆ 「～ませんか」 is an expression when inviting someone to do something together.
◆ 「～ましょう」 also is an expression when inviting someone to do something together. This is often used when it is clear that the other person has the same intention as you do.
◆ 「～ましょう」 can also be used as a reply to someone's invitation.

★ 「ませんか」 用于邀请人时的表现。
★ 「ましょう」 也是一种邀请的表现。多用于明确对方也愿意跟自己做某事。
★ 「ましょう」 也用于对 「ませんか」 的邀请时的回答。

● '～ませんか' 는 누군가를 초대할 때 사용하는 표현이다 .
● '～ましょう' 도 누군가를 초대할 때 사용하는 표현이다 . 상대방도 자신과 함께 하고 싶어하는 것이 명확할 때 자주 사용한다 .
● '～ましょう' 는 '～ませんか' 라는 청유에 대한 대답으로도 사용한다 .

7

授業は何時から何時までですか。
／夏休みはいつからいつまでですか。
（何時から何時まで／いつからいつまで）

What time does your class start an?
/ From when to when is your summer vacation?
上课从几点到几点？／ 暑假从什么时候到什么时候？
수업은 몇 시부터 몇 시까지입니까 ？
／ 여름휴가는 언제부터 언제까지입니까 ？

◆ 「何時から何時までですか」 is an expression used to ask the starting and ending time.
◆ 「いつからいつまでですか」 is an expression used to ask the starting and ending of a season.

★ 「何時から何時までですか」 表示询问从几点到几点？
★ 「いつからいつまでですか」 表示询问开始的时期到结束的时期。

● '何時から何時までですか' 는 시작시간과 종료시간을 물을 때의 표현이다 .
● 'いつからいつまでですか' 는 시작시기와 종료시기를 물을 때의 표현이다 .

8

スケジュールが変わりました。（変わります）

The schedule has changed.
日程变了。
일정이 바뀌었습니다 .

◆ It is a verb to explain the current situation of the schedule. This has a nuance that you did not change the schedule on your own, but has changed because of other reason.
◆ In this case, intransitive verb 「が」 is attached to a verb.

★ （変わります） 是说明日程状况的动词。不是因为自己的意志而改变，是因自己以外的理由而发生了变化。
★ 是自动词，接助词 「が」。

● 일정 상황에 대해 설명하는 동사입니다 . 자신의 의지로 변경시킨 것이 아니라 자신 외의 다른 이유로 변경됐다는 느낌이 들어 있다 .
● 자동사이며 조사 'が' 뒤에 사용된다 .

9

スケジュールを変えました。（変えます）

I changed the schedule.
改变日程。
일정을 바꾸었습니다 .

◆ It describes that the schedule is changed by someone.
◆ In this case, transitive verb 「を」 is attached to a verb.

★ 表示谁把日程给改变了。
★ 是他动词，接助词 「を」。

● 누군가가 일정을 바꿨다는 뜻이다 .
● 타동사이며 조사 'を' 뒤에 사용된다 .

10

決まりました（自動詞）・決めました（他動詞）

It is decided/I decided it
定了 / 决定了
'결정됐습니다 / 결정했습니다

◆ 「予定が決まりました」「予定を決めました」 is also the same as above written 「変わります」「変えます」.「決まりました」 has a nuance that it was not of your own will that the decision was made, and 「決めました」 has a nuance that the decision was made by your will.

★ 「予定が決まりました」「予定を決めました」 都和、上面的 「変わります」「変えます」 一样，「決まりました」 不是因自己的意志而定。「決めました」 是因自己的意志而定。

● 予定が決まりました' '予定を決めました' 도 위의 '変わります」 '変えます」 와 같다 . '決まりました' 는 자신의 의지로 결정한 것이 아니라는 느낌이 들고 '決めました' 는 자신의 의지로 결정했다 라는 느낌이 든다 .

A：マリアさん、今度、みんなで山に行きませんか。

B：いいですね。行きましょう。いつ行きますか。

A：来月の最初の週末は？　何か予定はありますか。

B：ちょっと待ってください…。ああ、出張の予定があります。

A：出張ですか。どこへ行くんですか。

B：インドネシアへ行きます。9月4日から8日まで5日間です。

A：そうですか。いいですね。

B：でも、仕事ですから。けっこう大変です。

A：そうですね。えーと、じゃ、今週末はどうですか。

B：私は大丈夫です。皆さんのご都合はどうですか。

A：ああ、私も大丈夫ですよ。じゃ、あとでほかの人に聞きますね。

B：お願いします。

A：晴れるといいですね。

B：そうですね。あ、天気予報を見てみます。…うん、大丈夫です。土日は2日間、晴れか曇りで、雨は降らないみたいです。

A：そうですか。よかった。

B：楽しみですね。何か持っていく物はありますか。

A：山の上でお昼を食べるから、お弁当を持ってきてください。みんなで食べましょう。

B：わかりました。

A: Mary, shall we all go mount-climbing next time?
B: I love that idea. Let's go. When are you planning?
A: How about the first weekend next month? Do you have anything scheduled?
B: Hold on a second... Oh, I will be on a business trip then.
A: A business trip? Where are you going?
B: I'm going to Indonesia. It's a five days trip from September 4th till the 8th.
A: Is that right. I envy you.
B: Do you? But I'm going for work. It's pretty tough.
A: That's true. Then, how about this weekend?

B: That's fine with me. Is it convenient for everyone?
A: Oh~, I'm also good, and I'll go asking around to others later.
B: Okay.
A: I hope the weather would be nice.
A: Yeah. Oh, wait a minute, let me check the weather forecast. Hmmm, it looks fine. Both Saturday and Sunday seem to be either sunny or cloudy, with no rain.
A: Is that right. It seems promising.
B: I'm totally looking forward to it. Is there anything I should bring?
A: We'll be having lunch on the summit, so please bring your lunch. Let's eat together.
B: Roger.

A：玛利亚，下次大家一起去登山吧。
B：太好了！一起去吧。什么时候去？
A：下月的第一个周末，你有什么安排吗？
B：请稍等一下…。啊，我有出差的安排。
A：出差啊！去哪儿？
B：去印度尼西亚。从9月4号到8号共5天。
A：是吗？不错啊！
B：不过，是去工作，还是挺辛苦的。
A：是啊！那么，这个周末怎么样？

B：我没问题。大家怎么样？
A：啊，我也没问题。那，我过后问问其他人。
B：那就拜托了。
A：那天要是能晴天就好了。
B：是啊！我看一下天气预报。　嗯…，没问题。周六周日两天晴或阴，好像不下雨。
A：是吗？那太好了！
B：我高兴地期待着。有什么要带的吗？
A：在山上吃午饭，要带上盒饭。大家一起吃。
B：知道了。

A：마리아 씨, 다음에 다 같이 산에 안 갈래요？
B：좋아요. 갑시다. 언제 가요？
A：다음 달 첫 주말에는요？ 무슨 약속 있어요？
B：잠깐만요. 아, 출장 예정이 있어요.
A：출장요？ 어디로 가는데요？
B：인도네시아에 가요. 9월 4일부터 8일까지 5일동안요.
A：그렇군요. 좋겠어요.
B：근데, 일이니까 많이 힘들어요.
A：그렇군요. 음-, 그럼 이번 주말은 어때요？

B：저는 괜찮아요. 여러분은 시간 어때요？
A：네, 저도 괜찮아요. 그럼 있다가 다른 사람들한테 물어 볼게요.
B：부탁할게요.
A：날씨가 맑았으면 좋겠어요.
B：글쎄요. 참, 일기예보 찾아 볼게요. …음-, 괜찮네요. 토요일 일요일 이틀동안은 맑거나 흐림, 비는 안 온대요.
A：그래요？ 잘 됐네요.
B：기대돼요. 뭔가 가져갈 거 있어요.
A：산위에서 점심을 먹을테니까, 도시락을 싸 오세요. 다 같이 먹어요.
B：알겠어요.

5 買い物 Shopping
かもの

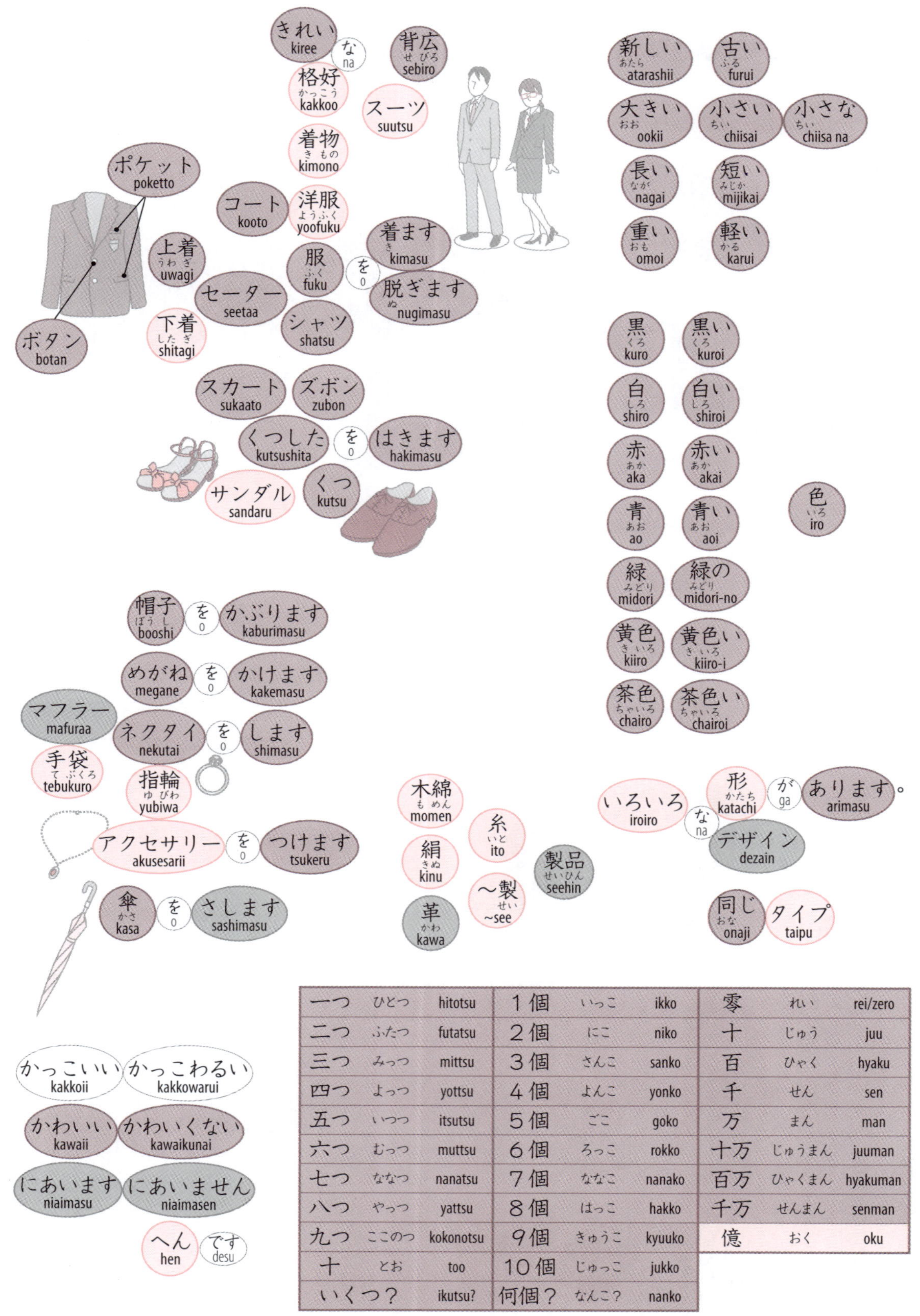

一つ	ひとつ	hitotsu	1個	いっこ	ikko	零	れい	rei/zero
二つ	ふたつ	futatsu	2個	にこ	niko	十	じゅう	juu
三つ	みっつ	mittsu	3個	さんこ	sanko	百	ひゃく	hyaku
四つ	よっつ	yottsu	4個	よんこ	yonko	千	せん	sen
五つ	いつつ	itsutsu	5個	ごこ	goko	万	まん	man
六つ	むっつ	muttsu	6個	ろっこ	rokko	十万	じゅうまん	juuman
七つ	ななつ	nanatsu	7個	ななこ	nanako	百万	ひゃくまん	hyakuman
八つ	やっつ	yattsu	8個	はっこ	hakko	千万	せんまん	senman
九つ	ここのつ	kokonotsu	9個	きゅうこ	kyuuko	億	おく	oku
十	とお	too	10個	じゅっこ	jukko			
いくつ？		ikutsu?	何個？	なんこ？	nanko			

デパート depaato
売り場 uriba
品物 shinamono

買い物 kaimono／します shimasu
両方 ryoohoo
あんな anna／こんな konna／服 fuku が ga／を o
欲しい hoshii です desu
探しています sagashiteimasu。
選びます erabimasu
決めます kimemasu
迷っています mayotteimasu

いらっしゃいませ irasshaimase
これ kore は wa いかが ikaga ですか desuka。
いい ii ですね desune。
それ sore は wa いくら ikura ですか desuka。
値段 nedan
高い takai／安い yasui
～円 en です desu

違う chigau
ほか hoka の no／別 betsu／色 iro は wa
ないです naidesu か ka
あります arimasu か ka。
ありません arimasen か ka

これ kore の no 赤 aka は wa あります arimasu か ka。
L S M サイズ saizu が ga
サイズ saizu が ga 合い ai ます masu／ません masen。
ちょうどいい choodoii です desu
大体 daitai いい ii です desu

これ kore を o ください kudasai。
1つ hitotsu 買います kaimasu。
いろいろ iroiro 売っています utteimasu。

3個 3 ko
もう moo 1つ hitotsu ください kudasai。

これ kore 見て mite も mo いい ii ですか desuka。
さわって sawatte
着て kite みて mite も mo いい ii ですか desuka。
かぶって kabutte
はい hai どうぞ doozo。

お o 取り替え torikae します shimasu。 
もっと motto 小さい chiisai／もう少し moosukoshi／安い yasui
の no は wa ありません arimasen か ka。

財布 saifu
お金 okane を o 払います haraimasu。
カード kaado で de お願いします onegaishimasu。 
レジ reji
おつり otsuri を o もらいます moraimasu。
レシート reshiito

贈り物 okurimono ですか desuka。
はい hai。プレゼント purezento 用 yoo に ni 包んで tsutsunde ください kudasai。

～階	～かい	~kai		～円	～えん	~en
1階	いっかい	ikkai		1円	いちえん	ichien
2階	にかい	nikai		2円	にえん	nien
3階	さんがい	sangai		3円	さんえん	san-en
4階	よんかい	yonkai		4円	よえん	yoen
5階	ごかい	gokai		5円	ごえん	goen
6階	ろっかい	rokkai		6円	ろくえん	rokuen
7階	ななかい	nanakai		7円	ななえん	nanaen
8階	はちかい	hachikai		8円	はちえん	hachien
9階	きゅうかい	kyuukai		9円	きゅうえん	kyuuen
10階	じゅっかい	jukkai		10円	じゅうえん	juuen
何階	なんかい	nangai?		何円	なんえん	nanen?

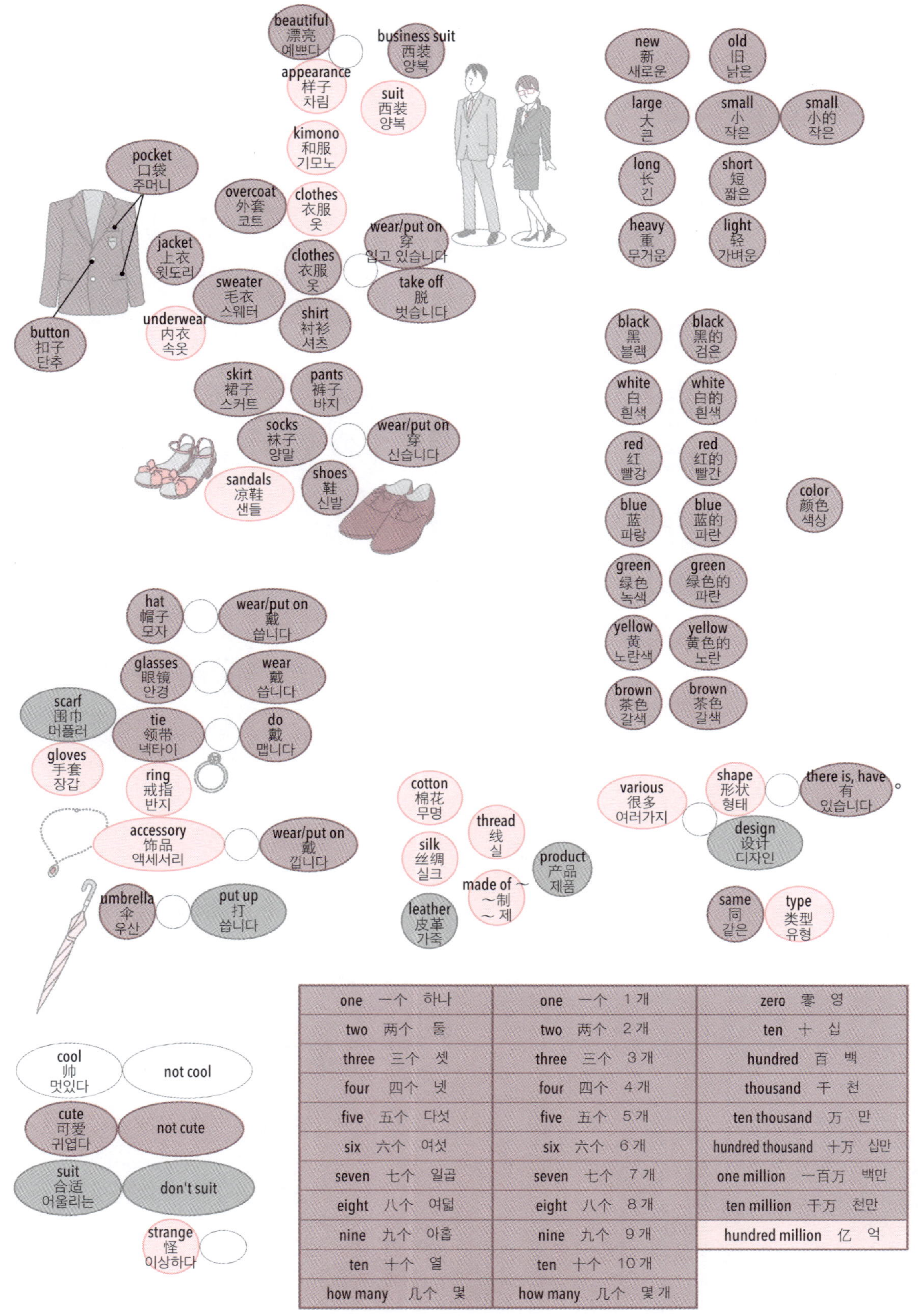

one 一个 하나	one 一个 1 개	zero 零 영
two 两个 둘	two 两个 2 개	ten 十 십
three 三个 셋	three 三个 3 개	hundred 百 백
four 四个 넷	four 四个 4 개	thousand 千 천
five 五个 다섯	five 五个 5 개	ten thousand 万 만
six 六个 여섯	six 六个 6 개	hundred thousand 十万 십만
seven 七个 일곱	seven 七个 7 개	one million 一百万 백만
eight 八个 여덟	eight 八个 8 개	ten million 千万 천만
nine 九个 아홉	nine 九个 9 개	hundred million 亿 억
ten 十个 열	ten 十个 10 개	
how many 几个 몇	how many 几个 몇 개	

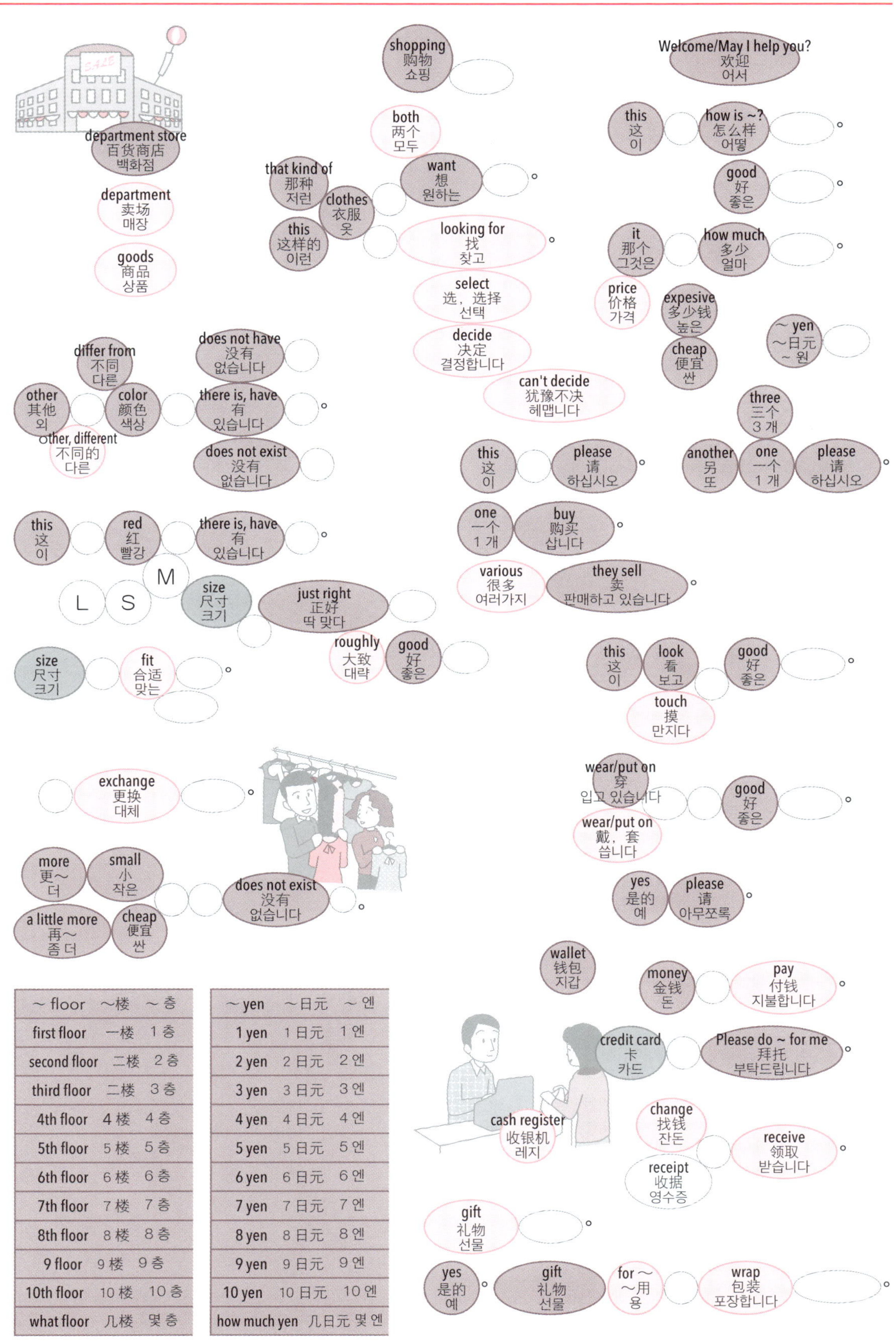

～ floor	～楼	～ 층
first floor	一楼	1 층
second floor	二楼	2 층
third floor	三楼	3 층
4th floor	4 楼	4 층
5th floor	5 楼	5 층
6th floor	6 楼	6 층
7th floor	7 楼	7 층
8th floor	8 楼	8 층
9 floor	9 楼	9 층
10th floor	10 楼	10 층
what floor	几楼	몇 층

～ yen	～日元	～ 엔
1 yen	1 日元	1 엔
2 yen	2 日元	2 엔
3 yen	3 日元	3 엔
4 yen	4 日元	4 엔
5 yen	5 日元	5 엔
6 yen	6 日元	6 엔
7 yen	7 日元	7 엔
8 yen	8 日元	8 엔
9 yen	9 日元	9 엔
10 yen	10 日元	10 엔
how much yen	几日元	몇 엔

自己紹介① 家族
自己紹介② 国・仕事
天気・自然
予定
買い物
レストランで
食べ物
生活①
生活② トラブル
町・交通
旅行
趣味
学校
仕事・将来
体・病気
敬語で話そう
コミュニケーション

表 現
（ひょう げん）

---

1 ## いらっしゃいませ。

Welcome.
欢迎光临
어서 오세요 .

- ◆ Said by store employees when a customer enters a store.
- ★ 客人来店时，店员说的服务专用语。
- ● 손님이 가게에 들어왔을 때 점원이 말하는 표현입니다 .

---

2 ## A：これはいかがですか。（いかがですか）
B：いいですね。

A: What are your thoughts on this?　B: I like it.
A：这个怎么样？　B：不错啊
A: 이건 어떠세요 ?　B: 괜찮네요 .

- ◆ 「いかがですか」 is the polite form of 「どうですか」.
- ★ 「いかがですか」是「どうですか」的客气委婉的说法。
- ● 「いかがですか」 는 「どうですか」 의 정중한 표현입니다 .

---

3 ## それはいくらですか。

How much is that?
那个多少钱？
그건 얼마예요 ?

- ◆ An expression used to ask about a price.
- ★ 询问价格是多少钱时使用。
- ● 가격을 물을 때 쓰는 표현입니다 .

---

4 ## あんな服がほしいです。
（あんな服／～がほしいです）

I'd like some clothes like those over there.
想要那样的衣服
저런 옷을 찾고 있어요 .

- ◆ 「あんな服」 is used to indicate clothes similar to those some distance away. 「あの服」 is used to indicate clothes some distance away.
- ◆ 「A＋が＋ほしいです」 is used to express a desire to acquire (purchase) A.
- ★ 「あんな服」是指跟某种同样的衣服。「あの服」是指那件特指的衣服。
- ★ 「A＋が＋ほしいです」表示想要（想买）A。
- ● 「あんな服」 는 맞은편에 있는 옷과 비슷한 옷이라는 뜻 . 「あの服」 는 맞은편에 있는 옷을 가리킵니다 .
- ● 「A＋が＋ほしいです」 는 A를 손에 넣고 싶다 (사고 싶다) 라는 기분을 나타냅니다 .

---

5 ## これをください。
（～をください）

I'll take this.
要这个。
이것을 주세요 .

- ◆ Used to indicate that you want something. Used to make an order at stores.
- ★ 表示想要某种东西 , 常在店里使用。
- ● 어떤 것이 필요하다는 것을 전합니다 . 가게 등에서는 주문할 때 사용합니다 .

---

6 ## もう１つください。

One more, please.
请再来一个。
하나 더 주세요 .

- ◆ Used when you want another one of something.
- ★ 同样的东西再要一个时使用。
- ● 같은 것이 더 필요할 때 사용합니다 .

---

7 ## これ見てもいいですか。
（～てもいいですか）

May I take a look at this?
可以看看这个吗？
이거 봐도 돼요 ?

- ◆ Used to ask for permission from somebody.
- ◆ 「～てもいいです」 is used to give permission to somebody.
- ★ 表示想得到对方的许可。
- ★ 「～てもいいです」表示给予对方某种许可。
- ● 상대에게 허가를 받을 때 사용하는 표현입니다 .
- ● 「～てもいいです」 는 상대에게 허가한다는 표현입니다 .

---

8 着てみてもいいですか。
（〜てみます）

May I try this on?
可以穿穿看吗？
입어 봐도 돼요？

- ◆ Used when trying something.
- ★ 表示可以试着做什么时使用。
- ● 시험 삼아 뭔가를 할 때 사용하는 표현입니다 .

9 いろいろ売っています。
（〜ています）

We sell various items.
有卖各种东西。
여러가지 팔고 있어요 .

- ◆ 「〜ています」
  - ・Indicates an ongoing action. Ex: 雨がふっています。 (It is raining.)
  - ・Indicates that an action repeats habitually. Ex: 会社ではたらいています。 (I work at a company.)
  - ・Indicates the continuing result of an action Ex: ：結婚しています。 (I am married.)
- ★ 「〜ています」有一下几种用法：
  - ・表示动作的正在进行。 例：雨がふっています。（正在下雨。）
  - ・表示某种动作习惯性的反复。例：（会社ではたらいています。（在公司工作。）
  - ・表示动作的结果还在持续。例：結婚しています。（结婚了。）
- ● 「〜ています」는
  - ・동작이 지금 진행되고 있는 것 (예：雨がふっています。비가 내리고 있습니다 .)
  - ・그 동작이 습관적으로 반복되고 있는 것 (예：会社ではたらいています。회사에서 일하고 있습니다 .)
  - ・동작의 결과가 계속되고 있는 것 (예：結婚しています。결혼했습니다 .)   등을 나타냅니다 .

10 もっと小さいのはありませんか。
（〜の）

Do you have this in a smaller size?
有没有再小一点儿的？
더 작은 것은 없어요？

- ◆ The 「の」 in 「小さいくつ」 → 「小さいの」 acts in place of a noun.
  Ex: 小さいのを買いました。(I bought the small one.)
- ★ 「小さいくつ」→「小さいの」中的「の」是代替名词具有名词的功能。例：小さいのを買いました。（买了个小的。）
- ● 「小さいくつ」→「小さいの」의「の」는 명사 대신에 명사의 역할을 합니다 . 例：小さいのを買いました。（작은 것을 샀습니다 .）

11 プレゼント用に包んでください。
（〜用）（〜に）

Please gift wrap it.
请作为礼物给包装一下。
선물용으로 포장해 주세요 .

- ◆ Used to indicate how something will be used. In the case of home use, 「（ご）家庭用」「（ご）自宅用」 are used.
- ◆ The particle 「に」 indicates an intent or target. Ex: 旅行に使う (Used for travel)、旅行に便利 (useful for travel)
- ★ 表示使用目的。家里使用时说「（ご）家庭用」「（ご）自宅用」。
- ★ 助词「に」表示目的、对象。例：旅行に使う / 用于旅行、旅行に便利 / 方便于旅行。
- ● 사용 목적을 나타냅니다 . 집에서 쓸 경우에는 「（ご）家庭用」「（ご）自宅用」 라고 합니다 .
- ● 조사 「に」 는 목적이나 대상을 나타냅니다 . 例：旅行に使う （여행에 사용한다）、旅行に便利 （여행에 편리）

12 おつりをもらいます。
（もらいます）

I receive change.
找钱
거스름 돈을 받습니다 .

- ◆ Used to indicate receiving something from someone. When giving something to someone, the word 「あげます」 is used.
- ★ 表示从别人那里得到什么。给某人什么时用「あげます」。
- ● 사람에게 뭔가를 받는 것을 나타냅니다 . 사람에게 뭔가를 준다는 의미의 말은 「あげます」 입니다 .

13 お取り替えします。
（お＋取り替え＋します）

I make an exchange.
口您换一下。
바꾸어 드리겠습니다 .

- ◆ 「お〜します」 is used to express one's own actions in a more humble way. Used to describe your actions toward a customer or superior. This is known as "humble form" (*Kenjougo*).
- ★ 「お〜します」是对自己行为的自谦表现。常用于对客人、长辈等。叫做自谦语。
- ● 「お〜します」 는 자신의 행동을 낮추어 말하는 표현입니다 . 손님이나 윗사람 등을 위해 자신이 하는 행위에 사용합니다 . 겸양어 라고 합니다 .

A：いらっしゃいませ。

B：こんにちは。(店員に雑誌を見せて) こんなマフラーを探しています。

A：そうですか。色々なデザインがありますよ。これはいかがですか。

B：うーん。ほかの色はありますか。

A：赤があります。

B：そうですか。いいですね。それはいくらですか。

A：20,000 円です。

B：そうですか。もう少し安いのはありませんか。

A：では、これはいかがですか。

B：いいですね。これの赤はありますか。

A：こちらになります。

B：じゃ、これをください。プレゼント用に包んでください。それから、帽子を見てもいいですか。

A：はい、どうぞ。

B：いいですね。かぶってみてもいいですか。

A：はい、どうぞ。

B：ありがとう。ちょうどいいですね。

A：とてもおにあいですよ。

B：そうですか。じゃ、これもください。

A: Welcome.
B: Hello. (While showing a magazine to the employee) I am looking for a scarf like this.
A: I see. We have scarves with many designs. What are your thoughts on this one?
B: Hm. Do you have it in another color?
A: We have it in red.
B: Is that so. That sounds good. How much is it?
A: It is 20,000 yen.
B: I see. Do you have a slightly cheaper one?
A: In that case, what do you think of this one?
B: I like it. Do you have it in red?
A: Yes. Right here.
B: Then I will take this one. Please gift wrap it. May I look at hats, too?
A: Certainly. Go ahead.
B: I like this one. May I try it on?
A: Yes, go ahead.
B: Thank you. This one is just right.
A: It looks wonderful on you.
B: Really? Then I will take this, too.

A：欢迎光临。
B：你好 !(给店员看杂志) 想买这样的围巾。
A：知道了。有各种款式，这个怎么样？
B：嗯... 有别的颜色吗？
A：有红色的。
B：是吗？太好了！多少钱？
A：两万日元。
B：是吗？有没有再便宜点儿的？
A：那这个怎么样？
B：不错！同样的红色的有没有？
A：有，在这边。
B：那就要这个吧。作为礼物请包装一下。我再看看帽子可以吗？
A：可以，请。
B：这个不错，可以戴一下试试吗？
A：可以，请。
B：谢谢！正好！
A：很适合你啊！
B：是吗？那再买一个这个。

A：어서 오세요 .
B：안녕하세요 ? (점원에게 잡지를 보이며) 이런 머플러를 찾고 있는데요 .
A：그러세요 ? 여러가지 디자인이 있어요 . 이건 어떠세요 ?
B：글쎄요 , 다른 색도 있어요 ?
A：빨간색이 있어요 .
B：그래요 ? 괜찮네요 . 그건 얼마예요 ?
A：20,000 엔 입니다 .
B：그래요 ? 좀 더 싼 것은 없어요 ?
A：그럼 , 이건 어떠세요 ?
B：괜찮아 보이네요 . 이것 빨간색 있어요 ?
A：여기 있어요 .
B：그럼 , 이걸 주세요 . 선물용으로 포장해 주세요 . 그리고… 모자를 좀 봐도 돼요 ?
A：네 . 그렇게 하세요 .
B：이거 괜찮네요 . 써 봐도 돼요 ?
A：네 , 그러세요 .
B：고마워요 . 딱 맞아요 .
A：너무 잘 어울리세요 .
B：그래요 ? 그럼 이것도 주세요 .

6 レストランで

At a restaurant

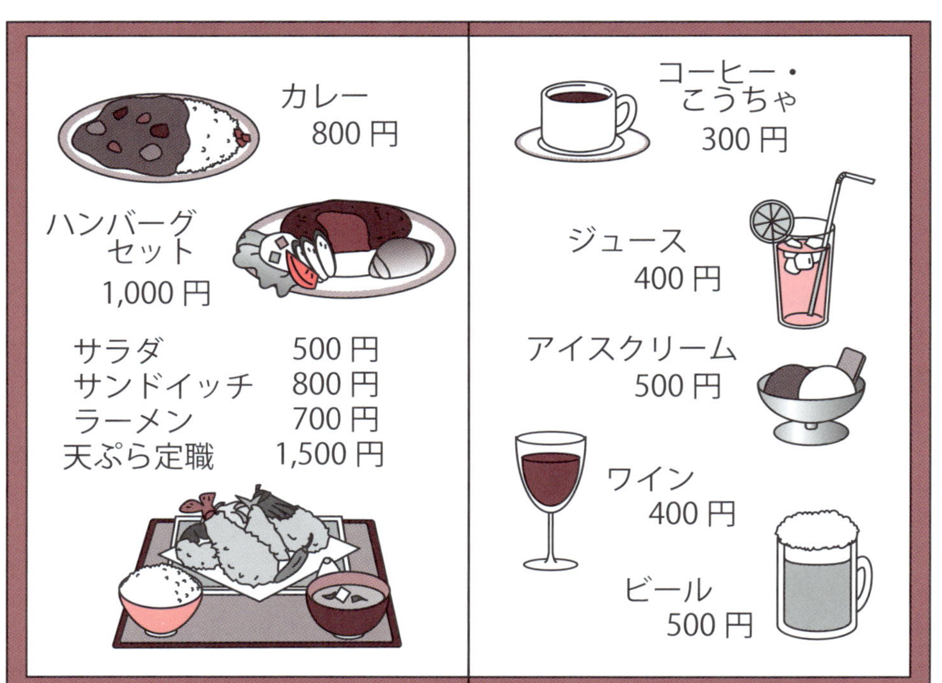

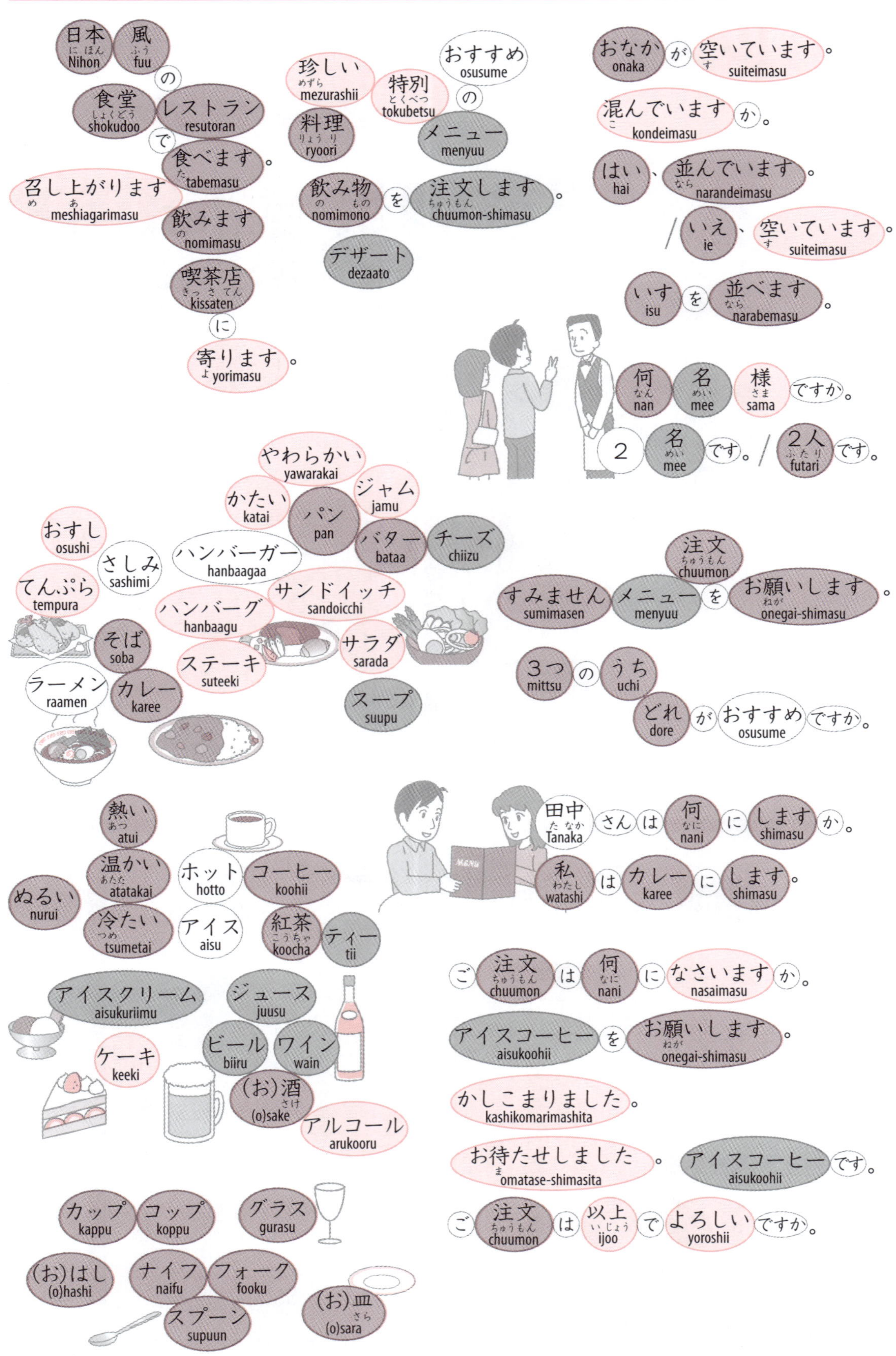

日本 Nihon
風 fuu
の
食堂 shokudoo
レストラン resutoran
で
食べます tabemasu
召し上がります meshiagarimasu
飲みます nomimasu
喫茶店 kissaten
に
寄ります yorimasu
珍しい mezurashii
特別 tokubetsu
料理 ryoori
おすすめ osusume
の
メニュー menyuu
飲み物 nomimono
を
注文します chuumon-shimasu
デザート dezaato
おなか onaka
が
空いています suiteimasu
混んでいます kondeimasu
か。
はい、並んでいます hai narandeimasu
／いえ、空いています ie suiteimasu
いす isu
を
並べます narabemasu
何 nan
名 mee
様 sama
ですか。
2 名 mee です。／2人 futari です。
やわらかい yawarakai
かたい katai
ジャム jamu
パン pan
バター bataa
チーズ chiizu
おすし osushi
さしみ sashimi
てんぷら tempura
ハンバーガー hanbaagaa
サンドイッチ sandoicchi
ハンバーグ hanbaagu
そば soba
ステーキ suteeki
サラダ sarada
ラーメン raamen
カレー karee
スープ suupu
注文 chuumon
すみません sumimasen
メニュー menyuu
を
お願いします onegai-shimasu
3つ mittsu
の
うち uchi
どれ dore
が
おすすめ osusume
ですか。
熱い atui
温かい atatakai
ぬるい nurui
冷たい tsumetai
ホット hotto
アイス aisu
コーヒー koohii
紅茶 koocha
ティー tii
アイスクリーム aisukuriimu
ジュース juusu
ケーキ keeki
ビール biiru
ワイン wain
(お)酒 (o)sake
アルコール arukooru
カップ kappu
コップ koppu
グラス gurasu
(お)はし (o)hashi
ナイフ naifu
フォーク fooku
スプーン supuun
(お)皿 (o)sara
田中 Tanaka
さんは
何 nani
に
しますか。
私 watashi
は
カレー karee
に
します shimasu
ご注文 chuumon
は
何 nani
に
なさいますか nasaimasu
アイスコーヒー aisukoohii
を
お願いします onegai-shimasu
かしこまりました kashikomarimashita
お待たせしました omatase-shimasita
アイスコーヒー aisukoohii です。
ご注文 chuumon
は
以上 ijoo
で
よろしい yoroshii
ですか。

1本 ippon ／ 5000円 gosen en ／ 以上 ijoo ／ の ／ ワイン wain

1000円 sen en ／ 以下 ika ／ の ／ メニュー menyuu ／ から ／ 選びます erabimasu 。

1時間 ichi jikan ／ 以内 inai ／ で ／ 食べます tabemasu 。

お酒 o-sake ／ 以外 igai ／ の ／ 飲み物 nomimono ／ は ／ あります arimasu ／ か 。

ぶた肉 butaniku ／ が ／ は ／ 入っています haitteimasu ／ か 。

食べられません taberaremasen

もう moo ／ 全部 zenbu ／ 食べました tabemashita

まだ mada ／ 半分 hanbun ／ です 。

一杯 ippai ／ だけ ／ 飲みました nomimashita 。

もう moo ／ 一杯 ippai ／ 一つ hitotsu ／ お願いします onegai-shimasu 。

おかわり okawari

1個 ikko

なるべく narubeku ／ たくさん takusan ／ ずつ zutsu

そのまま sonomama ／ 食べて tabete ／ ください 。

すぐに suguni

食べ tabe ／ ながら ／ 聞いて kiite ／ ください 。

味 aji ／ は ／ どう doo ／ ですか 。

おいしい oishii ／ です 。

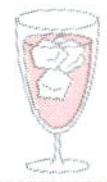

お ／ はし hashi ／ の ／ かわり kawari ／ に ／ フォーク fooku ／ を ／ 使いました tsukaimashita 。

◆ **数え方** kazoe-kata

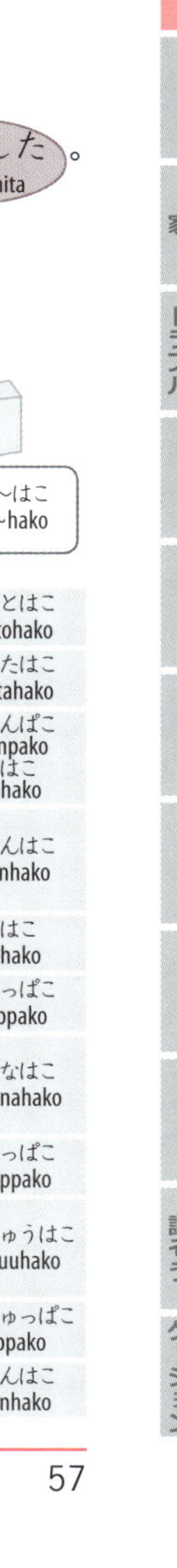

		～冊 ～satsu	～本 ～hon	～杯 ～hai	～軒 ～ken	～箱 ～hako
数 kazu	数字 suuji					
1 ichi	11 juuichi	1冊 issatsu	1本 ippon	1杯 ippai	1軒 ikken	1箱 hitohako
2 ni	20 nijuu	2冊 nisatsu	2本 nihon	2杯 nihai	2軒 niken	2箱 futahako
3 san	100 hyaku	3冊 sansatsu	3本 sanbon	3杯 sanbai	3軒 sangen	3箱 sanpako / mihako
4 shi yon	1000 sen issen	4冊 yonsatsu	4本 yonhon	4杯 yonhai	4軒 yonken	4箱 yonhako
5 go	10000 ichiman	5冊 gosatsu	5本 gohon	5杯 gohai	5軒 goken	5箱 gohako
6 roku	10万 juuman	6冊 rokusatsu	6本 roppon	6杯 roppai	6軒 rokken	6箱 roppako
7 nana shichi	100万 hyakuman	7冊 nanasatsu	7本 nanahon	7杯 nanahai	7軒 nanaken	7箱 nanahako
8 hachi	1千万 issenman	8冊 hachisatsu	8本 hachihon	8杯 hachihai	8軒 hakken	8箱 happako
9 kyuu ku	1億 ichioku	9冊 kyuusatsu	9本 kyuuhon	9杯 kyuuhai	9軒 kyuuken	9箱 kyuuhako
10 juu	10億 juuoku	10冊 jussatsu	10本 juppon	10杯 juppai	10軒 jukken	10箱 juppako
?	いくつ ikutsu	何冊 nansatsu	何本 nanbon	何杯 nanbai	何軒 nanken	何箱 nanhako

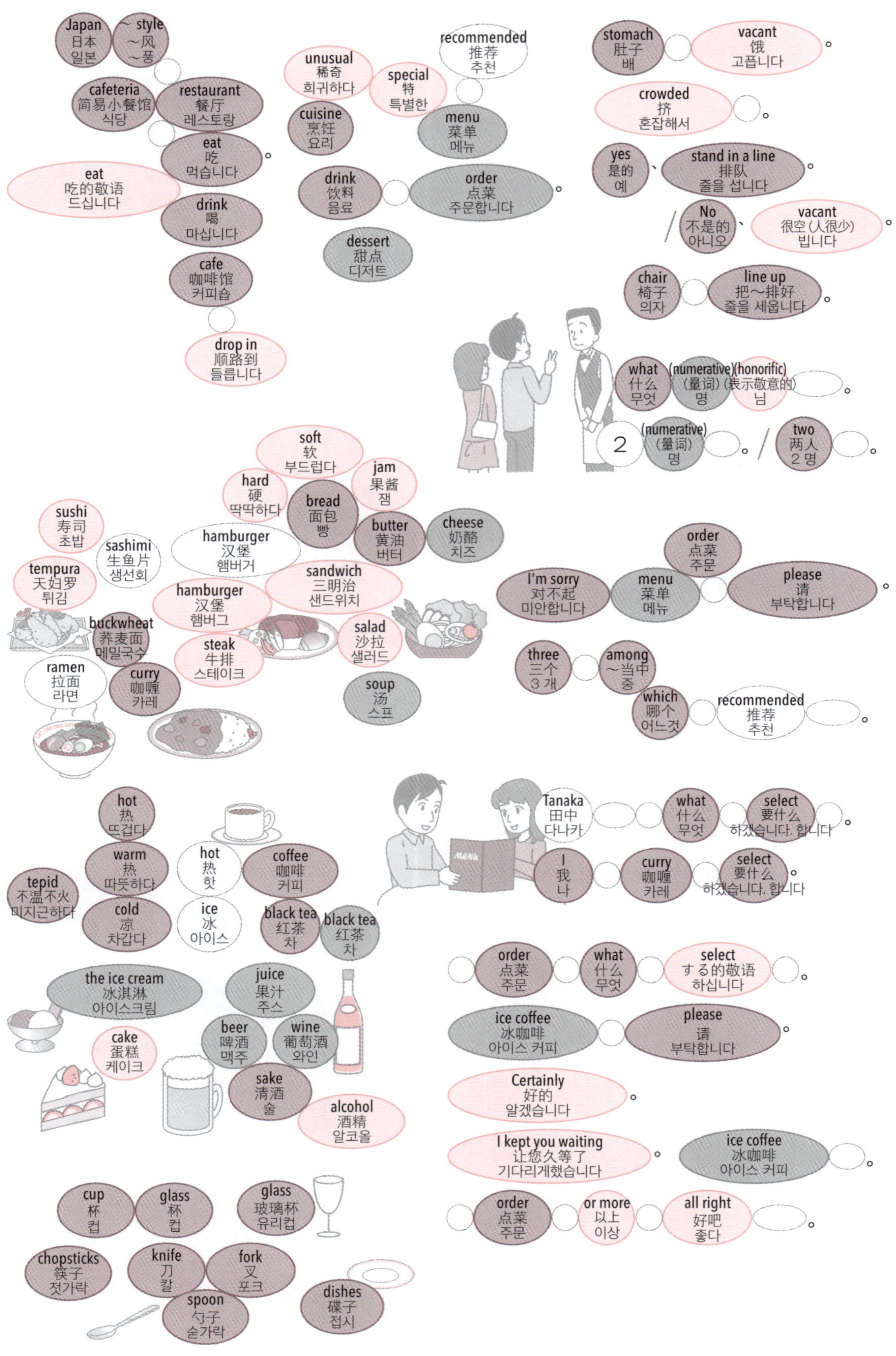

Japan 日本 일본
~ style ~风 ~풍
cafeteria 简易小餐馆 식당
restaurant 餐厅 레스토랑
eat 吃 먹습니다
eat 吃的敬语 드십니다
drink 喝 마십니다
cafe 咖啡馆 커피숍
drop in 顺路到 들릅니다
unusual 稀奇 희귀하다
special 特 특별한
cuisine 烹饪 요리
drink 饮料 음료
dessert 甜点 디저트
recommended 推荐 추천
menu 菜单 메뉴
order 点菜 주문합니다
stomach 肚子 배
vacant 饿 고픕니다
crowded 挤 혼잡해서
yes 是的 예
stand in a line 排队 줄을 섭니다
No 不是的 아니오
vacant 很空（人很少）빕니다
chair 椅子 의자
line up 把～排好 줄을 세웁니다
what 什么 무엇
(numerative)（量词）명
(honorific)（表示敬意的）님
2 (numerative)（量词）명
two 两人 2 명
soft 软 부드럽다
hard 硬 딱딱하다
bread 面包 빵
jam 果酱 잼
butter 黄油 버터
cheese 奶酪 치즈
sushi 寿司 초밥
sashimi 生鱼片 생선회
hamburger 汉堡 햄버거
tempura 天妇罗 튀김
hamburger 汉堡 햄버그
sandwich 三明治 샌드위치
buckwheat 荞麦面 메밀국수
steak 牛排 스테이크
salad 沙拉 샐러드
ramen 拉面 라면
curry 咖喱 카레
soup 汤 스프
order 点菜 주문
menu 菜单 메뉴
please 请 부탁합니다
I'm sorry 对不起 미안합니다
three 三个 3 개
among ～当中 중
which 哪个 어느것
recommended 推荐 추천
hot 热 뜨겁다
warm 热 따뜻하다
hot 热 핫
coffee 咖啡 커피
tepid 不温不火 미지근하다
cold 凉 차갑다
ice 冰 아이스
black tea 红茶 차
black tea 红茶 차
the ice cream 冰淇淋 아이스크림
juice 果汁 주스
cake 蛋糕 케이크
beer 啤酒 맥주
wine 葡萄酒 와인
sake 清酒 술
alcohol 酒精 알코올
cup 杯 컵
glass 杯 컵
glass 玻璃杯 유리컵
chopsticks 筷子 젓가락
knife 刀 칼
fork 叉 포크
spoon 勺子 숟가락
dishes 碟子 접시
Tanaka 田中 다나카
what 什么 무엇
select 要什么 하겠습니다. 합니다
I 我 나
curry 咖喱 카레
select 要什么 하겠습니다. 합니다
order 点菜 주문
what 什么 무엇
select 하십니다
ice coffee 冰咖啡 아이스 커피
please 请 부탁합니다
Certainly 好的 알겠습니다
I kept you waiting 让您久等了 기다리게했습니다
ice coffee 冰咖啡 아이스 커피
order 点菜 주문
or more 以上 이상
all right 好吧 좋다

one / 一瓶 / 1 개

¥5,000 / 5000 日元 / 5000 엔

or more / 以上 / 이상

wine / 葡萄酒 / 와인

¥1,000 / 一千日元 / 1000 엔

below / 以下 / 이하

menu / 菜单 / 메뉴

choose / 选择 / 고릅니다

hour / 一个小时 / 1 시간

within / 内 / 이내

eat / 吃 / 먹습니다

sake / 清酒 / 술

excepting / 除外 / 이외

drink / 饮料 / 음료

there is, have / 有 / 있습니다

pork / 猪肉 / 돼지고기

inside / 有 / 들어 있습니다

cannot eat / 不能吃 / 못 먹습니다

another / 已经 / 벌써

all / 所有 / 전부

had eaten / 吃了 / 먹었어요

still / 还 / 아직

half / 半 / 반

drink / 一杯 / 한잔

drank / 喝了 / 마셨습니다

more / 再 / 더

drink / 一杯 / 한 잔

please / 给，来 / 부탁합니다

one / 一个 / 하나

seconds / 再来一个 / 하나 더

preferably / 最好，尽量 / 가급적

one / 一个 / 1 개

a lot / 很多 / 많이

each / 每次 / 씩

as it is / 就那样 / 그대로

eat / 吃 / 먹다

immediately / 立即 / 즉시

eat / 吃 / 먹다

listen / 听 / 듣다

taste / 味道 / 맛

how / 如何 / 어떻게

delicious / 好吃 / 맛있다

chopsticks / 筷子 / 전가락

instead of / 代替 / 대신

fork / 叉子 / 포크

use / 用 / 사용했습니다

◆ 数え方 kazoe-lata
かぞ　かた
how to count

	number 数 수	numbers 号码 숫자	~ books ～本 ~ 권	~ objects ～瓶 ~ 자루, 개	~ cups ～杯 ~ 잔	~ places ～家 ~ 채	~ boxes ～盒 ~ 상자
1	いち ichi	11 じゅういち juuichi	1 book 1 本　1 권	one 一瓶，一支　1 개	1 cup 1 杯　한잔	1 place 1 家酒店　1 채	1 box 1 盒　1 상자
2	に ni	20 にじゅう nijuu	2 books 2 本　2 권	two 两瓶，两支　2 개	2 cups 2 杯　2 잔	2 places 2 家酒店　2 채	2 boxes 2 盒　2 상자
3	さん san	100 ひゃく hyauk	3 books 3 本　3 권	three 三瓶、三支　3 개	3 cups 3 杯　3 잔	3 places 3 家酒店　3 채	3 boxes 3 盒　3 상자
4	し shi よん yon	1000 せん sen いっせん issen	4 books 4 书　4 권	four 四瓶、四支　4 개	4 cups 4 杯　4 잔	4 places 4 家酒店　4 채	4 boxes 4 盒　4 상자
5	ご go	10000 いちまん ichiman	5 books 5 本　5 권	five 五瓶、五支　5 개	5 cups 5 杯　5 잔	5 places 5 家酒店　5 채	5 boxes 5 盒　5 상자
6	ろく roku	10 万 じゅうまん juuman	6 books 6 本　6 권	six 六瓶，六支　6 개	6 cups 6 杯　6 잔	6 places 6 家酒店　6 채	6 boxes 6 盒　6 상자
7	なな nana しち shichi	100 万 ひゃくまん hyakuman	7 books 7 本　7 권	seven 七瓶、七支　7 개	7 cups 7 杯　7 잔	7 places 7 家酒店　7 채	7 boxes 7 盒　7 상자
8	はち hachi	1 千万 いっせんまん issenman	8 books 8 本　8 권	eight 八瓶、八支　8 개	8 cups 8 杯　8 잔	8 places 8 家酒店　8 채	8 boxes 8 盒　8 상자
9	きゅう kyuu く ku	1 億 いちおく ichioku	9 books 9 书　9 권	nine 九瓶、九支　9 개	9 cups 9 杯　9 잔	9 places 9 家酒店　9 채	9 boxes 9 盒　9 상자
10	じゅう juu	10 億 じゅうおく juuoku	10 books 10 本　10 권	ten 十瓶、十支　10 개	10 cups 10 杯　10 잔	10 places 10 家酒店　10 채	10 boxes 10 盒　10 상자
?		how many 几个　몇	How many 几本　몇권	How many 几瓶，几支　몇개	How many cups 多少杯　몇잔	how many places 几家酒店　몇채	How many boxes 几盒　몇 상자

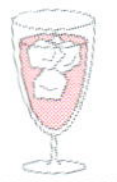

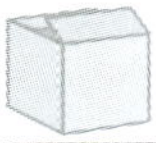

表現（ひょうげん）

---

1 **すみません。メニューをお願（ねが）いします。**
（〜をお願（ねが）いします）

Excuse me. Can I have a menu, please?
对不起，请给我菜单。
저기요 . 메뉴 좀 보여　주세요 .

- ◆ It is an expression that is used to ask for things politely such as when you order something.
- ★ 请求别人时的礼貌的表达方式。点菜的时候也可使用。
- ● 정중히 무엇을 부탁할 때 쓰는 표현입니다 . 주문 등에 사용합니다 .

---

2 **３つのうち、どれがおすすめですか。**
（〜のうち、どれが〜）

Which would you recommend among these three?
三个中，你推荐哪一个？
셋 중에 어느 것이 추천하시는 것입니까 ?

- ◆ It is used when you want someone to choose one out of multiple choices.
- ★ 多数中选择一个时使用的表达方式。
- ● 여러 것 중에서 하나를 선택하기를 원할 때 사용하는 표현입니다 .

---

3 **私（わたし）はカレーにします。**（〜にします）

I will have curry.
我要咖喱。
저는 카레로 하겠습니다 .

- ◆ "noun+*ni*+*shimasu*" is used when you have decided what you will have.
- ★ ‘名词 ＋に＋します’是决定选择哪一个时使用的表达方式。
- ● 「명사＋に＋します」 는 무엇을 골랐는지 정해졌을 때 사용하는 표현입니다 .

---

4 **ご注文（ちゅうもん）は何（なに）になさいますか。**
（ご注文（ちゅうもん）／〜になさいますか）

What would you like to order?
点什么菜？
주문은 뭘로 하시겠습니까 ?

- ◆ "*Gochuumon*" is a polite word for "*chuumon*". "*~ni nasaimasu ka*" is a polite expression for "*~ni shimasu ka*".
- ◆ These are mostly used with customers.
- ★ ‘ご注文（ちゅうもん）’是‘注文（ちゅうもん）’，‘〜になさいますか’是‘〜にしますか’的礼貌的表达方式。
- ★ 主要对客人用。
- ● 「ご注文（ちゅうもん）」은 「注文（ちゅうもん）」、「〜になさいますか」은 「〜にしますか」의 정중한 말 입니다 .
- ● 주로 손님에게 사용합니다 .

---

5 **ご注文（ちゅうもん）は以上（いじょう）でよろしいですか。**
（以上（いじょう）でよろしいですか）

Is that all you would like to order?
您点的菜就这些，对吗？
더 필요하신 것은 없으십니까 ?

- ◆ It is a polite expression for "*kore de ii desu ka*", "*kore de daijoobu desu ka*".
- ◆ It is mostly used with customers.
- ★ ‘これでいいですか’‘これで大丈夫（だいじょうぶ）ですか’的礼貌的表达方式。
- ★ 主要对客人用。
- ● 「これでいいですか」「これで大丈夫（だいじょうぶ）ですか」의 정중한 표현입니다 .
- ● 주로 손님에게 사용합니다 .

---

6 **もう全部（ぜんぶ）食（た）べました。**
（もう〜）

I have already eaten all of it.
已经都吃完了。
이제 다 먹었습니다 .

- ● It expresses that something has been completed.
- ★ 表示事情已经结束。
- ● 일이 완료된 것을 나타냅니다 .

7 まだ半分です。
(まだ〜)

I only finished half.
オ一半。
아직 반이에요 .

- It means that something should have been done already, but it hasn't.
- ★ 表达本应该结束的事情还没有结束。
- 실제로는 끝났어야 하는 일이 끝나지 않았다는 것을 나타내는 표현입니다 .

8 なるべくそのまま食べてください。
(なるべく〜)

Please eat it as it is, if possible.
尽量就那么吃。
가능한 한 그대로 드세요 .

- It means that it is not an absolute necessity, but it is better to do it to the extent that you can.
- ★ '不是一定要那么做，但是尽量那么做' 的意思。
- 「반드시는 아니지만 가능한 범위에서 　〜하다」라는 의미입니다 .

9 食べながら聞いてください。

Please listen while you eat.
边吃边听。
먹으면서 들으세요 .

- "verb1+*nagara*+verb2" expresses doing two actions at the same time.
- Verb 2 is the main action.
- ★ 用 '动词 1 + ながら + 动词 2' 来表示动词 1 和动词 2 同时进行。
- ★ 主要动作在动词 2。
- 「동사 1 + ながら + 동사 2」의 형태로 동사 　1 과 동사 　2 를 동시에 행하는 것을 나타냅니다 .
- 동사 　2 가 주된 행동입니다 .

10 おはしの代わりにフォークを使いました。
(〜の代わりに〜)

I used a fork instead of chopsticks.
用叉子代替筷子了。
젓가락 대신 포크를 사용했습니다 .

- "noun1+*no kawari ni*+noun2" means that it should be the noun1, but it is the noun2 for some reason.
- ★ '名词 1 + の代わりに + 名词 2' 表示本应该是名词 1，但因为某种理由变为名词 2。
- 「명사 1 + の代わりに + 명사 2」의 형태로 <사실은 명사 　1 인데 어떤 이유로 명사 　2 가 되다>는 의미입니다 .

11 ぶた肉は食べられません。
(可能動詞)

I can't eat pork.(potential form of verbs)
不能吃猪肉。（可能动词）
돼지고기는 못 먹습니다 .

- This form indicates a possibility. This form and " 〜 *koto ga dekiru*" are interchangeable. All potential verbs conjugate as *ru*-verbs.
- u-verbs *kaku → kakeru (~eru)*　ru-verbs *taberu → taberareru (~rareru)*　irregular verbs *suru → dekiru, kuru → korareru*
- Particle "*ga*" is used to mark the direct object of potential verbs.
  Ex.: *kanji ga kakemasu* (I can write kanji)　*sashimi ga taberaremasu*（I can eat sashimi)
- For negative sentences, particle "*wa*" is also used.
  Ex.: *kanji wa kakemasen* (I can't write kanji)　*sashimi wa taberaremasen*（I can't eat sashimi)

- ★ 含有可能的意思。可用 '〜ことができる' 替换。两者都是 1 段动词。
- ★ 5 段动词　书く→书ける（〜 *eru*）　1 段动词　食べる→食べられる（〜 *rareru*）　不规则动词 する→できる、来る→来られる
- ★ 宾语后用助词 'が'。　　例如：漢字が書けます（能写汉字）　刺身が食べられます（能吃生鱼片）
- ★ 否定时也可用 'は'。　　例如：漢字が書けません（不会写汉字）　刺身が食べられません（不能吃生鱼片）

- 가능의 의미를 가지고 있습니다 「〜ことができる」로 바꾸어 말할 수 있습니다 . 모두 　1단 동사의 형태가 됩니다 .
- 5단 동사　書く→書ける（〜 *eru*）　1 단 동사　食べる→食べられる（〜 *rareru*）　불규칙 동사 する→できる、来る→来られる
- 목적어 뒤에 오는 조사는 「が」를 사용합니다 .
  예 : 漢字が書けます（한자를 쓸 수 있습니다）　刺身が食べられます（회를 먹을 수 있습니다)
- 부정일 때는 「は」도 사용합니다 .
  예 : 漢字が書けません（한자는 쓸 수 없습니다）　刺身が食べられません（회는 먹을 수 없습니다)

A：いらっしゃいませ。何名様ですか。
B：2名です。
A：こちらへどうぞ。
・・・・・
C：（メニューを見ながら聞く）ひろしさんは、何にしますか。私はお酒とさしみにします。
B：私はてんぷらにします。飲み物はウーロン茶にします。
C：1杯だけお酒を飲みませんか。ワインもありますよ。
B：すみません。アルコールは飲めませんので。
C：そうですか…。じゃ、たくさん食べてください。
・・・・・

A：ご注文は何になさいますか。
C：えーと、お酒とウーロン茶をお願いします。それから、さしみとてんぷらを。
B：すみません。おそばもお願いします。
A：かしこまりました。ご注文は以上でよろしいですか。
C：はい。お願いします。
　　おそば、いいですね。
B：ええ。ここのはおすすめですよ。
・・・・・
A：お待たせしました。お酒とウーロン茶です。それから、てんぷらとさしみです。
B・C：どうも。

A: Welcome! How many people?
B: Two people.
A: Please come this way.
・・・・・
C: (Looking at a menu and asking questions) What would you have, Hiroshi? I will have sake and sashimi.
B: I will have tenpura. Oolong tea to drink.
C: Won't you just have one glass of sake? They have wine, too.
B: I'm sorry, but I can't drink alcohol.
C: I see.... then please eat a lot.
・・・・・

A: What would you like to order?
C: Let's see, we will have sake and oolong tea. Then, sashimi and tenpura, please.
B: Excuse me, I want to have soba noodle, too.
A: Certainly. Is that all you would like to order?
C: Yes, thank you.
　Soba sounds good.
B: Yes, I would recommend soba here.
・・・・・
A: Thank you for waiting. Here is the sake and oolong tea. And here is the tenpura and sashimi.
B・C: Thank you.

A：欢迎光临。几位?
B：两个人。
A：这边请。
・・・・・
C：（边看菜单问）hiroshi 先生要点什么? 我来点清酒和生鱼片。
B：我点天妇罗吧。饮料来乌龙茶。
C：不喝一杯吗? 还有葡萄酒呢。
B：对不起，我不能喝酒。
C：是吗。那，多吃点儿。

A：要点什么菜?
C：嗯，请给我清酒和乌龙茶。再来一个生鱼片和天妇罗。
B：对不起，再来一个荞麦面。
A：好的。您点的菜就这些对吗?
C：是的，拜托了。
　　荞麦面，不错啊。
B：是啊，这儿的荞麦面值得一尝。
・・・・・
A：让您久等了。这是清酒和乌龙茶。还有天妇罗和生鱼片。
B・C：谢谢。

A: 어서 오십시요 . 몇 분이세요 ?
B: 2 명이에요 .
A: 이쪽으로 오십시요 .
・・・・・
C:(메뉴를 보면서 묻는다) 히로시 씨는 뭘로 하시겠어요 ? 저는 술과 회로 하겠습니다 .
B: 저는 튀김으로 하겠습니다 . 마실 것은 우롱차로 할게요 .
C: 술 한 잔만 하시겠어요 ? 와인도 있어요 .
B: 죄송해요 . 알콜은 못 마십니다 .
C: 그래요 ? 그럼 많이 드세요 .
・・・・・

A: 주문은 뭘로 하시겠습니까 ?
C: 저… 술과 우롱차를 주세요 . 그리고 회하고 튀김도요 .
B: 저기요 . 메밀국수도 주세요 .
A: 알겠습니다 . 더 필요하신 것은 없으십니까 ?
C: 네 . 없어요 .
메밀국수 괜찮네요 .
B: 그래요 . 이 집 것은 추천할만 해요 .
・・・・・
A: 술하고 우롱차 나왔습니다 . 그리고 튀김하고 회입니다 .
B・C: 고마워요 .

7 食べ物 Foods

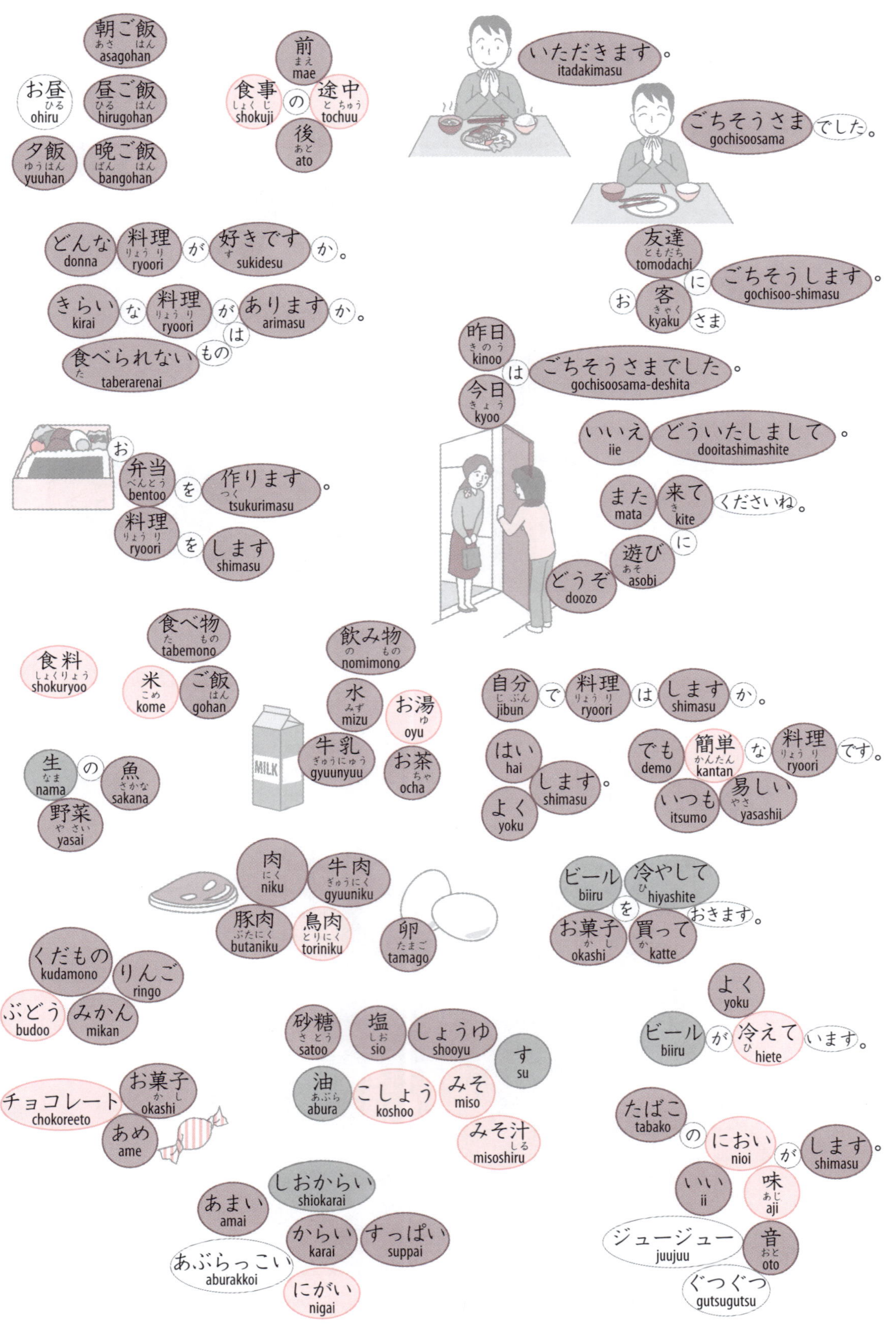

朝ご飯 あさ はん asagohan
お昼 ひる ohiru
昼ご飯 ひる はん hirugohan
夕飯 ゆうはん yuuhan
晩ご飯 ばん はん bangohan
前 まえ mae
食事 しょく じ shokuji
の
途中 と ちゅう tochuu
後 あと ato
いただきます。 itadakimasu
ごちそうさま gochisoosama でした。
どんな donna
料理 りょう り ryoori
が
好きです す sukidesu
か。
きらい kirai
な
料理 りょう り ryoori
が
あります arimasu
か。
は
食べられない た taberarenai
もの
友達 ともだち tomodachi
に
ごちそうします gochisoo-shimasu
お
客 きゃく kyaku
さま
昨日 き のう kinoo
今日 きょう kyoo
は
ごちそうさまでした。 gochisoosama-deshita
いいえ iie
どういたしまして dooitashimashite
。
また mata
来て き kite
くださいね。
遊び あそ asobi
に
どうぞ doozo
お
弁当 べんとう bentoo
を
作ります つく tsukurimasu
。
料理 りょう り ryoori
を
します shimasu
食べ物 た もの tabemono
飲み物 の もの nomimono
食料 しょくりょう shokuryoo
米 こめ kome
ご飯 はん gohan
水 みず mizu
お湯 ゆ oyu
牛乳 ぎゅうにゅう gyuunyuu
MILK
お茶 ちゃ ocha
生 なま nama
の
魚 さかな sakana
野菜 や さい yasai
自分 じ ぶん jibun
で
料理 りょう り ryoori
は
します shimasu
か。
はい hai
します。 shimasu
よく yoku
でも demo
簡単 かんたん kantan
な
料理 りょう り ryoori
です。
いつも itsumo
易しい やさ yasashii
肉 にく niku
牛肉 ぎゅうにく gyuuniku
豚肉 ぶたにく butaniku
鳥肉 とりにく toriniku
卵 たまご tamago
ビール biiru
冷やして ひ hiyashite
お菓子 か し okashi
を
買って か katte
おきます。
くだもの kudamono
りんご ringo
ぶどう budoo
みかん mikan
よく yoku
ビール biiru
が
冷えて ひ hiete
います。
砂糖 さ とう satoo
塩 しお sio
しょうゆ shooyu
す su
チョコレート chokoreeto
お菓子 か し okashi
油 あぶら abura
こしょう koshoo
みそ miso
みそ汁 しる misoshiru
たばこ tabako
の
におい nioi
が
します shimasu
あめ ame
いい ii
味 あじ aji
あまい amai
しおからい shiokarai
からい karai
すっぱい suppai
ジュージュー juujuu
音 おと oto
あぶらっこい aburakkoi
にがい nigai
ぐつぐつ gutsugutsu

その sono ／ 料理 りょうり ryoori ／ の ／ 作り方 つくりかた tsukurikata ／ を ／ 教えて おしえて oshiete ／ くださいませんか。

まず mazu ／ 野菜 やさい yasai ／ を ／ 切ります きります kirimasu

初めに はじめに hajimeni ／ 切って きって kitte ／ ください。

簡単 かんたん kantan ／ に ／ できます dekimasu

1時間 じかん jikan ／ で

軽く かるく karuku ／ バター bataa ／ で ／ 焼きます やきます yakimasu。

次に つぎに tsugini ／ 鳥肉 とりにく toriniku ／ を ／ 焼いて やいて yaite ／ ください。

細く ほそく hosoku

野菜 やさい yasai ／ 細かく こまかく komakaku ／ を ／ 切ります きります kirimasu。

肉 にく niku ／ 丸く まるく maruku

それから sorekara ／ お湯 ゆ oyu ／ を ／ わかして wakashite ／ ください。

鍋 なべ nabe ／ に

お湯 ゆ oyu ／ を ／ わかします wakashimasu。

お湯 ゆ oyu ／ が ／ わきます wakimasu

ふた futa ／ を ／ して shite

野菜 やさい yasai ／ を ／ 入れて いれて irete ／ 煮ます にます nimasu。

と ／ 肉 にく niku ／ 煮て にて nite ／ ください。

少し すこし sukosi

塩 しお shio ／ が ／ 足りません たりません tarimasen。

全然 ぜんぜん zenzen

味 あじ aji ／ が ／ こい koi ／ です。

うすい usui ／ です

最後に さいごに saigoni ／ みそ miso ／ を ／ 入れて いれて irete ／ 終わり おわり owari ／ です。

お皿 さら osara ／ に ／ もりつけて moritsukete

茶わん ちゃ chawan ／ は ／ ここ koko ／ に ／ 置きます おきます okimasu。

お皿 さら osara ／ 置いて おいて oite ／ ください。

できました dekimashita。／ さあ saa ／ 食べ たべ tabe ／ ましょう。

いただきます itadakimasu。

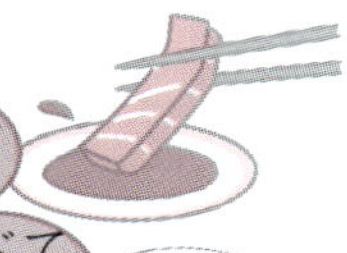

塩 しお sio ／ を ／ しょうゆ shooyu ／ つけて tsukete

よく yoku ／ 噛んで かんで kande ／ 食べて たべて tabete ／ ください。

食べる たべる taberu ／ 前 まえ mae ／ に ／ 手て te ／ を ／ 洗います あらいます araimasu。

食べた たべた tabeta ／ 後 あと ato ／ で ／ お皿 さら osara

あまった amatta

料理 りょうり ryoori ／ が ／ 残った のこった nokotta ／ 場合 ばあい baai ／ お弁当 べんとう obentoo ／ に ／ 入れます いれます iremasu。

残ったら のこったら nokottara ／ 明日 あした ashita ／ 食べます たべます tabemasu。

残っても のこっても nokottemo ／ 捨てません すてません sutemasen。

はし hashi ／ 食べます たべます tabemasu

ナイフ naifu ／ と ／ フォーク fooku ／ で ／ スプーン supuun

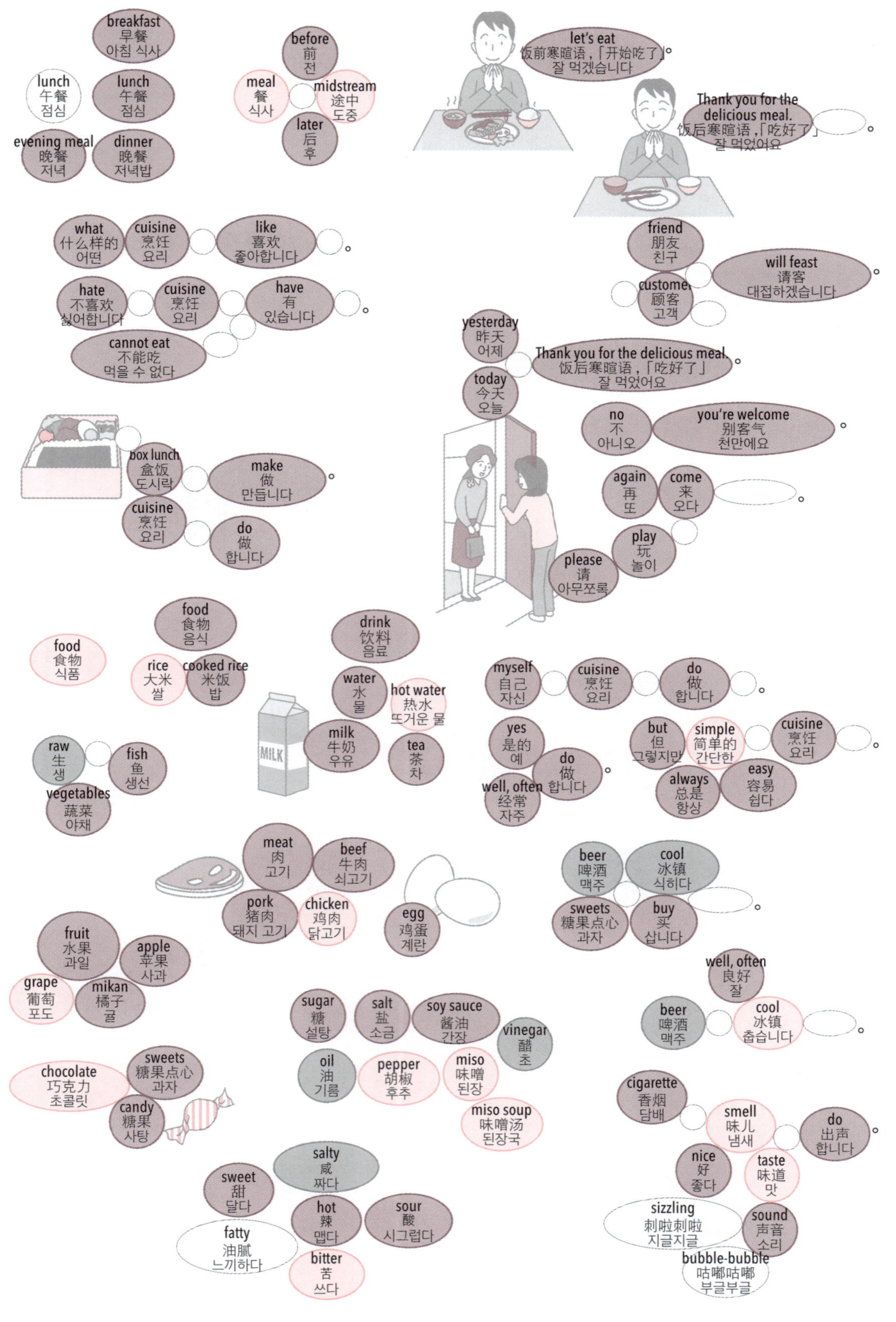
breakfast 早餐 아침 식사
lunch 午餐 점심
lunch 午餐 점심
evening meal 晚餐 저녁
dinner 晚餐 저녁밥
before 前 전
meal 餐 식사
midstream 途中 도중
later 后 후
let's eat 饭前寒暄语，「开始吃了」 잘 먹겠습니다
Thank you for the delicious meal. 饭后寒暄语，「吃好了」 잘 먹었어요
what 什么样的 어떤
cuisine 烹饪 요리
like 喜欢 좋아합니다
hate 不喜欢 싫어합니다
cuisine 烹饪 요리
have 有 있습니다
cannot eat 不能吃 먹을 수 없다
friend 朋友 친구
customer 顾客 고객
will feast 请客 대접하겠습니다
yesterday 昨天 어제
today 今天 오늘
Thank you for the delicious meal. 饭后寒暄语，「吃好了」 잘 먹었어요
no 不 아니오
you're welcome 别客气 천만에요
again 再 또
come 来 오다
play 玩 놀이
please 请 아무쪼록
box lunch 盒饭 도시락
make 做 만듭니다
cuisine 烹饪 요리
do 做 합니다
food 食物 음식
food 食物 식품
rice 大米 쌀
cooked rice 米饭 밥
drink 饮料 음료
water 水 물
hot water 热水 뜨거운 물
milk 牛奶 우유
tea 茶 차
MILK
raw 生 생
fish 鱼 생선
vegetables 蔬菜 야채
myself 自己 자신
cuisine 烹饪 요리
do 做 합니다
yes 是的 예
do 做 합니다
well, often 经常 자주
but 但 그렇지만
simple 简单的 간단한
cuisine 烹饪 요리
always 总是 항상
easy 容易 쉽다
meat 肉 고기
beef 牛肉 쇠고기
pork 猪肉 돼지 고기
chicken 鸡肉 닭고기
egg 鸡蛋 계란
beer 啤酒 맥주
cool 冰镇 식히다
sweets 糖果点心 과자
buy 买 삽니다
fruit 水果 과일
apple 苹果 사과
grape 葡萄 포도
mikan 橘子 귤
sugar 糖 설탕
salt 盐 소금
soy sauce 酱油 간장
vinegar 醋 초
oil 油 기름
pepper 胡椒 후추
miso 味噌 된장
miso soup 味噌汤 된장국
well, often 良好 잘
beer 啤酒 맥주
cool 冰镇 춥습니다
chocolate 巧克力 초콜릿
sweets 糖果点心 과자
candy 糖果 사탕
cigarette 香烟 담배
smell 味儿 냄새
do 出声 합니다
nice 好 좋다
taste 味道 맛
sweet 甜 달다
salty 咸 짜다
fatty 油腻 느끼하다
hot 辣 맵다
sour 酸 시그럽다
bitter 苦 쓰다
sizzling 刺啦刺啦 지글지글
sound 声音 소리
bubble-bubble 咕嘟咕嘟 부글부글

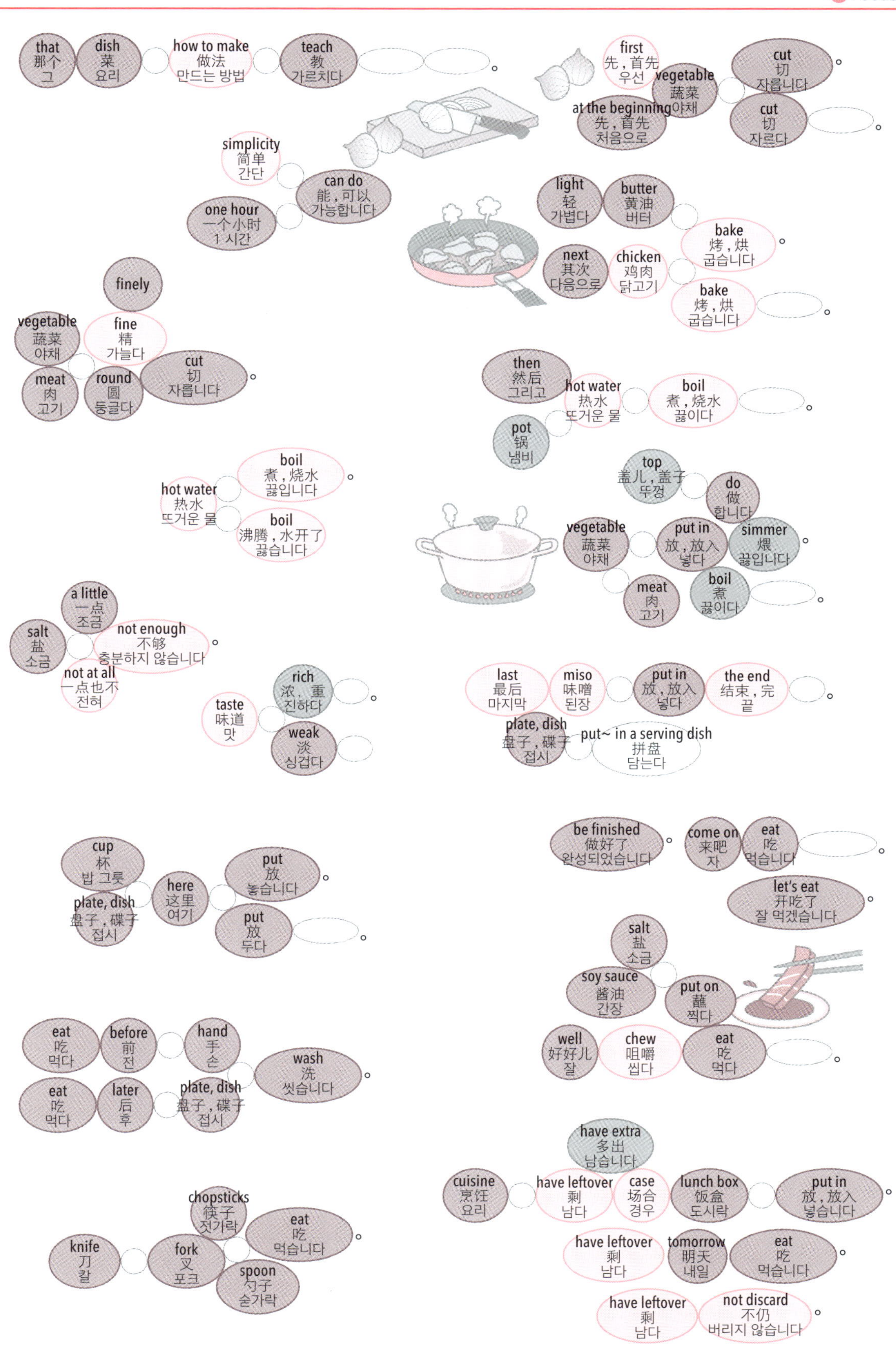

自己紹介① 家族
自己紹介② 国・仕事
天気・自然
予定
買い物
レストランで
食べ物
生活①
生活② トラブル
家庭
町・交通
旅行
趣味
学校
仕事・将来
体・病気
敬語で話そう
コミュニケーション

表　現
（ひょう　げん）

1　いただきます。／ごちそうさま。

- 「いただきます」 is a polite set phrase used before the meal, and 「ごちそうさま」 after the meal.
- It is politer when 「でした」 is added after 「ごちそうさま」.
- 「ごちそうさま」 is also used to thank a person who paid for the meal, or to a person who cooked for you.
- ★ 「いただきます」是用于饭前，「ごちそうさま」是用于饭后。
- ★ 「ごちそうさま」后加上「でした」是客气的说法。
- ★ 「ごちそうさま」是被人请客或别人给你做什么吃的时一种答谢用语。
- ● 「いただきます」는 밥을 먹기 전에 「ごちそうさま」는 밥을 다 먹고 나서 하는 인사입니다．
- ● 「ごちそうさま」에 「でした」를 붙이면 정중한 표현이 됩니다．
- ● 「ごちそうさま」는 누가 식사비를 내주거나 누가 식사를 만들어 주었을 때의 인사말로도 사용합니다．

2　自分で料理をします。
（じ　ぶん　　りょう　り）

I cook by myself.
自己做菜。　스스로 요리를 합니다．

- 「自分」 is used when a speaker is talking about him/herself, and 「自分でする」 means that a speaker will do the things by him/herself.
- ★ 「自分」是当事人自身，「自分でする」是当事人自己做的意思。
- ● 「自分」은 자기 자신이라는 뜻으로 「自分でする」는 자기 자신의 일을 자기가 한다는 것을 나타냅니다．

3　ビールを冷やしておきます。（〜ておく）
（ひ）

I will chill the beer.
把啤酒冰好。　맥주를 식혀 놓습니다．

- 「〜ておきます」 is used to express when a person prepares something beforehand.
- It is also used like 「片づけておいてください」 (it means "Please put it away, and keep it that way clean" to represent a process after something ends.
- ★ 「〜ておきます」是事先准备好的意思。
- ★ 也有像「片づけておいてください」（完了收拾一下）这样表示做完一件事后的处理。
- ● 「〜ておきます」는 어떤 일을 미리 준비해 놓는 것을 나타냅니다．
- ● 「片づけておいてください（정리해 놓으세요）」와 같이 어떤 일이 끝난 후의 처리를 나타내기도 합니다．

4　いいにおいがします。（〜がする）

Something smells good.
很好闻。　맥주를 식혀 놓습니다．

- 「〜がする」 comes after a noun of sound, taste and smell, and indicates that one can sense its presence.
- ★ 「〜がする」是接声音、味道等名词，表示对其的感觉。
- ● 「〜がする」는 소리나 맛 냄새 등의 명사에 붙어 그것을 느끼는 것을 나타냅니다．

5　まず／次に／それから／最後に
（つぎ　　　　　　　　　さい　ご）

First / Next / Then / Finally
首先 / 其次 / 然后 / 最后　우선 / 다음에 / 그리고 / 마지막으로

- It is used to explain the procedure of an operation.
- 「まず」 describes a thing which should be done first, 「次に」 describes a thing which follows, 「それから」 describes a thing which should be done after that, 「最後に」 describes a thing which should be done at the end. "Firstly", "Secondly", "After that", "Lastly"
- When there are many processes in an operation, 「それから」 can be used many times. 「それから」 is also used when examples and explanations are added to the process.
- ★ 用于说明工作程序。
- ★ 「まず」是首先；「次に」是其次；「それから」是然后；「最後に」是最后的意思。
- ★ 工作程序多的时候可以多次使用「それから」，「それから」有时也用于说明、举例时。
- ● 작업 순서를 설명할 때 사용합니다．
- ● 「まず」는 맨 먼저하는 것 「次に」는 그 뒤를 이어 하는 것 「それから」는 그 다음을 이어서 하는 것 「最後に」는 제일 마지막에 하는 것을 나타냅니다．
- ● 작업 공정이 많을 때는 「それから」를 몇 번이나 쓸 수 있습니다．또 「それから」는 설명과 예를 덧붙일 때에도 사용합니다．

6 食べる前に手を洗います。（〜前に）

I wash my hands before I eat.
吃东西之前洗手。　먹기 전에 손을 씻습니다.

- It represents the sequence of an action.「A 前にB」means the order is from B to A.
- When verbs comes in front of this word like「食べる前に」, then it becomes "Root Form＋前に", if noun comes in front of this word like「食事の前に」it becomes "Noun＋の＋前に".
- ★ 表示动作的顺序，「A 前にB」是先 B 后 A
- ★ 动词句，如「食べる前に」是「动词原形＋前に」，名词句，如「食事の前に」是「名詞＋の＋前に」
- 행동의 순서를 나타내는 표현으로「A前にB」로 B→A의 순서를 나타냅니다.
- 동사가 올 경우에는「食べる前に」처럼「원형＋前に」가 되고, 명사의 경우는「食事の前に」처럼「명사＋の＋前に」가 됩니다.

7 食べた後でお皿を洗います。（〜後で）

I wash the dishes after I eat.
吃完以后洗碗。　먹은 다음에 접시를 씻습니다.

- It represents the sequence of an action.「A 後でB」means the order is from A to B.
- When verbs comes in front of this word like「食べた後で」, then it becomes "た Form＋後で", if noun comes in front of this word like「食事の後で」it becomes "Noun＋の＋後で".
- ★ 表示动作的顺序，「A 後でB」是先 A 后 B。
- ★ 动词句，如「食べた後で」是「た形＋後で」，名词句，如「食事の後で」是「名詞＋の＋後で」。
- 행동의 순서를 나타내는 표현으로「A後でB」로 A→B의 순서를 나타냅니다.
- 동사가 오는 경우는「食べた後で」처럼「た形＋後で」, 명사의 경우는「食事の後で」처럼「名詞＋の＋後で」가 됩니다.

8 はしで食べます。（〜で）

I eat with chopsticks.
用筷子吃。　젓가락으로 먹습니다.

- 「〜で」indicates a tool with which is used to do something.
- ★ 「〜で」是表示做某事时用的工具。
- 「〜で」는 무언가를 하는 도구를 나타냅니다.

9 料理が余った場合、お弁当に入れます。（〜場合）

In the case there is any food left over, I put it in a bento.
菜剩下的话，放在便当里。
요리가 남은 경우, 도시락에 넣습니다.

- 「場合」is a term to pick a single case from among various circumstances.
- It connects to common type of verb/adjective and "Noun＋の".
- ★ 「場合」表示从各种状态中选出一个情况作为问题的主题。
- ★ 接动词・形容词原形后，「名詞＋の」后。
- 「場合」는 여러 상황 속에서 하나만 들어 문제로 삼을 때의 표현입니다.
- 동사・형용사의 보통형,「名詞＋の」에 접속합니다.
- It can be rephrased with「〜ときは」.
- ★ 可用「〜ときは」替换。
- 「〜ときは」로 바꾸어 말할 수 있습니다.

10 料理が残ったら、明日食べます。（〜たら）

If there's food left over, I eat it the next day.
菜剩下的话，明天再吃。　요리가 남으면 내일 먹습니다.

- This expression is used for conditions. It can be used both ways: when you're not sure if it will happen, such as "料理が残ったら、明日食べます。(If there are any leftovers, I'll eat them tomorrow.) ", and when you're sure it will happen, such as "午後になったら、出かけます。(I'm going out in the afternoon.) "
- ★ 表示一种假设条件。如「料理が残ったら、明日食べます。（剩下的话，明天再吃）。」用于不知道是否会发生的假设条件，也用于如「午後になったら、出かけます。（下午出去）。」」这样的既定条件。
- 조건을 나타내는 표현입니다.「料理が残ったら、明日食べます」처럼 정말로 일어날지 어떨지 모를 때에도「午後になったら、出かけます。」처럼 일어날 일을 알고 있을 때에도 사용할 수 있습니다.

11 料理が残っても、捨てません。（AてもB）

Even if food is left over, I don't throw it away.
菜剩下了，也扔掉。　요리가 남아도 버리지 않습니다.

- 「AてもB」means that A's circumstance will not affect B's conclusion.
- It is used when B's conclusion comes opposite to what is expected because of A's circumstance.
- It is often used together with もし、万一、たとえ.
- ★ 「AてもB」表示 A 不会影响 B 的结论。
- ★ 也用于即使已经预测 A 的发生,B 也不会受其影响。
- 「AてもB」は、Aという事が B という結論に影響を与えない事を表します。
- A로보아 당연히 예상되는 것과 반대되는 것을 B로 할 때 사용합니다.
- ★ 有时也和もし、万一、たとえ一起使用。
- もし、万一、たとえ等と함께 사용하는 경우도 있습니다.

自己紹介・家族① / 自己紹介・国・仕事② / 天気・自然 / 予定 / 買い物 / レストランで / 食べ物 / 生活① / 生活② トラブル / 町・交通 / 旅行 / 趣味 / 学校 / 仕事・将来 / 体・病気 / 敬語で話そう / コミュニケーション

A：カルロスさんは何か食べられないものはありますか。

B：いえ、特にありません。何でも食べます。

A：晩ご飯はいつもどうしているんですか。

B：自分で作ることが多いです。でも、忙しいときは外で食べます。

A：そうですか。日本の食べ物では何が好きですか。

B：牛丼はよく食べますよ。あと、カレーやラーメンとかも。

A：じゃ、大丈夫ですね。今日はすきやきにしますから。

B：ああ、スキヤキですか。日本の有名な料理ですね。どうやって作るのか、教えてください。

A：いいですよ。じゃ、メモをとってくれますか。

B：はい、お願いします。

A：用意するのは牛肉と野菜、それから、とうふなどです。野菜ととうふは、初めに切っておきましょう。

まず、お肉を油で焼きます。表と裏、両方焼いたら砂糖としょうゆをかけます。お酒を少し入れてもいいです。次に野菜を入れますが、かたいものからにしてください。あとは煮るだけです。

B：そんなに難しくないですね。

A：ええ。作りながら食べるんですよ。味が濃くなったら水を、薄くなったらしょうゆを入れてください。

B：忙しいけど、楽しそうですね。

A：ええ。カルロスさんは生卵は食べられますか。

B：えっ？　生の卵ですか。うーん、生では食べません。

A：じゃ、卵をつけて食べてみてください。おいしいですよ。

B：そうなんですか。じゃ、そうしてみます。

A: Are there any foods you cannot eat, Carlos-san?
B: No, none in particular. I can eat anything.
A: What do you normally do for dinner?
B: I often cook for myself. I eat out when I am busy, though.
A: I see. What kinds of Japanese foods do you like?
B: I often eat beef bowls. I eat curry and ramen, as well.
A: You'll be fine, then. We'll be having sukiyaki tonight.
B: Oh, sukiyaki? That is a famous Japanese dish, isn't it? Please teach me how to make it.
A: All right. Can you take notes?
B: Yes, please go ahead.
A: You need to first prepare beef, vegetables, and tofu. Start by cutting the vegetables and tofu.

A: First, cook the meat in oil. Once you cook both sides, add sugar and soy sauce. You can also put in a bit of cooking sake. Next, add the vegetables, but start with harder ones. After all, you just need to let it simmer.
B: That doesn't sound very difficult.
A: You're right. You eat the dish as you make it. If the flavor becomes too strong, add water, and if it becomes too weak, add soy sauce.
B: It sounds like you're very busy while you eat this, but it also sounds fun.
A: Yes. Can you eat raw eggs, Carlos-san?
B: What? Raw eggs? Well, I don't eat them raw.
A: In that case, try dipping the sukiyaki in egg and eating it. It tastes very good.
B: Does it? In that case, I will try doing that.

A：Karurosu 先生有什么不能吃的吗？
B：不，没什么。什么都吃。
A：每天晚饭怎么解决？
B：大部分都是自己做。不过，忙的时候在外边吃。
A：是吗。日本料理喜欢吃什么？
B：经常吃牛肉盖饭。还有咖喱，拉面等。
A：那，应该没问题。今天吃日式牛肉火锅。
B：啊，是 sukiyaki 呀。有名的日本料理呀。教教我怎么做。
A：好啊，做好笔记呀。
B：好的，请吧。
A：要准备的是牛肉和蔬菜，还有豆腐等等。蔬菜和豆腐先要切好。

A：首先，把肉放在油里烤。两面都烤熟了，就放糖和酱油。稍放点酒也可以。接下来，放入蔬菜，硬的要先放。然后就是煮了。
B：不太难嘛。
A：是啊。边做边吃的。味道太重了，就加点水，淡了，就放酱油。
B：忙了点，不过，应该挺有意思的啊。
A：是啊。karurosu 先生能吃生鸡蛋吗？
B：啊？生鸡蛋啊。嗯 -，生的不吃。
A：那，试一试蘸生鸡蛋吃。很好吃的。
B：是吗？那，试一试。

A: 카를로스씨는 무언가 먹지 못하는 것은 있어요 ?
B: 아뇨, 특별히 없어요 . 무엇이든 먹어요 .
A: 저녁 밥은 항상 어떻게 하고 있어요 ?
B: 스스로 만드는 경우가 많아요 . 바쁠 때는 밖에서 먹어요 .
A: 그래요 ? 일본의 음식중에서는 무엇을 좋아해요 ?
B: 규동은 자주 먹어요 . 그리고 카레나 라면등도 .
A: 그럼 괜찮겠네요 . 오늘은 스키야키로 할거니까요 .
B: 아 , 스키야키이에요 ? 일본의 유명한 요리이지요 . 어떻게 만드는지 가르쳐 주세요 .
A: 좋아요 . 그럼 메모를 해 주겠어요 ?
B: 네 , 부탁해요 .
A: 준비하는 것은 소고기와 야채 , 그리고 두부등입니다 . 야채와 두부는 처음에 썰어 둡시다 .

우선 고기를 기름으로 굽습니다 . 겉과 안쪽 , 양쪽을 굽고나서 설탕과 간장을 넣습니다 . 술을 조금 넣어도 좋아요 . 다음에 야채를 넣습니다만 딱딱한 것부터 넣으세요 . 다음은 끓일 뿐입니다 .
B: 그렇게 어렵지 않네요 .
A: 네 . 만들면서 먹지요 . 맛이 짜지면 물을 , 싱거우면 간장을 넣어 주세요 .
B: 바쁘지만 즐거울 것 같네요 .
A: 네 . 카를로스 씨는 날계란을 먹을 수 있어요 ?
B: 네 ? 생달걀요 ? 음 .. 생으로는 안 먹어요 .
A: 그럼 계란을 찍어 먹어 보세요 . 맛있어요 .
B: 그래요 ? 그럼 그렇게 해 보겠습니다 .

8 生活①〜家

せいかつ　いえ

Life ① 〜 Home

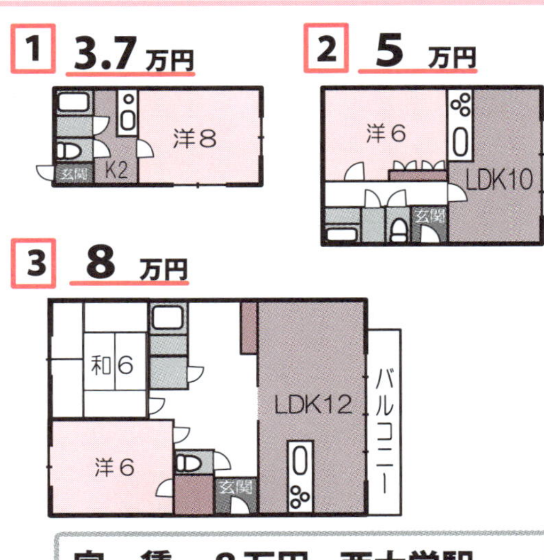

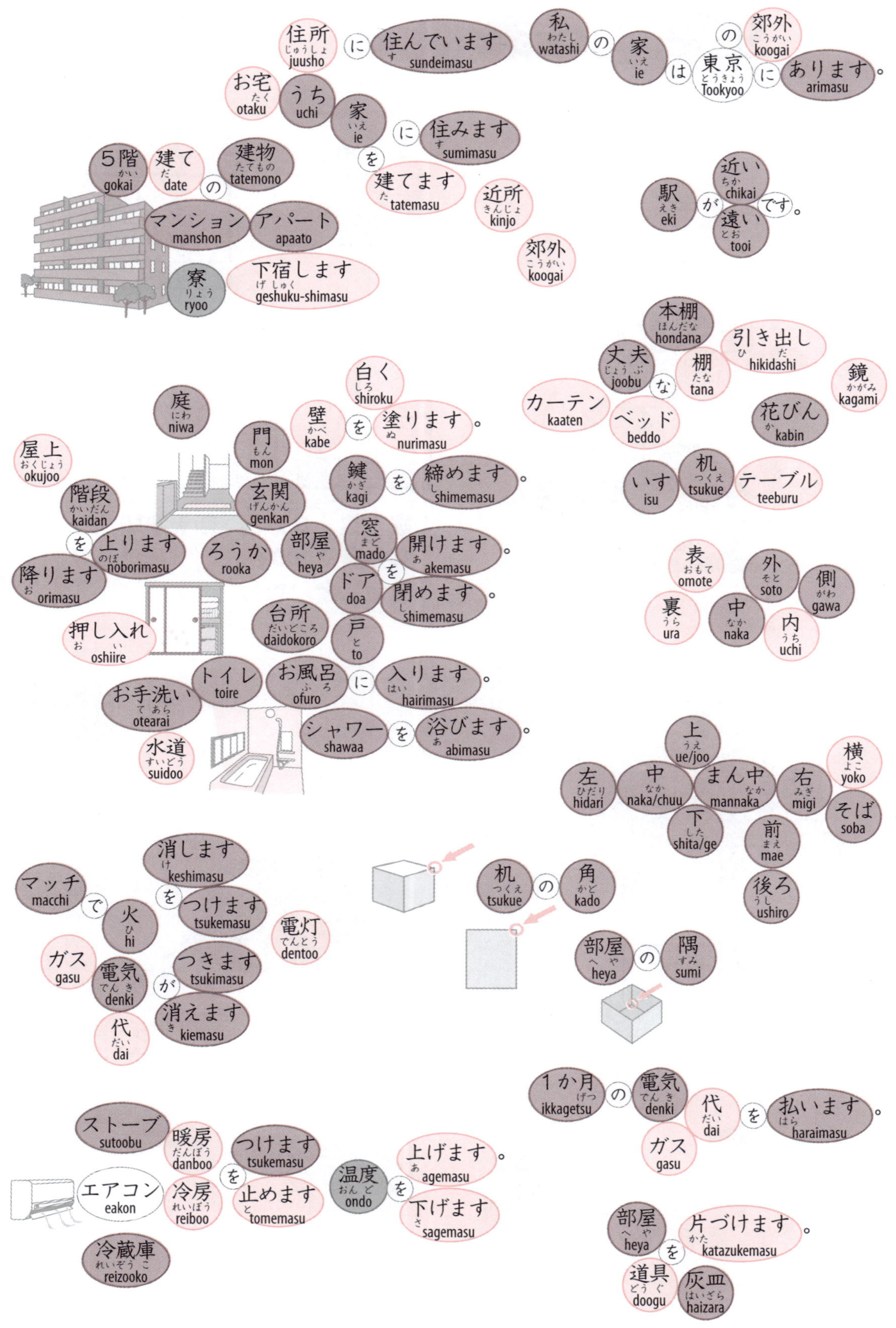
住所 じゅうしょ juusho
に
住んでいます sundeimasu
私 わたし watashi
の
家 いえ ie
は
東京 とうきょう Tookyoo
の
郊外 こうがい koogai
に
あります。 arimasu
お宅 たく otaku
うち uchi
家 いえ ie
を
住みます す sumimasu
建てます た tatemasu
近所 きんじょ kinjo
郊外 こうがい koogai
駅 えき eki
が
近い ちか chikai
遠い とお tooi
です。
5階 かい gokai
建て だて date
の
建物 たてもの tatemono
マンション manshon
アパート apaato
寮 りょう ryoo
下宿します げしゅく geshuku-shimasu
本棚 ほんだな hondana
引き出し ひ だ hikidashi
丈夫 じょうぶ joobu
な
棚 たな tana
鏡 かがみ kagami
カーテン kaaten
ベッド beddo
花びん か kabin
いす isu
机 つくえ tsukue
テーブル teeburu
白く しろ shiroku
庭 にわ niwa
壁 かべ kabe
を
塗ります ぬ nurimasu
門 もん mon
玄関 げんかん genkan
鍵 かぎ kagi
を
締めます し shimemasu
屋上 おくじょう okujoo
階段 かいだん kaidan
を
上ります のぼ noborimasu
降ります お orimasu
ろうか rooka
部屋 へや heya
窓 まど mado
開けます あ akemasu
ドア doa
を
閉めます し shimemasu
押し入れ お いれ oshiire
台所 だいどころ daidokoro
戸 と to
お手洗い て あら otearai
トイレ toire
お風呂 ふろ ofuro
に
入ります はい hairimasu
水道 すいどう suidoo
シャワー shawaa
を
浴びます あ abimasu
表 おもて omote
外 そと soto
側 がわ gawa
裏 うら ura
中 なか naka
内 うち uchi
上 うえ ue/joo
横 よこ yoko
左 ひだり hidari
中 なか naka/chuu
まん中 なか mannaka
右 みぎ migi
そば soba
下 した shita/ge
前 まえ mae
後ろ うし ushiro
マッチ macchi
で
消します け keshimasu
を
つけます tsukemasu
火 ひ hi
電灯 でんとう dentoo
ガス gasu
電気 でんき denki
が
つきます tsukimasu
消えます き kiemasu
代 だい dai
机 つくえ tsukue
の
角 かど kado
部屋 へや heya
の
隅 すみ sumi
1か月 げつ ikkagetsu
の
電気 でんき denki
代 だい dai
を
払います はら haraimasu
ガス gasu
ストーブ sutoobu
暖房 だんぼう danboo
つけます tsukemasu
を
止めます と tomemasu
温度 おんど ondo
を
上げます あ agemasu
下げます さ sagemasu
エアコン eakon
冷房 れいぼう reiboo
冷蔵庫 れいぞうこ reizooko
部屋 へや heya
を
片づけます かた katazukemasu
道具 どうぐ doogu
灰皿 はいざら haizara

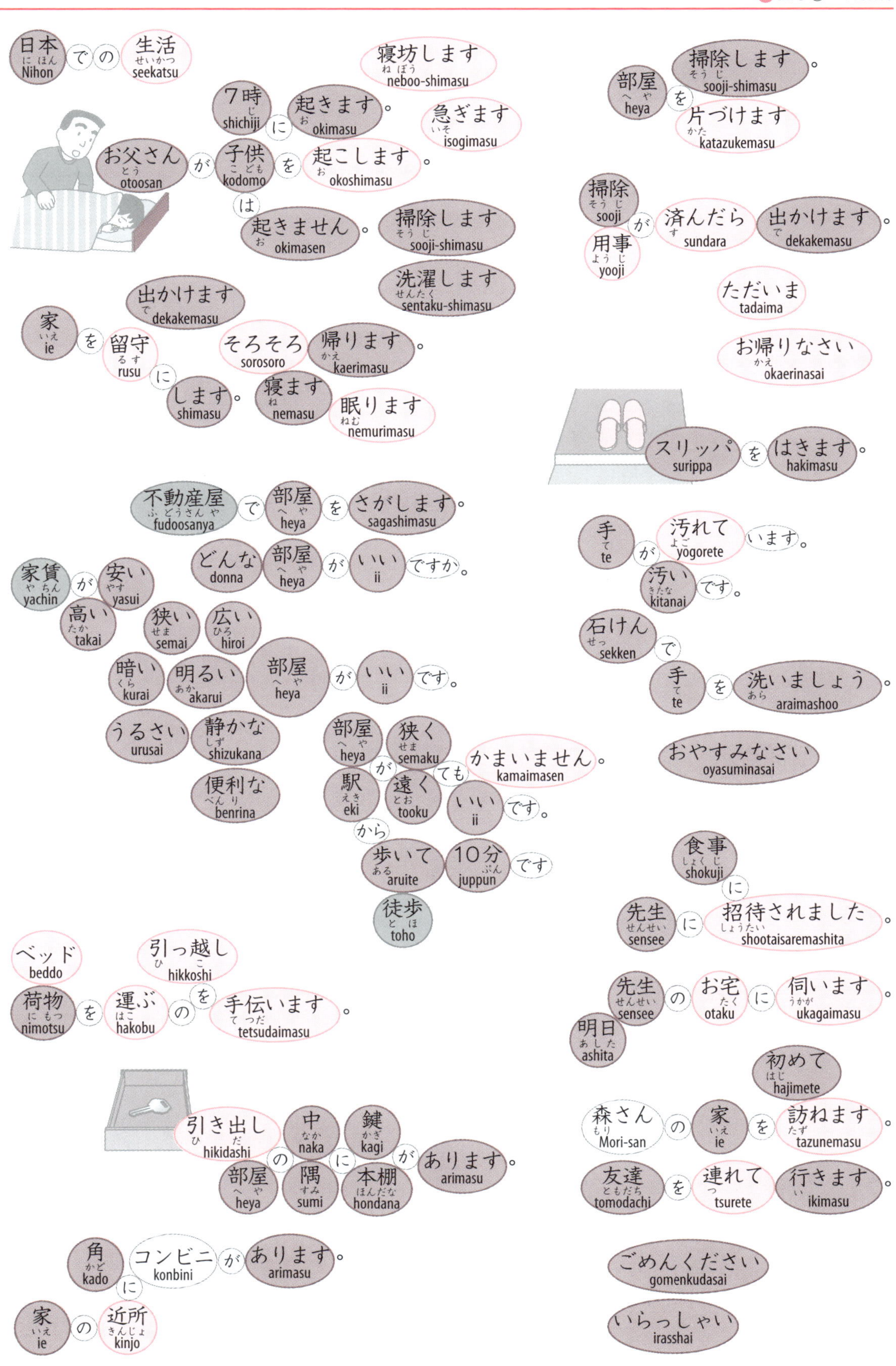
日本 にほん Nihon
での
生活 せいかつ seekatsu
7時 じ shichiji
に
起きます お okimasu
寝坊します ねぼう neboo-shimasu
急ぎます いそ isogimasu
お父さん とう otoosan
が
子供 こども kodomo
を
起こします お okoshimasu
は
起きません お okimasen
掃除します そうじ sooji-shimasu
洗濯します せんたく sentaku-shimasu
出かけます で dekakemasu
家 いえ ie
を
留守 るす rusu
に
します。 shimasu
そろそろ sorosoro
帰ります。 かえ kaerimasu
寝ます ね nemasu
眠ります ねむ nemurimasu
掃除します そうじ sooji-shimasu
部屋 へや heya
を
片づけます かた katazukemasu
掃除 そうじ sooji
が
用事 ようじ yooji
済んだら す sundara
出かけます で dekakemasu
ただいま tadaima
お帰りなさい かえ okaerinasai
スリッパ surippa
を
はきます。 hakimasu
手 て te
が
汚れて よご yogorete
います。
汚い きたな kitanai
です。
石けん せっ sekken
で
手 て te
を
洗いましょう あら araimashoo
おやすみなさい oyasuminasai
不動産屋 ふどうさんや fudoosanya
で
部屋 へや heya
を
さがします。 sagashimasu
家賃 やちん yachin
が
どんな donna
部屋 へや heya
が
いい ii
ですか。
安い やす yasui
高い たか takai
狭い せま semai
広い ひろ hiroi
暗い くら kurai
明るい あか akarui
部屋 へや heya
が
いい ii
です。
うるさい urusai
静かな しず shizukana
便利な べん り benrina
部屋 へや heya
が
狭く せま semaku
ても
かまいません kamaimasen
いい ii
です。
駅 えき eki
から
遠く とお tooku
ても
歩いて ある aruite
10分 ぷん juppun
です
徒歩 と ほ toho
食事 しょくじ shokuji
に
先生 せんせい sensee
に
招待されました しょうたい shootaisaremashita
先生 せんせい sensee
の
お宅 たく otaku
に
伺います うかが ukagaimasu
明日 あした ashita
ベッド beddo
引っ越し ひ hikkoshi
荷物 にもつ nimotsu
を
運ぶ はこ hakobu
の
を
手伝います てつだ tetsudaimasu
初めて はじ hajimete
森さん もり Mori-san
の
家 いえ ie
を
訪ねます。 たず tazunemasu
友達 ともだち tomodachi
を
連れて つ tsurete
行きます い ikimasu
引き出し ひ だ hikidashi
中 なか naka
鍵 かぎ kagi
が
あります。 arimasu
部屋 へや heya
の
隅 すみ sumi
に
本棚 ほんだな hondana
角 かど kado
に
コンビニ konbini
が
あります。 arimasu
家 いえ ie
の
近所 きんじょ kinjo
ごめんください gomenkudasai
いらっしゃい irasshai

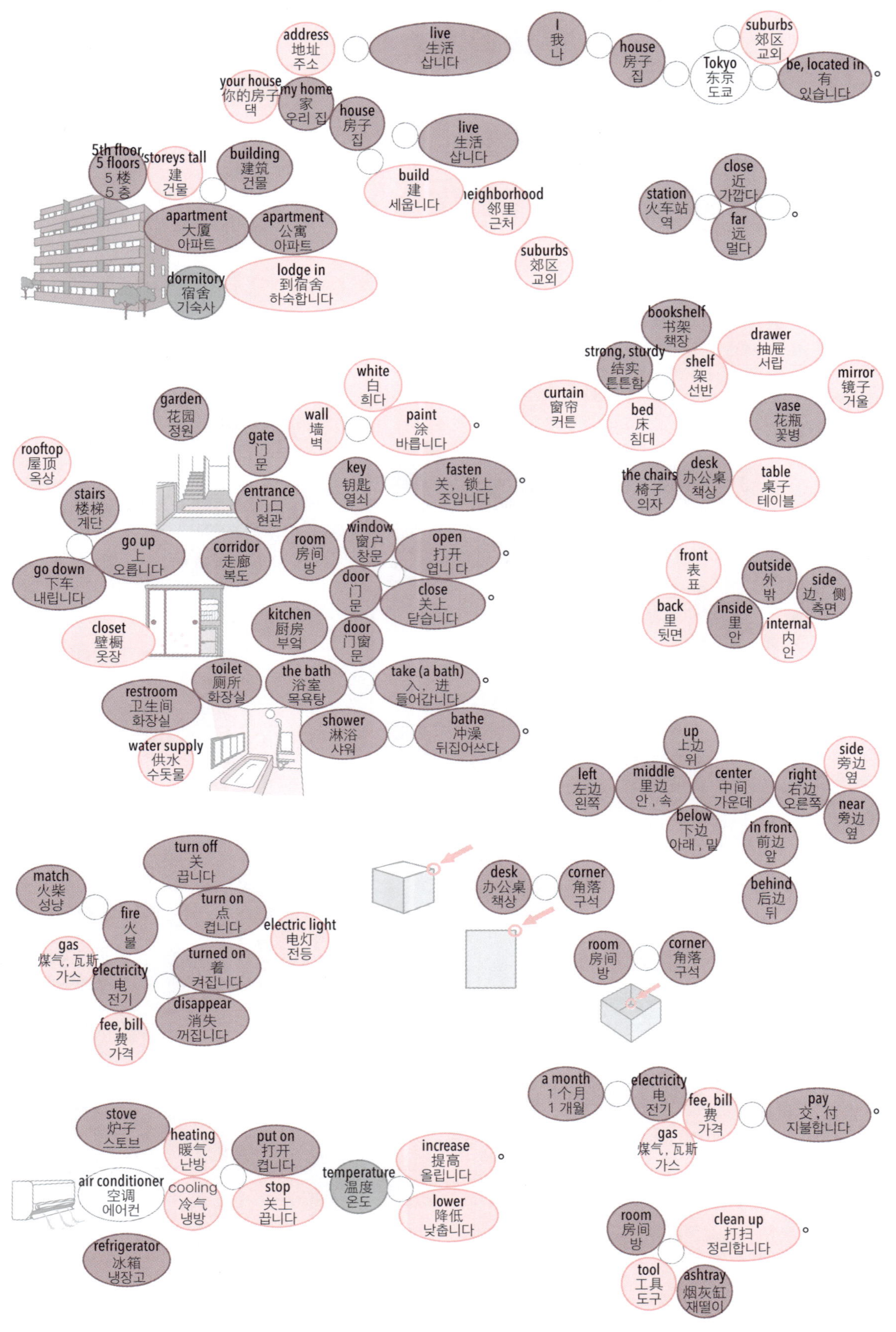

address 地址 주소
live 生活 삽니다
I 我 나
house 房子 집
suburbs 郊区 교외
Tokyo 东京 도쿄
be, located in 有 있습니다
your house 你的房子 댁
my home 家 우리 집
house 房子 집
live 生活 삽니다
build 建 세웁니다
neighborhood 邻里 근처
station 火车站 역
close 近 가깝다
far 远 멀다
5th floor 5 楼 5 층
5 floors
storeys tall 建 건물
building 建筑 건물
apartment 大厦 아파트
apartment 公寓 아파트
dormitory 宿舍 기숙사
lodge in 到宿舍 하숙합니다
suburbs 郊区 교외
bookshelf 书架 책장
strong, sturdy 结实 튼튼함
shelf 架 선반
drawer 抽屉 서랍
mirror 镜子 거울
curtain 窗帘 커튼
bed 床 침대
vase 花瓶 꽃병
the chairs 椅子 의자
desk 办公桌 책상
table 桌子 테이블
white 白 희다
wall 墙壁
paint 涂 바릅니다
garden 花园 정원
gate 门 문
entrance 门口 현관
key 钥匙 열쇠
fasten 关，锁上 조입니다
rooftop 屋顶 옥상
stairs 楼梯 계단
go up 上 오릅니다
corridor 走廊 복도
room 房间 방
window 窗户 창문
open 打开 엽니 다
front 表 표
outside 外 밖
side 边，侧 측면
go down 下车 내립니다
door 门 문
close 关上 닫습니다
back 里 뒷면
inside 里 안
internal 内 안
closet 壁橱 옷장
kitchen 厨房 부엌
door 门窗 문
toilet 厕所 화장실
the bath 浴室 목욕탕
take (a bath) 入，进 들어갑니다
restroom 卫生间 화장실
water supply 供水 수돗물
shower 淋浴 샤워
bathe 冲澡 뒤집어쓰다
up 上边 위
left 左边 왼쪽
middle 里边 안，속
center 中间 가운데
right 右边 오른쪽
side 旁边 옆
below 下边 아래，밑
in front 前边 앞
near 旁边 옆
behind 后边 뒤
match 火柴 성냥
turn off 关 끕니다
fire 火 불
turn on 点 켭니다
electric light 电灯 전등
gas 煤气，瓦斯 가스
electricity 电 전기
turned on 着 켜집니다
desk 办公桌 책상
corner 角落 구석
fee, bill 费 가격
disappear 消失 꺼집니다
room 房间 방
corner 角落 구석
a month 1 个月 1 개월
electricity 电 전기
fee, bill 费 가격
pay 交，付 지불합니다
gas 煤气，瓦斯 가스
stove 炉子 스토브
heating 暖气 난방
put on 打开 켭니다
increase 提高 올립니다
air conditioner 空调 에어컨
cooling 冷气 냉방
stop 关上 끕니다
temperature 温度 온도
lower 降低 낮춥니다
refrigerator 冰箱 냉장고
room 房间 방
clean up 打扫 정리합니다
tool 工具 도구
ashtray 烟灰缸 재떨이

Japan 日本 일본 — living 生活 생활

oversleep 睡过头到 늦잠을 잡니다

seven o'clock 七点 7 时 7 시 — get up 起床 일어납니다 — rush 着急 서두릅니다

room 房间 방 — clean up 打扫 청소합니다 — clean up 收拾 정리합니다

father 爸爸，父亲 아버지 — child 孩子 아이 — wake 叫醒 일으 킵니다

cleaning 打扫 청소 / business, errands 事情 볼 일 — finish 办完 끝나다 — go out 出去 외출하다

not get up 不起床 일어납니다 — clean 打扫 청소합니다 — wash 洗衣服 세탁합니다

I'm home 我回来了 돌아왔습니다

Hi, how was your day? 我回来了 어서 오세요

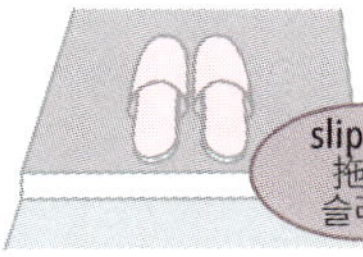

house 房子 집 — absence 看门 부재중 — go out 出去 외출합니다 — by now 马上就要 슬슬 — return 回去 돌아갑니다

do 做 합니다 — go to bed 睡觉 잡니다 — sleep 困 잠듭니다

slippers 拖鞋 슬리퍼 — wear 穿 신습니다

realtor 房屋中介所 부동산 — room 房间 방 — search 找 찾습니다

hand 手 손 — get dirty 脏 더러워지다 — dirty 脏 더럽다

rent 房租 집세 — cheap 便宜 싸다 — what 什么样的 어떤 — room 房间 방 — nice 好 좋다

expesive 多少钱 높은 — narrow 窄 좁다 — wide 宽 넓다

soap 肥皂 비누

dark 暗 어둡다 — bright 明亮，亮 밝다 — room 房间 방 — nice 好 좋다

hand 手 손 — wash 洗 씻습니다

noisy 吵 시끄럽다 — quiet 安静 조용한 — room 房间 방 — narrow 窄 좁다 — does not matter, do not mind 不要紧 괜찮습니다

Good night 晚安 안녕히 주무세요

convenient 方便 편리하다 — station 火车站 역 — far 远 멀다 — nice 好 좋다

walk 走路 걸어서 — 10 minutes 10 分钟 10 분

on foot 走路 걸어서

meal 餐 식사 — teacher 老师 선생님 — invite 邀请 초대합니다

bed 床 침대 — moving 搬家，移动 이사

teacher 老师 선생님 — your house 您家，府上 댁 — visit 拜访 묻겠습니다

luggage 行李 짐 — carry 搬动，移动 나르다 — help 帮忙 도와줍니다

tomorrow 明天 내일

for the first time 首次 처음으로

Mori-san 森 모리씨 — house 房子，家 집 — visit 访问 방문합니다

drawer 抽屉 서랍 — inside, in 里，中 안 — key 钥匙 열쇠 — be 有 있습니다

room 房间 방 — corner 角落 구석 — bookshelf 书架 책장

friend 朋友 친구 — take 带 데려가다 — go 去 갑니다

corner 角落 구석 — convenience store 便利店 편의점 — there is, be 有 있습니다

Anybody home? 对不起，有人吗？ 실례하겠습니다

house 房子，家 집 — neighborhood 邻里 인근

Welcome 欢迎 어서 오세요

自己紹介① 家族 / 自己紹介② 国・仕事 / 天気・自然 / 予定 / 買い物 / レストランで / 食べ物 / 生活① 家庭 / 生活② トラブル / 町・交通 / 旅行 / 趣味 / 学校 / 仕事・将来 / 体・病気 / 敬語で話そう / コミュニケーション

表現（ひょうげん）

1 私の家は東京にあります。
（〜は〜にあります）

My home is in Tokyo.
我家在东京。
나의 집은 동경에 있습니다 .

- ◆ It is an expression to represent the location of a thing of that which is talked about.
- ◆ It is also used as a reply to 「〜はどこにありますか」.
- ◆ 「あります」 is used for a thing, and 「います」 is used for a person or animals.

- ★ 表示话题中的物体在哪儿
- ★ 对「〜はどこにありますか」这样的提问 , 回答时也使用。
- ★ 物体时用「あります」, 人和动物时用「います」。

- ● 화제로 삼은 것이 어디에 있는지 나타내는 표현입니다 .
- ● 「〜はどこにありますか」 에 대한 답으로도 사용합니다 .
- ● 무생물인 경우에는 「あります」, 사람과 동물의 경우에는 「います」 를 사용합니다 .

2 電気がつきます／電気をつけます

The light turns on. / I turn on the light.
灯亮了。/ 开灯。
전기가 켜집니다 / 전기를 켭니다

- ◆ Verb consists of intransitive verb and transitive verb. Some verbs can be both intransitive and transitive. In addition, there are some verbs like 「消えます」「消します」, which has different meanings even though the same character is utilized
- ◆ <Intransitive Verb> 電気が消えます。(The light goes out.)
  It is a verb that represents the very thing, and does not influence others.
  <Transitive Verb> 私は電気を消します。(I turn off the light.)
  It is a verb to which the subject (I) engages, and postpositional particle " を " is applied to the target.

- ★ 日语的动词有自动词和他动词。还有的动词有时既可以作自动词也可以作他动词使用。还有如「消えます」「消します」的动词 , 虽然汉字一样 , 但意思和活用却不同。
- ★ 自动词是指没有外界的操作 , 只是描写事物的状态。如「電気が消えます。(灯关了。)」
  他动词是由指由外界来操作的动词。表示操作对象的后边加「を」。如「私は電気を消します。(我关灯。)」

- ● 동사에는 자동사와 타동사가 있습니다 . 하나의 동사가 자동사도 타동사도 되는 것도 있지만 「消えます」「消します」 처럼 한자가 같아도 활용이 다른 다른 의미의 동사가 되는 것도 있습니다 .
- ● <自動詞>電気が消えます。
  다른 것에 행동이 가해지는 것없이 그 자체를 나타내는 동사입니다 .
  <他動詞>私は電気を消します。
  주어 (내) 가 다른 것에 동작을 가하는 동사로 동작을 가하는 대상에게 조사 「を」 를 붙입니다 .

3 ただいま／おかえりなさい

I'm home / Welcome back
我回来了。/ 你回来了？
잘 다녀왔습니다 / 어서 오세요

- ◆ 「ただいま」 is a greeting used when you come back and enter your home.
- ◆ 「おかえりなさい」 is a greeting used to a person who has come back. 「おかえり」 is also used for families and friends.

- ★ 「ただいま」 是从外边回家时的问候语。
- ★ 「おかえりなさい」 是家里人对回来人说的问候语。对熟悉的人也可以说「おかえり」。

- ● 「ただいま」 는 집에 돌아왔을 때의 인사입니다 .
- ● 「おかえりなさい」 는 돌아온 사람에게 하는 인사입니다 . 친한 사람에게는 「おかえり」 도 사용합니다 .

4 おやすみなさい

Good night
晚安。
안녕히 주무세요

- ◆ It is a greeting before you go to bed. It is also used when you part with someone at night-time. 「おやすみ」 is also used for families and friends.

- ★ 「おやすみなさい」 是睡觉前的问候语。晚上跟谁告别时也可以用。熟悉的人也可以说「おやすみ」。

- ● 자기 전의 인사입니다 . 또 밤에 누군가와 헤어질 때 사용하기도 합니다 . 「おやすみ」 도 사용합니다 .

5 部屋が狭くてもかまいません。
（へや　せま）
（～てもかまいません）

I do not mind if the room is small.
房间小也没关系。
방이 좁아도 괜찮습니다 (～ 도 상관없습니다)

◆ It is an expression that represents concession.
　表示容许、许可。
● 허용을 나타내는 표현입니다 .

◆ It can be rephrased as 「～てもいいです」.
★ 可以用 「～てもいいです」 替换。
● 「～てもいいです」 로 바꾸어 말할 수 있습니다 .

6 ベッドを運ぶのを手伝います。
（はこ　てつだ）
（～のを）

I will help out carrying the bed.
帮着搬床。
침대 나르는 것을 돕습니다

◆ 「[引っ越し] を手伝います」 When an [object] is a sentence, it becomes "root form+ のを "
◆ 「～のを忘れました」「～のを知っています」「～のを見ました」 It can also be used for other verbs as stated before.
★ 「[引っ越し] を手伝います」 中的宾语部分用 「原形＋のを」。
★ 如 「～のを忘れました」「～のを知っています」「～のを見ました」 等，也可以用其他别的动词。
● 「[引っ越し] を手伝います」 의 [목적어 부분] 이 문장일 때 「사전형＋のを」 가 됩니다 .
● 「～のを忘れました」「～のを知っています」「～のを見ました」 등 다른 동사로도 사용할 수 있습니다 .

7 引き出しの中に鍵があります。
（ひ　だ　なか　かぎ）
（～の～に～があります）

There is a key inside the drawer.
抽屉里有钥匙。
서랍 안에 열쇠가 있습니다

◆ It is an expression that portraits where something is.
★ 表示什么在哪里。
● 무엇이 어디에 있는지 묘사하는 표현입니다 .

◆ It is also used as a reply to 「～に何がありますか」.
★ 对 「～に何がありますか」 这样的提问，回答时也使用。
● 「～に何がありますか」 에 대한 답으로도 사용합니다 .

8 ごめんください／いらっしゃい

Excuse me / Come in
有人吗？ 快请进。
실례하겠습니다 / 어서오세요

◆ 「ごめんください」 is a greeting used when you visit someone's house.
◆ 「いらっしゃい」 is a greeting used when you invite someone in your home.
◆ 「いらっしゃいませ」 is used at stores.
★ 「ごめんください」 是去别人家在门口打招呼时使用的问候语。相当于汉语的 「有人吗？」
★ 「いらっしゃい」 是有人来家时，让客人进屋时的问候语。相当于汉语的 「请进」。
★ 商店的店员对客人说 「いらっしゃいませ」。
● 「ごめんください」 는 누군가의 집을 방문할 때 사용하는 인사입니다 .
● 「いらっしゃい」 는 누가 집에 왔을 때 그 사람을 초대하여 안으로 들일 때 사용하는 인사입니다 .
● 가게에서는 「いらっしゃいませ」 라고 사용합니다 .

9 どんな部屋をお探しですか。
（へや　さが）
（お＋○○ます＋です）

What kind of room are you looking for?
找什么样的房子？
어떤 방을 찾습니까 ?

◆ An honorific (sonkeigo) phrase. Takes the form 「お＋○○ます＋です」.
◆ Used with specific words, such as 「お持ちですか」「お帰りですか」.
★ 敬语表达方式。为 'お＋○○ます＋です' 的形式。
★ 仅限用于 'お持ちですか' 'お帰りですか' 等单词。
● 존경어의 표현입니다 . 「お＋○○ます＋です」 의 형태를 사용합니다 .
● 「お持ちですか」「お帰りですか」 등의 한정된 말로 사용됩니다 .

10 広い部屋がいいです。
（ひろ　へや）
（～がいい）

I prefer a large room.
喜欢大一点的房子。
넓은 방이 좋습니다

◆ Used to state a desire.
★ 传达要求的表达方式。
● 희망을 전하는 표현입니다

A：すみません、部屋を探しているんですが。

B：いらっしゃいませ。学生さんですか。

A：ええ。西大学の留学生です。今は寮に住んでいます。

B：どんな部屋がいいですか。

A：そうですね。家賃は安いほうがいいんですが…。少し駅から遠くてもかまいません。

B：こちらは3万7千円、こちらは5万円です。

A：うーん。友達と一緒に住むので、もう少し広い部屋がいいです。

B：では、こちらはいかがですか。家賃が8万円と共益費が3千円で、ちょっと高いですが。

A：わあ、広いですね。

B：はい。駅まで徒歩5分で、近所にはコンビニもあります。

A：便利ですね。

B：敷金と礼金もありませんよ。

A：いいですね。あ、何階の部屋ですか。

B：5階建てのマンションの、4階です。エレベーターもあります。

A：へえ。

B：部屋も明るいですよ。おすすめです。

A：わかりました。じゃ、この部屋を見ることができますか。

B：はい。これからご案内しますね。

A: Excuse me, I am looking for a room.

B: Welcome. Are you a student?

A: Yes. I am an exchange student studying at Nishi University. I live in a dorm right now.

B: What kind of room would you like?

A: Well, I would prefer one with cheaper rent… I do not mind if it is somewhat far from the station.

B: This one is 37,000 yen, while this one is 50,000 yen.

A: Hmm. I will be living with my friend, so I would prefer a slightly larger one.

B: What about this one, in that case? The rent is 80,000 yen, and there is a 3,000 yen common area charge, so it is slightly expensive.

A: Wow, it's very large.

B: Yes. It is a five minute walk from the station, and there is a convenience store nearby.

A: That's very handy.

B: There is no deposit or key money needed, either.

A: That sounds great. Oh, what floor is the room on?

B: It is on the fourth floor of a five-story building. There is also an elevator.

A: Wow.

B: The room is bright, too. I recommend it.

A: All right. May I take a look at the room, then?

B: Yes. Allow me to show you.

A：对不起，我在找房子。

B：欢迎光临。是学生吗?

A：是的。西大学的留学生。现在住在宿舍。

B：想找什么样的房子呢?

A：怎么说呢，房租最好是便宜点儿，离车站远点儿也没关系。

B：这个３万７千日元，这个是５万日元。

A：嗯-，跟朋友一起住，所以最好房子再大一点。

B：那么，这个怎么样? 房租８万日元，公益费３千日元，虽然有点儿贵。

A：哇，好大啊。

B：是啊。离车站走路５分钟，附近还有便利店。

A：挺方便的啊。

B：押金和礼金也没有的。

A：很不错。对了，房间在几楼?

B：5层楼的4楼。电梯也有。

A：是吗。

B：房间也很亮。很不错的。

A：知道了。那，能看这个房间吗?

B：当然。马上带你去看。

A: 실례합니다 , 방을 찾고 있습니다만 .

B: 어서오세요 . 학생이에요 ?

A: 네 . 서대학의 유학생입니다 . 지금은 기숙사에 살고 있습니다 .

B: 어떤 방이 좋아요 ?

A: 글쎄요 . 집값이 싸게 좋습니다만 .... 조금 역에서 멀어도 상관없어요 .

B: 이 쪽이 3 만 7 천엔 , 이 쪽은 5 만엔입니다 .

A: 음 . 친구랑 같이 살거여서 조금 넓은 방이 좋습니다 .

B: 그럼 이쪽은 어때요 ? 집값 8 만엔과 공익비용이 3 천엔이어서 조금 비쌉니다만 .

A: 와 , 넓네요 .

B: 네 . 역까지 도보 5 분으로 근처에는 편의점도 있어요 .

A: 편리하군요 .

B: 보증금과 레이킨도 없어요 .

A: 좋네요 . 그런데 몇층의 방입니까 ?

B: 5 층건물 맨션의 4 층입니다 . 엘리베이터도 있어요 .

A: 그렇군요 .

B: 방도 밝습니다 . 추천합니다 .

A: 알겠습 니다 . 그럼 이 방을 볼 수 있습니까 ?

B: 네 . 지금부터 안내하겠습니다 .

9 生活②〜トラブル

Life ②〜 Troubles

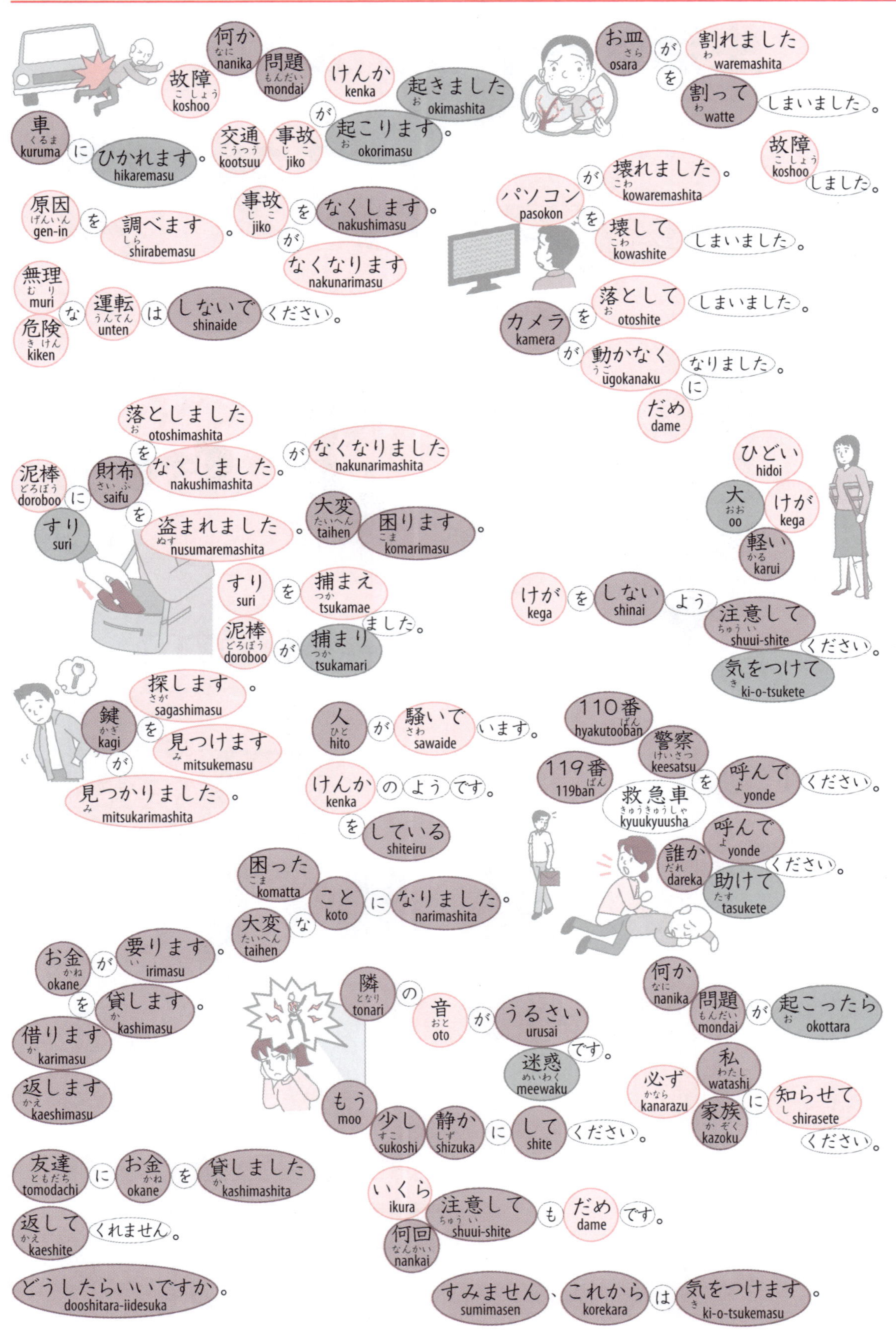
何か　nanika
問題　もんだい　mondai
故障　こしょう　koshoo
けんか　kenka
起きました　おきました　okimashita
お皿　おさら　osara
が
を
割れました　われました　waremashita
車　くるま　kuruma
に
ひかれます　hikaremasu
交通　こうつう　kootsuu
事故　じこ　jiko
起こります　おこります　okorimasu
が
割って　わって　watte
しまいました。
故障　こしょう　koshoo
しました。
原因　げんいん　gen-in
を
調べます　しらべます　shirabemasu
事故　じこ　jiko
を
なくします　nakushimasu
が
なくなります　nakunarimasu
パソコン　pasokon
が
壊れました。　こわれました　kowaremashita
を
壊して　こわして　kowashite
しまいました。
無理　むり　muri
危険　きけん　kiken
な
運転　うんてん　unten
は
しないで　shinaide
ください。
カメラ　kamera
を
落として　おとして　otoshite
しまいました。
が
動かなく　うごかなく　ugokanaku
なりました。
に
だめ　dame
落としました　おとしました　otoshimashita
を
なくしました。　nakushimashita
が
なくなりました　nakunarimashita
泥棒　どろぼう　doroboo
に
財布　さいふ　saifu
を
すり　suri
盗まれました　ぬすまれました　nusumaremashita
大変　たいへん　taihen
困ります。　こまります　komarimasu
ひどい　hidoi
大　おお　oo
けが　kega
軽い　かるい　karui
すり　suri
を
捕まえ　つかまえ　tsukamae
ました。
泥棒　どろぼう　doroboo
が
捕まり　つかまり　tsukamari
けが　kega
を
しない　shinai
よう
注意して　ちゅうい　shuui-shite
ください。
気をつけて　き　ki-o-tsukete
探します。　さがします　sagashimasu
鍵　かぎ　kagi
を
見つけます　み　mitsukemasu
が
見つかりました。　み　mitsukarimashita
人　ひと　hito
が
騒いで　さわいで　sawaide
います。
けんか　kenka
の　ようです。
を
している　shiteiru
110番　ひゃくとおばん　hyakutooban
警察　けいさつ　keesatsu
119番　119ban
救急車　きゅうきゅうしゃ　kyuukyuusha
を
呼んで　よんで　yonde
ください。
呼んで　よんで　yonde
誰か　だれか　dareka
助けて　たすけて　tasukete
ください。
困った　こまった　komatta
こと　koto
に
なりました　narimashita
大変　たいへん　taihen
な
お金　おかね　okane
が
要ります。　いります　irimasu
を
貸します。　かします　kashimasu
借ります　かります　karimasu
返します　かえします　kaeshimasu
隣　となり　tonari
の
音　おと　oto
が
うるさい　urusai
迷惑　めいわく　meewaku
です。
もう　moo
少し　すこし　sukoshi
静か　しずか　shizuka
に
して　shite
ください。
何か　なにか　nanika
問題　もんだい　mondai
が
起こったら　おこったら　okottara
私　わたし　watashi
必ず　かならず　kanarazu
家族　かぞく　kazoku
に
知らせて　し　shirasete
ください。
友達　ともだち　tomodachi
に
お金　おかね　okane
を
貸しました　かしました　kashimashita
返して　かえして　kaeshite
くれません。
いくら　ikura
注意して　ちゅうい　shuui-shite
も
だめ　dame
です。
何回　なんかい　nankai
どうしたらいいですか。　dooshitara-iidesuka
すみません、　sumimasen
これから　korekara
は
気をつけます。　き　ki-o-tsukemasu

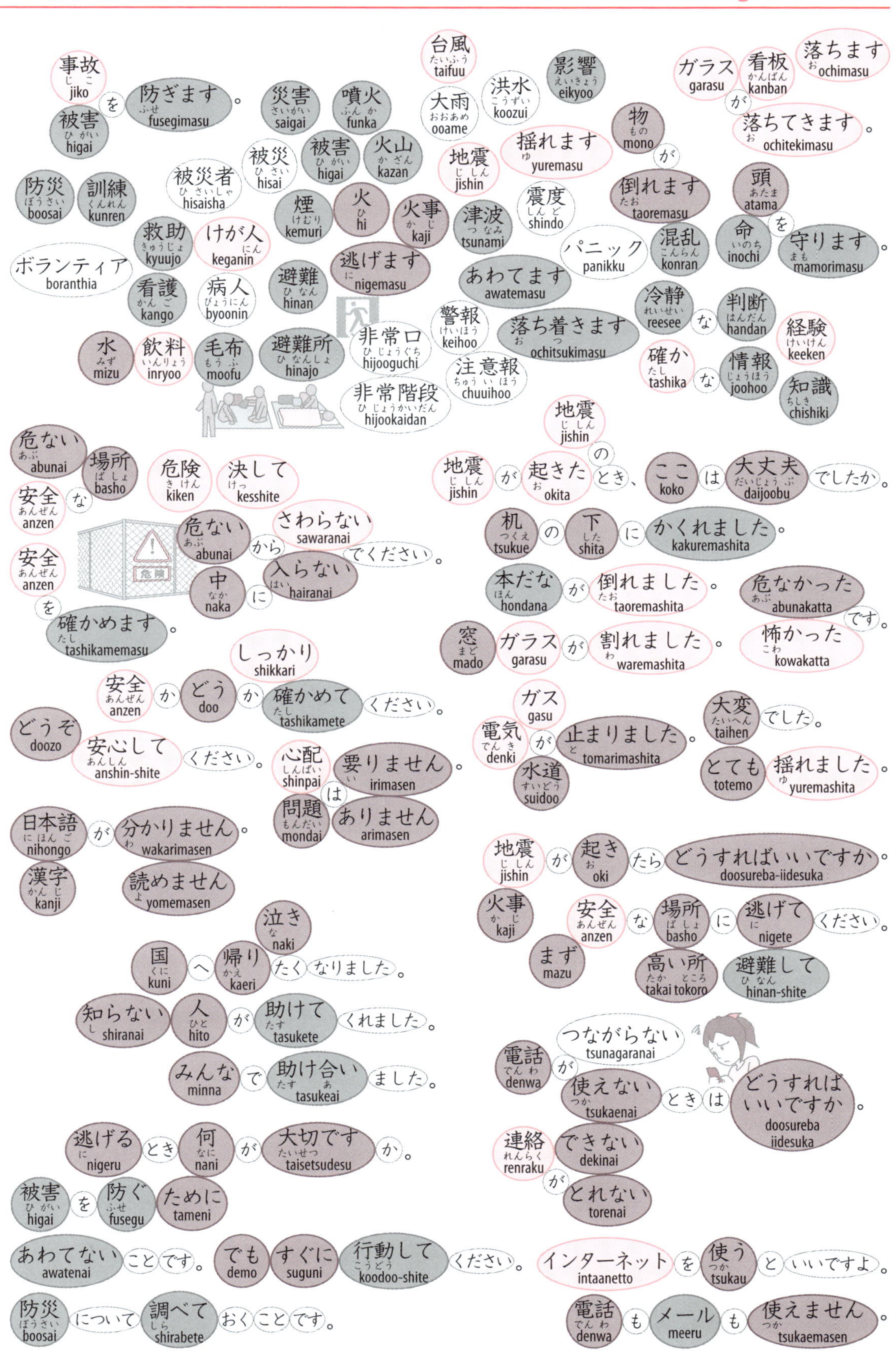

事故 じこ jiko
を
防ぎます ふせ fusegimasu 。
被害 ひがい higai
防災 ぼうさい boosai
訓練 くんれん kunren
救助 きゅうじょ kyuujo
けが人 にん keganin
ボランティア boranthia
看護 かんご kango
病人 びょうにん byoonin
水 みず mizu
飲料 いんりょう inryoo
毛布 もうふ moofu
避難所 ひなんじょ hinajo
非常口 ひじょうぐち hijooguchi
非常階段 ひじょうかいだん hijookaidan
災害 さいがい saigai
噴火 ふんか funka
被災 ひさい hisai
被害 ひがい higai
火山 かざん kazan
被災者 ひさいしゃ hisaisha
煙 けむり kemuri
火 ひ hi
火事 かじ kaji
避難 ひなん hinan
台風 たいふう taifuu
洪水 こうずい koozui
大雨 おおあめ ooame
地震 じしん jishin
影響 えいきょう eikyoo
揺れます ゆ yuremasu
震度 しんど shindo
津波 つなみ tsunami
逃げます に nigemasu
あわてます awatemasu
警報 けいほう keihoo
落ち着きます ochitsukimasu
注意報 ちゅういほう chuuihoo
物 もの mono
が
倒れます たお taoremasu
パニック panikku
混乱 こんらん konran
冷静 れいせい reesee
な
確か たし tashika
な
ガラス garasu
看板 かんばん kanban
落ちます お ochimasu
が
落ちてきます お ochitekimasu
頭 あたま atama
命 いのち inochi
を
守ります まも mamorimasu
判断 はんだん handan
経験 けいけん keeken
情報 じょうほう joohoo
知識 ちしき chishiki
危ない あぶ abunai
場所 ばしょ basho
安全 あんぜん anzen
な
安全 あんぜん anzen
を
確かめます たし tashikamemasu
危険 きけん kiken
決して けっ kesshite
危ない あぶ abunai
から
さわらない sawaranai
でください。
中 なか naka
に
入らない はい hairanai
でください。
しっかり shikkari
安全 あんぜん anzen
か
どう doo
か
確かめて たし tashikamete
ください。
どうぞ doozo
安心して あんしん anshin-shite
ください。
心配 しんぱい shinpai
は
要りません い irimasen
問題 もんだい mondai
ありません arimasen
日本語 にほんご nihongo
が
分かりません わ wakarimasen
漢字 かんじ kanji
読めません よ yomemasen
国 くに kuni
へ
帰り かえ kaeri
たく なりました。
泣き な naki
知らない し shiranai
人 ひと hito
が
助けて たす tasukete
くれました。
みんな minna
で
助け合い たす tasukeai
ました。
逃げる に nigeru
とき
何 なに nani
が
大切です たいせつ taisetsudesu
か。
被害 ひがい higai
を
防ぐ ふせ fusegu
ために tameni
あわてない awatenai
ことです。
でも demo
すぐに suguni
行動して こうどう koodoo-shite
ください。
防災 ぼうさい boosai
について
調べて しら shirabete
おくことです。
地震 じしん jishin
の
地震 じしん jishin
が
起きた お okita
とき、
ここ koko
は
大丈夫 だいじょうぶ daijoobu
でしたか。
机 つくえ tsukue
の
下 した shita
に
かくれました。 kakuremashita
本だな ほん hondana
が
倒れました。 たお taoremashita
危なかった あぶ abunakatta
窓 まど mado
ガラス garasu
が
割れました。 わ waremashita
怖かった こわ kowakatta
です。
ガス gasu
電気 でんき denki
が
止まりました。 と tomarimashita
水道 すいどう suidoo
大変 たいへん taihen
でした。
とても totemo
揺れました。 ゆ yuremashita
地震 じしん jishin
が
起き お oki
たら
どうすればいいですか。 doosureba-iidesuka
火事 かじ kaji
安全 あんぜん anzen
な
場所 ばしょ basho
に
逃げて に nigete
ください。
まず mazu
高い所 たか ところ takai tokoro
避難して ひなん hinan-shite
電話 でんわ denwa
が
つながらない tsunagaranai
使えない つか tsukaenai
とき は
どうすれば いいですか doosureba iidesuka
連絡 れんらく renraku
できない dekinai
が
とれない torenai
インターネット intaanetto
を
使う つか tsukau
と いいですよ。
電話 でんわ denwa
も
メール meeru
も
使えません つか tsukaemasen

自己紹介① 家族
自己紹介②
国・仕事
天気・自然
予定
買い物
レストランで
食べ物
生活① 家
生活② トラブル
町・交通
旅行
趣味
学校
仕事・将来
体・病気
敬語で話そう
コミュニケーション

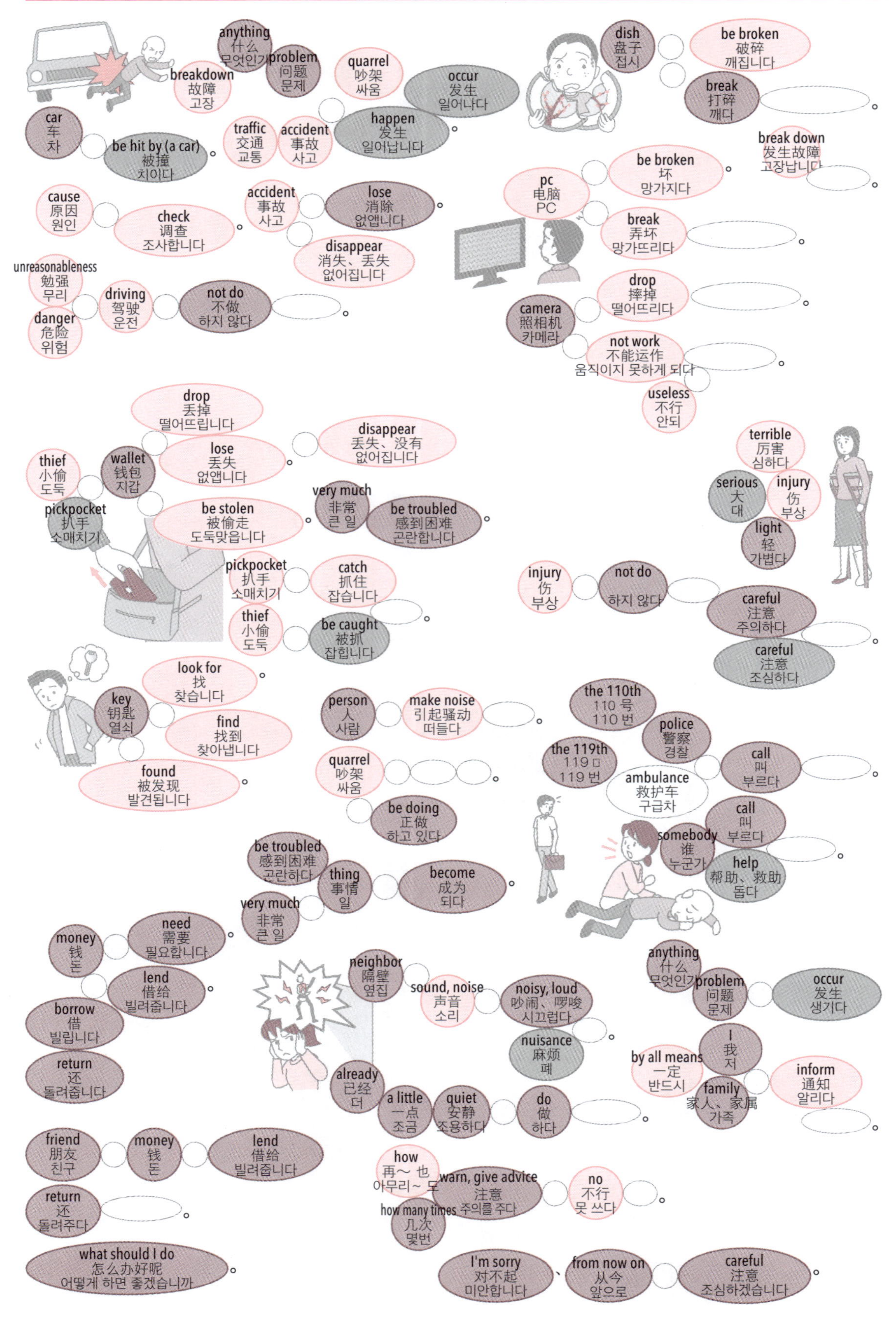
anything
什么
무엇인가

breakdown
故障
고장

car
车
차

be hit by (a car)
被撞
치이다

problem
问题
문제

quarrel
吵架
싸움

occur
发生
일어나다

traffic
交通
교통

accident
事故
사고

happen
发生
일어납니다

dish
盘子
접시

be broken
破碎
깨집니다

break
打碎
깨다

break down
发生故障
고장납니다

cause
原因
원인

check
调查
조사합니다

accident
事故
사고

lose
消除
없앱니다

disappear
消失、丢失
없어집니다

pc
电脑
PC

be broken
坏
망가지다

break
弄坏
망가뜨리다

drop
摔掉
떨어뜨리다

camera
照相机
카메라

not work
不能运作
움직이지 못하게 되다

useless
不行
안되

unreasonableness
勉强
무리

driving
驾驶
운전

not do
不做
하지 않다

danger
危险
위험

drop
丢掉
떨어뜨립니다

lose
丢失
없앱니다

disappear
丢失、没有
없어집니다

thief
小偷
도둑

wallet
钱包
지갑

very much
非常
큰 일

be troubled
感到困难
곤란합니다

terrible
厉害
심하다

serious
大
대

injury
伤
부상

light
轻
가볍다

pickpocket
扒手
소매치기

be stolen
被偷走
도둑맞습니다

pickpocket
扒手
소매치기

catch
抓住
잡습니다

thief
小偷
도둑

be caught
被抓
잡힙니다

injury
伤
부상

not do
하지 않다

careful
注意
주의하다

careful
注意
조심하다

key
钥匙
열쇠

look for
找
찾습니다

find
找到
찾아냅니다

found
被发现
발견됩니다

person
人
사람

make noise
引起骚动
떠들다

quarrel
吵架
싸움

be doing
正做
하고 있다

the 110th
110 号
110 번

police
警察
경찰

the 119th
119 口
119 번

ambulance
救护车
구급차

call
叫
부르다

call
叫
부르다

somebody
谁
누군가

help
帮助、救助
돕다

be troubled
感到困难
곤란하다

thing
事情
일

become
成为
되다

very much
非常
큰 일

money
钱
돈

need
需要
필요합니다

lend
借给
빌려줍니다

borrow
借
빌립니다

return
还
돌려줍니다

neighbor
隔壁
옆집

sound, noise
声音
소리

noisy, loud
吵闹、啰唆
시끄럽다

nuisance
麻烦
폐

anything
什么
무엇인가

problem
问题
문제

occur
发生
생기다

I
我
저

by all means
一定
반드시

family
家人、家属
가족

inform
通知
알리다

friend
朋友
친구

money
钱
돈

lend
借给
빌려줍니다

return
还
돌려주다

already
已经
더

a little
一点
조금

quiet
安静
조용하다

do
做
하다

how
再〜 也
아무리〜 도

warn, give advice
注意
주의를 주다

how many times
几次
몇번

no
不行
못 쓰다

what should I do
怎么办好呢
어떻게 하면 좋겠습니까

I'm sorry
对不起
미안합니다

from now on
从今
앞으로

careful
注意
조심하겠습니다

accident 事故 사고
typhoon 台風 태풍
influence 影响 영향
glass 玻璃 유리
signboard 招牌 간판
fall 掉下来 떨어집니다
prevent 防止 막습니다
disaster 灾害 재해
eruption 喷火 분화
flood 洪水 홍수
heavy rain 大雨 큰 비
damage 受害 피해
damaged, suffered 受灾 재해
damage 受害 피해
volcano 火山 화산
earthquake 地震 지진
thing 东西 물건
fall 掉下来 떨어져 내립니다
head 脑袋 머리
disaster prevention 防灾 방재
training 训练 훈련
victim 受灾者 이재민
smoke 烟 연기
fire 火 불
fire 火灾 화재
shake 摇动 흔들립니다
fall down 倒下来 넘어집니다
seismic intensity 震级 진도
tsunami 海啸 해일
confusion 混乱 혼란
life 生命 목숨
protect 保持 지킵니다
rescue 救助 구조
injured person 受伤的人 부상자
escape 逃掉 도망칩니다
panic 恐慌 패닉
feel panicked 惊慌 당황합니다
calm 冷静 냉정
judgment 判断 판단
experience 经验 경험
volunteer 志愿者 자원봉사
nursing 护理 간호
sick person 病人 환자
refuge 避难 피난
water 水 물
drink 饮料 음료
blanket 毯子 모포
evacuation center 避难所 피난소
emergency exit 紧急出口 비상구
warning 警报 경보
calm down 安稳 안정됩니다
reliable 确实 확실히
information 信息 정보
knowledge 知识 지식
warning 预警 주의보
emergency staircase 紧急时用的楼梯 비상 계단

dangerous 危险 위험하다
place 地方 장소
danger 危险 위험
never 绝对 결코
not touch 不触摸 손대지 않다
security 安全 안전
dangerous 危险 위험하다
not enter 不进入 들어가지 않다
security 安全 안전
inside 里面 안
check 确认 확인합니다

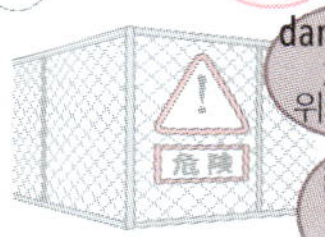

earthquake 地震 지진
earthquake 地震 지진
occur 发生 발생하다
here 这里 여기
all right 没关系 괜찮다
desk 桌子 책상
under 下边 밑
hide 隐藏起来 숨습니다
bookshelf 书架 책장
fall down 倒下来 넘어집니다
dangerous 危险 위험하다
window 窗户 창문
glass 玻璃 유리
break 破 깨집니다
scared 令人害怕 무섭다

security 安全 안전
well 结实地 확실히
how 怎么样 어떻게
check 确认 확인하다
certainly 请 어서
feel relieved 放心 안심하다
worry 担心 걱정
not need 不需要 필요 없습니다
problem 问题 문제
nothing 没有 없습니다
Japanese 日语 일본어
not understand 不知道 모릅니다
kanji 汉字 한자
can't read 读不了 읽을 수 없습니다

gas 煤气 가스
electricity 电 전기
stop 停止 끊깁니다
very much 非常 큰 일
water supply 自来水 수도
very much 很 매우
shake 摇动 흔들립니다
earthquake 地震 지진
get up 起来、发生 일어나다
what should I do? 怎么办好呢 어떻게 하면 좋아요?
fire 火灾 화재
security 安全 안전
place 地方 장소
escape 逃掉 도망치다
at first 首先 우선
high place 高的地方 높은 곳
evacuate 避难 피난하다

cry 哭 울다
country 国家 나라
return 回家 돌아가다
not know 不知道 모릅니다
person 人 사람
help 帮助 돕다
all 全部 모두
help each other 互相帮助 서로 돕습니다
escape 逃掉 도망칩니다
what 什么 무엇
important 重要 중요하다
damage 受害 피해
prevent 防止 막습니다
to 为了 위해
not upset 不惊慌 당황하지 않다
but 不过 그렇지만
immediately 立刻 곧바로
act 行动 행동하다
disaster prevention 防灾 방재
check 调查 찾다

not connected 接不上 연결되지 않다
telephone 电话 전화
not usable 不能用 사용할 수 없다
what should I do? 怎么办好呢 어떻게 하면 돼요?
communication 联络 연락
can not 不能够 할 수 없다
not get 联系不上 취할 수 없다
internet 因特网 인터넷
use 用 사용하다
telephone 电话 전화
email 邮件 메일
not usable 不能用 사용할 수 없습니다

自己紹介① 家族 ／ 自己紹介② 国・仕事 ／ 天気・自然 ／ 予定 ／ 買い物 ／ レストランで ／ 食べ物 ／ 生活① 家 ／ トラブル 生活② ／ 町・交通 ／ 旅行 ／ 趣味 ／ 学校 ／ 仕事・将来 ／ 体・病気 ／ 敬語で 話そう ／ コミュニケーション

表現（ひょう げん）

---

1 危ないから入らないでください。
（あぶ）（はい）
（〜ないでください）

Please don't enter since it is dangerous.
危险，请不要进去。
위험하니까 들어가지 마세요 .

◆ It is used to express prohibition. It comes after "~nai form."
★ 表示禁止。接在ない形。
● 금지의 표현입니다 . ない형에 연결합니다 .

◆ "~kara" means a reason or cause.
★ '〜から' 表示原因，理由。
● 「〜から」는 원인 , 이유를 나타내는 표현입니다 .

---

2 注意してください。
（ちゅう い）
（〜てください）

Please be careful.
请注意。
주의해 주십시요 .

◆ It expresses a request, instruction, or order. "注意してください" is used for an instruction or order.
◆ Because "~te kudasai" expresses a direct request, it might give an impolite impression when the request is not expected such as "お金を貸してください(Please lend me money)."
★ 委托，指示，命令的表达方式。'注意してください' 是指示，命令的表达方式。
★ 像'お金を貸してください（请借给我钱）'这种请求时，'〜てください' 是直接的依赖方式，不是理所当然的请求时，给予人失礼的感觉。
● 의뢰 , 지시 , 명령을 나타내는 표현입니다 . 「注意してください」는 지시 , 명령의 표현입니다 . て형에 연결합니다 .
● 「お金を貸してください （돈을 빌려 주세요 .）」 와 같이 의뢰를 나타낼 경우 「〜てください」는 직접적인 의뢰의 표현이므로 , 부탁하는 것이 당연한 경우가 아닐 때는 실례가 되는 느낌을 줄 수도 있습니다 .

---

3 けんかのようです。
（〜ようです）

It seems they are fighting.
好像是在吵架。
싸움하고 있는 것 같아요 .

◆ It expresses your judgement based on the circumstances.
◆ It comes after a regular form (na-adjective +na, noun + no). Ex: 彼はひまなようです (It seems that he has free time.)。／試合は明日のようです (It seems that the game is tomorrow.)。
◆ You could use "~mitai" in a casual conversation. Ex: さっきから鼻水が出る。かぜを引いたみたいだ。(I've been having a runny nose since a short while ago. It seems I caught a cold.)
★ 从状况判断的表达方式。
★ 接在普通形（な形容词＋な，名词＋の）后面。
例如：彼はひまなようです。（他好像很闲。）／試合は明日のようです。（ 比赛好像是明天。）
★ 在随便些的对话中，可用'〜みたい'来代替。
例如：さっきから鼻水が出る。かぜを引いたみたいだ。（刚才开始流鼻涕，好像是感冒了。）
● 상황으로 판단을 나타내는 표현입니다 .
● 보통형 (な형용사＋な , 명사＋の) 에 연결합니다 .
예 : 彼はひまなようです。（그는 한가한 것 같아요 .） / 試合は明日のようです。（시합은 내일인 것 같아요 .）
● 허물없는 대화에서는 「〜みたい」로 바꾸어 말할 수 있습니다 .
예 : さっきから鼻水が出る。かぜを引いたみたいだ。 （아까부터 콧물이 나와 . 감기에 걸린 것 같아 .）

---

4 お皿を割ってしまいました。
（さら）（わ）
（〜てしまいました）

I'm sorry that I broke plates.
把盘子摔碎了
접시를 깨뜨려 버렸어요 .

◆ This expression shows your regret. It comes after te-form.
◆ "~chatta" is used in a casual conversation. Ex. お皿、割っちゃった。(I'm sorry that I broke plates.)
◆ It could sometimes express the completion. Ex: おいしかったので、全部食べてしまいました。(Because it was tasty, I've eaten all of it.)
★ 表示后悔的感情。接在て形后面。
★ 随便些的对话中说'〜ちゃった'。例如：お皿、割っちゃった。（把盘子摔碎了。）
★ 有时也表示完了。例如：おいしかったので、全部食べてしまいました。（因为很好吃，所以全都吃掉了。）
● 유감스러운 기분을 나타내는 표현입니다 . て형에 연결합니다 .
● 허물없는 대화에서는 「〜ちゃった」라고 합니다 . 예 : お皿、割っちゃった。（접시를 깨뜨려 버렸어 .）
● 완료를 나타내기도 합니다 . 예 : おいしかったので、全部食べてしまいました。（맛있어서 다 먹어 버렸어요 .）

---

5 いくら注意してもだめです。
（いくら〜ても）

No matter how many times I warn, it doesn't help.
怎么提醒他都不行。
아무리 주의를 주어도 안돼요 .

- ◆ "ikura ~temo" shows the degree is big. This expression means that the fact described in the main clause happens in contradiction to the fact (situation, action, request , etc.) described with "ikura~temo" .
- ◆ You can use "donna ni" instead of "ikura". Ex: どんなに謝っても、彼は許してくれませんでした。(No matter how much I apologized, he didn't forgive me.)
- ★ ‘いくら〜ても’表示程度大，与这种状况・行动・要求相反，后句成立。
- ★ ‘いくら’可用‘どんなに’替换。例如:どんなに謝っても、彼は許してくれませんでした。(再怎么道歉,他也没原谅我。)
- ● 「いくら〜ても」で程度が心い状態を表いし、そのような状況、行動、要求等に反して後条件が成立するという意味を表します。
- ● 「いくら」 는 「どんなに」로 바꾸어 말할 수 있습니다 . 예：どんなに謝っても、彼は許してくれませんでした。(No 아무리 용서를 빌어도 그는 용서해 주지 않았어요 .)

6 安全かどうか、しっかり確かめてください。
（〜かどうか）

Please check enough that it's safe.
请确认好是否安全。
안전한지 어떤지 확실히 확인해 주세요 .

- ◆ It means "~ka, ~denai ka." It comes after regular-forms. Ex: 忙しいかどうか／ひまかどうか／明日かどうか、わかりません。(I don't know if I will be busy / if I will have free time / if it is tomorrow.)
- ◆ When you want to say "間違いがないかどうか、しっかり確かめてください (Please check thoroughly to make sure there is no mistake)", you can't use "間違いがあるかどうか". This expression needs to be used to confirm your expectation.
- ★ 表示‘〜か、〜でないか’的意思。接在普通形后面。
  例如：忙しいかどうか／ひまかどうか／明日かどうか、わかりません。
- ★ 想说‘間違いがないかどうか、しっかり確かめてください（请确认好是否有错）’时，不能说‘間違いがあるかどうか’。用说话人期待的一方。
- ● 「〜か、〜でないか」 라는 의미를 나타냅니다 . 보통형에 연결합니다 .
  예：忙しいかどうか／ひまかどうか／明日かどうか、わかりません。
- ● 「間違いがないかどうか、しっかり確かめてください」 틀린게 없는지 어떤지 확실히 확인해 주세요 .」 로 말하고 싶을 때 「間違いがあるかどうか」 는 사용할 수 없습니다 . 기대하는 쪽을 사용합니다 .

7 けがをしないよう、注意してください。
（〜よう）

Please be careful not to get injured.
小心弄伤。
다치지 않도록 주의해 주십시오 .

- ◆ It means "in order to prepare for a desired outcome ~."
- ◆ Sometimes "yoo+ni" is used.
- ◆ Potential form of verbs (taberareru, kakeru, etc.), intransitive verbs, and negative form of verbs are often used before "yoo ni." Ex: 先生は、みんなに聞こえるように、大きな声で話しました。(The teacher spoke loud so everyone could hear.)
- ★ 表示‘为了做到〜的状态’。
- ★ ‘よう’后面续‘に’，有时也说‘ように’。
- ★ ‘〜ように’前面多用可能动词（食べられる、書ける等）或自动词或动词的否定式。
  例如：先生は、みんなに聞こえるように、大きな声で話しました。(老师为了让大家都能听到，大声地说了。)
- ● 「〜하기 위한 상태로 하려는」 의 의미를 나타냅니다 .
- ● 「よう」 뒤에 「に」 를 붙여 「ように」 라는 것도 있습니다 .
- ● 「〜ように」 의 앞에는 가능동사 (食べられる、書ける 등) 나 자동사 , 동사의 부정형이 오는 경우가 많습니다 .
  예：先生は、みんなに聞こえるように、大きな声で話しました。(선생님께서는 모두에게 들리도록 큰 소리로 말씀하셨습니다 .)

8 どうすればいいですか
／どうしたらいいですか

What should I do?
怎么办好呢? / 怎么办好呢?
어떻게 하면 좋겠어요 ?/ 어떻게 하면 될까요 ?

- ◆ It is used when you want to ask questions since you don't know the solution or method.
- ★ 不知解决方案或方法而烦恼，问他人其方法时的表达方式。
- ● 해결책이나 방법을 몰라 곤란하여 다른 사람에게 물을 때 사용하는 표현입니다 .

A：もし地震が起きたら、どうしたらいいですか。
B：まず自分の体を守ってください。
A：はい。
B：特に頭を守るようにしてください。
A：頭ですね。
B：上から物が落ちて来ない場所で、体を小さくしてください。
A：どんな場所ですか。
B：家にいる場合は、机の下やトイレがいいと思います。
A：なるほど。トイレなら落ちてくる物がないですね。
B：ダメなのは、窓の近くです。ガラスが割れると、とても危険です。
A：そうですか。怖いですね。

B：建物の外に出るときも、安全かどうか、よく注意してください。
A：ガラスが飛んでくるかもしれませんね。
B：そうです。外の場合、何が飛んでくるか、わかりませんから。
A：しばらく動かないほうがいいんですか。
B：地震の場合、火事も心配です。揺れが小さくなったら、どこかで火がついていないか、確認してください。
A：わかりました。あのう、地震の影響で電話が使えなくなることはありますか。
B：あると思います。大勢の人が一度に使いますから。その場合は、インターネットで情報を見るようにしてください。
A：わかりました。

A: When there is an earthquake, what should we do?
B: Please protect your body first.
A: Ok.
B: You especially need to protect your head.
A: The head, right.
B: Then curl up in a ball in a place where things won't fall on you.
A: Where could it be?
B: If you are at home, I think under a desk or in a bathroom would be good.
A: I see. Nothing fell down in a bathroom.
B: The worst place to be is near windows. It is very dangerous when glass shutters.
A: I see. It's scary.

B: Please also be very careful and check that it's safe when you go out.
A: Glass might hit you.
B: That's right. If you are outside, you have no idea what will hit you.
A: Is it better not to move for a while?
B: When there is an earthquake, you should be mindful that fires may occur. When the shaking subsides, please check to make sure no fire has broken out.
A: I understand. Oh, could an earthquake knock out telephone services?
B: I think it would happen, because a lot of people try to use phones at the same time. If it happens, check internet information.
A: I understand.

A：如果发生地震的话，怎么办好呢？
B：首先保护好自己的身体。
A：是。
B：特别是要保护好头部。
A：头部啊。
B：找个上边没有东西可掉下来的地方，卷缩身子。
A：什么样的地方？
B：在家里的话，桌子下边或洗手间应该比较好。
A：原来如此。洗手间的话应该没有东西掉下来啊。
B：不可以的是窗户附近。玻璃碎的话，很危险。
A：是吗？好可怕啊。

B：去外边时，也要注意是否安全。
A：也许会飞来玻璃碎片的。
B：是啊。外边的话，不知道会飞来什么呢。
A：震后一段时间最好是不要动吗？
B：地震时，火灾也很担心。震得小了，要确认有没有点着火。
A：知道了。那个，因为地震的影响，电话会不会打不通呢？
B：我觉得有可能。因为很多人同时使用嘛。那时请用因特网查看信息。
A：知道了。

A: 혹시 지진이 일어나면 어떻게 하면 될까요？
B: 우선 자기 몸을 보호해 주세요.
A: 네.
B: 특히 머리를 보호하도록 하세요.
A: 머리말이군요.
B: 위에서 물건이 안 떨어지는 장소에서 몸을 웅크리고 계세요.
A: 어떤 곳 말이에요？
B: 집에 있을 때는 책상 밑이나 화장실이 좋은 것 같아요.
A: 그러네요. 화장실이라면 떨어지는 게 없네요.
B: 창문 근처는 안됩니다. 유리가 깨지면 아주 위험해요.
A: 그래요？무서워요.

B: 건물 밖으로 나갈 때도 안전한지 어떤지 잘 주의해 주세요.
A: 유리가 날아올지도 모르겠네요
B: 그래요, 밖은 뭐가 날아올지 모르니까요.
A: 당분간 움직이지 않는게 좋을까요？
B: 지진 때는 화재도 걱정이에요. 흔들림이 약해지면 어디에 불이 나 있지는 않은지 확인하세요.
A: 알겠어요. 저기, 지진으로 인해 전화 사용이 안되는 일도 있어요？
B: 있을 거예요. 많은 사람들이 한꺼번에 쓰니까요. 그럴 경우엔 인터넷으로 정보를 보도록 하세요.
A: 알겠어요.

10 町・交通

まち　こうつう

Town, Traffic

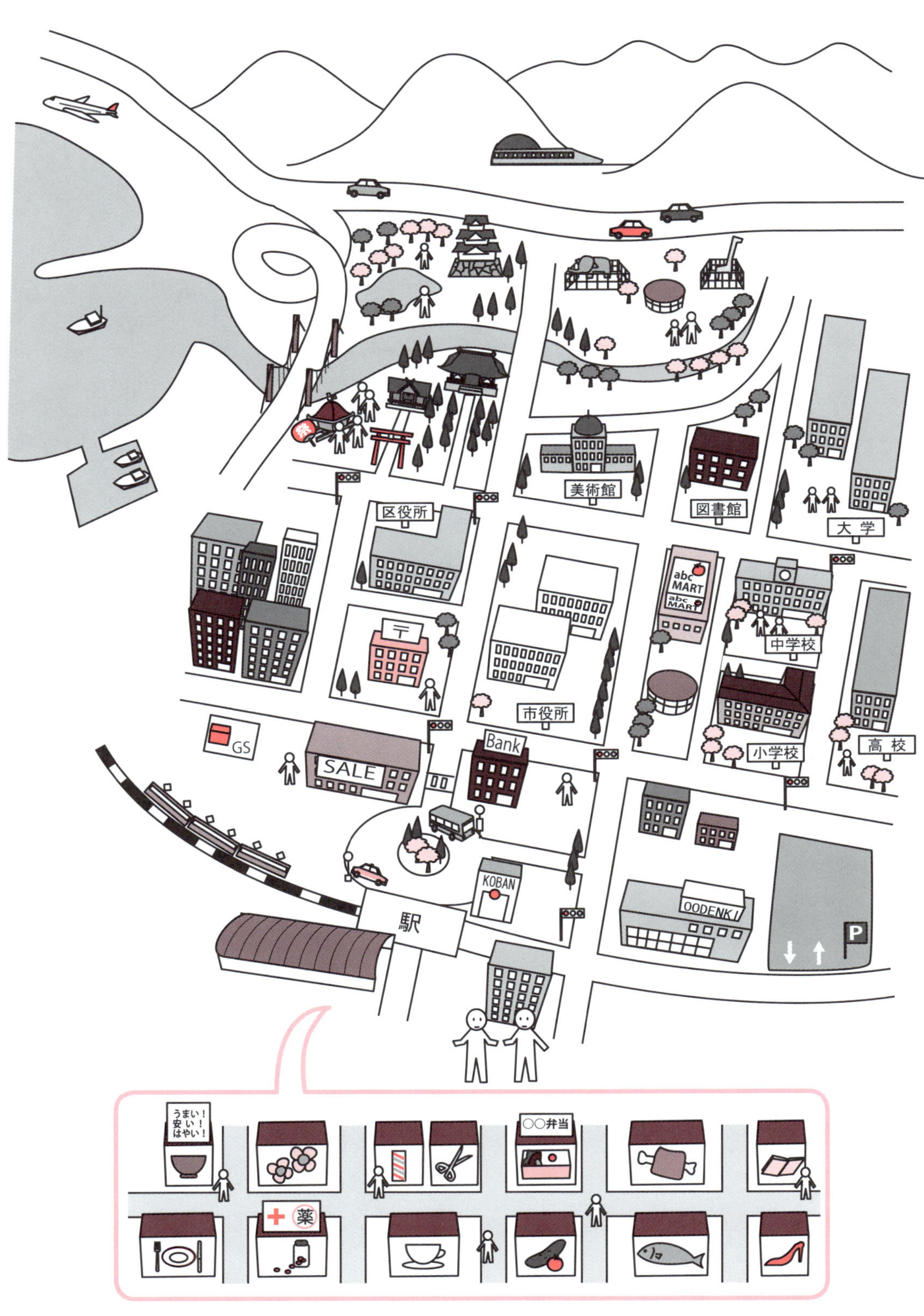

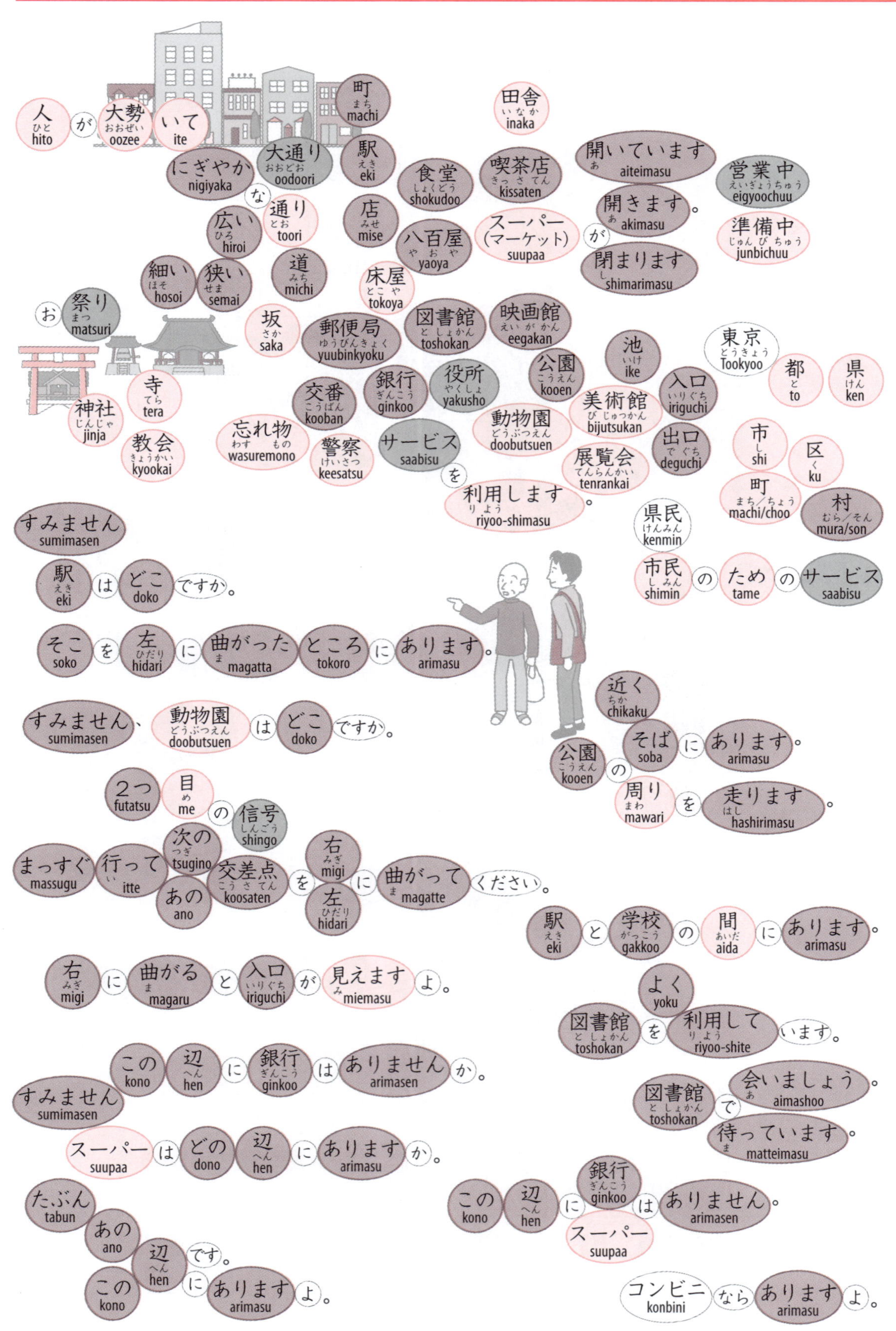
人 ひと hito
が
大勢 おおぜい oozee
いて ite
町 まち machi
田舎 いなか inaka
にぎやか nigiyaka
大通り おおどお oodoori
駅 えき eki
食堂 しょくどう shokudoo
喫茶店 きっさてん kissaten
開いています あ aiteimasu
営業中 えいぎょうちゅう eigyoochuu
な
通り とお toori
広い ひろい hiroi
店 みせ mise
八百屋 やおや yaoya
スーパー（マーケット） suupaa
開きます あ akimasu
が
準備中 じゅんびちゅう junbichuu
細い ほそい hosoi
狭い せま semai
道 みち michi
床屋 とこや tokoya
閉まります し shimarimasu
お
祭り まつ matsuri
坂 さか saka
郵便局 ゆうびんきょく yuubinkyoku
図書館 としょかん toshokan
映画館 えいがかん eegakan
池 いけ ike
東京 とうきょう Tookyoo
都 と to
県 けん ken
寺 てら tera
交番 こうばん kooban
銀行 ぎんこう ginkoo
役所 やくしょ yakusho
公園 こうえん kooen
美術館 びじゅつかん bijutsukan
入口 いりぐち iriguchi
神社 じんじゃ jinja
忘れ物 わすれもの wasuremono
警察 けいさつ keesatsu
サービス saabisu
動物園 どうぶつえん doobutsuen
出口 でぐち deguchi
市 し shi
区 く ku
教会 きょうかい kyookai
を
利用します りよう riyoo-shimasu
展覧会 てんらんかい tenrankai
町 まち／ちょう machi/choo
村 むら／そん mura/son
県民 けんみん kenmin
市民 しみん shimin
の
ため tame
の
サービス saabisu
すみません sumimasen
駅 えき eki
は
どこ doko
ですか。
そこ soko
を
左 ひだり hidari
に
曲がった ま magatta
ところ tokoro
に
あります arimasu
すみません、 sumimasen
動物園 どうぶつえん doobutsuen
は
どこ doko
ですか。
近く ちか chikaku
公園 こうえん kooen
の
そば soba
に
あります。 arimasu
周り まわ mawari
を
走ります はし hashirimasu
2つ futatsu
目 め me
の
信号 しんごう shingo
まっすぐ massugu
行って い itte
次の つぎの tsugino
あの ano
交差点 こうさてん koosaten
を
右 みぎ migi
左 ひだり hidari
に
曲がって ま magatte
ください。
駅 えき eki
と
学校 がっこう gakkoo
の
間 あいだ aida
に
あります。 arimasu
右 みぎ migi
に
曲がる ま magaru
と
入口 いりぐち iriguchi
が
見えます み miemasu
よ。
よく yoku
図書館 としょかん toshokan
を
利用して りよう riyoo-shite
います。
この kono
辺 へん hen
に
銀行 ぎんこう ginkoo
は
ありません arimasen
か。
図書館 としょかん toshokan
で
会いましょう あ aimashoo
待っています ま matteimasu
すみません sumimasen
スーパー suupaa
は
どの dono
辺 へん hen
に
あります arimasu
か。
この kono
辺 へん hen
に
銀行 ぎんこう ginkoo
は
ありません arimasen
たぶん tabun
あの ano
辺 へん hen
です。
この kono
に
あります arimasu
よ。
スーパー suupaa
コンビニ konbini
なら
あります arimasu
よ。

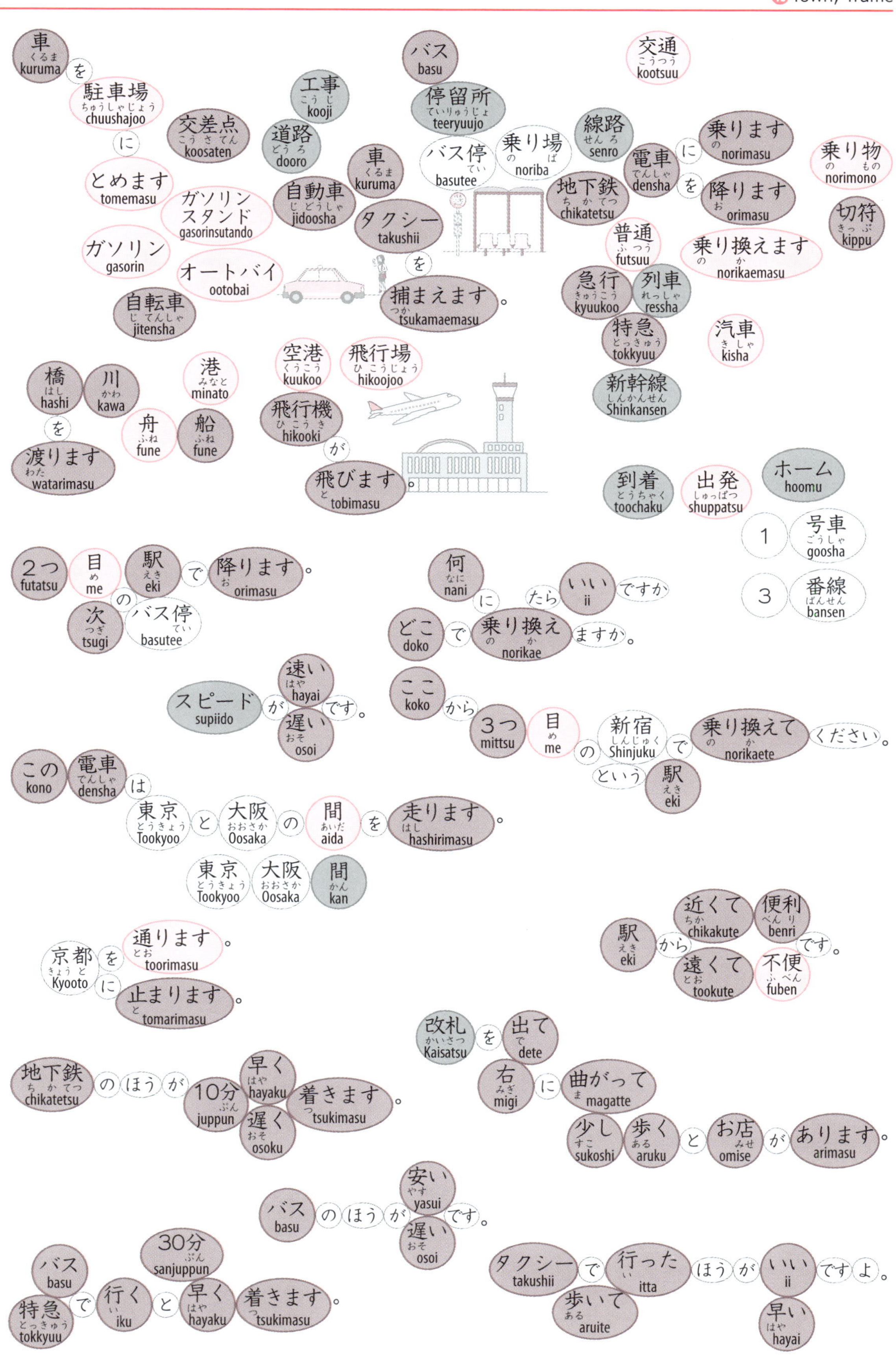

車 kuruma を
駐車場 chuushajoo に
とめます tomemasu
交差点 koosaten
道路 dooro
ガソリンスタンド gasorinsutando
ガソリン gasorin
オートバイ ootobai
自転車 jitensha
工事 kooji
自動車 jidoosha
車 kuruma
タクシー takushii
バス basu
停留所 teeryuujo
バス停 basutee
乗り場 noriba
を 捕まえます。 tsukamaemasu
線路 senro
地下鉄 chikatetsu
電車 densha に
普通 futsuu
急行 kyuukoo
列車 ressha
特急 tokkyuu
新幹線 Shinkansen
乗ります norimasu
を 降ります orimasu
乗り換えます norikaemasu
乗り物 norimono
切符 kippu
汽車 kisha
交通 kootsuu
橋 hashi
川 kawa
港 minato
空港 kuukoo
飛行場 hikoojoo
舟 fune
船 fune
飛行機 hikooki
を 渡ります watarimasu
が 飛びます tobimasu
到着 toochaku
出発 shuppatsu
ホーム hoomu
1 号車 goosha
3 番線 bansen
2つ futatsu 目 me の 次 tsugi の
駅 eki バス停 basutee で 降ります。 orimasu
スピード supiido が
速い hayai
遅い osoi です。
何 nani に たら いい ii ですか
どこ doko で 乗り換え norikae ますか。
ここ koko から 3つ mittsu 目 me の 新宿 Shinjuku という 駅 eki で 乗り換えて norikaete ください。
この kono 電車 densha は
東京 Tookyoo と 大阪 Oosaka の 間 aida を 走ります。 hashirimasu
東京 Tookyoo 大阪 Oosaka 間 kan
京都 Kyooto を に 通ります。 toorimasu 止まります。 tomarimasu
駅 eki から
近くて chikakute 便利 benri です。
遠くて tookute 不便 fuben
改札 Kaisatsu を 出て dete
右 migi に 曲がって magatte
少し sukoshi 歩く aruku と お店 omise が あります。 arimasu
地下鉄 chikatetsu の ほう が
10分 juppun 早く hayaku 着きます。 tsukimasu
遅く osoku
バス basu の ほう が
安い yasui です。
遅い osoi
バス basu 特急 tokkyuu で 行く iku と 早く hayaku 着きます。 tsukimasu
30分 sanjuppun
タクシー takushii で 行った itta ほう が いい ii ですよ。
歩いて aruite
早い hayai

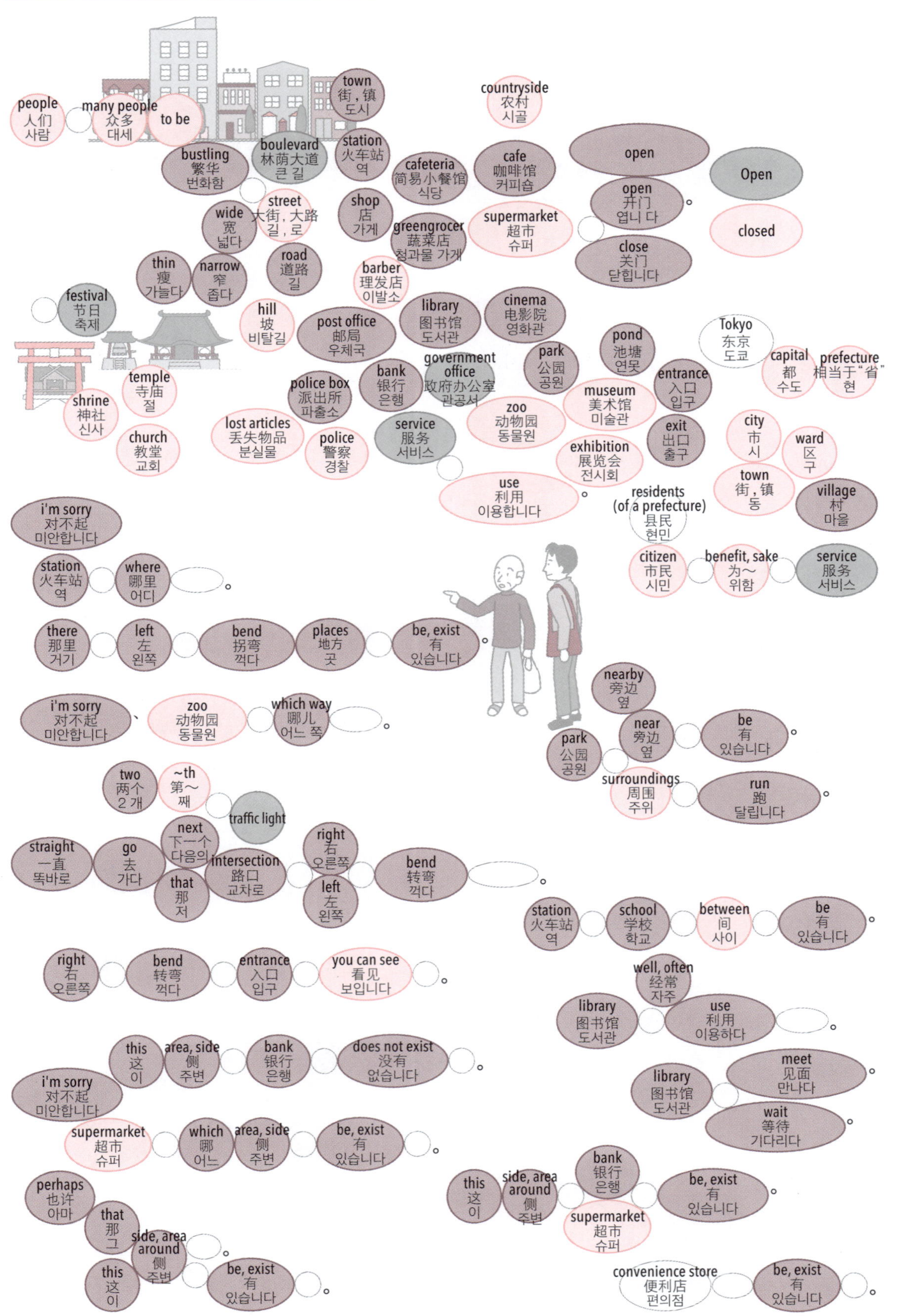

people 人们 사람
many people 众多 대세
to be
town 街，镇 도시
countryside 农村 시골
bustling 繁华 번화함
boulevard 林荫大道 큰 길
station 火车站 역
cafeteria 简易小餐馆 식당
cafe 咖啡馆 커피숍
open
Open
street 大街，大路 길，로
wide 宽 넓다
shop 店 가게
greengrocer 蔬菜店 청과물 가게
supermarket 超市 슈퍼
open 开门 엽니다
closed
thin 瘦 가늘다
narrow 窄 좁다
road 道路 길
barber 理发店 이발소
close 关门 닫힙니다
festival 节日 축제
hill 坡 비탈길
post office 邮局 우체국
library 图书馆 도서관
cinema 电影院 영화관
pond 池塘 연못
Tokyo 东京 도쿄
capital 都 수도
prefecture 相当于"省" 현
temple 寺庙 절
shrine 神社 신사
police box 派出所 파출소
bank 银行 은행
government office 政府办公室 관공서
park 公园 공원
entrance 入口 입구
museum 美术馆 미술관
city 市 시
ward 区 구
church 教堂 교회
lost articles 丢失物品 분실물
police 警察 경찰
service 服务 서비스
zoo 动物园 동물원
exhibition 展览会 전시회
exit 出口 출구
town 街，镇 동
village 村 마을
use 利用 이용합니다
residents (of a prefecture) 县民 현민
i'm sorry 对不起 미안합니다
citizen 市民 시민
benefit, sake 为～ 위함
service 服务 서비스
station 火车站 역
where 哪里 어디
there 那里 거기
left 左 왼쪽
bend 拐弯 꺾다
places 地方 곳
be, exist 有 있습니다
nearby 旁边 옆
near 旁边 옆
be 有 있습니다
i'm sorry 对不起 미안합니다
zoo 动物园 동물원
which way 哪儿 어느 쪽
park 公园 공원
surroundings 周围 주위
run 跑 달립니다
two 两个 2 개
~th 第～ 째
next 下一个 다음의
traffic light
right 右 오른쪽
straight 一直 똑바로
go 去 가다
that 那 저
intersection 路口 교차로
left 左 왼쪽
bend 转弯 꺾다
station 火车站 역
school 学校 학교
between 间 사이
be 有 있습니다
right 右 오른쪽
bend 转弯 꺾다
entrance 入口 입구
you can see 看见 보입니다
well, often 经常 자주
library 图书馆 도서관
use 利用 이용하다
this 这 이
area, side 侧 주변
bank 银行 은행
does not exist 没有 없습니다
library 图书馆 도서관
meet 见面 만나다
i'm sorry 对不起 미안합니다
supermarket 超市 슈퍼
which 哪 어느
area, side 侧 주변
be, exist 有 있습니다
wait 等待 기다리다
perhaps 也许 아마
that 那 그
this 这 이
side, area around 侧 주변
this 这 이
side, area around 侧 주변
bank 银行 은행
be, exist 有 있습니다
supermarket 超市 슈퍼
be, exist 有 있습니다
convenience store 便利店 편의점
be, exist 有 있습니다

car 汽车 자동차
parking 停车场 주차장
intersection 路口 교차로
construction 施工 工事
road 道路 도로
stop 停止 세웁니다
petrol station 加油站 주유소
gasoline 汽油 가솔린
motorcycle 摩托车 오토바이
bicycle 自行车 자전거
car 汽车 자동차
car 汽车 자동차
taxi 出租车 택시
bus 公共汽车 버스
stop 车站 정류장
bus stop 公共汽车站 버스 정류장
stand 站 승강장 
catch 抓 잡습니다
traffic 交通 교통
line 线 선로
train 电动火车 전철
subway 地铁 지하철
local, regular 一般 보통
express 快车 급행
train 火车 기차
limited express 特快 특급
bullet train 新干线 신칸센
ride 坐，乘 탑니다
get off 下车 내립니다
transfer, switch 换车 갈아 탑니다
train 火车 기차
vehicle 交通工具 탈 것
ticket 票 표

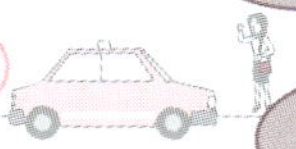

bridge 桥 다리
river 河 강
harbor 港 항구
boat 船 배
ship 船 배
cross 渡，过 건넙니다
airport 机场 공항
airfield 机场 비행장
airplane 飞机 비행기
fly 飞 날아갑니다

arrivals 到达 도착하다
departures 出发 출발하다
platform 站台 홈
car 号车厢 호차량
1
platform number 号线 호선
3

two 两个 2 개
~th 第～ 째
next 下一个 다음
station 火车站 역
bus stop 公共汽车站 버스 정류장
get off 下车 내립니다
what 什么 무엇
where 哪里 어디
transfer 换车 환승
nice 好 좋다

speed 速度 속도
fast 快 빠르다
slow 慢 느리다
here 这里 여기
three 三个 3 개
~th 第～ 째
Shinjuku 新宿 신주쿠
station 火车站 역
switch 换车 환승하다

this 这 이
train 电动火车 전철
Tokyo 东京 도쿄
Osaka 大阪 오사카
between 间 사이
run 运行 달립니다
Tokyo 东京 도쿄
Osaka 大阪 오사카
between 间 사이

Kyoto 京都 교토
pass through 通过 통과합니다
stop 停止 멈춥니다

close 近 가깝다
convenient 方便 편리
station 火车站 역
far 远 멀다
inconvenient 不方便 불편

ticket gate 检票口 개찰구
exit 出来 나옵니다
right 右 오른쪽
bend 转弯 꺾다

subway 地铁 지하철
early 早 빨리
10 minutes 10 分钟 10 분
slow 晚 늦게
arrive 到达 도착합니다
a bit 一会儿 조금
walk 步行 걷다
shop 店 가게
be, exist 有 있습니다

cheap 便宜 싸다
slow 慢 느리다
bus 公共汽车 버스

bus 公共汽车 버스
limited express 特快 특급
half an hour 半小时 30 分
go 去 가다
early 早 빨리
arrive 到达 도착합니다
taxi 出租车 택시
go 去 가다
walk 步行 걷다
nice 好 좋다
early 早 이르다

表現（ひょうげん）

1　図書館で会いましょう。
とし　しょかん　あ
（〜ましょう）

Let's meet at the library.
在图书馆见面吧。
도서관에서 만납시다 .

◆ This expression is used to make an invitation. It is used when an appointment already exists, or when something has become a custom.
◆ It can also be used to accept an invitation, as in: "一緒にご飯を食べませんか（Would you like to eat together）?" "ええ、食べましょう（Yes, let's.）"

★ 表示劝诱的说法。用于提前约好的事情或已成为习惯的事情。
★ 也可以用于像「一緒にご飯を食べませんか」「ええ、食べましょう」等接受邀请的表达方式。

● 권유의 표현입니다 . 미리 약속되어 있는 일이나 습관이 된 것을 할 때 사용합니다 .
● 一緒にご飯を食べませんか（「식사 같이 할까요 ?」）「ええ、食べましょう（네 , 같이 먹어요 .)」처럼 권유를 받아들이는 표현으로도 사용합니다 .

2　まっすぐ行って右に曲がると入口が見えます。
い　　みぎ　ま　　　いりぐち　み
（〜て／〜と）

If you go straight then turn right, you will see the entrance.
一直走 , 右拐就能看到入口。
똑바로 가서 오른쪽으로 돌면 입구가 보입니다 .

◆ 「〜て」 is used in the pattern 「AてB」 to indicate that actions should be performed in the order A, B.
◆ 「AとB」 describes a situation where once condition A is fulfilled, B will naturally occur.
◆ Often used to describe natural phenomena 「春になると、桜が咲きます。（The cherry blossoms bloom when it becomes spring）」 and operating machinery 「このボタンを押すと、お湯が出ます。（Press this button and hot water will come out.）」
Ex: Put in money and press here to make coffee come out.

★ 「〜て」 是用 「AてB」 的形式，表示A、B动作的顺序。
★ 经常用于表现自然现象。如 「春になると、桜が咲きます。（一到春天 , 櫻花就开。）」、机械の操作 「このボタンを押すと、お湯が出ます。（一按这个键子 , 就出热水。)」 等。
例：お金を入れて、ここを押すと、コーヒーが出ます。（放入钱后，按一下这里，就会出咖啡。）

● 「〜て」 는 「AてB」 의 형태로 A、B라는 동작의 순서를 나타냅니다 .
● 「AとB」 는 A의 조건을 받아 자연히 B라는 상황이 되는 것을 나타냅니다
● 자연 현상 「春になると、桜が咲きます。(봄이 되면 벚꽃이 핍니다)」、기계 조작 「このボタンを押すと、お湯が出ます。(이 버튼을 누르면 더운물이 나옵니다)」 등에서 이 표현이 자주 사용됩니다 .
예：お金を入れて、ここを押すと、コーヒーが出ます。(돈을 넣고 여기를 누르면 커피가 나옵니다 .)

3　そこを左に曲がったところにあります。
ひだり　ま
（〜たところにあります）

Turn left there to find it.
在那儿往左拐的地方。
거기를 왼쪽으로 돌면 있습니다 .

◆ Used to explain details about a place. 「ところ」 means "location."
★ 用于地点的说明。「ところ」 表示地点的意思。
● 장소를 설명할 때 사용합니다 . 「ところ」 는 장소를 뜻합니다 .

4　どこで乗り換えたらいいですか。
の　か
（疑問詞〜たらいいですか）
ぎ もん し

Where should I transfer?
在哪儿换车好呢 ?
어디서 갈아타는 것이 좋을까요 ?

◆ This expression is used to ask for advice. In addition to 「どこで」, interrogatives such as 「いつ」 and 「どうやって」 can be used.
◆ 「〜ばいいですか」 can also be used in this situation.

★ 寻求建议的表达方式。疑问词除了能用 「どこで」 以外，还能用 「いつ」 「どうやって」。
★ 也可以换成 「〜ばいいですか」 的说法。

● 조언을 구하는 표현입니다 . 의문사는 「どこで」 이외에 「いつ」 「どうやって」 등을 쓸 수 있습니다 .
● 「〜ばいいですか」 로 바꿔 말할 수 있습니다 .

5 タクシーで行ったほうがいい。
(〜ほうがいい)

You should take a taxi.
还是坐出租车去好。
택시로 가는 것이 좋다 .

- ◆ This expression is used to give advice or a warning. It is used after *ta*-forms or *nai*-forms.
- ★ 表示建议和忠告。接在た形或ない形后面。
- ● 조언이나 충고를 나타내는 표현입니다 . た형이나 **ない**형에 연결합니다 .

6 バスのほうが安いです。
(〜のほうが)

The bus is cheaper.
还是坐公交车便宜。
버스가 더 싸다 .

- ◆ This is a comparative expression.
- ◆ This expression can also be used to compare two things, such as "The bus is cheaper than the taxi."
- ★ 比较的表达方式。
- ★ 也用于像「比起出租车，巴士更便宜」这样，将二者相比较的表达方式。
- ● 비교하는 표현입니다 .
- ●「택시보다 버스가 더 쌉니다」처럼 , 둘을 비교하는 표현으로도 사용합니다 .

7 行きたいです。
(〜たい)

I would like to go.
想去。
가고 싶어요 .

- ◆ Used to indicate hopes or desires.
- ◆ "が" is used to emphasize a direct object.
  Ex: 何か冷たいものが飲みたいです。(I would like to drink something cold.)
- ◆ 表示希望、愿望。
- ◆ 强调宾语时用「が」. 例：何か冷たいものが飲みたいです。(你想喝什么凉的吗 ?)
- ● 희망 소망을 나타내는 표현입니다 .
- ● 목적어를 강조할 때는 「が」 를 씁니다 . 예：何か冷たいものが飲みたいです。(뭔가 찬 것이 마시고 싶어요 .)

A：明日、展覧会に行きませんか。
B：何の展覧会ですか。
A：日本の自然をかいた絵の展覧会です。
B：いいですね。どこでありますか。
A：ふじ美術館です。
B：そうですか。ふじ美術館はどこにありますか。
A：さくらやま公園の近くです。
B：どうやって行ったらいいですか。
A：さくらやま駅からバスが出ています。タクシーで行ったほうが便利ですが。
B：そうですか。バスのほうが安いですから、バスで行きます。

A：じゃ、「公園入口」というバス停で降りてください。降りたら、大きな交差点を右に曲がって、まっすぐ歩いてください。すると、公園の入口が見えます。そのすぐそばです。
B：わかりました。何時頃に行きますか。
A：午後はすごく混みますから、朝がいいですね。
B：じゃ、絵を見た後、お昼を一緒に食べませんか。
A：ええ、そうしましょう。おいしいピザの店があるから、そこに行きませんか。
B：いいですね。楽しみです。

A: Would you like to go to an exhibition tomorrow?
B: What kind of exhibition is it?
A: An exhibit of art depicting nature in Japan.
B: That sounds wonderful. Where is it?
A: It is in the Fuji Art Museum.
B: I see. Where is the Fuji Art Museum?
A: It is near Sakurayama Park.
B: How should I get there?
A: You can take the bus from Sakurayama station. Taking the taxi is more convenient, though.
B: I see. The bus is cheaper, so I will take the bus.

A: In that case, please get off at the "Park Entrance" bus stop. Once you do, take a right at the large intersection, then walk straight. After that, you will see the park entrance. It is very close to there.
B: All right. When would you like to go?
A: It gets very crowded in the afternoons, so the morning would be best.
B: All right. Would you like to have lunch after seeing the art, then?
A: Yes, let's. There is a good pizza restaurant in the area, would you like to go there?
B: That sounds great. I'm looking forward to going.

A：明天去参加展览会吗？
B：什么展览会？
A：描绘日本自然的美术展览会。
B：可以啊，在哪里呢？
A：富士美术馆。
B：是吧，富士美术馆在哪里呢？
A：在樱花山公园附近。
B：怎么去好呢？
A：公交车从樱花山车站发车。做出租车去比较方便。
B：是吗，还是公交车便宜，我坐公交去。

A：那你就在"公园入口"这站下车吧。下车后，在一个大的红绿灯路口向右拐，一直走。然后就能看到公园入口，就在那附近。
B：知道了。几点去呢？
A：下午人多，早上去好。
B：那看完画展，我们起吃午饭吧。
A：可以啊，就这么办吧。我知道有家匹萨店味道不错，就去那里吧。
B：好啊，真挺期待的。

A: 내일 전람회에 안 갈래요？
B: 무슨 전람회인데요？
A: 일본의 자연을 그린 그림 전람회예요.
B: 괜찮겠다. 어디서 해요？
A: 후지미술관에서요.
B: 그래요？후지미술관은 어디에 있어요？
A: 사쿠라야마공원에서 가까워요.
B: 어떻게 가면 돼요？
A: 사쿠라야마역에서 버스가 있어요. 택시로 가는 게 편하긴 하지만.
B: 그래요？버스가 싸니까 버스로 갈게요.

A: 그럼, 「공원입구」라는 버스 정류장에서 내리세요. 내려서 큰 교차로를 오른쪽으로 돌아 똑 바로 가세요. 그러면 공원 입구가 보여요. 바로 그 근처예요.
B: 알겠어요. 몇 시경에 갈까요？
A: 오후에는 매우 붐비니까 아침이 좋겠어요.
B: 그럼, 그림 구경하고 같이 점심 먹을까요？
A: 네, 그래요. 맛있는 피자집이 있는데 거기 안 갈래요？
B: 좋아요. 기대되네요.

旅行 Travel
りょこう

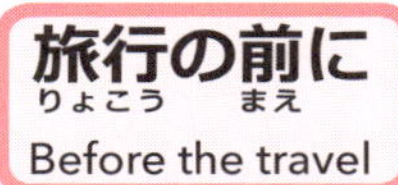

旅行の前に
りょこう　　まえ
Before the travel

旅行中
りょ　こう　ちゅう
During the travel

旅行の後で
りょこう　　あと
After the travel

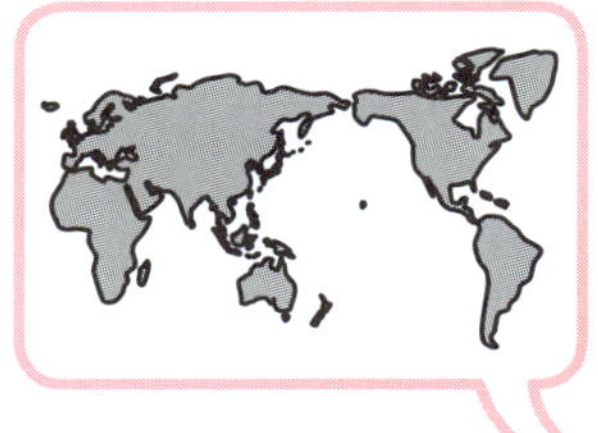

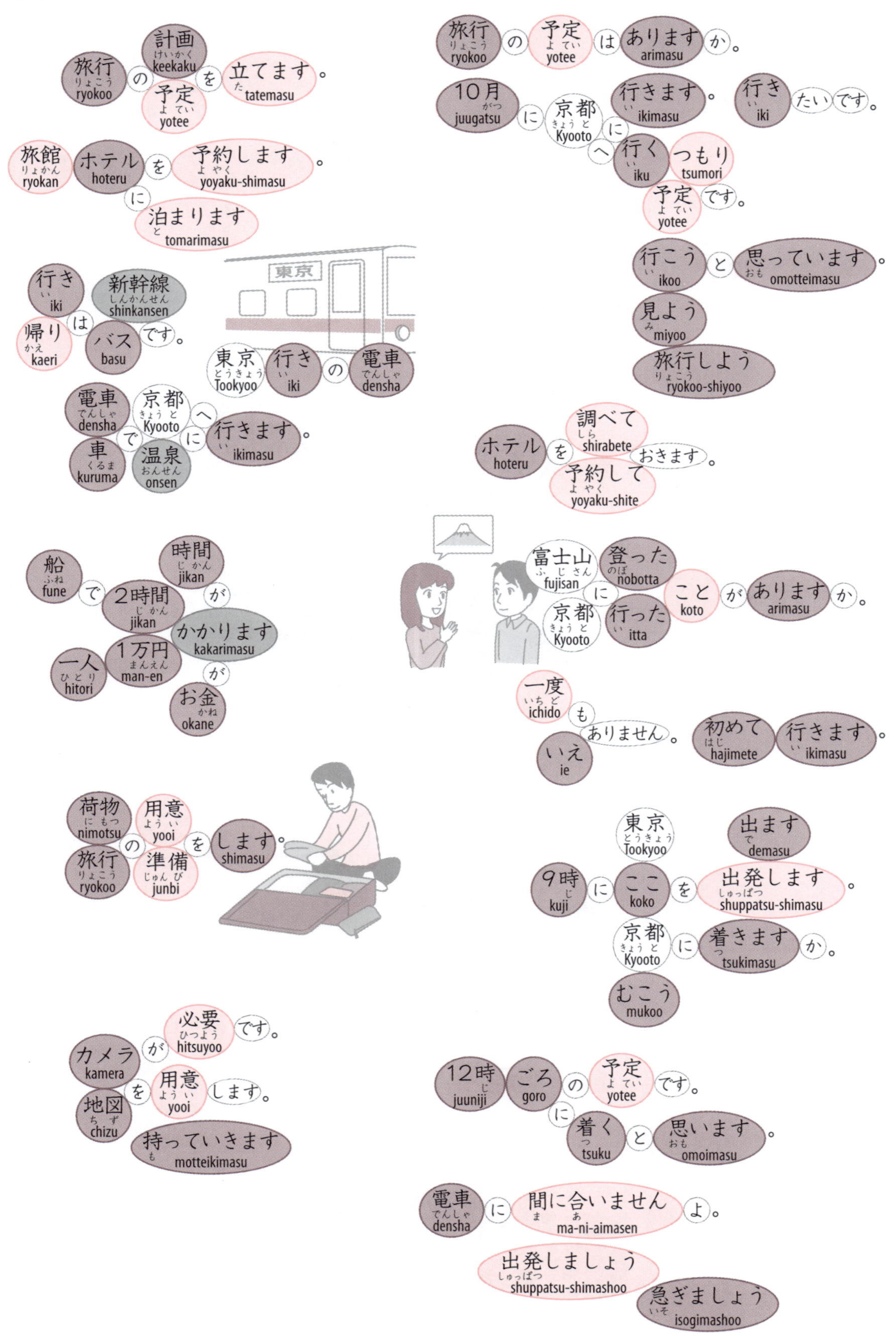
旅行（りょこう）ryokoo の 計画（けいかく）keekaku ／ 予定（よてい）yotee を 立てます（た）tatemasu
旅館（りょかん）ryokan ／ ホテル hoteru を 予約します（よやく）yoyaku-shimasu ／ に 泊まります（と）tomarimasu
行き（い）iki ／ 帰り（かえ）kaeri は 新幹線（しんかんせん）shinkansen ／ バス basu です。
電車（でんしゃ）densha ／ 車（くるま）kuruma で 京都（きょうと）Kyooto へ ／ 温泉（おんせん）onsen に 行きます（い）ikimasu
東京（とうきょう）Tookyoo 行き（い）iki の 電車（でんしゃ）densha
船（ふね）fune で 2時間（じかん）jikan 時間（じかん）jikan が かかります kakarimasu
一人（ひとり）hitori 1万円（まんえん）man-en お金（かね）okane が
荷物（にもつ）nimotsu ／ 旅行（りょこう）ryokoo の 用意（ようい）yooi ／ 準備（じゅんび）junbi を します shimasu
カメラ kamera ／ 地図（ちず）chizu が 必要（ひつよう）hitsuyoo です。 を 用意（ようい）yooi します。 持っていきます（も）motteikimasu
旅行（りょこう）ryokoo の 予定（よてい）yotee は あります arimasu か。
10月（がつ）juugatsu に 京都（きょうと）Kyooto に 行きます（い）ikimasu ／ へ 行く（い）iku つもり tsumori ／ 予定（よてい）yotee です。 行き（い）iki たいです。
行こう（い）ikoo と 思っています（おも）omotteimasu
見よう（み）miyoo
旅行しよう（りょこう）ryokoo-shiyoo
ホテル hoteru を 調べて（しら）shirabete おきます。 予約して（よやく）yoyaku-shite
富士山（ふじさん）fujisan に 登った（のぼ）nobotta ／ 京都（きょうと）Kyooto に 行った（い）itta こと koto が あります arimasu か。
一度（いちど）ichido も ありません。 いえ ie
初めて（はじ）hajimete 行きます（い）ikimasu
東京（とうきょう）Tookyoo を 出ます（で）demasu
9時（じ）kuji に ここ koko を 出発します（しゅっぱつ）shuppatsu-shimasu
京都（きょうと）Kyooto に 着きます（つ）tsukimasu か。 むこう mukoo
12時（じ）juuniji ごろ goro の 予定（よてい）yotee です。 に 着く（つ）tsuku と 思います（おも）omoimasu
電車（でんしゃ）densha に 間に合いません（ま あ）ma-ni-aimasen よ。
出発しましょう（しゅっぱつ）shuppatsu-shimashoo 急ぎましょう（いそ）isogimashoo

有名 yuumee / な / 所 ところ tokoro / 場所 ばしょ basho / を / 回ります まわ mawarimasu / ゆっくり yukkuri

地図 ちず chizu / を / 見せ み mise / ます。 / てください。 / 切符 きっぷ kippu

観光地 かんこうち kankoochi / を / へ / に / 見 み mi / たい / です。 / 行き い iki / たい / です。 / 行き い iki / たくない / です。 / 帰り かえ kaeri

一日 いちにち ichinichi / バス basu / 東京 とうきょう Tookyoo / 観光 かんこう kankoo / 案内 あんない annai / 所 じょ(しょ) jo(sho) / 見物 けんぶつ kenbutsu / 客 きゃく kyaku

空港 くうこう kuukoo / まで / お願いします ねが onegaishimasu / なるべく narubeku / 急いで いそ isoide / ください。 / もらえますか。

キャンセル kyanseru / 予約 よやく yoyaku / を / し shi / たいんですが。 / タクシー takushii / を / 呼び よ yobi / たいんですが。 / 出ない で denai / お湯 ゆ oyu / が

素晴らしい すば subarashii / 一緒 いっしょ issho / に / 景色 けしき keshiki / 写します うつ utsushimasu / 旅館 りょかん ryokan / の / 前 まえ mae / で / みんな minna / で / 写真 しゃしん shashin / を / とります torimasu / 集まります あつ atsumarimasu / とって totte / いただけませんか。

道 みち michi / に / 迷って まよ mayotte / しまいました。 / 迷っちゃった まよ mayocchatta

これ kore / ここ koko / は / 何 なん nan / という toiu / ところ tokoro / ですか。 / 食べ物 たべもの tabemono

受付 うけつけ uketsuke / 入口 いりぐち iriguchi / は / どこ doko / ですか。

ここ koko / こっち kocchi / あっち acchi / あそこ asoko / です。

こっち kocchi / の / ほう / が / あっち acchi / より / 安い やす yasui / です。 / の / 店 みせ mise / の / 店 みせ mise

これから korekara / そっち socchi / に / 行きます。 い ikimasu / 行き い iki / たいんですが、 / どう doo / 行ったら い ittara / いい ii / ですか。

どんな donna / お土産 みやげ omiyage / が / あります arimasu / か。 / 有名 ゆうめい yuumee / ですか。 / それ sore / が / ほしい hoshii / です。 / は / いりません。 irimasen

お金 かね okane / 時間 じかん jikan / が / なくて nakute / 買え か kae / 行け い ike / ません。

道 みち michi / が / わから wakara / なくて / 困りました こま komarimashita。

行け い ike / なくて / 残念 ざんねん zannen / です。 / お土産 みやげ omiyage / を / 買え か kae

あちら achira / に / 見える み mieru / のが / 富士山 ふじさん fujisan / です。

遠く とお tooku / 富士山 ふじさん fujisan / 見えます み miemasu / 近く ちかく chikaku / に / が / 土産屋 みやげや miyageya / あります arimasu

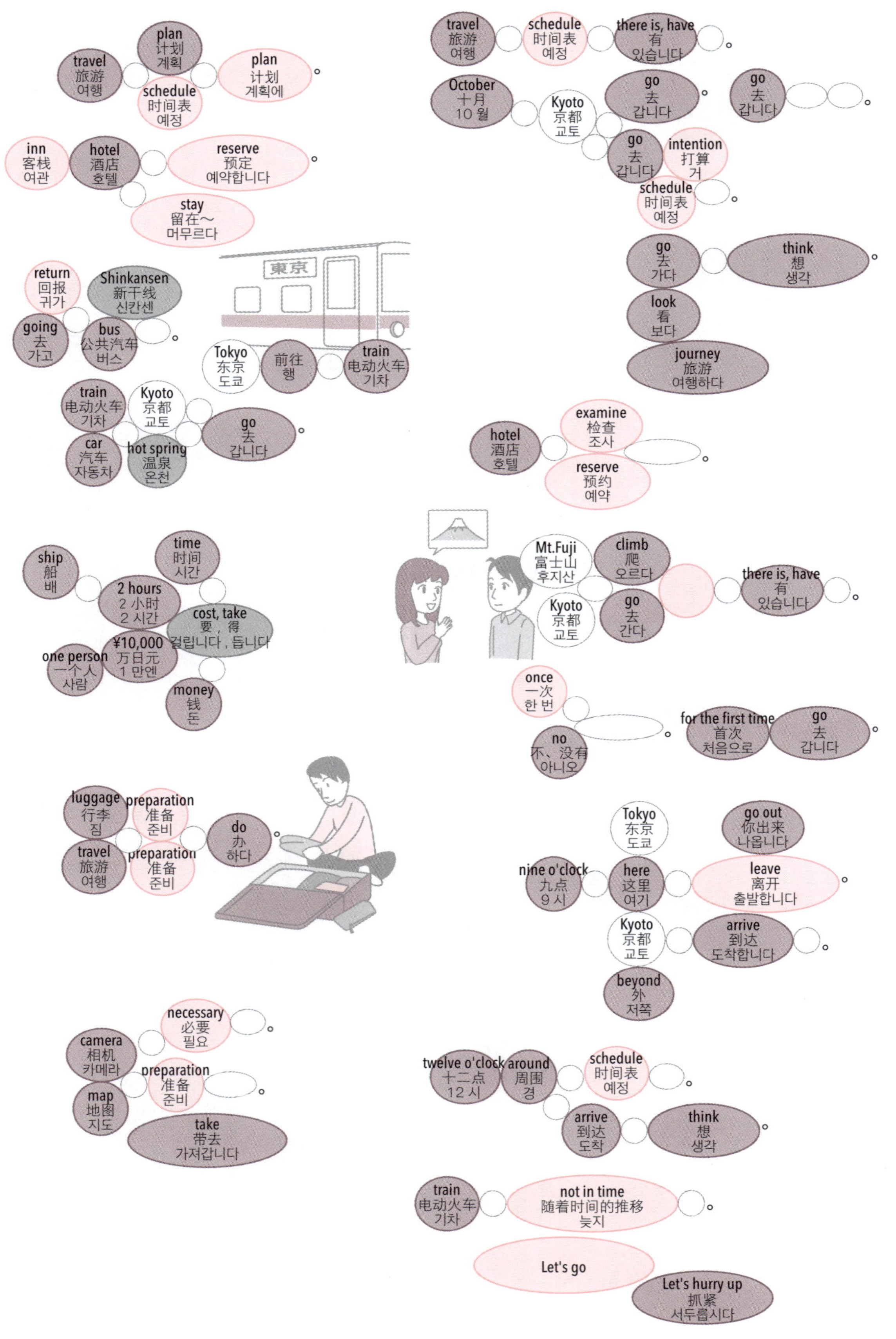
travel 旅游 여행
plan 计划 계획
schedule 时间表 예정
plan 计划 계획에
inn 客栈 여관
hotel 酒店 호텔
reserve 预定 예약합니다
stay 留在～ 머무르다
return 回报 귀가
Shinkansen 新干线 신칸센
going 去 가고
bus 公共汽车 버스
東京
Tokyo 东京 도쿄
前往 행
train 电动火车 기차
train 电动火车 기차
Kyoto 京都 교토
car 汽车 자동차
hot spring 温泉 온천
go 去 갑니다
ship 船 배
time 时间 시간
2 hours 2 小时 2 시간
cost, take 要，得 걸립니다，듭니다
¥10,000 万日元 1 만엔
one person 一个人 사람
money 钱 돈
luggage 行李 짐
preparation 准备 준비
travel 旅游 여행
preparation 准备 준비
do 办 하다
necessary 必要 필요
camera 相机 카메라
map 地图 지도
preparation 准备 준비
take 带去 가져갑니다
travel 旅游 여행
schedule 时间表 예정
there is, have 有 있습니다
October 十月 10 월
Kyoto 京都 교토
go 去 갑니다
go 去 갑니다
go 去 갑니다
intention 打算 거
schedule 时间表 예정
go 去 가다
think 想 생각
look 看 보다
journey 旅游 여행하다
hotel 酒店 호텔
examine 检查 조사
reserve 预约 예약
Mt.Fuji 富士山 후지산
Kyoto 京都 교토
climb 爬 오르다
go 去 간다
there is, have 有 있습니다
once 一次 한 번
no 不、没有 아니오
for the first time 首次 처음으로
go 去 갑니다
Tokyo 东京 도쿄
nine o'clock 九点 9 시
here 这里 여기
go out 你出来 나옵니다
leave 离开 출발합니다
Kyoto 京都 교토
arrive 到达 도착합니다
beyond 外 저쪽
twelve o'clock 十二点 12 시
around 周围 경
schedule 时间表 예정
arrive 到达 도착
think 想 생각
train 电动火车 기차
not in time 随着时间的推移 늦지
Let's go
Let's hurry up 抓紧 서두릅시다

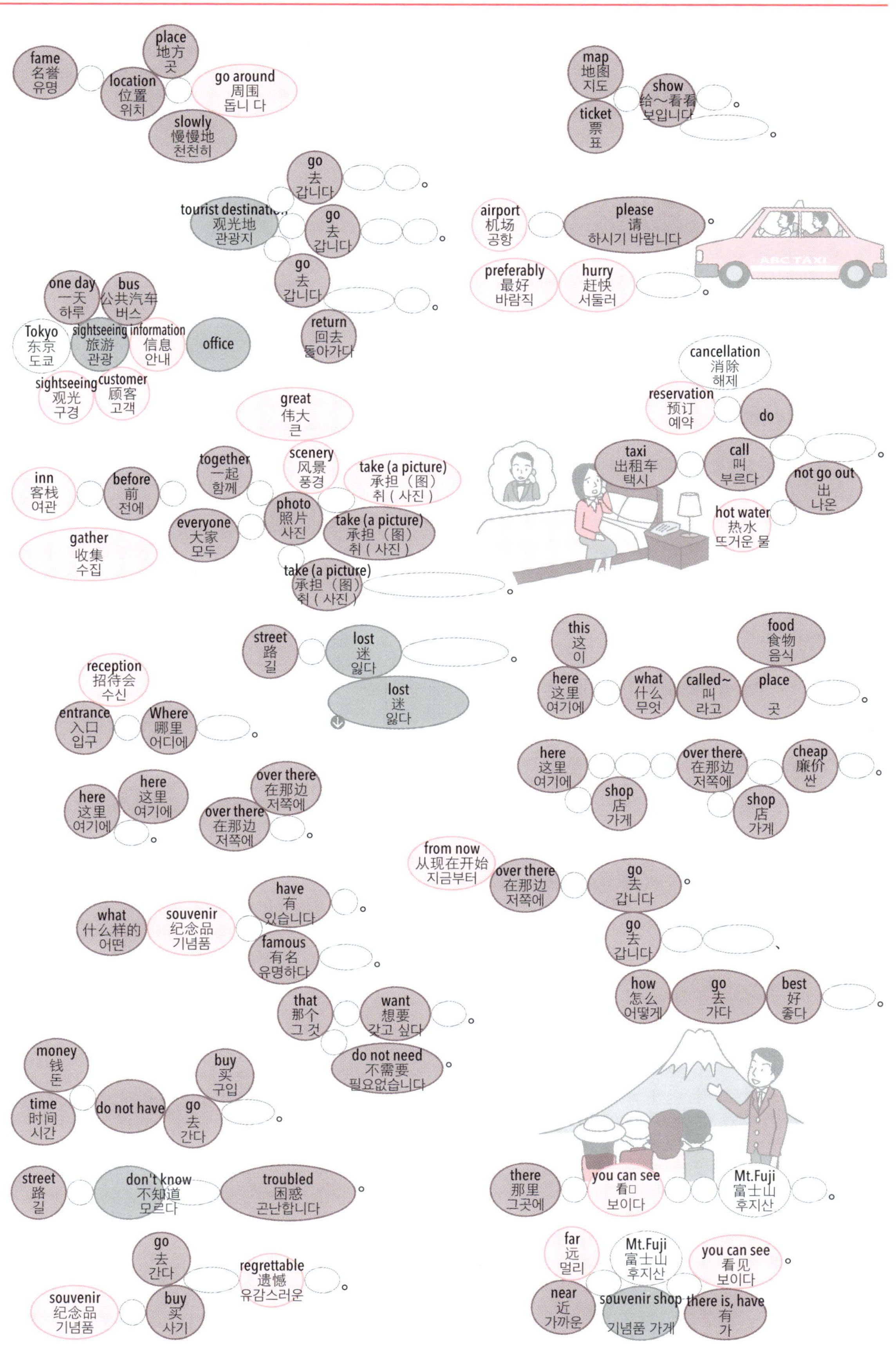

fame 名誉 유명
place 地方 곳
location 位置 위치
go around 周围 돕니 다
slowly 慢慢地 천천히
tourist destination 观光地 관광지
go 去 갑니다
go 去 갑니다
go 去 갑니다
return 回去 돌아가다
one day 一天 하루
bus 公共汽车 버스
Tokyo 东京 도쿄
sightseeing information 旅游 관광 信息 안내
office
sightseeing 观光 구경
customer 顾客 고객
great 伟大 큰
scenery 风景 풍경
together 一起 함께
before 前 전에
inn 客栈 여관
gather 收集 수집
everyone 大家 모두
photo 照片 사진
take (a picture) 承担（图）取（사진）
take (a picture) 承担（图）取（사진）
take (a picture) 承担（图）取（사진）
map 地图 지도
show 给～看看 보입니다
ticket 票 표
airport 机场 공항
please 请 하시기 바랍니다
preferably 最好 바람직
hurry 赶快 서둘러
ABC TAXI
cancellation 消除 해제
reservation 预订 예약
do
taxi 出租车 택시
call 叫 부르다
not go out 出 나온
hot water 热水 뜨거운 물
street 路 길
lost 迷 잃다
lost 迷 잃다
reception 招待会 수신
entrance 入口 입구
Where 哪里 어디에
here 这里 여기에
here 这里 여기에
over there 在那边 저쪽에
over there 在那边 저쪽에
this 这 이
here 这里 여기에
what 什么 무엇
called～ 叫 라고
place 곳
food 食物 음식
here 这里 여기에
shop 店 가게
over there 在那边 저쪽에
shop 店 가게
cheap 廉价 싼
from now 从现在开始 지금부터
over there 在那边 저쪽에
go 去 갑니다
go 去 갑니다
how 怎么 어떻게
go 去 가다
best 好 좋다
what 什么样的 어떤
souvenir 纪念品 기념품
have 有 있습니다
famous 有名 유명하다
that 那个 그 것
want 想要 갖고 싶다
do not need 不需要 필요없습니다
money 钱 돈
time 时间 시간
do not have
buy 买 구입
go 去 간다
street 路 길
don't know 不知道 모르다
troubled 困惑 곤난합니다
go 去 간다
regrettable 遗憾 유감스러운
souvenir 纪念品 기념품
buy 买 사기
there 那里 그곳에
you can see 看口 보이다
Mt.Fuji 富士山 후지산
far 远 멀리
Mt.Fuji 富士山 후지산
you can see 看见 보이다
near 近 가까운
souvenir shop 기념품 가게
there is, have 有 가

表現（ひょうげん）

1　10月（がつ）に京都（きょうと）に行（い）くつもりです。
（～つもりです）

I plan to go to Kyoto in October.
10 月打算去京都。
10 월에 교토에 갈 예정입니다 .

- ◆ Indicates plans or intentions to do something in the future.
- ◆ Follows the dictionary form of a verb.
- ◆「つもり」can also be used as a noun to indicate thoughts or plans.
  Ex: そのつもりです。(That's what I'm planning.) ／ そんなつもりで言ったんじゃありません。(That isn't what I meant.)
- ★ 表示对未来事情的预定、计划、意志。
- ★ 接动词原形。
- ★「つもり」也作为名词使用，具有表示想法、意图等意思。
  例：そのつもりです。（有那个打算。）／そんなつもりで言ったんじゃありません。（我说的没那个意思。）
- ● 앞으로의 일에 대한 예정이나 계획 , 의지를 나타낸다 .
- ● 동사의 기본형 뒤에 쓰인다 .
- ● 'つもり' 는 명사로도 사용되며 생각이나 의도를 나타낸다 .
  예 : 그のつもりです。（그럴 예정입니다 .）／そんなつもりで言ったんじゃありません。（그런 뜻으로 말한 것이 아닙니다 .）

2　10月（がつ）に京都（きょうと）に行（い）く予定（よてい）です。
（～予定（よてい）です）

I have plans to go to Kyoto in October.
预定 10 月去京都。
10 월에 교토에 갈 예정입니다 .

- ◆ Used to objectively state one's plans.
- ◆ Used after the dictionary form of a verb or (Noun + の)　　Ex：明日出発（あしたしゅっぱつ）の予定（よてい）です。(My plans are to leave tomorrow.)
- ★ 客观的叙述对某事的预定。
- ★ 接动词原形或「名词＋の」 例：明日出発（あしたしゅっぱつ）の予定（よてい）です。（预定明天出发。）
- ● 객관적으로 예정에 대해 말할 때 사용된다 .
- ● 동사의 기본형이나 '명사＋の' 뒤에 쓰인다 .
  예 : 明日出発（あしたしゅっぱつ）の予定（よてい）です。（내일 출발할 예정입니다 .）

3　10月（がつ）に京都（きょうと）に行（い）こうと思（おも）っています。
（～（よ）うと思（おも）っています）

I'm thinking of going to Kyoto in October.
10 月想要去京都。
10 월에 교토에 가려고 합니다 .

- ◆ Used to express the speaker's intentions.
- ◆ *Godan* verb（Ⅰグループ）行く→行こう (*iku → ikou*)，読む→読もう (*yomu → yomou*)
  Ichidan verb（Ⅱグループ）見る→見よう (*miru → miyou*)，食べる→食べよう (*taberu → tabeyou*)
  Irregular verb（Ⅲグループ）する→しよう，来る→来よう
- ◆「～うと思（おも）っています」is used to state plans or intentions. It can be used interchangeably with「～つもりです」。
- ★ 表示说话人的意向。
- ★ 5 段动词（Ⅰグループ）行く→行こう (*iku → ikou*)，読む→読もう (*yomu → yomou*)
  1 段动词（Ⅱグループ）見（み）る→見（み）よう (*miru → miyou*)，食（た）べる→食（た）べよう (*taberu → tabeyou*)
  不规则动词（Ⅲグループ）する→しよう，来る→来よう
- ★ 用「～うと思（おも）っています」表示预定、意志。可以用「～つもりです」互换。
- ● 화자의 의향을 나타내는 표현이다 .
- ● 5 단동사（Ⅰグループ）行く→行こう (*iku → ikou*)，読む→読もう (*yomu → yomou*)
  1 단동사（Ⅱグループ）見（み）る→見（み）よう (*miru → miyou*)，食（た）べる→食（た）べよう (*taberu → tabeyou*)
  불규칙동사（Ⅲグループ）する→しよう，来る→来よう
- ● '～うと思（おも）っています' 로 예정이나 의지를 나타낸다 . '～つもりです' 로 바꿔 사용할 수 있다 .

4 京都に行ったことがありますか。
（〜たことがあります）

Have you been to Kyoto before?
去过京都吗？
교토에 간 적이 있습니까.

- ◆ An expression used to ask if someone has had an experience. Used after a *ta*-form verb.
- ★ 表示询问是否有过经历。接「动词＋た」形。
- ● 경험이 있는지 없는지를 묻는 표현이다. 동사의 과거형 뒤에 쓰인다.

5 空港までお願いします。
（〜までお願いします）

To the airport, please.
请到机场。
공항까지 부탁드립니다.

- ◆ Used to indicate where you would like to go after boarding a vehicle.
- ◆ Used to tell a taxi driver where your destination is or an attendant where you would like to go when purchasing a ticket.
- ★ 用于利用交通工具时，表达要到的目的地。
- ★ 坐出租车或在窗口买票时使用。
- ● 교통기구를 이용할 때 목적지를 나타내는 표현이다.
- ● 택시를 탈 때 목적지를 지시하거나 창구에서 지하철 표를 구입할 때 사용한다.

6 予約をキャンセルしたいんですが。
（〜んですが）

I would like to cancel my reservation.
想取消预约。
예약을 취소하고 싶은데요.

- ◆ Used to explain a situation or reasoning to someone in order to gain their understanding.
- ◆ Often used when making a request or asking for help.
- ★ 表示向对方传达某中状况、理由，想争求对方的理解。
- ★ 常在拜托对方，争求对方协作时使用。
- ● 상대방에게 상황이나 이유를 전하여 이해를 구하는 표현이다.
- ● 의뢰나 협력을 부탁할 때 자주 쓰인다.

7 時間がなくて、行けません。
（〜て／〜なくて）

I don't have time, so I can't go.
没有时间，去不了。
시간이 없어서 못 갑니다.

- ◆ Sentences using this phrase have the structure, "Cause / reason ＋て→ Result." Listed on the map in the form of「なくて」.
  Ex: 店の名前を忘れて、行くことができません。(I forgot the name of the store, so I can't go there.)
- ★ 是「原因・理由＋て→结果」的构文。书中用「なくて」形表示。
  例：店の名前を忘れて、行くことができません。（店的名字忘了，去不了了。）
- ● '원인, 이유＋＋て→결과' 의 형식의 문장이다. 어휘맵에는 'なくて' 로 실려 있다.
  예：店の名前を忘れて、行くことができません。(가게 이름을 잊어버려서 갈 수 없습니다.)

8 あちらに見えるのが富士山です。
（〜の）

Over there, you can see Mt. Fuji.
那边儿看到的是富士山。
저쪽에 보이는 것이 후지산입니다.

- ◆「〜の」is used to turn a verb clause or an adjective clause into a noun clause.
  Ex：京都に行くのが楽しみです。(I'm looking forward to going to Kyoto.)
- ★「〜の」是将动词节、形容词节名词节化。例：京都に行くのが楽しみです。（非常期待着去京都。）
- ● '〜の' 는 동사구나 형용사구를 명사구로 만든다.
  예：京都に行くのが楽しみです。(교토에 가는 것이 기대됩니다.)

①

A：京都へ行ったことがありますか。

B：いえ、ありません。リサさんは？

A：私も行ったことがないんです。

B：じゃ、一緒に行きませんか。

A：いいですね。じゃ、春休みに行きましょう。

② 〈京都駅の前で〉

A：いろいろなところに行きたいですね。

B：ええ。地下鉄とバス、どっちにします？

A：バスにしませんか。観光客もいっぱいいますよ。

B：そうですね。あっ、あそこに案内所がありますね。あそこで聞いてみましょう。

A：ええ。地図をもらって行きませんか。

③ 〈新幹線の中で／〉

A：京都、よかったですね。

B：ええ。また来たいですね。…あっ、富士山が見えますよ。

A：ほんとだ。きれいですね。富士山にも行きたいですね。

B：ええ。…実は7月に友達と登る予定ですが、一緒にどうですか。

A：えっ、一緒に行っていいんですか。

B：もちろん！

---

①

A: Have you been to Kyoto before?
B: No, I have not. Have you, Lisa-san?
A: I have not been, either.
B: Would you like to go with me, in that case?
A: That sounds wonderful. Why don't we go during spring break, in that case?

②

(In front of Kyoto Station)
A: I hope we can go to many places.
B: Yes. Which shall we take, the subway or the bus?
A: Why don't we take the bus. Many tourists ride it.
B: You're right. Oh, there's an information desk. We should ask there.
A: All right. Shall we get a map and then go?
B: Yes, let's.

③

(Inside the Shinkansen)
A: Wasn't Kyoto wonderful?
B: Yes. I'd like to go back. …Oh, you can see Mt. Fuji from here.
A: You're right. It's beautiful. I'd like to go to Mt. Fuji some day, too.
B: Me too. …Actually, I plan to climb it with a friend in July. Would you like to come with us?
A: Really? Would that be all right?
B: Of course!

---

①

A：你去过京都吗？
B：没去过。莉莎呢？
A：我也没去过。
B：那不一起去吗？
A：好啊！那春假去吧。

② 〈在京都车站前〉

A：想去的地方很多啊。
B：是啊！坐地铁还是坐公共汽车？
A：坐公共汽车吧。观光的人也不少啊！
B：是啊！啊！那里有问询处，在那里问问吧。
A：好！拿上地图吧。
B：好！拿上吧。

③ 〈在新干线上〉

A：京都，真的不错啊
B：是啊！还想再来啊！啊！看见富士山了！
A：真的！真漂亮啊！也想去富士山看看啊！
B：嗯！七月预定跟朋友去登富士山，一起去怎么样？
A：唉？一起去可以吗？
B：当然可以。

---

①

A: 교토에 가 본 적이 있어요？
B: 아니요 . 없어요 . 리사 씨는요？
A: 저도 가 본 적이 없거든요 .
B: 그럼 , 같이 가 볼래요？
A: 좋아요 . 그럼 , 봄방학에 가요 .

② (교토역 앞에서)

A: 여러 곳에 가고 싶어요 .
B: 네 , 지하철하고 버스 어느 걸로 할까요？
A: 버스로 할까요？관광객도 많아요 .
B: 그렇네요 . 참 , 저쪽에 안내소가 있군요 . 저기에서 물어 봐요 .
A: 네 , 지도를 받아서 갈까요？
B: 네 , 그렇게 해요 .

③ (신칸센 안에서)

A: 교토 너무 좋았어요 .
B: 네 , 또 오고 싶어요 . …어 , 후지산이 보여요 .
A: 정말이네 , 아름다워요 . 후지산에도 가고 싶어요 .
B: 네 , … 실은 7 월에 친구하고 후지산 올라갈 예정인데 같이 가는건 어때요？
A: 예？같이 가도 돼요？
B: 물론이죠 .

12 趣味 Hobbies
しゅみ

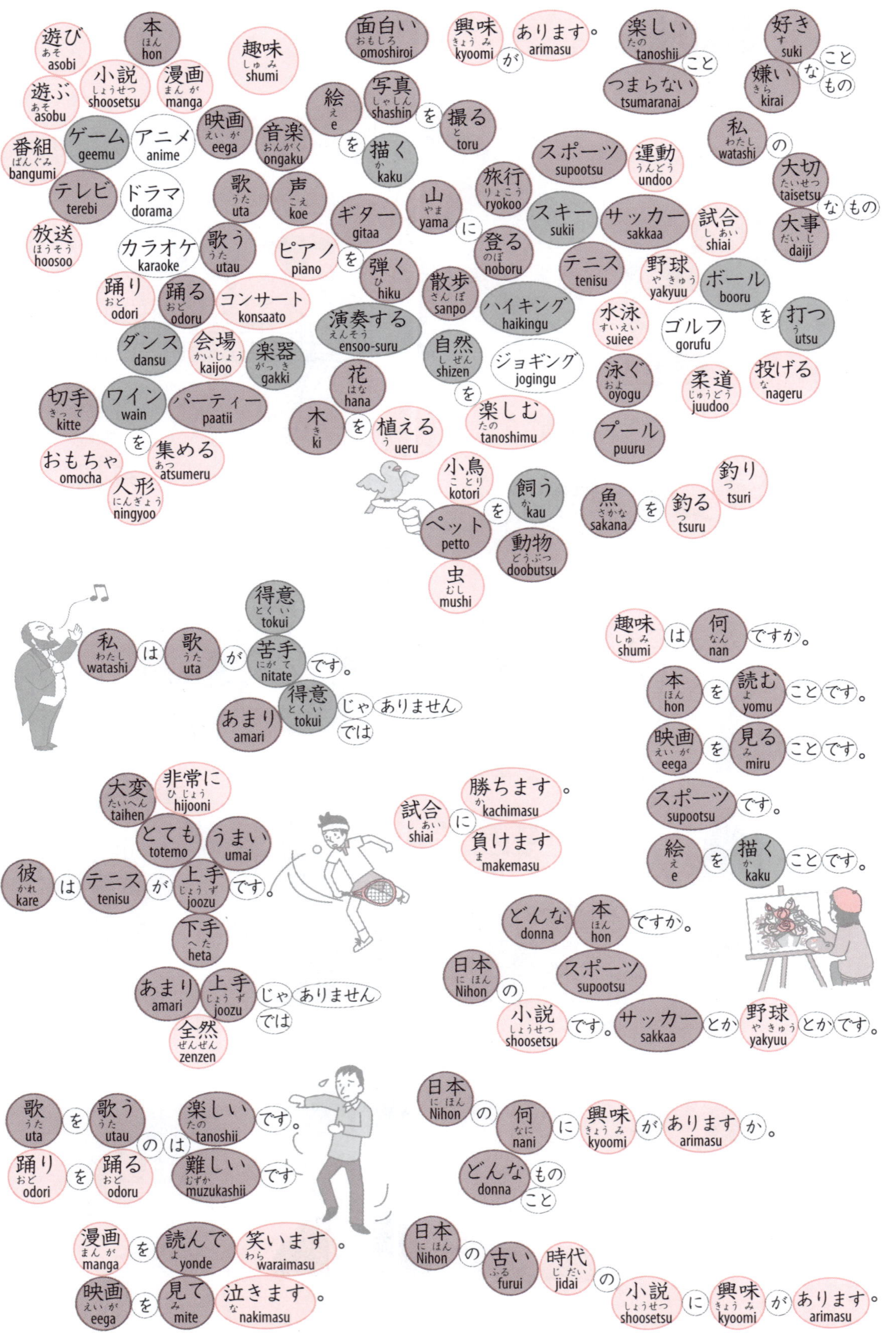

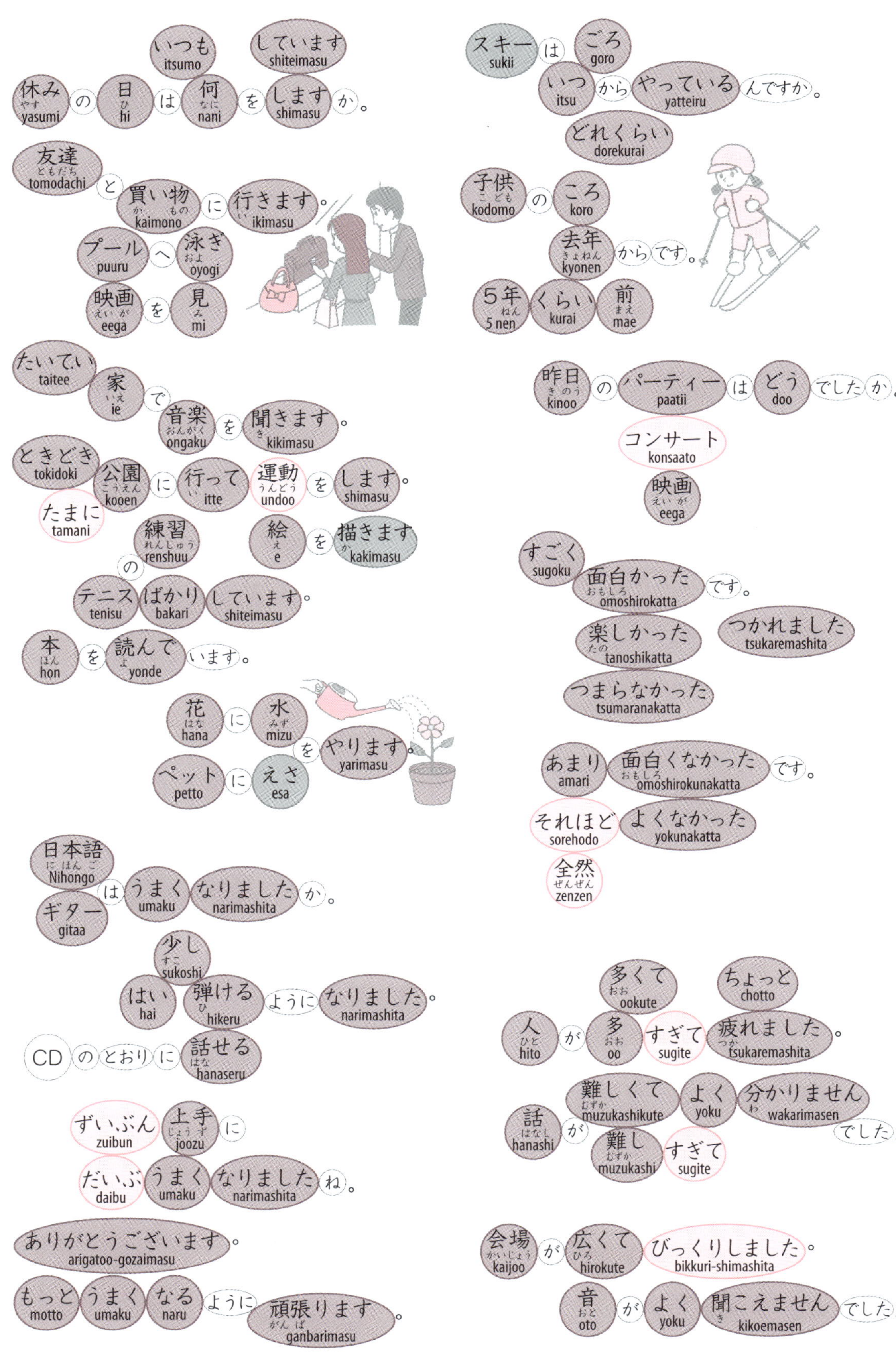
いつも itsumo
しています shiteimasu
休み yasumi の 日 hi は 何 nani を します shimasu か。
友達 tomodachi と 買い物 kaimono に 行きます ikimasu。
プール puuru へ 泳ぎ oyogi
映画 eega を 見 mi
たいてい taitee 家 ie で 音楽 ongaku を 聞きます kikimasu。
ときどき tokidoki 公園 kooen に 行って itte 運動 undoo を します shimasu。
たまに tamani
練習 renshuu の 絵 e を 描きます kakimasu
テニス tenisu ばかり bakari しています shiteimasu。
本 hon を 読んで yonde います。
花 hana に 水 mizu を やります yarimasu
ペット petto に えさ esa
日本語 Nihongo は うまく umaku なりました narimashita か。
ギター gitaa
少し sukoshi
はい hai 弾ける hikeru ように なりました narimashita。
CD の とおりに 話せる hanaseru
ずいぶん zuibun 上手 joozu に
だいぶ daibu うまく umaku なりました narimashita ね。
ありがとうございます arigatoo-gozaimasu。
もっと motto うまく umaku なる naru ように 頑張ります ganbarimasu。
スキー sukii は ごろ goro
いつ itsu から やっている yatteiru んですか。
どれくらい dorekurai
子供 kodomo の ころ koro
去年 kyonen からです。
5年 5 nen くらい kurai 前 mae
昨日 kinoo の パーティー paatii は どう doo でしたか。
コンサート konsaato
映画 eega
すごく sugoku 面白かった omoshirokatta です。
楽しかった tanoshikatta
つかれました tsukaremashita
つまらなかった tsumaranakatta
あまり amari 面白くなかった omoshirokunakatta です。
それほど sorehodo よくなかった yokunakatta
全然 zenzen
多くて ookute
ちょっと chotto
人 hito が 多 oo すぎて sugite 疲れました tsukaremashita。
難しくて muzukashikute よく yoku 分かりません wakarimasen
話 hanashi が 難し muzukashi すぎて sugite でした。
会場 kaijoo が 広くて hirokute びっくりしました bikkuri-shimashita。
音 oto が よく yoku 聞こえません kikoemasen でした。
自己紹介① 家族
自己紹介②
国・仕事
天気・自然
予定
買い物
レストランで
食べ物
生活① 家
生活②
トラブル
町・交通
旅行
趣味
学校
仕事・将来
体・病気
敬語で話そう
コミュニケーション

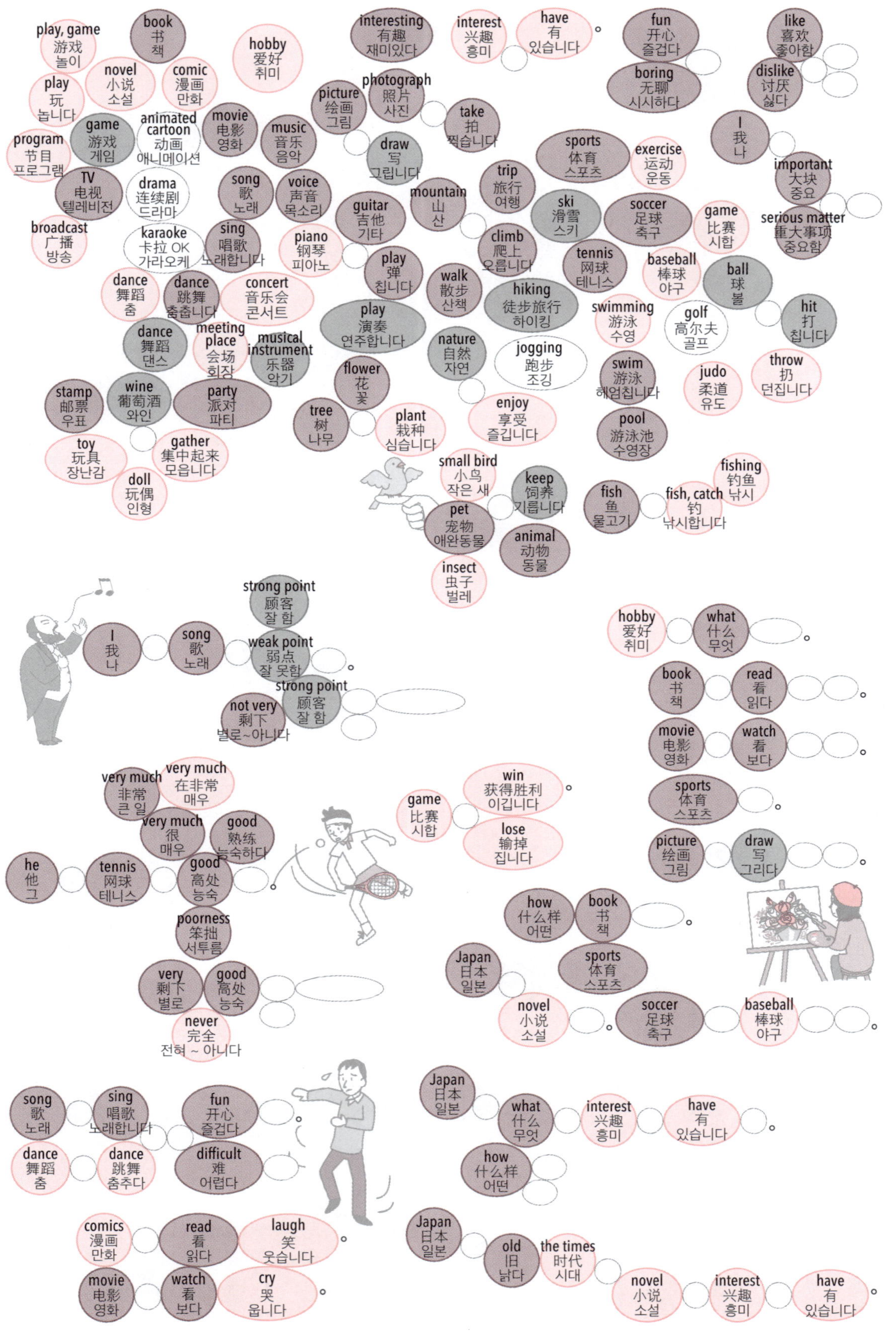

holiday 休息 휴일 — day 日 일 — what 什么 무엇 — always 总是 언제나 — doing 正做 하고 있습니다 — do 做 합니다

friend 朋友 친구 — shopping 购物 쇼핑 — go 去 갑니다
pool 游泳池 수영장 — swim 游泳 헤엄칩니다
movie 电影 영화 — watch 看 보다

mostly 基本上 대부분 — house 房子 집 — music 音乐 음악 — listen 听 듣다 , 묻다
sometimes 时常 가끔 — park 公园 공원 — go 去 갑니다 — exercise 运动 운동 — do 做 합니다
sometimes 偶尔 이따금
exercise 练习 연습 — picture 绘画 그림 — draw 写 그립니다
tennis 网球 테니스 — only (뿐)만 — doing 正做 하고 있습니다
book 书册 책 — read 正看 읽다

flower 花 꽃 — water 水 물 — give 干 줍니다
pet 宠物 애완동물 — bait 饲料 먹이

Japanese 日语 일본어 — good 巧妙 잘하다 — become 得 됩니다
guitar 吉他 기타

a little 一点 조금
yes 是 네 — can play 裂开 칠 수 있다 — become 得 됩니다
can talk 能说 이야기할 수 있습니다
CD

very much 很 대단히 — good 高处 능숙
considerably 非常 많이 — good 巧妙 잘하다 — become 得 됩니다

thank you very much 谢谢 고마워요
more 更 더 — good 巧妙 잘하다 — become 得 되다 — do my best 努力 노력하겠습니다

ski 滑雪 스키 — about, around 경 — when 什么时候 언제 — doing 干 하고 있다
how long 多少 어느 정도
child 小孩 아이 — the time 时分 무렵
last year 去年 작년
five years 5年 5년 — about 喝 정도 — before 在之前 전

yesterday 昨天 어제 — party 派对 파티 — how 怎么样 어떻게
concert 音乐会 콘서트
movie 电影 영화

very much 厉害 몹시 — interesting 有趣 재미있다 — tired 累 피곤합니다
fun 开心 즐겁다
worthless 无聊 시시하다

rest 剩下 별로 ~ 아니다 — not interesting 不有趣 재미없다
all that 那个 그만큼 — not good 不好 좋지 않다
never 完全 전혀 ~ 아니다

many 多 많다 — a little 有点 조금
person 人 사람 — many 多 많다 — too 过度 — tired 累 피곤합니다
difficult 难 어렵다 — well 好好 자주 (잘) — don't know 不知道 모릅니다
story 话 이야기 — difficult 难 어렵다 — too 过度

meeting place 会场 회장 — wide 广阔 넓다 — surprise 感到吃惊 놀랍니다
sound 声音 소리 — well 好好 자주(잘) — can not listen 不听见 들리지 않습니다

自己紹介① 家族
自己紹介② 国・仕事
天気・自然
予定
買い物
レストランで
食べ物
生活① 家
生活② トラブル
町・交通
旅行
趣味
学校
仕事・将来
体・病気
敬語で話そう
コミュニケーション

表現
ひょう げん

---

1 **趣味は本を読むことです。**
しゅ み　　ほん　　よ
（〜ことです）

My hobby is reading books.
我的爱好是读书。
취미는 책을 읽는 것입니다.

- ◆ This form is used when referring to an action as a noun. The dictionary form of a verb comes before「こと」. Ex：私の趣味は**読書**です。／私の趣味は本を**読むこと**です。
(Dictionary form verb +の) has the same function (See 3 and 4 below).
- ★ 将动作或行动以名词形式来表达的方式。'こと'的前面是'动词的原形'。
例：私の趣味は**読書**です。／私の趣味は本を**読むこと**です。
'动词的原形 +の'也有同样的作用。（请参考下面的 3，4）
- ● 동작이나 행동을 명사처럼 말할 때 쓰는 형태입니다.「こと」앞에는 [동사의 원형] 이 옵니다.
예：私の趣味は**読書**です。／私の趣味は本を**読むこと**です。
- ●「[동사의 원형] +の」도 같은 역할을 합니다.(⇒ 아래의 3、 4참조)

---

2 **茶道が好きです。**
さ どう　　 す
（〜が好きです）
す

I enjoy the tea ceremony.
我喜欢茶道。
차도를 좋아합니다.

- ◆ When a verb comes after 〜 , this becomes (Dictionary form verb +の+が好きです). Ex：音楽を聞くのが好きです (I enjoy listening to music.)。
- ★ 〜部分来动词，就变成'动词的原形+の+が好きです'。例如：音楽を聞くのが好きです（喜欢听音乐。）
- ● 〜에 동사가 올 경우에는 [동사의 원형] +の+が好きです」 가 됩니다. 예：音楽を聞くのが好きです（음악을 듣는 것을 좋아합니다.）。

---

3 **魚を釣るのが下手です。**
さかな　 つ　　　　　へ た
（A するのが B）

I am bad at fishing.
不擅长钓鱼。
낚시를 잘 못합니다.

- ◆ "上手(good)" "下手(bad)" "好き(enjoy)" "嫌い(dislike)" "早い(early)" "遅い(late)" etc. comes after「〜のが」.
- ★ '〜のが' 后面一般用 '上手(擅长)，下手(不擅长)，好き(喜欢)，嫌い(不喜欢)，早い(快)，遅い(慢) 等'。
- ●「〜のが」뒤에는「上手 (잘하다)」「下手 (잘 못하다)」「好き (좋아하다)」「嫌い (싫다)」「早い (빠르다)」「遅い (느리다 등)」이 옵니다.

---

4 **ピアノを弾くことができます。**
ひ
（〜ことができます）

I can play the piano.
会弹钢琴。
피아노를 칠 수 있습니다.

- ◆ Used to state that someone has the ability to do something.
Ex：ピアノが弾けます。＝ピアノを弾くことができます。
- ★ 表示有能力做某事。 例如：ピアノが弾けます。＝ピアノを弾くことができます。
- ● 어떤 능력이 있다는 것을 표현합니다. 예：ピアノが弾けます。＝ピアノを弾くことができます。

---

5 **弾けるようになりました。**
ひ
（〜ようになります／〜なります：変化）
へん か

I learned to play.
会弹钢琴了。
칠 수 있게 되었습니다.

- ◆ Describes a change in an ability or situation. The dictionary form of a verb comes before "ようになります".
- ◆ When something that could previously be done can no longer be done,「〜なくなりました」 is used (Ex: 小さい字が読めなくなりました).
- ◆ Adjectives and nouns are written as follows: I-verb〔おもしろい→おもしろくなります〕 Na-verb / Noun〔上手です→上手になりました／医者です→医者になりました〕
- ★ 表示能力或状况的变化。「ようになります」前面用'动词的原形'。
- ★ 以前能做的，现在不能做了，这时用 '〜なくなりました'。（例如：小さい字が読めなくなりました）
- ★ 形容词和名词时如下。い形容词〔おもしろい→おもしろくなります〕 な形容词・名词〔上手です→上手になりました　医者です→医者になりました〕

- 能力や状況の変化を表現します．「ようになります」前には「動詞の原形」が来ます．
- 以前には出来たが今は出来ない場合には「〜なくなりました」を使います．「〜なくなりました」（例：小さい字が読めなくなりました）。
- 形容詞／名詞の場合には下記のようになります．い形容詞〔おもしろい→おもしろくなります〕 な形容詞／名詞〔上手です→上手になりました／医者です→医者になりました〕

6 もっとうまくなるように、がんばります。
(〜ように：目的)

I'll work hard to get better.
努力做得更好。
더 잘 할 수 있도록 열심히 하겠습니다 .

- ◆ Used to describe a target or goal and something done in order to accomplish it.
  Ex：風邪をひかないように気をつけます。(I'll be careful so not to catch a cold.)
- ★ 表示目标或目的，还表示为了其目标或目的做某事。例如：邪をひかないように気をつけます。（小心感冒。）
- ● 목표나 목적과 그것을 위해 하는 것을 표현합니다 .
  예：風邪をひかないように気をつけます。(감기에 걸리지 않도록 조심하겠습니다 .)

7 野球とかサッカーとかです。
(〜とか〜とか)

Things such as baseball and soccer.
棒球啦，足球啦。
야구나 축구입니다 .

- ◆ Used when giving examples of similar things.
- ◆ 「〜や〜など」can also be used, but「とか」is more casual.
- ★ 举出同样例子时的表达方式。
- ★ 也可用‘〜や〜など’来表达，但‘とか’更随便一些。
- ● 비슷한 예를 들을 때 쓰는 표현입니다 .
- ●「〜や〜など」와 바꿀 수 있지만 ,「とか」가 더 친밀한 표현입니다 .

8 会場が広くて、びっくりしました。
(〜て…)

The space was large, which surprised me.
会场太大，吓了一跳。
회장이 넓어서 놀랐습니다 .

- ◆ In this phrase, causes or reasons go before「て」, while their results go after「て」.
- ◆ Often used to describe emotional reactions. Ex：がっかりした（I was disappointed）／心配した（I was worried）、安心した（I was relieved,）、こわかった（I was scared）／うれしかった（I was happy.）
- ★‘て’前面表示原因或理由，‘て’后面表示结果。
- ★ 表示感情的变化时经常使用。 例如：がっかりした（失望了）、心配した（担心了）、安心した（放心了）、こわかった（害怕了）、うれしかった（高兴了），，，
- ●「て」앞에는 원인이나 이유 ,「て」뒤에 결과를 말하는 표현입니다 .
- ● 감정의 움직임을 표현할 때 잘 씁니다 . 예：がっかりした、心配した、安心した、こわかった、うれしかった。

9 難しすぎて、よく分かりません。
(〜すぎる)

It was too hard for me to understand well.
太难了，不太懂。
너무 어려워서 잘 이해 못합니다 .

- ◆「〜すぎる」is used to describe a situation where something is at a higher level than is normal.
  Ex：Verb〔飲み・ます＋すぎる→飲みすぎる〕 I-adjective〔大き・い＋すぎる→大きすぎる〕 Na-adjective〔簡単・だ＋すぎる→簡単すぎる〕
- ◆ When using this in a noun form, such as「食べすぎ」and「飲みすぎ」, the pattern「食べすぎです」can also be used.
- ★‘〜すぎる’表示事物的状态等超过了一般程度。 例如：动词〔飲み・ます＋すぎる→飲みすぎる〕 い形容词〔大き・い＋すぎる→大きすぎる〕 な形容词〔簡単・だ＋すぎる→簡単すぎる〕
- ★ 像‘食べすぎ’‘飲みすぎ’等当名词使用时，有时也可以说‘食べすぎです’。
- ●「〜すぎる」는 사물의 상태 등이 보통 수준을 넘었다는 것을 표현합니다 . 예：동사〔飲み・ます＋すぎる→飲みすぎる〕 い형용사〔大き・い＋すぎる→大きすぎる〕 な형용사〔簡単・だ＋すぎる→簡単すぎる〕
- ●「食べすぎ」「飲みすぎ」등 명사처럼 쓰일 경우에는 ,「食べすぎです」라고도 합니다 .

①

A：マリアさん、趣味は何ですか。

B：映画を見ることです。日本の映画にもすごく興味があります。田中さんは？

A：私はピアノを弾くのが好きです。あまり上手ではないですが。

B：でも、いいですね。私はピアノを弾くことができません。

A：音楽を聴くのはどうですか。好きですか。

B：もちろんです。歌うのも踊るのも大好きです。踊りはけっこう得意ですよ。

A：私は踊りが苦手なんです。今度教えてくださいよ。

B：いいですよ。

②

A：ロッシさんは何かスポーツ（を）して（い）る？

B：うん、いろいろね。一番はスキーかな。

A：へえ。スキーはいつ頃から？

B：子どもの頃からずっとして（い）るよ。

A：じゃ、うまいんだ。

B：そんなことはないよ。まあ、下手でもないけど。

A：私はスキーをしたことがなくて…。一度やってみたいなあ。

B：じゃ、今度一緒にスキーに行かない？教えてあげるよ。

A：ほんと？　じゃ、先生、お願いします！

A: Maria-san, what are your hobbies?
B: Watching movies. I am very interested in Japanese films. What about you, Tanaka-san?
A: I enjoy playing the piano. I am not very good at it, though.
B: Still, that's wonderful. I'm not able to play the piano.
A: What about listening to music? Do you enjoy it?
B: Of course. I love singing and dancing, too. I'm quite good at dancing.
A: I'm poor at dancing. Please teach me how to dance some time.
B: All right.

A: Do you play any sports, Rossi-san?
B: Yes, all sorts. I suppose I ski the most.
A: Wow. When did you start skiing?
B: Ever since I was a child.
A: You must be good, then.
B: Not at all. Well, I'm not bad at it.
A: I've never skied before… I'd like to try some day.
B: Would you like to go with me next time, then? I'll teach you how.
A: Really? In that case, by all means, sensee!

A：玛丽亚小姐，你的爱好是什么？
B：看电影。对日本电影也很感兴趣。田中先生呢？
A：我喜欢弹钢琴。虽然弹得不太好。
B：那也不错啊。我不会弹钢琴。
A：听音乐怎么样？喜欢吗？
B：当然。唱歌跳舞都很喜欢。舞跳得还挺好的呢。
A：我跳舞不太好。下次教教我吧。
B：好啊。

A：鲁斯先生做什么运动吗？
B：嗯，很多。最多的可能是滑雪吧。
A：呵，什么时候开始滑雪的？
B：小时候开始一直都滑。
A：那应该滑得很好了。
B：哪儿啊，不过，滑得也不差。
A：我从没滑过雪。我想试一试。
B：那，下次要不要一起去滑雪？我教你。
A：真的？那，老师，拜托了。

A: 마리아씨, 취미가 뭐예요?
B: 영화를 보는 것이에요. 일본 영화에 대한 관심이 많거든요. 타나카씨는?
A: 저는 피아노를 치는 것을 좋아해요. 잘 못하지만.
B: 그래도, 좋네요. 저는 피아노는 칠 줄 몰라요.
A: 음악을 듣는 것은 어때요? 좋아해요?
B: 물론이죠. 노래를 부르는 것도 춤을 추는 것도 많이 좋아해요. 춤은 제법 잘해요.
A: 전 춤은 잘 못해요. 다음에 가르쳐 주세요.
B: 좋아요

A: 롯시씨는 뭔가 스포츠 (를) 하고 있어?
B: 응, 여러 가지. 가장 잘 하는 것은 스키네요.
A: 그래요? 언제쯤 시작했어?
B: 어렸을 때부터 계속 하고 있어요.
A: 그럼, 잘 타겠네.
B: 그런 건 아니에요. 잘 못하는 것도 아니지만, 뭐.
A: 난 스키는 타 본 적인 없어서…. 한번 해보고 싶네.
B: 그러면, 다음에 한번 가볼래요? 가르쳐 줄게요.
A: 정말? 그럼 선생님, 부탁드립니다!

13 学校 がっこう School

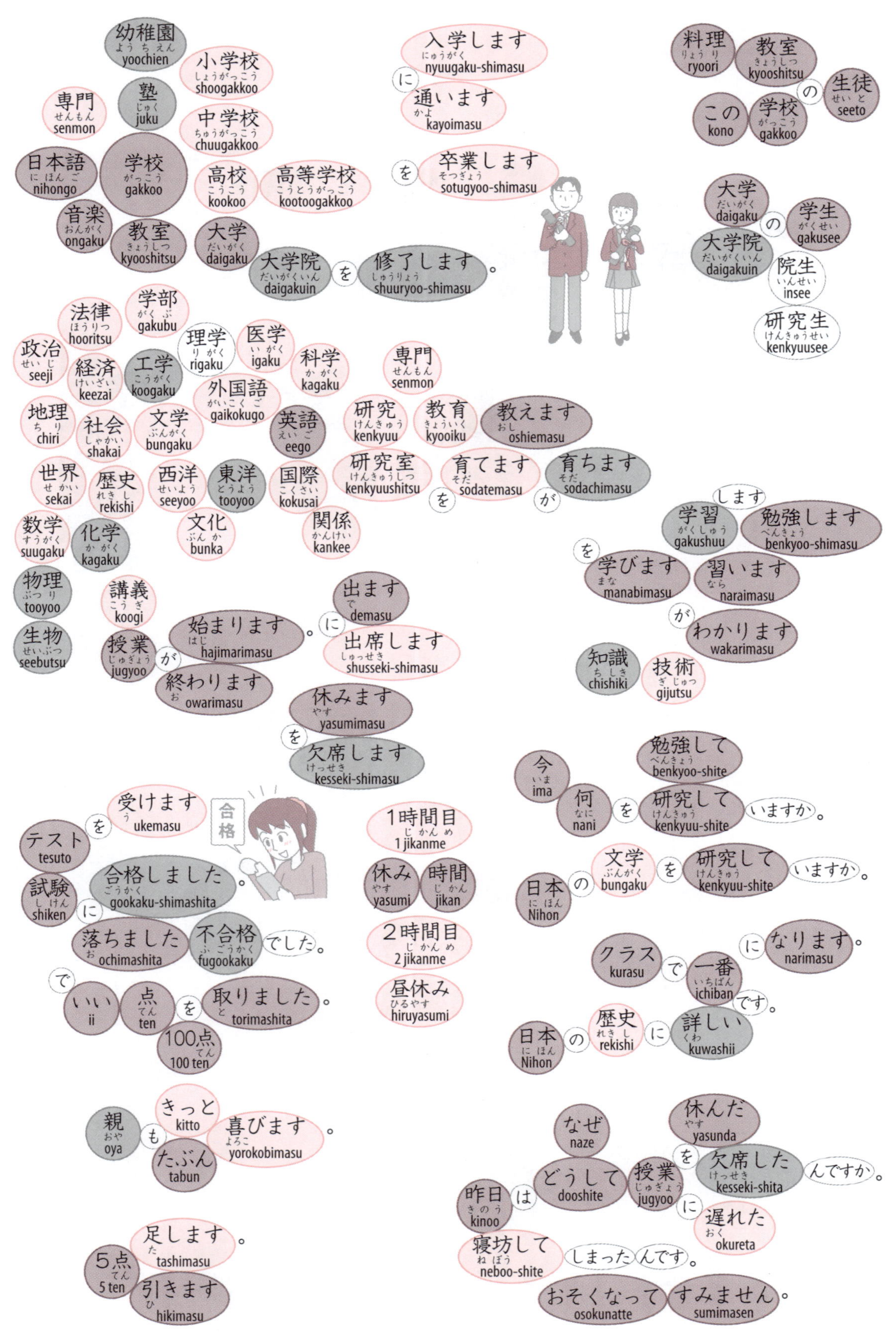
幼稚園 ようちえん yoochien
専門 せんもん senmon
塾 じゅく juku
小学校 しょうがっこう shoogakkoo
中学校 ちゅうがっこう chuugakkoo
日本語 にほんご nihongo
学校 がっこう gakkoo
音楽 おんがく ongaku
教室 きょうしつ kyooshitsu
高校 こうこう kookoo
高等学校 こうとうがっこう kootoogakkoo
大学 だいがく daigaku
大学院 だいがくいん daigakuin を 修了します しゅうりょう shuuryoo-shimasu 。

入学します にゅうがく nyuugaku-shimasu
に 通います かよ kayoimasu
を 卒業します そつぎょう sotsugyoo-shimasu

料理 りょうり ryoori
教室 きょうしつ kyooshitsu
この kono
学校 がっこう gakkoo
の 生徒 せいと seeto
大学 だいがく daigaku の 学生 がくせい gakusee
大学院 だいがくいん daigakuin
院生 いんせい insee
研究生 けんきゅうせい kenkyuusee

学部 がくぶ gakubu
法律 ほうりつ hooritsu
政治 せいじ seeji
経済 けいざい keezai
理学 りがく rigaku
工学 こうがく koogaku
医学 いがく igaku
科学 かがく kagaku
専門 せんもん senmon
地理 ちり chiri
社会 しゃかい shakai
外国語 がいこくご gaikokugo
文学 ぶんがく bungaku
英語 えいご eego
研究 けんきゅう kenkyuu
教育 きょういく kyooiku
教えます おし oshiemasu
世界 せかい sekai
歴史 れきし rekishi
西洋 せいよう seeyoo
東洋 とうよう tooyoo
国際 こくさい kokusai
研究室 けんきゅうしつ kenkyuushitsu
を 育てます そだ sodatemasu
が 育ちます そだ sodachimasu
数学 すうがく suugaku
化学 かがく kagaku
文化 ぶんか bunka
関係 かんけい kankee
物理 ぶつり tooyoo
生物 せいぶつ seebutsu
講義 こうぎ koogi
授業 じゅぎょう jugyoo
が 始まります はじ hajimarimasu 。
終わります お owarimasu
出ます で demasu
に 出席します しゅっせき shusseki-shimasu
休みます やす yasumimasu
を 欠席します けっせき kesseki-shimasu

学習 がくしゅう gakushuu
します
勉強します べんきょう benkyoo-shimasu
を 学びます まな manabimasu
習います なら naraimasu
が わかります wakarimasu
知識 ちしき chishiki
技術 ぎじゅつ gijutsu

を 受けます う ukemasu
合格
テスト tesuto
試験 しけん shiken
に 合格しました ごうかく gookaku-shimashita 。
落ちました お ochimashita
不合格 ふごうかく fugookaku でした。
で いい ii
点 てん ten を 取りました と torimashita 。
100点 てん 100 ten

1時間目 じかんめ 1 jikanme
休み やす yasumi
時間 じかん jikan
2時間目 じかんめ 2 jikanme
昼休み ひるやすみ hiruyasumi

今 いま ima
何 なに nani を 勉強して べんきょう benkyoo-shite 研究して けんきゅう kenkyuu-shite いますか。
日本 にほん Nihon の 文学 ぶんがく bungaku を 研究して けんきゅう kenkyuu-shite いますか。
クラス kurasu で 一番 いちばん ichiban に なります。 narimasu
日本 にほん Nihon の 歴史 れきし rekishi に 詳しい くわ kuwashii

親 おや oya も
きっと kitto
たぶん tabun
喜びます よろこ yorokobimasu 。

5点 てん 5 ten
足します た tashimasu 。
引きます ひ hikimasu

なぜ naze
休んだ やす yasunda
昨日 きのう kinoo は
どうして dooshite
授業 じゅぎょう jugyoo を 欠席した けっせき kesseki-shita んですか。
に 遅れた おく okureta
寝坊して ねぼう neboo-shite しまったんです。
おそくなって osokunatte すみません。 sumimasen

自分（じぶん）jibun の 席（せき）seki に 座って（すわって）suwatte ください。

質問（しつもん）shitsumon に 答えて（こたえて）kotaete ください。
が あります arimasu 静かに（しずかに）shizukani してください。

正しい（ただ）tadashii 番号（ばんごう）bangoo を 書いて（か）kaite ください。
答え（こたえ）kotae

明日（あした）ashita までに レポート repooto 宿題（しゅくだい）shukudai の 作文（さくぶん）sakubun を 出して（だ）dashite ください。

テキスト tekisuto の 25 ページ peeji 教科書（きょうかしょ）kyookasho を 開いて（ひら）hiraite ください。

もう一度（いちど）mooichido 考えて（かんが）kangaete チェックして chekku-shite ください。

文章（ぶんしょう）bunshoo 問題（もんだい）mondai を 文（ぶん）bun 読みます（よ）yomimasu

たくさん takusan 忘れます（わす）wasuremasu 書いても（か）kaitemo 覚えられません（おぼ）oboeraremasen 漢字（かんじ）kanji 平仮名（ひらがな）hiragana を 書いて（か）kaite 覚えます（おぼ）oboemasu。 間違えます（まちが）machigaemasu

CD を 聞き（き）kiki ながら 会話（かいわ）kaiwa 発音（はつおん）hatsuon を 練習します（れんしゅう）renshuu

パソコン pasokon に 詳しい（くわ）kuwashii んですね。 これ kore は 先輩（せんぱい）senpai に が 教えて（おし）oshiete もらった くれた んです。

明日（あした）ashita 予習（よしゅう）yoshuu の 今日（きょう）kyoo 復習（ふくしゅう）fukushuu を します shimasu。 の 授業（じゅぎょう）jugyoo

私（わたし）watashi にも 教えて（おし）oshiete くれません か。↑

教えて（おし）oshiete んですが あげたい けど 行か（い）ika もう（moo） 帰ら（かえ）kaera なければなりません。 なきゃ↓

わかりました wakarimashita。 じゃ ja また mata 今度（こんど）kondo お願いします（ねが）onegai-shimasu。

辞典（じてん）jiten 辞書（じしょ）jisho で 調べます（しら）shirabemasu。
言葉（ことば）kotoba の 意味（いみ）imi を
漢字（かんじ）kanji 読み（よ）yomi

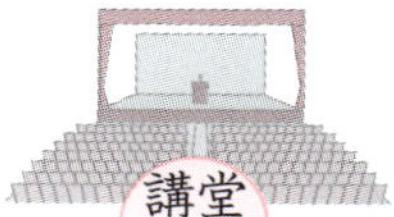

講堂（こうどう）koodoo 体育館（たいいくかん）taiikukan 教室（きょうしつ）kyooshitsu クラス kurasu 図書（としょ）tosho 館（かん）kan 室（しつ）sitsu グランド gurando

ノート nooto ペン pen ボールペン boorupen シャープペンシル / シャーペン shaapupenshiru / shaapen
鉛筆（えんぴつ）enpitsu 字（じ）ji 万年筆（まんねんひつ）mannenhitsu
消しゴム（け）keshigomu で 消します（け）keshimasu で 書きます（か）kakimasu 書いて（か）kaite ください 書きなさい（か）kakinasai

辞書（じしょ）jisho を 使って（つか）tsukatte も いい ii ですか。 質問して（しつもん）shitumon-shite
説明（せつめい）setsumee して いただけませんか してください。
ええ。ee いい ii ですよ。 結構（けっこう）kekkoo

失礼します（しつれい）shituree-shimasu。
山田（やまだ）Yamada 先生（せんせい）sensee は いらっしゃいます irasshaimasu か。
いらっしゃいません irasshaimasen
先生（せんせい）sensee は もう moo 帰られました（かえ）kaeraremashita。
わかりました wakarimashita。 失礼しました（しつれい）shitsuree-shimashita。

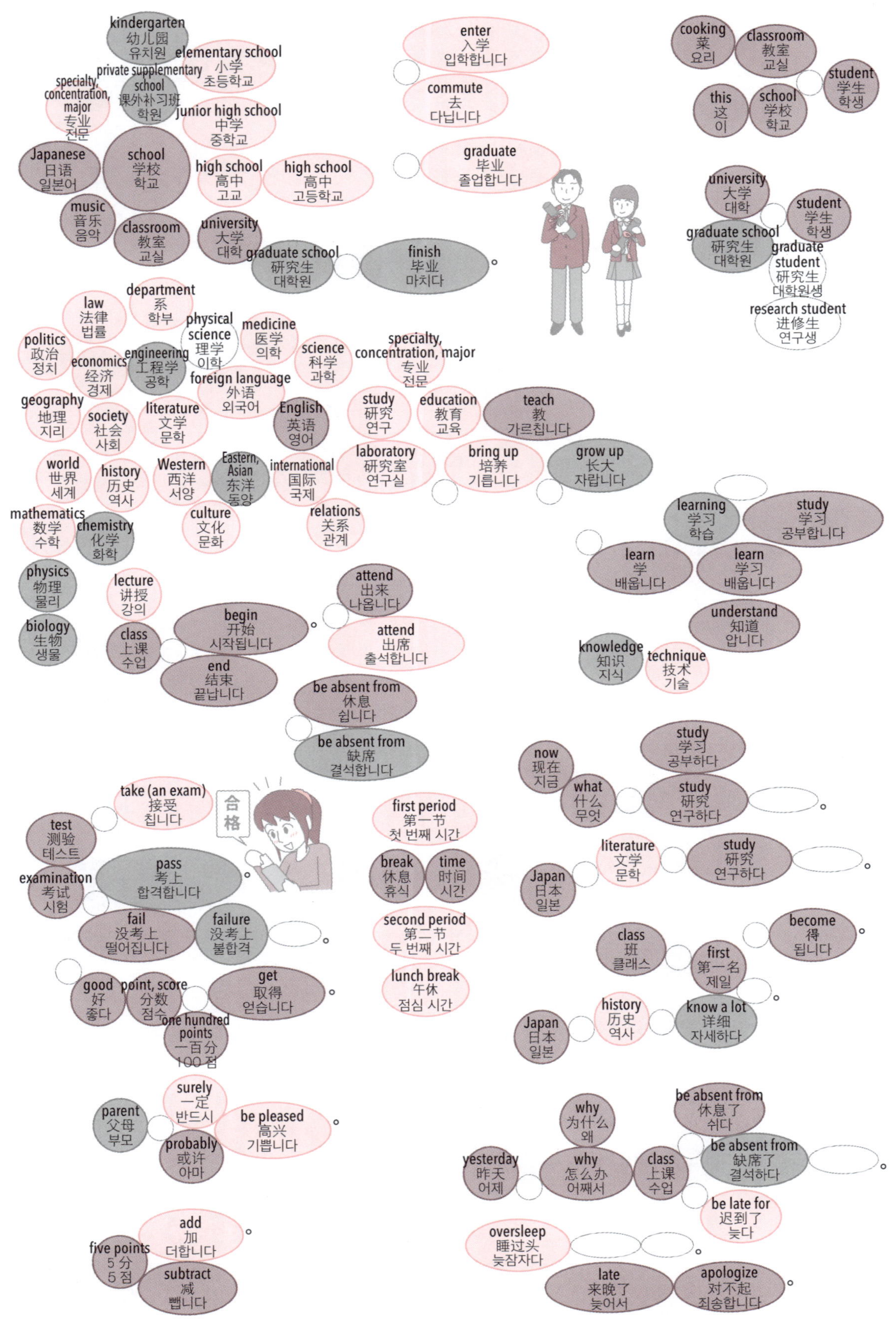

kindergarten
幼儿园
유치원
elementary school
小学
초등학교
private supplementary school
课外补习班
학원
specialty, concentration, major
专业
전문
junior high school
中学
중학교
Japanese
日语
일본어
school
学校
학교
high school
高中
고교
high school
高中
고등학교
enter
入学
입학합니다
commute
去
다닙니다
graduate
毕业
졸업합니다
cooking
菜
요리
classroom
教室
교실
student
学生
학생
this
这
이
school
学校
학교
music
音乐
음악
classroom
教室
교실
university
大学
대학
graduate school
研究生
대학원
finish
毕业
마치다
university
大学
대학
student
学生
학생
graduate school
研究生
대학원
graduate student
研究生
대학원생
research student
进修生
연구생
department
系
학부
law
法律
법률
politics
政治
정치
economics
经济
경제
engineering
工程学
공학
physical science
理学
이학
medicine
医学
의학
science
科学
과학
specialty, concentration, major
专业
전문
geography
地理
지리
society
社会
사회
literature
文学
문학
foreign language
外语
외국어
English
英语
영어
study
研究
연구
education
教育
교육
teach
教
가르칩니다
world
世界
세계
history
历史
역사
Western
西洋
서양
Eastern, Asian
东洋
동양
international
国际
국제
laboratory
研究室
연구실
bring up
培养
기릅니다
grow up
长大
자랍니다
mathematics
数学
수학
chemistry
化学
화학
culture
文化
문화
relations
关系
관계
learning
学习
학습
study
学习
공부합니다
learn
学
배웁니다
learn
学习
배웁니다
understand
知道
압니다
knowledge
知识
지식
technique
技术
기술
physics
物理
물리
lecture
讲授
강의
attend
出来
나옵니다
biology
生物
생물
class
上课
수업
begin
开始
시작됩니다
attend
出席
출석합니다
end
结束
끝납니다
be absent from
休息
쉽니다
be absent from
缺席
결석합니다
now
现在
지금
what
什么
무엇
study
学习
공부하다
study
研究
연구하다
take (an exam)
接受
칩니다
合格
test
测验
테스트
first period
第一节
첫 번째 시간
literature
文学
문학
study
研究
연구하다
examination
考试
시험
pass
考上
합격합니다
break
休息
휴식
time
时间
시간
Japan
日本
일본
fail
没考上
떨어집니다
failure
没考上
불합격
second period
第二节
두 번째 시간
class
班
클래스
first
第一名
제일
become
得
됩니다
good
好
좋다
point, score
分数
점수
get
取得
얻습니다
lunch break
午休
점심 시간
history
历史
역사
know a lot
详细
자세하다
Japan
日本
일본
one hundred points
一百分
100 점
surely
一定
반드시
be pleased
高兴
기쁩니다
why
为什么
왜
be absent from
休息了
쉬다
parent
父母
부모
probably
或许
아마
why
怎么办
어째서
class
上课
수업
be absent from
缺席了
결석하다
yesterday
昨天
어제
be late for
迟到了
늦다
add
加
더합니다
oversleep
睡过头
늦잠자다
five points
5 分
5 점
subtract
减
뺍니다
late
来晚了
늦어서
apologize
对不起
죄송합니다

oneself 自己 자신 — seat 座位 자리 — sit down 坐下 앉다 ___。

question 问题 질문 — answer 回答 대답하다 ___。
have 有 있습니다 — quiet 肃静 조용하다 ___。

right 正确 올바르다 — number 号码 번호 / answer 回答 대답 — write 写 쓰다 ___。

tomorrow 明天 내일 — report 报告 리포트 / homework 回家作业 숙제 — submit 拿出 내다 ___。
composition 作文 작문

text 教科书 텍스트 — page 25 25 页 25 페이지 / textbook 教科书 교과서 — open 打开 열다 ___。

once again 再一次 한번 더 — check 检查 체크하다 — think 想 생각하다 ___。

sentences 文章 문장 / problem 问题 문제 / sentence 句子 문장 — read 看 읽습니다

many 很多 많이 — forget 忘 잊습니다
even if I write 写 쓰다 — cannot remember 记不住 기억하지 못 합니다
kanji 汉字 한자 / hiragana character 平假名 히라가나 — write 写 쓰다 — learn 记住 기억합니다。
wrong 出错 틀립니다

CD — hear 听 듣기 — conversation 会话 회화 / pronunciation 发音 발음 — practice 练习 연습합니다 ___。

PC 电脑 PC — know a lot 详细 자세하다 ___。

tomorrow 明天 내일 / today 今天 오늘 — preparations for lessons 预习 예습 / review 复习 복습 — do 做 합니다。
class 上课 수업

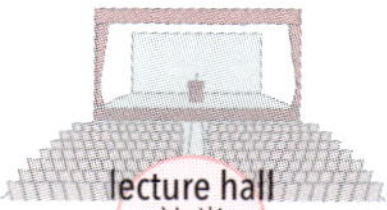

dictionary 辞典 사전 / dictionary 词典 사전
word 语言 말 / kanji 汉字 한자 — meaning 意思 의미 / read 读法 읽기 — check 查 조사합니다。

lecture hall 礼堂 강당 / class 班 클래스 / classroom 教室 교실 / library 图书 도서 / gymnasium 体育馆 체육관 / grounds 运动场 운동장 / building 馆 관 / room 室 실

notebook 笔记本 노트 / pen 笔 펜 / ball-point pen 圆珠笔 볼펜 / mechanical pencil / pen 自动铅笔 샤펜
pencil 铅笔 연필 / character 字 글자 / fountain pen 钢笔 만년필
eraser 橡皮 지우개 — erase 擦掉 지웁니다

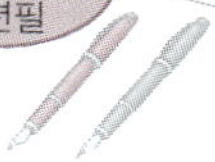

write 写 씁니다。
write 写 씁니다 ___
write 写 씁니다

dictionary 词典 사전 — use 用 사용하다 — good 好 좋다 ___。
ask 问 질문하다

explanation 说明 설명하다 ___ ___。

yes 嗯 예。 — good 好 좋다 / all right 相当 상당히 ___。

Excuse me 对不起 실례합니다。
professor Yamada 山田老师 야마다 선생님 — come 在的敬语 계 (오) 십니다 ___。
not present 不在的敬语 안 계십니다
teacher, professor 老师 선생님 — already 已经 이제 (벌써) — went home 去。
I understand 知道了 알았습니다。 Thank you 对不起 실례합니다。

this 这个 이것 — senior 前辈 선배 — teach 教，告诉 가르칩니다 ___。

I 我 나 — teach 教，告诉 가르치다 ___。↑

teach 教，告诉 가르치다 ___ ↓ — already 已经 이제 (벌써) — go 去 가다 / return 回去 돌아가다 ___ ↓。

I understand 知道 알았습니다。 then 那，那么 그러면 — again 又 또 — next 下次 이번 — Yes, please. 拜托 부탁합니다。

自己紹介① 家族
自己紹介② 国・仕事
天気・自然
予定
買い物
レストランで
食べ物
生活① 家
生活② トラブル
町・交通
旅行
趣味
学校
仕事・将来
体・病気
敬語で話そう
コミュニケーション

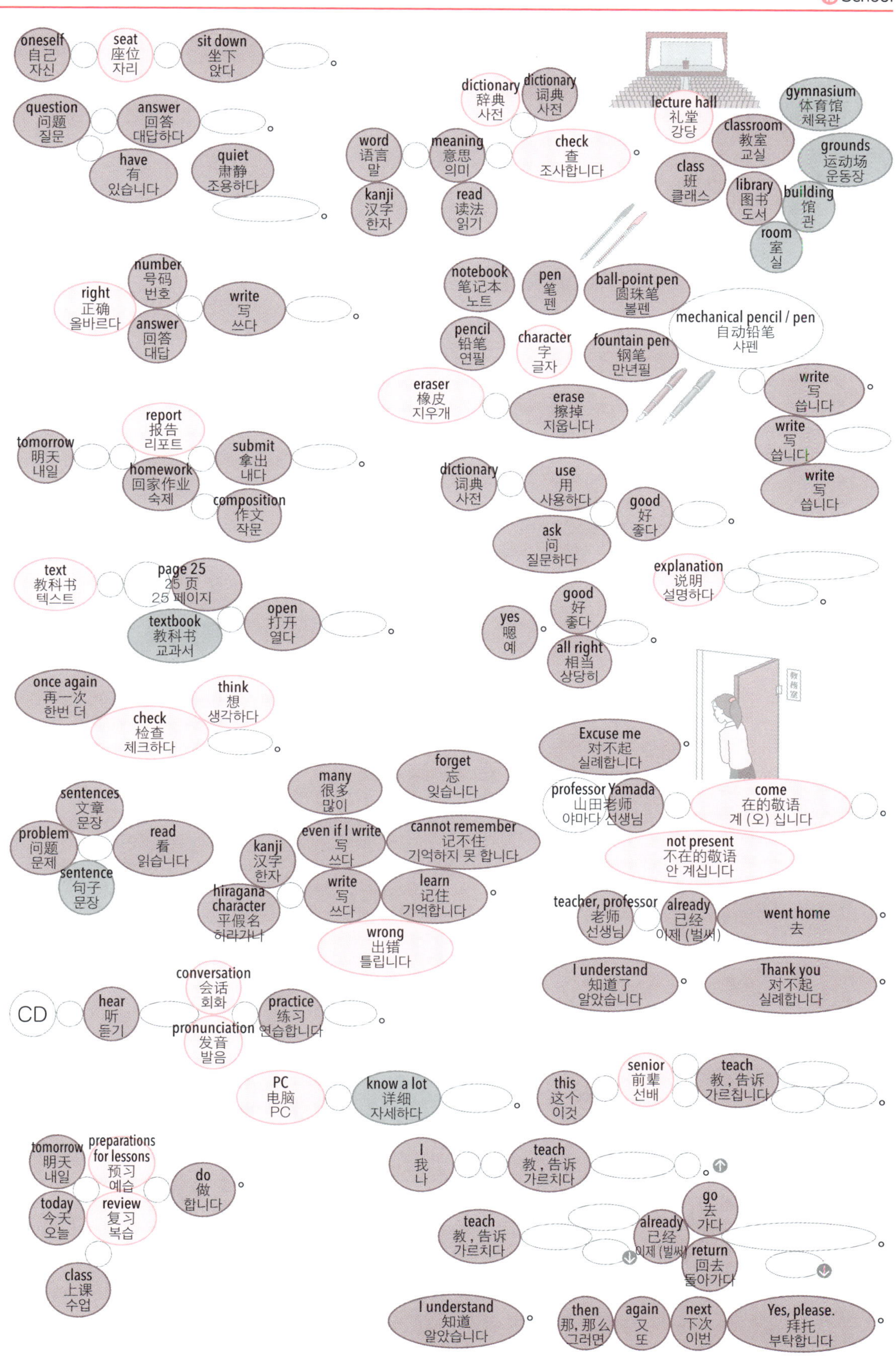

表現（ひょうげん）

1　何を研究していますか。
なに　　けんきゅう

What is your field of research?
做什么研究呢?
무엇을 연구하고 있습니까?

- ◆ Answers usually use 「〜を」 or 「〜について」.
  Ex：日本の文化を研究しています。／日本の歴史について研究しています。
- ★ 一般用 '〜を' 或 '〜について' 来回答。
  例如：日本の文化を研究しています。／日本の歴史について研究しています。
- ● 답변에는 보통 「〜を」 나 「〜について」 를 씁니다.
  예：日本の文化を研究しています。／日本の歴史について研究しています。

2　レポートを出してください。
だ

Please submit your report.
请交报告书。
레포트를 내 주세요.

- ◆ In this case, 「出す」 means "submit."
- ◆ 「出す」 can also mean "to send a postcard / package."
- ★ 这里的 '出す' 是 '提交' 的意思。
- ★ '出す' 也含有 '（寄）明信片 / 东西' 的意思。
- ● 이 「出す」 는 「제출하다」 는 의미입니다.
- ● 「出す」 에는 「엽서 / 물건을 부치다 (보내다)」 의 뜻도 있습니다.

3　説明していただけませんか。
せつめい
（〜ていただけませんか）

Could you please explain?
能不能给我解释。
설명 해 주시겠습니까?

- ◆ A polite way to make a request. Takes the form "Te-form verb + いただけませんか."
- ◆ An even more polite version of this is 「〜ていただけないでしょうか」.
- ◆ Be careful to use 「いただけ」, the potential form, and not 「いただき」.
- ★ 委托对方时的礼貌表达方式。 为 '动词的て形＋いただけませんか' 的形式。
- ★ 更礼貌的表达方式是 '〜ていただけないでしょうか'。
- ★ 要注意到不是 'いただき'，而是可能形 'いただけ'。
- ● 상대에게 정중히 의뢰하는 표현입니다 .「동사て형＋いただけませんか」 의 형태를 취합니다 .
- ● 더 정중하게 말할 때는 「〜ていただけないでしょうか」 라고 합니다 .
- ● 「いただき」 가 아니고 「いただけ」 로 가능형이 되어 있는 것에 주의 합시다 .

4　失礼します。／失礼しました。
しつれい　　　　　しつれい

Excuse me.
打扰一下。/ 打扰了。
실례합니다 ./ 실례했습니다 .

- ◆ 「失礼します」 is used to make sure someone is not surprised by your entering a room or starting to talk to them.
- ◆ 「失礼しました」 is used when exiting a room or finishing a conversation and leaving.
- ◆ 「失礼します」 also mean "to go home," so 「今日はもう失礼しました」 ＝ 「今日はもう帰った」.
- ★ '失礼します' 是进别人的房间或跟人搭话时，为了不让对方吃惊而加上的一句话。
- ★ '失礼しました' 是退出房间或结束对话离开那个地方时使用的。
- ★ '失礼します' 也含有 '回去' 的意思，因此 '今日はもう失礼しました' 就等于 '今日はもう帰った'。
- ● 「失礼します」 는 방에 들어갈 때나 말을 걸 때 등 , 상대가 놀라지 않도록 하기 위한 한마디입니다 .
- ● 「失礼しました」 는 방을 나올 때나 말을 끝내고 그 장소를 떠날 때 등에 사용합니다 .
- ● 「失礼します」 에는 「돌아가다」 는 뜻도 있으므로 「今日はもう失礼しました」 ＝ 「今日はもう帰った」 가 됩니다 .

5 山田先生はいらっしゃいますか。
やま だ せんせい
（ていねい）

Is Yamada-sensee here?
山田老师在吗？礼貌
야마다 선생님은 계십니까？

- ◆ 「〜はいますか」is *sonkeigo*, a polite way of speaking.
- ◆ 「いらっしゃいます」also means "to come / to go." Ex：山田先生もパーティーにいらっしゃいますか。
- ★ ‘〜はいますか’的礼貌表达方式。是敬语。
- ★ ‘いらっしゃいます’也用来表示‘来・去’。 例如：山田先生もパーティーにいらっしゃいますか。
- ● 「〜はいますか」의 정중한 말투입니다 . 존경어입니다 .
- ● 「いらっしゃいます」는「오다・가다」의 의미로 사용할 때도 있습니다 . 예：山田先生もパーティーにいらっしゃいますか。

6 先輩が教えてくれます。／先輩に教えてもらいます。
せんぱい　　おし　　　　　　　　せんぱい　　　おし
／友達に教えてあげます。
ともだち　　おし
（〜てくれる／〜てもらう／〜てあげる）

My senior will teach me. / I will have my senior teach me. / I will teach my friend.
师兄教给我。/ 请师兄教我。/ 我教朋友。
선배님이 가르쳐 주십니다 . / 선배에게 가르쳐 달라고 합니다 . / 친구에게 가르쳐 줍니다 .

- ◆ Used to indicate the recipient of an action.
- ★ 表示行为的授受。
- ● 행위의 수수를 나타냅니다 .

主語 = Subject
しゅご

私は　Aさんに　本を　もらいます。	私（主語）　←　本 A
私は　Aさんに　本を　あげます。	私（主語）　本　→　A
Aさんは　私に　本を　くれます。	私　←　本 A（主語）
私は　Aさんに　本を読んで　もらいます。	私（主語）　←　本を読む A
私は　Aさんに　本を読んで　あげます。	私（主語）　→　A
Aさんは　私に　本を読んで　くれます。	私　←　本を読む A（主語）

Note: The recipient of the action that「〜てくれます」is attached to can only be yourself or someone in your group.
注意：‘〜てくれます’的动作的接受方只能是‘我’或者我所属的集团成员。
주의 :「〜てくれます」의 동작을 받는 이는「나」혹은 내가 소속하는 그룹의 사람뿐입니다 .

7 もう帰らなければなりません。
かえ
（〜なければならない）

I have to leave.
该回去了。
이젠 돌아가지 않으면 안돼요 .

- ◆ Used to indicate something mandatory or required. Attached to nai-form verbs.
- ◆ 「〜なくてはいけない」can also be used instead.
- ◆ In speech, this can also be said「〜なきゃ」,「〜なくちゃ」.
- ★ 表示义务或必需。接在ナイ形后面。
- ★ 也可以说‘〜なくてはいけない’。
- ★ 口头用语还有‘〜なきゃ’‘〜なくちゃ’。
- ● 의무나 반드시 필요한 것을 나타냅니다 . ナイ형에 연결합니다 .
- ● 「〜なくてはいけない」로 바꾸어 말할 수 있습니다 .
- ● 구어에서는 「〜なきゃ」、「〜なくちゃ」로 쓰기도 합니다 .

① 先生の部屋で

A：失礼します。
B：はい。何ですか。
A：はい、そうです。よくわかりましたね。
B：ちょっと質問したいことがあるんですが、いま、よろしいですか。

A：今はちょっと忙しいので、30分後にもう一度来てください。
B：わかりました。では、また後で来ます。失礼しました。

In the teacher's room	A: Excuse me. B: Yes, what is it? A: Yes, that is correct. I'm impressed you knew. B: I had a question I wanted to ask you. Is now a good time?	A: I'm a little busy right now. Please come back again in half an hour. B: All right. I'll come back later. Excuse me.
在老师的房间里	A：打扰一下。 B：好的，什么事? A：是，是的。明白了。 B：有个问题想要问您，现在方便吗?	A：现在有点儿忙，30分钟后再来一次吧。 B：好的。那，过一会儿再来。打扰了。
선생님 방에서	A：실례합니다. B：네. 무슨 일이에요? A：네, 그렇습니다. 잘 아셨네요. B：좀 여쭤보고 싶은 게 있는데요. 지금 괜찮으세요?	A：지금은 좀 바쁘니까 30분 후에 다시 와 주세요. B：알겠습니다. 그럼, 있다가 다시 오겠습니다. 실례했습니다.

② 今日はＡ市の産業について、調査したことを発表します。まず、調査の目的をお話しします。次に、Ａ市の歴史について簡単にお話ししてから、Ａ市の産業についての調査結果を発表します。そして、結果の内容を分析・考察し、最後に今後の課題についてお話しします。

A：発表は以上です。何か質問はありますか。
B：はい。
A：どうぞ。
B：資料はどうやって集めましたか。

A：大学の図書館や市の資料館で調べて集めました。あと、日本人にもインタビューをしました。
B：それはどんな人ですか。
A：市役所の人や学生などです。研究室の人やホストファミリーも協力してくれました。
B：次は何を研究してみたいですか。
A：今回の調査をいかしながら、Ａ市の経済について調査したいと思っています。
B：わかりました。ありがとうございました。

Today, I would like to present my survey on industry in the city of A. First, I will talk about the goals of my survey. Next, I will give a simple overview of A's history, then I will present my survey results on its industry. After that, I will analyze and consider these results. Finally, I will talk about future challenges.	A: I gathered my data by looking it up in the university library and the city archives. I also interviewed Japanese people. B: What kind of people? A: City hall employees, students, and others. People from my research department and host family also helped me. B: What would you like to study next? A: I would like to build on this survey and conduct a survey on A's economy. B: All right. Thank you very much.
A: That completes my presentation. Does anyone have any questions? B: Yes. A: Go ahead. B: How did you collect your data?	
今天发表一下关于Ａ市产业的调查报告。首先，说明一下调查的目的。接着，对Ａ市的历史简单地说说，然后发表关于Ａ市产业的调查结果。然后，分析并考察其结果，最后，说一说今后的课题。	A：在大学图书馆和市资料馆查到的。另外，还采访了日本人。 B：那是什么样的人? A：市政府的人，还有学生等等。研究室的人，还有房东也给予了帮助。 B：下次还想研究什么呢? A：通过这次的调查，我想调查Ａ市的经济。 B：知道了。谢谢。
A：发表到此结束。有什么问题吗? B：有。 A：请。 B：资料是怎么收集的?	
오늘은 Ａ시의 산업에 대해서 조사한 것을 발표하겠습니다. 먼저, 조사 목적을 말씀드리겠습니다. 그 다음에 Ａ시의 역사에 대해서 간단히 말씀드리고 나서, Ａ시의 산업에 대한 조사결과를 발표하겠습니다. 그리고 결과 내용을 분석·고찰하고 마지막에는 앞으로의 과제에 대해서 말씀드리겠습니다.	A：대학 도서관과 시의 자료관에서 조사해서 모았습니다. 그리고 일본인에게도 인터뷰를 했습니다. B：그것은 어떤 사람입니까? A：시청 사람과 학생 등입니다. 연구실 사람과 호스트 패밀리도 협력해 주셨습니다. B：다음에는 무엇을 연구해 보시고 싶습니까? A：이번 조사를 활용하면서 Ａ시의 경제에 대해서 조사해 보려고 합니다. B：알겠습니다. 감사합니다.
A：이상으로 발표를 마치겠습니다. 뭔가 질문이 있으십니까? B：네. A：말씀해 보십시오. B：자료는 어떻게 수집 하셨습니까?	

14 仕事・将来 Job, Future
しごと　しょうらい

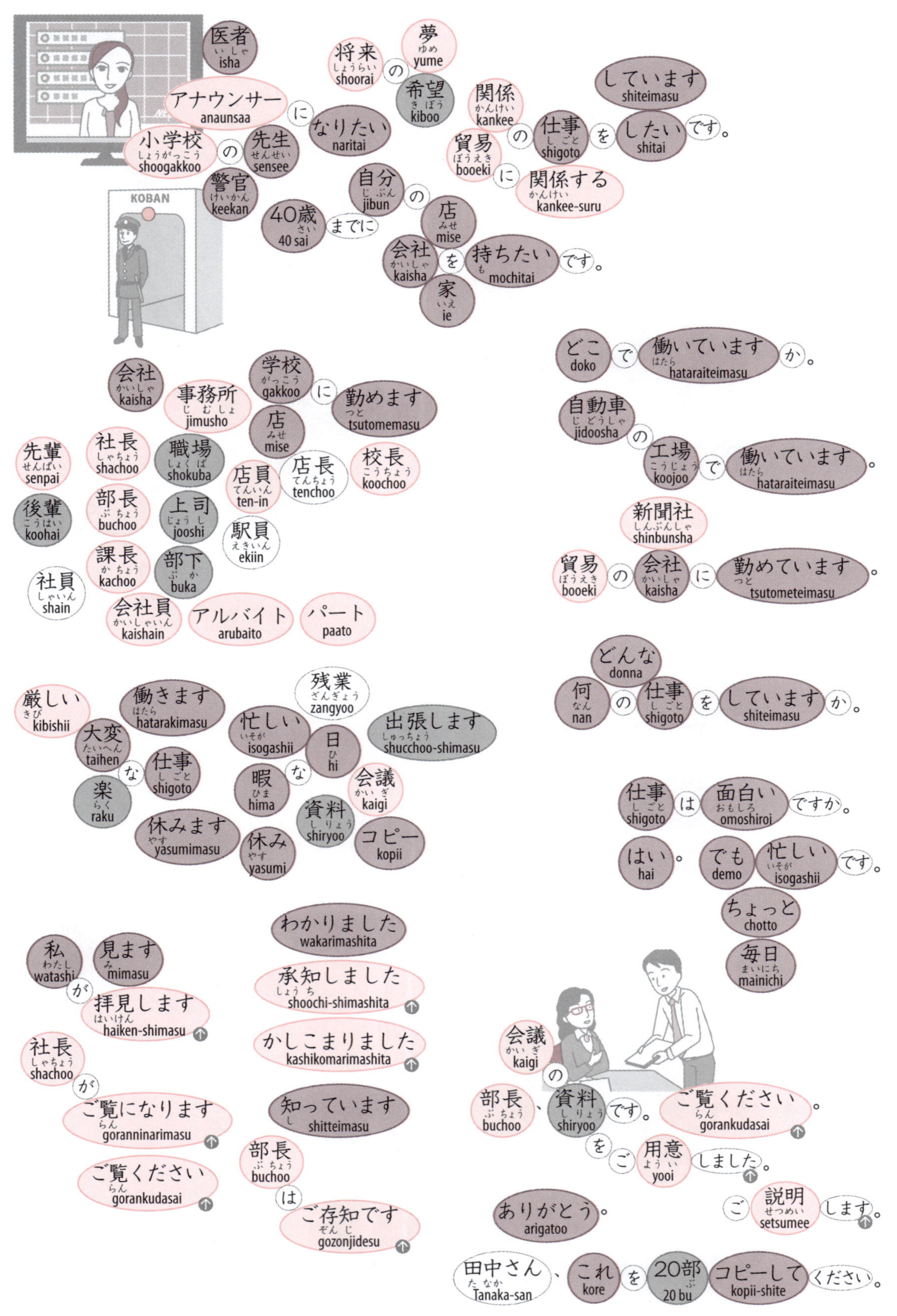

医者 いしゃ isha
アナウンサー anaunsaa
小学校 しょうがっこう shoogakkoo の
先生 せんせい sensee
警官 けいかん keekan
KOBAN
に なりたい naritai
40歳 さい 40 sai までに
自分 じぶん jibun の
将来 しょうらい shoorai の
夢 ゆめ yume
希望 きぼう kiboo
関係 かんけい kankee
貿易 ぼうえき booeki
仕事 しごと shigoto を
関係する かんけい kankee-suru
しています shiteimasu
したい shitai です。
店 みせ mise
会社 かいしゃ kaisha を
家 いえ ie
持ちたい もちたい mochitai です。
会社 かいしゃ kaisha
事務所 じむしょ jimusho
学校 がっこう gakkoo に
店 みせ mise
勤めます つとめ tsutomemasu
先輩 せんぱい senpai
社長 しゃちょう shachoo
職場 しょくば shokuba
店員 てんいん ten-in
店長 てんちょう tenchoo
校長 こうちょう koochoo
後輩 こうはい koohai
部長 ぶちょう buchoo
上司 じょうし jooshi
駅員 えきいん ekiin
社員 しゃいん shain
課長 かちょう kachoo
部下 ぶか buka
会社員 かいしゃいん kaishain
アルバイト arubaito
パート paato
どこ doko で 働いています はたら hataraiteimasu か。
自動車 じどうしゃ jidoosha の 工場 こうじょう koojoo で 働いています はたら hataraiteimasu。
新聞社 しんぶんしゃ shinbunsha
貿易 ぼうえき booeki の 会社 かいしゃ kaisha に 勤めています つと tsutometeimasu。
厳しい きび kibishii
働きます はたら hatarakimasu
残業 ざんぎょう zangyoo
大変 たいへん taihen な
忙しい いそが isogashii
日 ひ hi
出張します しゅっちょう shucchoo-shimasu
仕事 しごと shigoto
楽 らく raku
暇 ひま hima な
会議 かいぎ kaigi
資料 しりょう shiryoo
休みます やす yasumimasu
休み やす yasumi
コピー kopii
どんな donna
何 なん nan の 仕事 しごと shigoto を しています shiteimasu か。
仕事 しごと shigoto は 面白い おもしろ omoshiroi ですか。
はい。 hai
でも demo 忙しい いそが isogashii です。
ちょっと chotto
毎日 まいにち mainichi
私 わたし watashi が
見ます み mimasu
わかりました wakarimashita
承知しました しょうち shoochi-shimashita
拝見します はいけん haiken-shimasu
かしこまりました kashikomarimashita
社長 しゃちょう shachoo が
ご覧になります らん goranninarimasu
知っています し shitteimasu
ご覧ください らん gorankudasai
部長 ぶちょう buchoo は
ご存知です ぞんじ gozonjidesu
会議 かいぎ kaigi の
部長 ぶちょう buchoo 、 資料 しりょう shiryoo です。
ご覧ください らん gorankudasai
を ご 用意 ようい yooi しました。
ありがとう。 arigatoo
ご 説明 せつめい setsumee します。
田中さん、 たなか Tanaka-san これ kore を 20部 ぶ 20 bu コピーして kopii-shite ください。

工業（こうぎょう）koogyoo
輸出します（ゆしゅつ）yushutsu-shimasu
工場（こうじょう）koojoo　で
製品（せいひん）seehin　を
作ります（つくり）tsukurimasu
生産します（せいさん）seesan-shimasu　。
材料（ざいりょう）zairyoo
部品（ぶひん）buhin　を
商品（しょうひん）shoohin
消費します（しょうひ）shoohi-shimasu
輸入します（ゆにゅう）yunyuu-shimasu　。
消費税（しょうひぜい）shoohizee

田中さん（たなか）Tanaka-san　の
会社（かいしゃ）kaisha　では　何（なに）nani　を　作っている（つく）tsukutteiru　んですか。
パソコン pasokon　の　部品（ぶひん）buhin　です。
カメラ kamera　や　スマホ sumaho　の　部品（ぶひん）buhin　も　作っています（つく）tsukutteimasu
ほかに hokani　　など nado

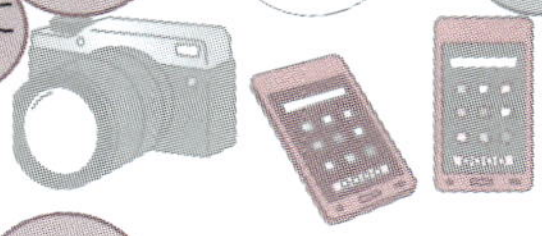

パート（タイム）paato(taimu)
アルバイト arubaito　を　紹介します（しょうかい）shookai-shimasu　。
そちら sochira　の
時給（じきゅう）jikyuu
給料（きゅうりょう）kyuuryoo
経験（けいけん）keeken　が　あります。arimasu
やった yatta　こと
仕事（しごと）shigoto　を　覚えます（おぼ）oboemasu
アルバイト arubaito　は　まだ mada　受け付けて（う）uketsukete　いますか。
初めて（はじ）hajimete　です。
慣れます（な）naremasu　。
はい hai　受け付けて（う）uketsukete　いますよ。
まじめ majime　な
パソコン pasokon　が　できる dekiru　方（かた）kata　誰（だれ）dare　でも　できます dekimasu
週３日（しゅうみっか）shuu mikka　働ける（はたら）hatarakeru
以上（いじょう）ijoo
面接（めんせつ）mensetsu　が　あります。arimasu
を　受けます（う）ukemasu　。

経験（けいけん）keeken　が　ない nai　んですが　大丈夫（だいじょうぶ）daijoobu　ですか。
レストラン resutoran　で　働いた（はたら）hataraita　こと
大丈夫（だいじょうぶ）daijoobu　ですよ。　簡単（かんたん）kantan　な　仕事（しごと）shigoto　ですから。
心配（しんぱい）shinpai　いりません irimasen

将来（しょうらい）shoorai
何（なに）nani　に　なりたい naritai　ですか。
どんな donna　仕事（しごと）shigoto　を　したい shitai
医者（いしゃ）isha　に　なりたい naritai　です。
と　思っています（おも）omotteimasu

いつ itsu　面接（めんせつ）mensetsu　に　行け（い）ike　ば　いい ii　ですか。
明日（あした）ashita　は　どう doo　ですか。
の　３時（じ）san ji
わかりました wakarimashita　では dewa　明日（あした）ashita　伺います（うかが）ukagaimasu　。

アニメ anime　に　関係する（かんけい）kankee-suru　仕事（しごと）shigoto　が　したい shitai　です。
日本語（にほんご）nihongo　を　使う（つか）tsukau
どうして dooshite　ですか。
病気（びょうき）byooki　の　人（ひと）hito　を　助け（たす）tasuke　たいからです。だ
アニメ anime　が　好き（す）suki

時給（じきゅう）jikyuu　は　いくら ikura　でしょうか　お　ですか。
900円（えん）900 en　です。　少しずつ（すこ）sukoshizutsu　上がります（あ）agarimasu　。
最初は（さいしょ）saishowa　それから sorekara

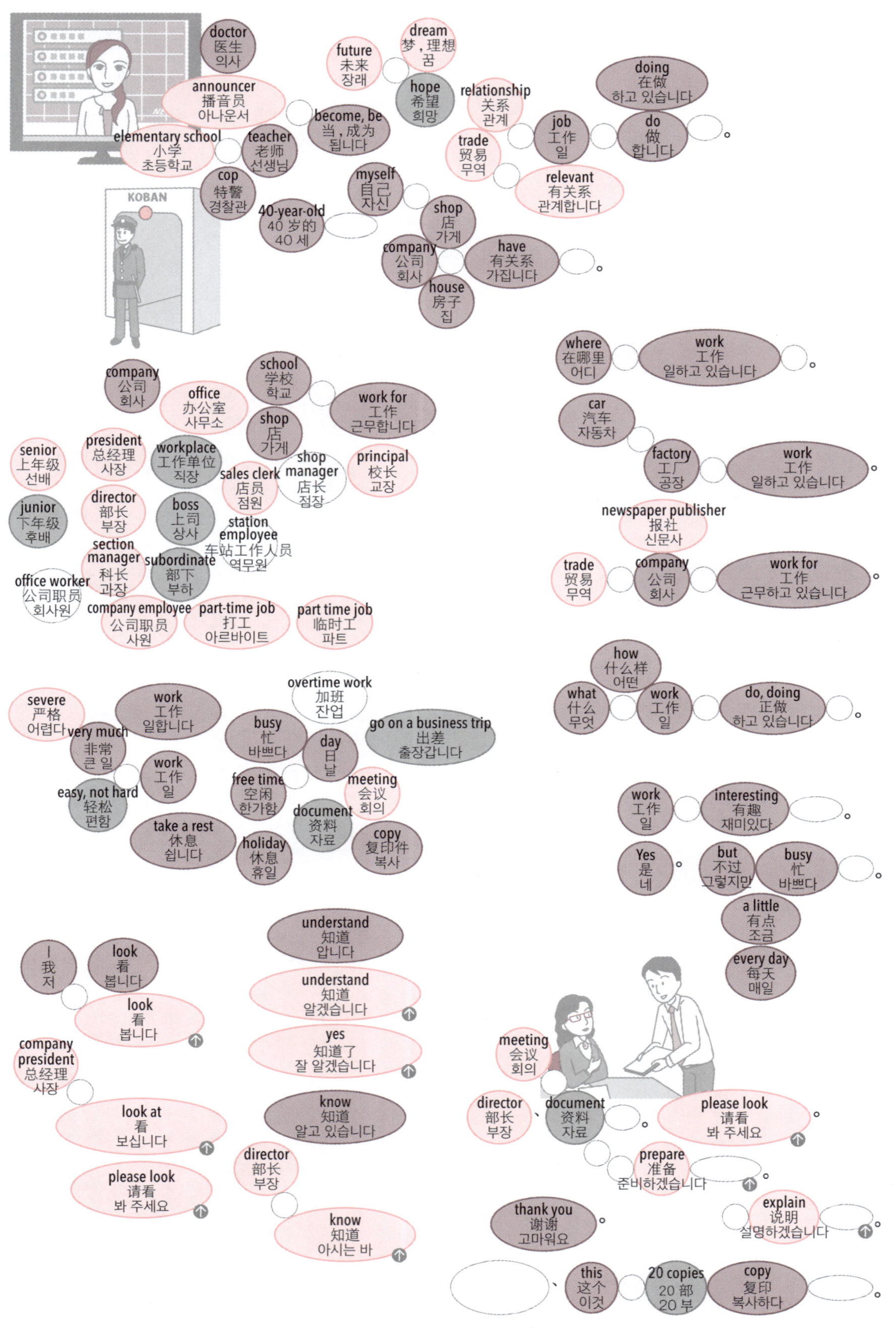
doctor
医生
의사
announcer
播音员
아나운서
elementary school
小学
초등학교
teacher
老师
선생님
cop
特警
경찰관
KOBAN
40-year-old
40 岁的
40 세
future
未来
장래
dream
梦，理想
꿈
hope
希望
희망
become, be
当，成为
됩니다
myself
自己
자신
relationship
关系
관계
trade
贸易
무역
relevant
有关系
관계합니다
job
工作
일
doing
在做
하고 있습니다
do
做
합니다
shop
店
가게
company
公司
会社
house
房子
집
have
有关系
가집니다
company
公司
회사
office
办公室
사무소
school
学校
학교
shop
店
가게
work for
工作
근무합니다
senior
上年级
선배
president
总经理
사장
workplace
工作单位
직장
sales clerk
店员
점원
shop manager
店长
점장
principal
校长
교장
junior
下年级
후배
director
部长
부장
boss
上司
상사
station employee
车站工作人员
역무원
section manager
科长
과장
subordinate
部下
부하
office worker
公司职员
회사원
company employee
公司职员
사원
part-time job
打工
아르바이트
part time job
临时工
파트
where
在哪里
어디
work
工作
일하고 있습니다
car
汽车
자동차
factory
工厂
공장
work
工作
일하고 있습니다
newspaper publisher
报社
신문사
trade
贸易
무역
company
公司
회사
work for
工作
근무하고 있습니다
severe
严格
어렵다
work
工作
일합니다
very much
非常
큰 일
work
工作
일
easy, not hard
轻松
편함
take a rest
休息
쉽니다
busy
忙
바쁘다
free time
空闲
한가함
holiday
休息
휴일
day
日
날
document
资料
자료
overtime work
加班
잔업
go on a business trip
出差
출장갑니다
meeting
会议
회의
copy
复印件
복사
how
什么样
어떤
what
什么
무엇
work
工作
일
do, doing
正做
하고 있습니다
work
工作
일
interesting
有趣
재미있다
Yes
是
네
but
不过
그렇지만
busy
忙
바쁘다
a little
有点
조금
every day
每天
매일
I
我
저
look
看
봅니다
understand
知道
압니다
understand
知道
알겠습니다
look
看
봅니다
yes
知道了
잘 알겠습니다
company president
总经理
사장
look at
看
보십니다
know
知道
알고 있습니다
meeting
会议
회의
director
部长
부장
document
资料
자료
please look
请看
봐 주세요
please look
请看
봐 주세요
director
部长
부장
know
知道
아시는 바
prepare
准备
준비하겠습니다
thank you
谢谢
고마워요
explain
说明
설명하겠습니다
this
这个
이것
20 copies
20 部
20 부
copy
复印
복사하다

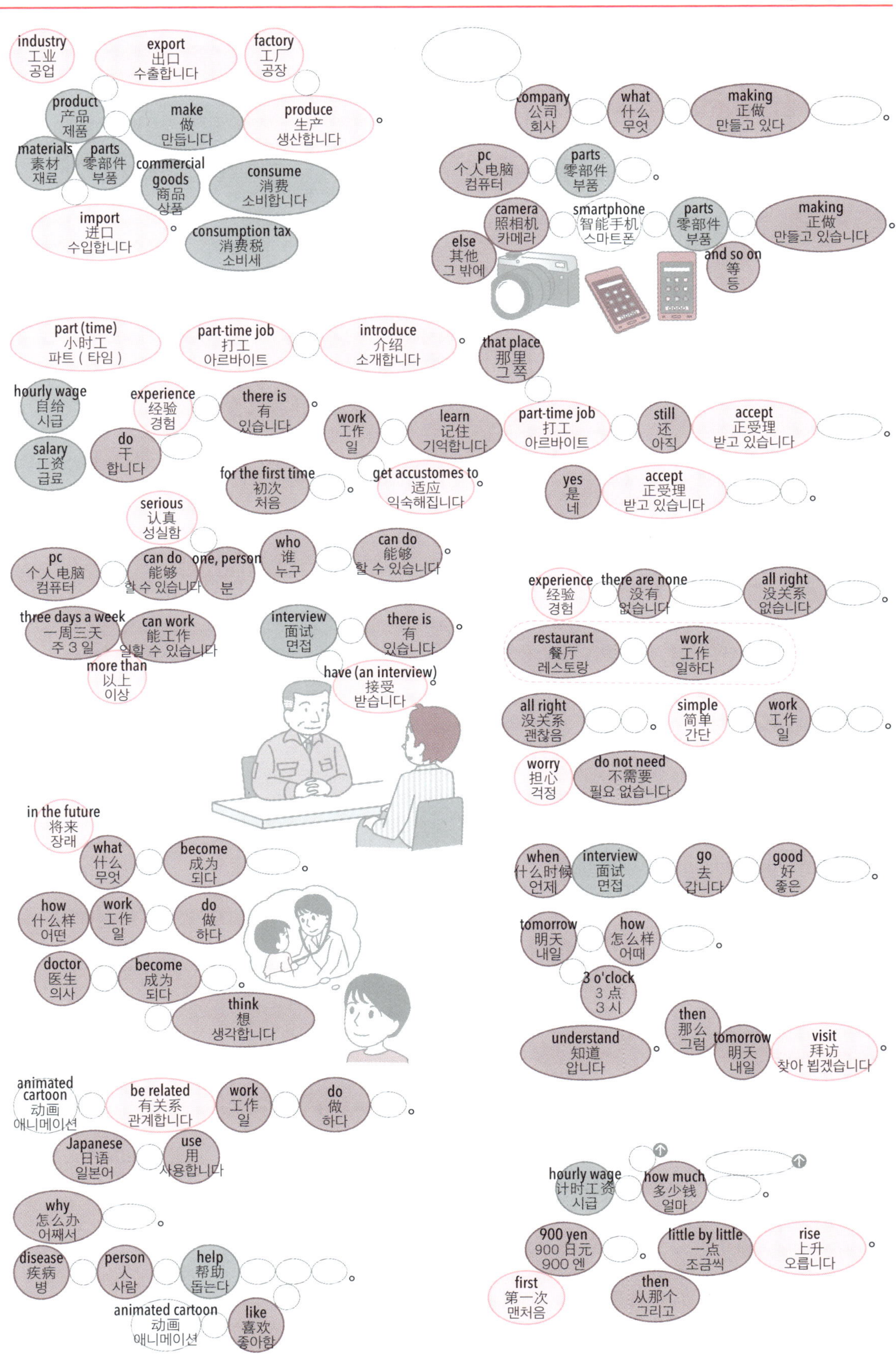

自己紹介① 家族
自己紹介② 国・仕事
天気・自然
予定
買い物
レストランで
食べ物
生活①
家
生活② トラブル
町・交通
旅行
趣味
学校
仕事・将来
体・病気
話そう 敬語で
コミュニケーション

表現
（ひょう げん）

1　医者になりたいです。
（い しゃ）
（〜になりたい）

I want to become a doctor.
我想当医生。
의사가 되고 싶습니다 .

- An expression combining 「なる」+「たい」that describes a profession one would like to some day have. EX: 学校の先生になりたいです。
（がっこう）（せんせい）
- Adding this to an adjective indicates what kind of person one would like to become. Na-adjectives use 「〜になりたい」while i-adjectives use 「〜くなりたい」.
  EX: きれいになりたいです。（I want to become pretty.）／強くなりたいです。（I want to become strong.）

- ★ 以 '成为' + '想' 的形式，表示将来想做的职业等。例如：学校の先生になりたいです。
- ★ 接在形容词后面，表示想成为什么样的人。な形容词变成 '〜になりたい'，い形容词变成 '〜くなりたい'。
  例如：きれいになりたいです。（想变得漂亮。）／強くなりたいです。（想变得坚强。）

- 「되다」+「싶다」의 표현으로 장래에 되고 싶은 직업 등을 나타냅니다 . 예 : 学校の先生になりたいです。
- 형용사에 연결하면 어떤 사람이 되고 싶은지를 나타냅니다 . な형용사는 「〜になりたい」い형용사도 「〜くなりたい」입니다 .
  예 : きれいになりたいです。／強くなりたいです。

2　どうしてですか。／病気の人を助けたいからです。
（びょうき）（ひと）（たす）
（どうしてですか／〜からです）

Why? / Because I want to help people who are sick.
为什么呢？／因为我想救有病的人。
이유가 무엇입니까 ?/ 아픈 사람을 돕고 싶기 때문입니다 .

- 「（それは）どうしてですか」is the most simple way of asking for a reason. When stating a reason in reply,「〜からです」is used.（→例 1）
- When concretely stating a question, the form「どうして + sentence」is used.（→例 2）
- A sentence comes before「からです」(ending in direct style).

例 1：A：医者になりたいです。
　　　　B：どうしてですか。
　　　　A：病気の人を助けたいからです。
例 2：A：どうして授業を休みましたか。
　　　　B：かぜを引いたからです。

- ★（それは）どうしてですか' 是问其理由的最简单的表达方式。相对应的，说明理由时用 '〜からです'。（→例 1）
- ★ 具体地提出疑问点的时候用 'どうして＋句子' 的形式。（→例 2）
- ★ 'からです' 的前面是句子（最后部分为普通形）。

- 「（それは）どうしてですか」는 이유를 묻는 가장 간단한 표현입니다 . 이에 대해 , 이유를 말 할 때 는 「〜からです」를 씁니다 . （→例 1）
- 의문을 구체적으로 말할 때는 「どうして＋文」의 형태를 씁니다 . （→例 2）
- 「からです」앞에는 문장 (마지막 부분은 보통체) 가 옵니다 .

3　ご覧ください。（Special honorific form）
（らん）

Please take a look.
请看。
보십시오 .

- The honorific form of「見てください」. Used when speaking to someone of higher rank.
  Ex：ご覧になります（←見る）、ご存じです（←知っている）、お待ちください（←待ってください），etc.

- ★ '見てください' 的敬语。对长辈使用。
  例如：ご覧になります（←見る）、ご存じです（←知っている）、お待ちください（←待ってください）等。

- 「見てください」의 존댓말 . 윗사람에게 씁니다 .
  예 : ご覧になります（←見る）、ご存じです（←知っている）、お待ちください（←待ってください）等 .

4　ご説明します
（せつめい）
（お / ご〜します：Humble language）

Explain
我来说明。
설명을 드리겠습니다 .

- This form is used when stating something you will be doing for someone when speaking to someone of higher rank.
- 《Godan verb / Ichidan verb (Group 1 / 2)》お＋話し~~ます~~＋します→お話しします、お＋知らせ~~ます~~＋します→お知らせします
  《○○します》ご用意します、ご説明します、お電話します
- Not used for 3-character words such as「見ます」「寝ます」and katakana words such as「コピーします」.

- ★ 跟长辈说话时，为了表示尊敬对方而所做的自己的动作的表达方式。
- ★《5 段动词・1 段动词（Ⅰ・Ⅱ类）》お＋話し~~ます~~＋します→お話しします、お＋知らせ~~ます~~＋します→お知らせします
  《○○します》ご用意します、ご説明します、お電話します
- ★ 不能用在 '見ます' '寝ます' 等 3 字母的词，还有 'コピーします' 等含有片假名的词也不能用。

- 윗사람과 이야기를 하고 있을 때, 상대에 대해 자신이 하는 동작을 말할 때에 쓰는 형태입니다.
- 《5 단동사・1 단동사 (Ⅰ・Ⅱ그룹)》お＋話します＋します→お話しします、お＋知らせます＋します→お知らせします
  《○○します》ご用意します、ご説明します、お電話します
- 「見ます」「寝ます」등 3 글자의 단어, 「コピーします」등의 카타카나어에는 안 씁니다.

5 では明日伺います。
(Special humble language verb)

I will visit tomorrow, then.
那么，明天拜访您。
그럼 내일 뵙겠습니다.

- Special humble language verbs also exist for frequently used verbs.
  Ex：訪ねます・尋ねます・聞きます→伺います、見ます→拝見します、します→いたします
- 经常用的动词中也有谦让语的特殊动词。
  例如：訪ねます・尋ねます・聞きます→伺います、見ます→拝見します、します→いたします
- 잘 쓰이는 동사에는 겸양어의 특별한 동사도 있습니다.
  예：訪ねます・尋ねます・聞きます→伺います、見ます→拝見します、します→いたします

6 わかりました・承知しました・かしこまりました

Understood.
知道了。明白了。明白了
알겠습니다.

- All of these have the same meaning, but「かしこまりました」and「承知しました」are used when speaking to someone of higher rank.
- 每个都是同样意思。但‘かしこまりました’和‘承知しました’是对长辈说的。
- 모두 같은 의미이지만, 「かしこまりました」 と 「承知しました」 는 윗사람에게 씁니다.

7 田中さんの会社では何を作っているんですか。
(〜んですか)

What does your company make, Tanaka-san?
田中先生的公司做什么呢？
나카씨는 회사에서 무엇을 만들고 있는 겁니까？

- 「〜んですか」is frequently used in questions when asking for information or an answer relating to an unknown matter or reason.
- Direct style is used before「〜んですか」Ex：昨日どうして会社を休んだんですか。
- 「〜んですか」becomes「〜のですか」in written language.
- 对未知的事情或理由等征求回答的疑问句经常使用‘〜んですか’。
- ‘〜んですか’前面用普通形。　例如：昨日どうして会社を休んだんですか。
- ‘〜んですか’的书写体为‘〜のですか’。
- 미지의 일이나 이유에 대해 정보나 답을 묻는 질문에 「〜んですか」 가 잘 쓰입니다.
- 「〜んですか」 앞에는 보통체가 옵니다. 예：昨日どうして会社を休んだんですか。
- 「〜んですか」 는 쓰는 말에서는 「〜のですか」 가 됩니다

8 いつ面接に行けばいいですか。
(〜ばいいですか)

When should I go to the interview?
什么时候去面试好呢
언제 면접에 가는 것이 좋겠습니까？

- An expression used to ask for advice. Used together with an interrogative.
  Ex：どこに行けばいいですか。／誰に聞けばいいですか。
- 征求意见的表达方式。与疑问词一起使用。　例如：どこに行けばいいですか。／誰に聞けばいいですか。
- 조언을 구하는 표현입니다. 의문사와 함께 사용합니다. 예：どこに行けばいいですか。／誰に聞けばいいですか。

9 明日はどうですか。
(〜はどうですか)

How would tomorrow be?
明天怎么样？
내일은 어떻습니까？

- 「〜はどうですか」is used to make a proposal. 「〜」indicates a concrete plan or choice.
  Ex：明日はどうですか。／あの店はどうですか。
- ‘〜はどうですか’表示建议。‘〜’里提出具体的方案或选择。　例如：明日はどうですか。／あの店はどうですか。
- 「〜はどうですか」 는 제안을 하는 표현입니다. 「〜」 에 구체적인 안이나 선택지를 표시합니다.
  예：明日はどうですか。／あの店はどうですか。

会 話
Conversation
会话 회화

（4人で会話）
ハリス：ワンさんは将来どんな仕事をしたいですか。
ワン：私は何か国際関係の仕事がしたいです。旅行が好きなので、旅行関係もいいです。ハリスさんは？
ハリス：私は日本語を使った仕事をしたいので、日本の会社で働いてみたいと思います。
ワン：ガルシアさん、将来どんな仕事をしたいですか。
ガルシア：私は新聞記者かアナウンサーになりたいと思っています。
ワン：へえ、かっこいいですね。キムさんは？
キム：私は、いつか自分の会社を持って、社長になりたいです。
ハリス：すごいですね。

キム：貿易関係の仕事をしたいです。まず貿易の会社に勤めて、部長になるまで頑張りたいです。
ガルシア：すぐに会社を作らないんですね。
キム：ええ。やっぱり経験がないと、だめだと思いますから。
ハリス：なるほど。ガルシアさんは、日本で働く予定ですか。
ガルシア：いいえ。まだ決めていません。でも、日本語を使えたらうれしいです。
ワン：そうですね。記者なら、日本人にインタビューしたり、日本のニュースを翻訳したりできますね。
ガルシア：ええ。ですから、もっと日本語を頑張らないといけません。
全員：日本語、がんばりましょう。

（Speaking in a group of four）
Harris : What kind of job do you want in the future, Wang-san?
Wang : I would like a job in international relations. I also enjoy traveling, so something travel related would also be nice. What about you, Harris-san?
Harris : I want a job where I can use Japanese, so I would like to work at a Japanese company.
Wang : What kind of job do you want in the future, Garcia-san?
Garcia : I want to become a newspaper journalist or an announcer.
Wang : Wow, that is very cool. What about you, Kim-san?
Kim : I want to be the president of my own company some day.
Harris : That's amazing.

Kim : I want a job that has to do with commerce. I want to start by working in a trading company until I become a division chief.
Garcia : So you won't be creating a company immediately?
Kim : That's correct. I think that I need experience first.
Harris : I see. Do you plan to work in Japan, Garcia-san?
Garcia : No. I haven't decided yet. But it would be nice to be able to use Japanese.
Wang : I agree. If you were a journalist, you could interview Japanese people or translate Japanese news.
Garcia : That's correct. That is why I need to study more Japanese.
All : Let's all keep working on our Japanese.

（4 个人在说话）
ハリス：小王将来想做什么样的工作呢？
ワン：我想做国际事业。因为我喜欢旅游，旅游方面的也不错。哈里斯，你呢？
ハリス：我想做用日语的工作，所以想在日资企业工作。
ワン：Karushia，你将来想做什么工作？
ガルシア：我想当新闻记者或播音员。
ワン：嘿，好酷阿。小金呢？
キム：我呢，想拥有一个自己的公司，相当老板。
ハリス：了不起啊。

キム：我想做贸易关系的工作。先在贸易公司工作，拼命升到部长。
ガルシア：不马上开公司吗？
キム：嗯。我觉得没有经验，还是不行的。
ハリス：那倒是。Karushia 打算在日本工作吗？
ガルシア：不，还没想好呢。不过，能用上日语就好了。
ワン：是啊。当记者的话，可以采访日本人啦，翻译日本的新闻啦等等。
ガルシア：是啊。所以，得更加努力学习日语了。
全員：日语，加油吧。

（ 4명의 회화 ）
하리스： 왕씨는 나중에 어떤 일을 하고 싶어요 ?
왕： 저는 뭔가 국제적인 일을 하고 싶어요 . 여행을 좋아하니까 , 여행 업계도 좋고요 . 하리스씨는요 ?
하리스： 저는 일본어를 쓸 수 있는 일을 하고 싶으니까 , 일본 회사에서 일을 하고 싶어요 .
왕： 가르시아씨 , 나중에 어떤 일을 하고 싶어요 ?
가르시아： 저는 신문기자 아니면 아나운서가 되고 싶다고 생각하고 있어요 .
황： 그래요 ? 멋있네요 . 김씨는요 ?
김： 저는 언젠가 자기 회사를 만들고 , 사장이 되고 싶어요 .
하리스： 대단하네요 .

김： 무역업계에서 일을 하고 싶어요 . 우선 무역 회사에서 근무하고 , 부장이 될 때까지 열심히 일하고 싶어요 .
가르시아： 바로 회사를 만드는 것이 아니네요 .
김： 네 . 역시 경험이 없으면 안 된다고 생각하니까요 .
하리스： 그렇군요 . 가르시아씨는 일본에서 일을 할 예정이에요 ?
가르시아： 아니에요 . 아직 정하지 않았어요 . 그래도 , 일본어를 쓸 수 있으면 좋겠어요 .
왕： 그러네요 . 기자라면 , 일본 사람에게 인터뷰를 하고나 , 일본 뉴스 번역도 할 수 있네요 .
가르시아： 네 . 그러니까 , 일본어를 더 열심히 해야 되겠어요 .
모두： 일본어 , 열심히 합시다 .

15 体・病気

からだ　びょうき

Body , Illness

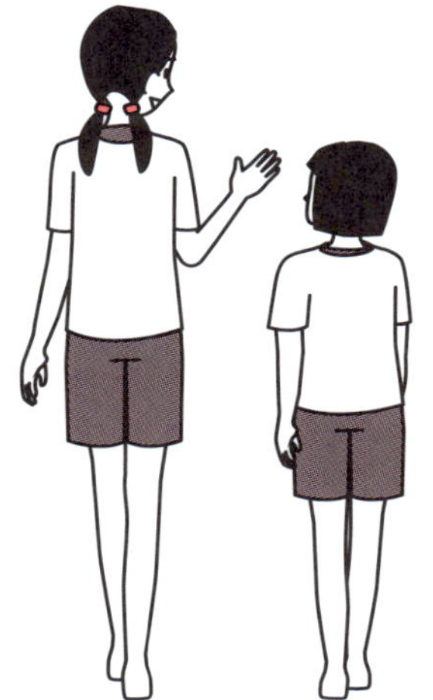

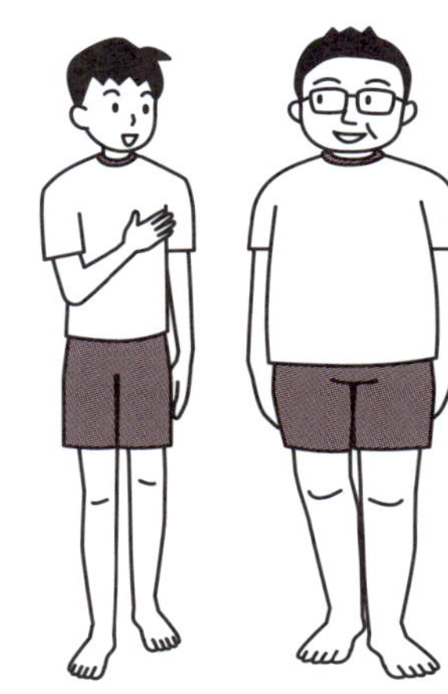

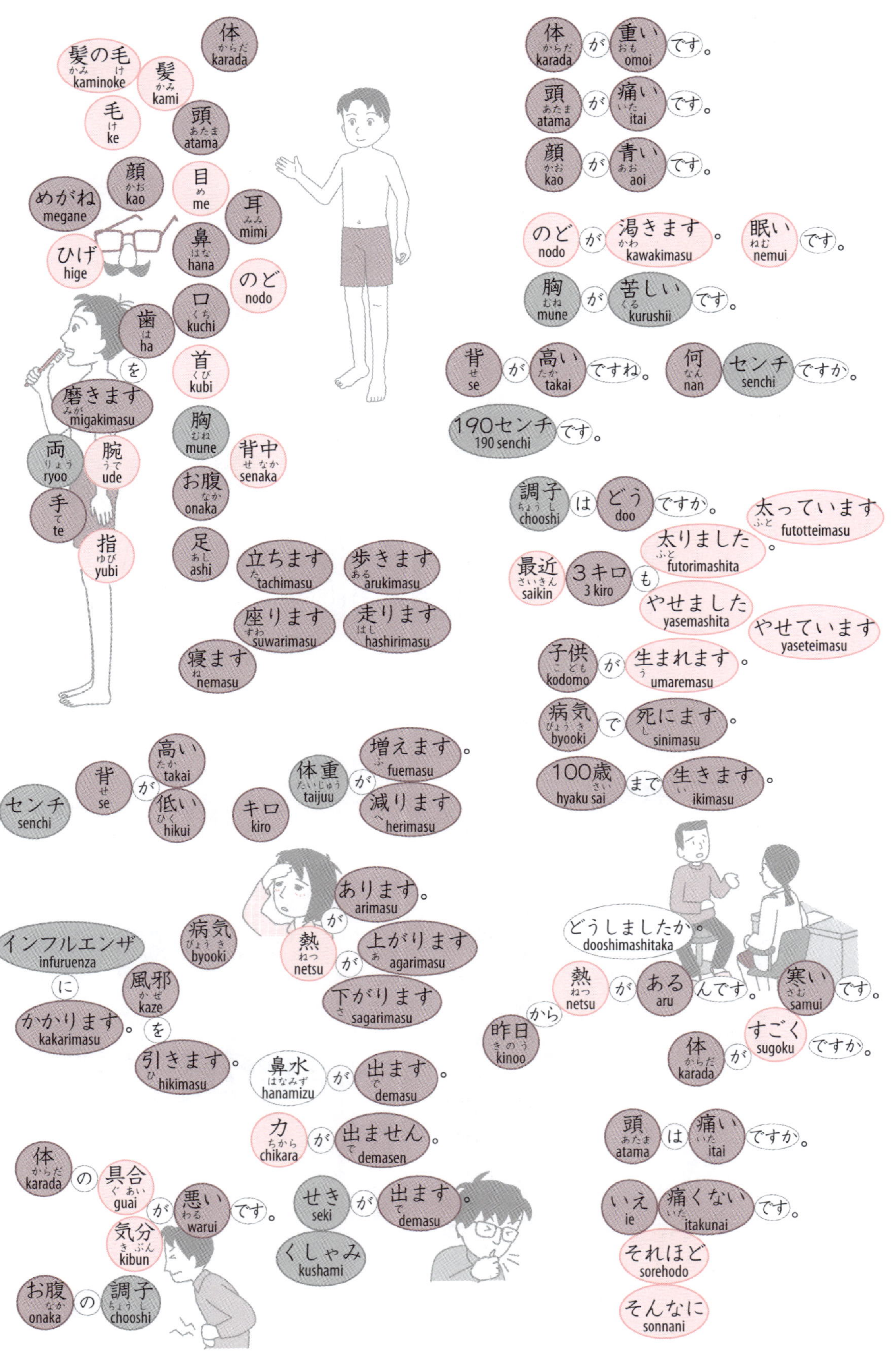
体 からだ karada
髪の毛 かみのけ kaminoke
髪 かみ kami
毛 け ke
頭 あたま atama
顔 かお kao
目 め me
耳 みみ mimi
めがね megane
鼻 はな hana
ひげ hige
のど nodo
口 くち kuchi
歯 は ha
を
首 くび kubi
磨きます みがきます migakimasu
胸 むね mune
両 りょう ryoo
腕 うで ude
背中 せなか senaka
手 て te
お腹 おなか onaka
指 ゆび yubi
足 あし ashi
立ちます たちます tachimasu
歩きます あるきます arukimasu
座ります すわります suwarimasu
走ります はしります hashirimasu
寝ます ねます nemasu
体 からだ karada が 重い おもい omoi です。
頭 あたま atama が 痛い いたい itai です。
顔 かお kao が 青い あおい aoi です。
のど nodo が 渇きます かわ kawakimasu 眠い ねむ nemui です。
胸 むね mune が 苦しい くる kurushii です。
背 せ se が 高い たか takai ですね。 何 なん nan センチ senchi ですか。
190センチ 190 senchi です。
調子 ちょうし chooshi は どう doo ですか。 太っています ふと futotteimasu
最近 さいきん saikin 3キロ 3 kiro も 太りました ふと futorimashita
やせました yasemashita やせています yaseteimasu
子供 こども kodomo が 生まれます う umaremasu 。
病気 びょうき byooki で 死にます し sinimasu 。
100歳 さい hyaku sai まで 生きます い ikimasu 。
センチ senchi 背 せ se が 高い たか takai 低い ひく hikui
キロ kiro 体重 たいじゅう taijuu が 増えます ふ fuemasu 。 減ります へ herimasu 。
インフルエンザ infuruenza に かかります kakarimasu 。
病気 びょうき byooki
風邪 かぜ kaze を 引きます ひ hikimasu 。
熱 ねつ netsu が あります。 arimasu
上がります あ agarimasu
下がります さ sagarimasu
鼻水 はなみず hanamizu が 出ます で demasu 。
力 ちから chikara が 出ません で demasen
体 からだ karada の 具合 ぐあい guai が 悪い わるい warui です。
気分 きぶん kibun
お腹 おなか onaka の 調子 ちょうし chooshi
せき seki が 出ます で demasu 。
くしゃみ kushami
どうしましたか。 dooshimashitaka
熱 ねつ netsu が ある aru んです。 寒い さむ samui です。
昨日 きのう kinoo から
体 からだ karada が すごく sugoku ですか。
頭 あたま atama は 痛い いた itai ですか。
いえ ie 痛くない いた itakunai です。
それほど sorehodo
そんなに sonnani

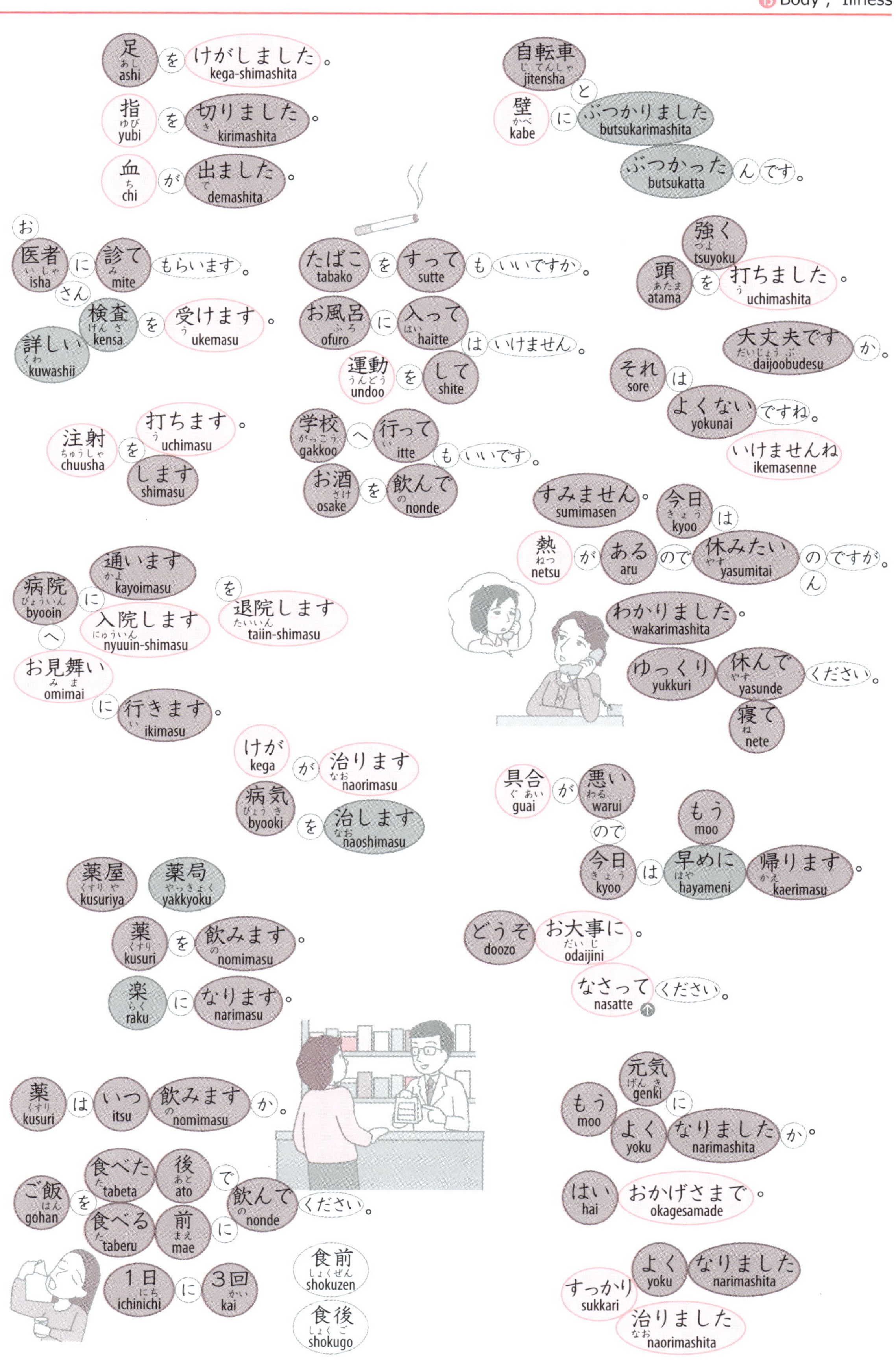
足（あし）ashi を けがしました。kega-shimashita
指（ゆび）yubi を 切りました（き）kirimashita
血（ち）chi が 出ました（で）demashita
お医者（いしゃ）isha さん に 診て（み）mite もらいます。
詳しい（くわ）kuwashii 検査（けんさ）kensa を 受けます（う）ukemasu
注射（ちゅうしゃ）chuusha を 打ちます（う）uchimasu します shimasu
病院（びょういん）byooin に 通います（かよ）kayoimasu
へ 入院します（にゅういん）nyuuin-shimasu
を 退院します（たいいん）taiin-shimasu
お見舞い（みま）omimai に 行きます（い）ikimasu
けが kega が 治ります（なお）naorimasu
病気（びょうき）byooki を 治します（なお）naoshimasu
薬屋（くすりや）kusuriya 薬局（やっきょく）yakkyoku
薬（くすり）kusuri を 飲みます（の）nomimasu
楽（らく）raku に なります narimasu
薬（くすり）kusuri は いつ itsu 飲みます（の）nomimasu か。
ご飯（はん）gohan を 食べた（た）tabeta 後（あと）ato で 飲んで（の）nonde ください。
食べる（た）taberu 前（まえ）mae に
1日（にち）ichinichi に 3回（かい）kai
食前（しょくぜん）shokuzen
食後（しょくご）shokugo
自転車（じてんしゃ）jitensha と 壁（かべ）kabe に ぶつかりました butsukarimashita
ぶつかった（ん）butsukatta んです。
たばこ tabako を すって sutte も いいですか。
お風呂（ふろ）ofuro に 入って（はい）haitte は いけません。
運動（うんどう）undoo を して shite
学校（がっこう）gakkoo へ 行って（い）itte も いいです。
お酒（さけ）osake を 飲んで（の）nonde
強く（つよ）tsuyoku 頭（あたま）atama を 打ちました（う）uchimashita
それ sore は 大丈夫です（だいじょうぶ）daijoobudesu か。
よくない yokunai ですね。
いけませんね ikemasenne
すみません。sumimasen 今日（きょう）kyoo は 熱（ねつ）netsu が ある aru ので 休みたい（やす）yasumitai のですが。ん
わかりました。wakarimashita
ゆっくり yukkuri 休んで（やす）yasunde ください。
寝て（ね）nete
具合（ぐあい）guai が 悪い（わる）warui ので 今日（きょう）kyoo は もう moo 早めに（はや）hayameni 帰ります（かえ）kaerimasu
どうぞ doozo お大事に（だいじ）odaijini
なさって nasatte ください。
元気（げんき）genki に もう moo よく なりました yoku narimashita か。
はい hai おかげさまで。okagesamade
すっかり sukkari よく なりました yoku narimashita 治りました（なお）naorimashita

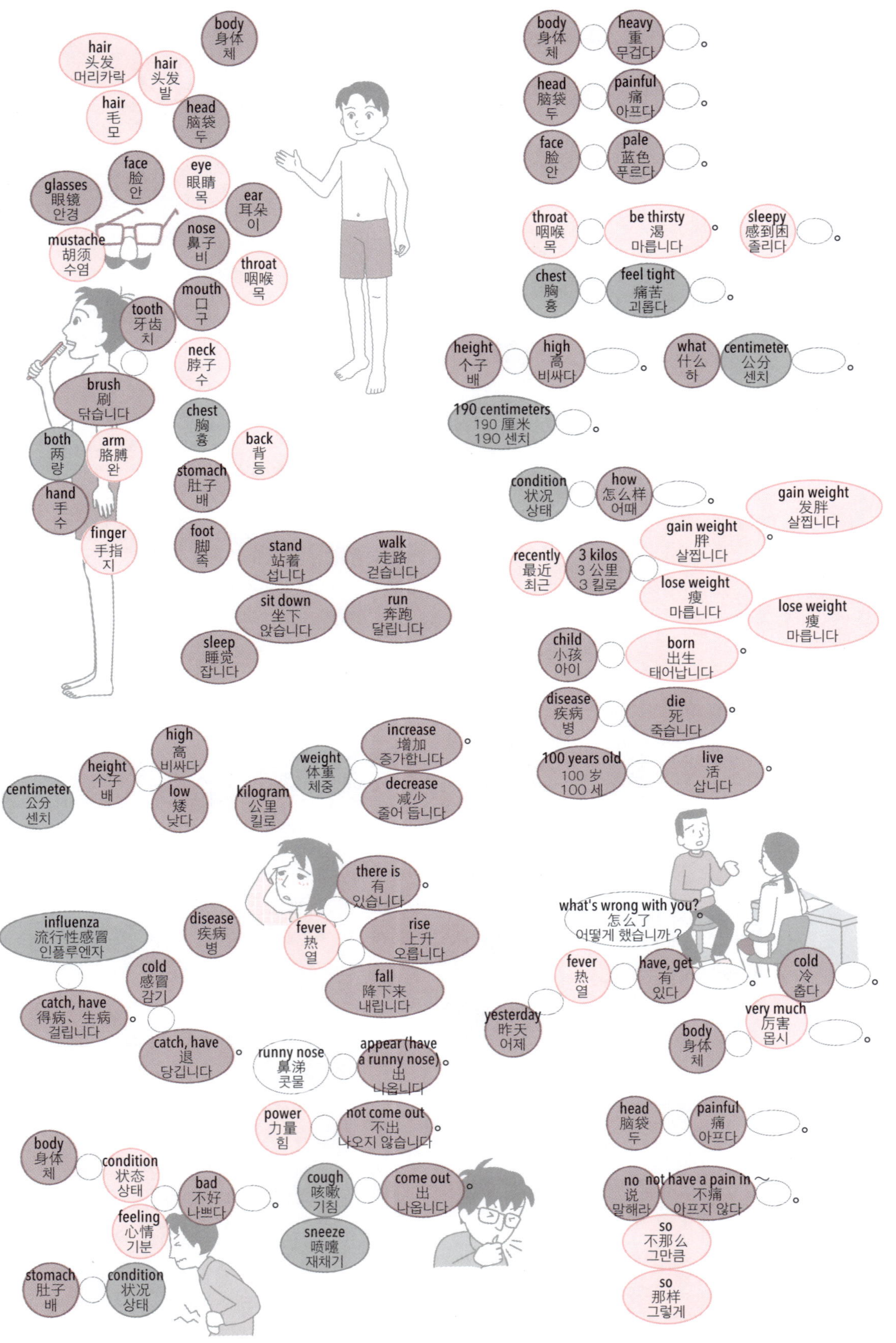

body 身体 체
hair 头发 머리카락
hair 头发 발
hair 毛 모
head 脑袋 두
face 脸 안
glasses 眼镜 안경
eye 眼睛 목
mustache 胡须 수염
ear 耳朵 이
nose 鼻子 비
throat 咽喉 목
mouth 口 구
tooth 牙齿 치
neck 脖子 수
brush 刷 닦습니다
chest 胸 흉
back 背 등
both 两 량
arm 胳膊 완
stomach 肚子 배
hand 手 수
finger 手指 지
foot 脚 족
stand 站着 섭니다
walk 走路 걷습니다
sit down 坐下 앉습니다
run 奔跑 달립니다
sleep 睡觉 잡니다

body 身体 체
heavy 重 무겁다
head 脑袋 두
painful 痛 아프다
face 脸 안
pale 蓝色 푸르다
throat 咽喉 목
be thirsty 渴 마릅니다
sleepy 感到困 졸리다
chest 胸 흉
feel tight 痛苦 괴롭다
height 个子 배
high 高 비싸다
what 什么 하
centimeter 公分 센치
190 centimeters 190 厘米 190 센치
condition 状况 상태
how 怎么样 어때
gain weight 发胖 살찝니다
gain weight 胖 살찝니다
recently 最近 최근
3 kilos 3 公里 3 킬로
lose weight 瘦 마릅니다
lose weight 瘦 마릅니다
child 小孩 아이
born 出生 태어납니다
disease 疾病 병
die 死 죽습니다
100 years old 100 岁 100 세
live 活 삽니다

centimeter 公分 센치
height 个子 배
high 高 비싸다
low 矮 낮다
kilogram 公里 킬로
weight 体重 체중
increase 增加 증가합니다
decrease 减少 줄어 듭니다

influenza 流行性感冒 인플루엔자
disease 疾病 병
there is 有 있습니다
fever 热 열
rise 上升 오릅니다
fall 降下来 내립니다
cold 感冒 감기
catch, have 得病、生病 걸립니다
catch, have 退 당깁니다
runny nose 鼻涕 콧물
appear (have a runny nose) 出 나옵니다
power 力量 힘
not come out 不出 나오지 않습니다

what's wrong with you? 怎么了 어떻게 했습니까 ?
fever 热 열
have, get 有 있다
cold 冷 춥다
yesterday 昨天 어제
very much 厉害 몹시
body 身体 체

body 身体 체
condition 状态 상태
bad 不好 나쁘다
feeling 心情 기분
cough 咳嗽 기침
come out 出 나옵니다
sneeze 喷嚏 재채기
stomach 肚子 배
condition 状况 상태

head 脑袋 두
painful 痛 아프다
no not have a pain in ~ 说 말해라
不痛 아프지 않다
so 不那么 그만큼
so 那样 그렇게

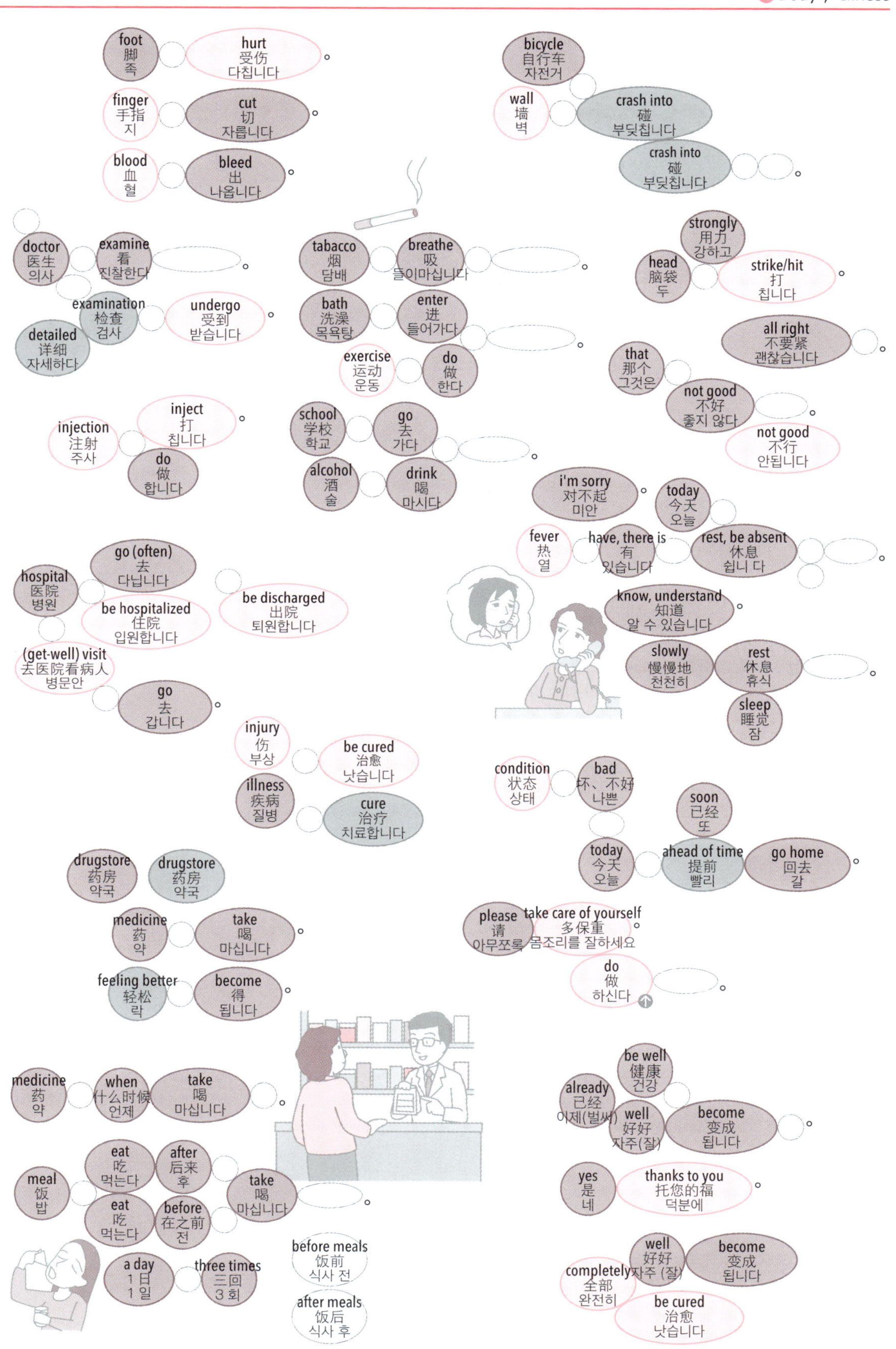

foot
脚
족
hurt
受伤
다칩니다
finger
手指
지
cut
切
자릅니다
blood
血
혈
bleed
出
나옵니다
bicycle
自行车
자전거
wall
墙
벽
crash into
碰
부딪칩니다
crash into
碰
부딪칩니다
doctor
医生
의사
examine
看
진찰한다
examination
检查
검사
detailed
详细
자세하다
undergo
受到
받습니다
tabacco
烟
담배
breathe
吸
들이마십니다
bath
洗澡
목욕탕
enter
进
들어가다
exercise
运动
운동
do
做
한다
strongly
用力
강하고
head
脑袋
두
strike/hit
打
칩니다
all right
不要紧
괜찮습니다
that
那个
그것은
not good
不好
좋지 않다
not good
不行
안됩니다
injection
注射
주사
inject
打
칩니다
do
做
합니다
school
学校
학교
go
去
가다
alcohol
酒
술
drink
喝
마시다
i'm sorry
对不起
미안
today
今天
오늘
fever
热
열
have, there is
有
있습니다
rest, be absent
休息
쉽니 다
hospital
医院
병원
go (often)
去
다닙니다
be hospitalized
住院
입원합니다
be discharged
出院
퇴원합니다
(get-well) visit
去医院看病人
병문안
go
去
갑니다
know, understand
知道
알 수 있습니다
slowly
慢慢地
천천히
rest
休息
휴식
sleep
睡觉
잠
injury
伤
부상
illness
疾病
질병
be cured
治愈
낫습니다
cure
治疗
치료합니다
condition
状态
상태
bad
坏、不好
나쁜
soon
已经
또
today
今天
오늘
ahead of time
提前
빨리
go home
回去
갈
drugstore
药房
약국
drugstore
药房
약국
medicine
药
약
take
喝
마십니다
feeling better
轻松
락
become
得
됩니다
please
请
아무쪼록
take care of yourself
多保重
몸조리를 잘하세요
do
做
하신다
be well
健康
건강
already
已经
이제(벌써)
well
好好
자주(잘)
become
变成
됩니다
medicine
药
약
when
什么时候
언제
take
喝
마십니다
meal
饭
밥
eat
吃
먹는다
after
后来
후
eat
吃
먹는다
before
在之前
전
take
喝
마십니다
before meals
饭前
식사 전
after meals
饭后
식사 후
a day
1日
1 일
three times
三回
3 회
yes
是
네
thanks to you
托您的福
덕분에
completely
全部
완전히
well
好好
자주 (잘)
become
变成
됩니다
be cured
治愈
낫습니다

表現（ひょうげん）

1 お医者さんに診てもらいます。（〜てもらいます）

I'll get it looked at by the doctor
请医生看病。
의사에게 보여 줍니다 .

- An expression used when receiving an action. Comes after a te-form verb.
- 「〜てくれます」 is also used to describe receiving an action. In this case, it would be written「医者が見てくれます」.
- When performing an action received by someone else, 「〜てあげます」 is used.
- When giving and receiving objects, 「〜をもらいます／〜をくれます／〜をあげます」 are used.
- Indicates the giving or receiving of an action.

★ 表示授受关系、接受某种行为的表现。接〔て形〕
★ 其他表示接受某种行为表现的还有「〜てくれます」。这种情况下可以说「医者が見てくれます」。
★ 给予某种行为用「〜てあげます」。
★ 表示物体授受的情况下用「〜をもらいます／〜をくれます／〜をあげます」。
★ 表示行为的授受。

★ 주고 받는 표현으로 행위를 받는 표현입니다 . て형에 접속합니다 .
★ 그 밖에 행위를 받는 표현으로 「〜てくれます」 가 있습니다 .「医者が見てくれます」 가 됩니다 .
★ 행위를 해 주는 경우는 「〜てあげます」 를 사용합니다 .
★ 물건을 주고 받는 경우는 「〜をもらいます／〜をくれます／〜をあげます」 가 됩니다 .
★ 행위를 주고 받음을 나타냅니다 .

主語 = Subject 我　나

私は	Ａさんに	本を	もらいます。		私（主語） ← 本 Ａ
私は	Ａさんに	本を	あげます。		私（主語） 本 → Ａ
Ａさんは	私に	本を	くれます。		私 ← 本 Ａ（主語）
私は	Ａさんに	本を読んで	もらいます。		私（主語） ← 本を読む Ａ
私は	Ａさんに	本を読んで	あげます。		私（主語） → Ａ
	Ａさんは	私に	本を読んで	くれます。	私 ← 本を読む Ａ（主語）

Note: The recipient of the action described by 「〜てくれます」 is either 「私」 or someone in a group you belong to.
注意：「〜てくれます」 的动作的接受方只是 「私」 或跟我有关习的人。
주의 :「〜てくれます」 의 동작을 받는 사람은 「私」 혹은 내가 소속하는 그룹의 사람만입니다 .

2 お風呂に入ってもいいですか。（〜てもいいですか）

- 「〜てもいいですか」 is used to ask if something is possible. It is also used to ask permission.
  Ex：お風呂に入ってもいいですか。（May I get in the bath？） −ええ、いいですよ／かまいませんよ。（Yes, you may. / I don't mind.）

★ 「〜てもいいですか」 表示是否可能或是否许可。
  例：お風呂に入ってもいいですか。（可以进去洗澡吗？）−ええ、いいですよ／かまいませんよ。（可以。／没关系。）

- 「〜てもいいですか」 는 가능한지 어떤지를 묻거나 허가를 구할 때에 사용하는 표현입니다 .
  예 :お風呂に入ってもいいですか。(목욕을 해도 됩니까？)−ええ、いいですよ／かまいませんよ。(네 , 됩니다 / 상관없습니다)

3 学校へ行ってはいけません。（〜てはいけません）

You cannot go to school.
不准去学校。
학교에 가서는 안됩니다 .

- 「〜てはいけません」 is used to forbid something. It is often used in situations where something must be avoided because of danger or because a rule forbids something.
- This is also an answer to the interrogative phrase asking for permission 「〜てもいいですか」.
  Ex: ここでたばこを吸ってもいいですか。（May I smoke here?）−いいえ、ここでたばこを吸ってはいけません。（No, you cannot smoke here.）
- In speech, 「ては」 may sometimes become 「ちゃ」, and 「いけません」 may become 「だめです」.
  Ex: そんなことを言ってはいけません。（You cannot say something like that.）→そんなこと言っちゃだめです。（You can't say that.）

★ 「〜てはいけません」表示禁止。避开危险或不能违反规定时使用。

★ 回答争求许可的疑问句时也可以使用。 例：ここでたばこを吸ってもいいですか。（这里可以吸烟吗？）－いいえ、こ こでたばこを吸ってはいけません。（不行，这里不能吸烟。）

★ 口语里「ては」常用「ちゃ」，「いけません」常用「だめです」。例：そんなことを言ってはいけません。（那样的话（事） 不能说。）→そんなこと言っちゃだめです。（那样的话（事）不能说。）

★ 「〜てはいけません」 은 금지를 나타내는 표현입니다 . 위험이 있어 그것을 피할 때나 규칙으로 정해져 있을 때 사용합니다 .

★ 허가를 청하는 의문문 「〜てもいいですか」 의 대답표현입니다 .
例）ここでたばこを吸ってもいいですか。（여기에서 담배를 피워도 됩니까 ?）－いいえ、ここでたばこを吸ってはいけません。
（아니요 , 여기에서 담배를 피워서는 안됩니다 .）

★ 회화체에서는 「ては」 가 「ちゃ」 로 , 「いけません」 이 「だめです」 가 되는 경우가 습니다 .
예 : そんなことを言ってはいけません。→そんなこと言っちゃだめです。（ 그런 것을 말해서는 안됩니다 . →그런것 말하면 안 됩니다 .)

4 学校へ行かなくてもいいです。
（〜なくてもいいです）

You do not have to go to school.
不去学校也行。
학교에 가지 않아도 됩니다

◆ Used to indicate that an action is not necessary. Ex:明日は休みですから、勉強しなくてもいいです。(Tomorrow is a day off, so you do not have to do your homework.)

★ 表示没有必要做某种行为。例：明日は休みですから、勉強しなくてもいいです。（明天休息 , 不用学习。）

● 그 행위를 할 필요가 없는 것을 나타냅니다 . 예 : 明日は休みですから、勉強しなくてもいいです。（내일은 쉬는 날이니까 공 부하지 않아도 됩니다 . ）

5 無理をしないでください。
（〜ないでください）

Please don't strain yourself.
不用勉强。
무리를 하지 말아주세요 .

◆ Used to ask someone not to perform an action or state that it should not be done.
Ex：ここではたばこをすわないでください。(Please do not smoke here.)

★ 用于请对方禁止某种行为。例：ここではたばこをすわないでください。（请不要在这里吸烟。）

● 그 행위를 해서는 안된다고 부탁을 할 때나 지시할 때에 사용합니다 . 예 : ここではたばこをすわないでください。（ 여기에서는 담배를 피지 말아 주세요 . ）

6 それはよくないですね。／いけませんね。

That's no good.
那不行吧 / 不行吧。
그것은 좋지 않네요 .

◆ Used to express worry for someone. Often used when someone has become sick or injured.
★ 对生病或受伤的人表示你关心对方的一种表现。
● 병에 걸렸거나 다쳤거나 한 상황을 들었을 때 상대방을 걱정하며 말하는 표현입니다 .

7 お大事になさってください。

Please take good care of yourself.
请多保重。
몸 조심하세요 .

◆ A phrase used to give sympathy to someone sick by telling them to take care of their body.
◆「お大事に」 alone may also be used.

★ 看望病人时的一种问候语。意思是请多多保重身体。　　　★ 也可以只说「お大事に」。

● 병에 걸린 사람에게 하는 인사말입니다 . 몸을 소중히 하세요라는 의미입니다 .　　● 「お大事に」 만으로도 사용합니다 .

8 1日に3回飲んでください。
（〜に〜回）

Please take this three times a day.
一天三次。
하루에 3 번 먹으세요 .

◆ Describes how many times or for how long something should be done over a given period.
◆ Can also be used in situations such as「1年に2回、国へ帰ります。」「1日（に）3時間勉強します」.
★ 表示在一定期间里进行的次数和时间。
★ 其他像「1年に2回、国へ帰ります。（一年回国两次。）」「1日（に）3時間勉強します（一天学三个小时。）」
● 일정한 기간에 행하는 회수나 시간 등을 나타냅니다 .
● 그 밖에「1年に2回、国へ帰ります」「1日（に）3時間勉強します」등과 같이도 사용합니다 .

会話
Conversation
会话 회화

A：どうしましたか。
B：3日くらい前からのどが痛いんです。
A：そうですか。熱はどうですか。
B：熱は昨日の夜からちょっとあります。
　　昨日は37度ぐらいでした。
A：そうですか。今もそんなには高くないで
　　すね。
B：かぜですか。
A：ちょっとのどを見せてください。・・・あ
　　あ、これは痛いでしょう。どこかほかに
　　痛いところはないですか。
B：のど以外にですか。
A：ええ。頭が痛いとか、お腹の調子が悪い
　　とか…。
B：それはないです。鼻水がちょっと出ます
　　けど。

A：そうですか。うーん…たぶん普通の風邪
　　でしょうね。インフルエンザじゃないと
　　思います。
B：よかったです。今、インフルエンザになっ
　　たら困りますので。
A：でも、無理をしたらいけませんよ。お薬
　　を出しておきますから、よく休んでくだ
　　さい。
B：わかりました。…あのう、お風呂に入っ
　　てもいいですか。
A：かまいません。でも、体を冷やさないよ
　　うにしてくださいね。それから、あまり
　　長く入らないほうがいいでしょう。
B：わかりました。ありがとうございました。
A：お大事になさってください。

A: What is the matter?
B: My throat has been sore for about three days now.
A: I see. Do you have a fever?
B: A slight one as of last night. My temperature was about 37 degrees then.
A: I see. It still isn't that high, is it?
B: Could it be a cold?
A: Let me take a look at your throat. …Yes, this does seem like it would be painful. Does anywhere else hurt?
B: Other than my throat?
A: Yes. A headache, for example, or an upset stomach…
B: No, but my nose is somewhat runny.

A: I see. Hmm… It is probably a regular cold. I doubt it is influenza.
B: That's good to hear. Getting influenza right now would be very bad for me.
A: Still, please do not strain yourself. I will prescribe you medicine, so please get a lot of rest.
B: I understand. …Um, may I take baths?
A: That won't be a problem. But don't allow your body to get too cold. Also, you should probably not stay in the bath for too long.
B: All right. Thank you.
A: Please take good care of yourself.

A：你怎么了？
B：从三天前开始头疼。
A：是吗？发烧吗？
B：昨天有点发烧，昨天是37度左右。
A：是吗？现在也不太高吧？
B：是感冒吗？
A：请让我看一下嗓子，(张嘴)，啊... 这里疼吧？还有哪里疼？
B：您是说嗓子以外吗？
A：对！比方说头疼啦，肚子不舒服等等...
B：别的没有，只是有点流鼻涕。

A：是吗？嗯... 大概只是一般的感冒吧。我想不是流感。
B：那太好了！现在要是得了流感就遭了。
A：不过别勉强，给你开药，要好好休息。
B：知道了，那可以洗澡吗？
A：没关系，但注意别着凉了。还有，不要泡太长时间。
B：知道了。谢谢！！
A：请多保重。

A: 무슨 일이에요？
B: 3일 정도 전부터 목이 아픕니다.
A: 그래요？열은 어떻습니까？
B: 열은 어제 저녁부터 조금 있습니다. 어제는 37도 정도 였습니다.
A: 그래요？지금도 그렇게는 높지 않습니다.
B: 감기입니까？
A: 조금 목을 보여주세요…. 아, 이건 아프겠네요. 어디 다른 아픈 곳은 없습니까？
B: 목 이외에요？
A: 네, 머리가 아프다든가, 배가 아프다든가….
B: 그런 것은 없어요. 콧물이 조금 나옵니다만.

A: 그래요？음 … 아마 보통의 감기일 겁니다. 독감은 아니에요.
B: 잘 됐어요. 지금 독감에 걸리면 곤란하거든요.
A: 하지만 무리하면 안됩니다. 약을 내 줄테니까 잘 쉬세요.
B: 알겠습니다 … 저, 목욕을 해도 됩니까？
A: 상관없어요. 하지만 몸이 차가워지지 않게 하세요. 그리고 너무 오래 들어가지 않는 것이 좋아요.
B: 알겠습니다. 감사합니다.
A: 몸조심 하세요.

16 敬語で話そう

Lets's speak using honorific language

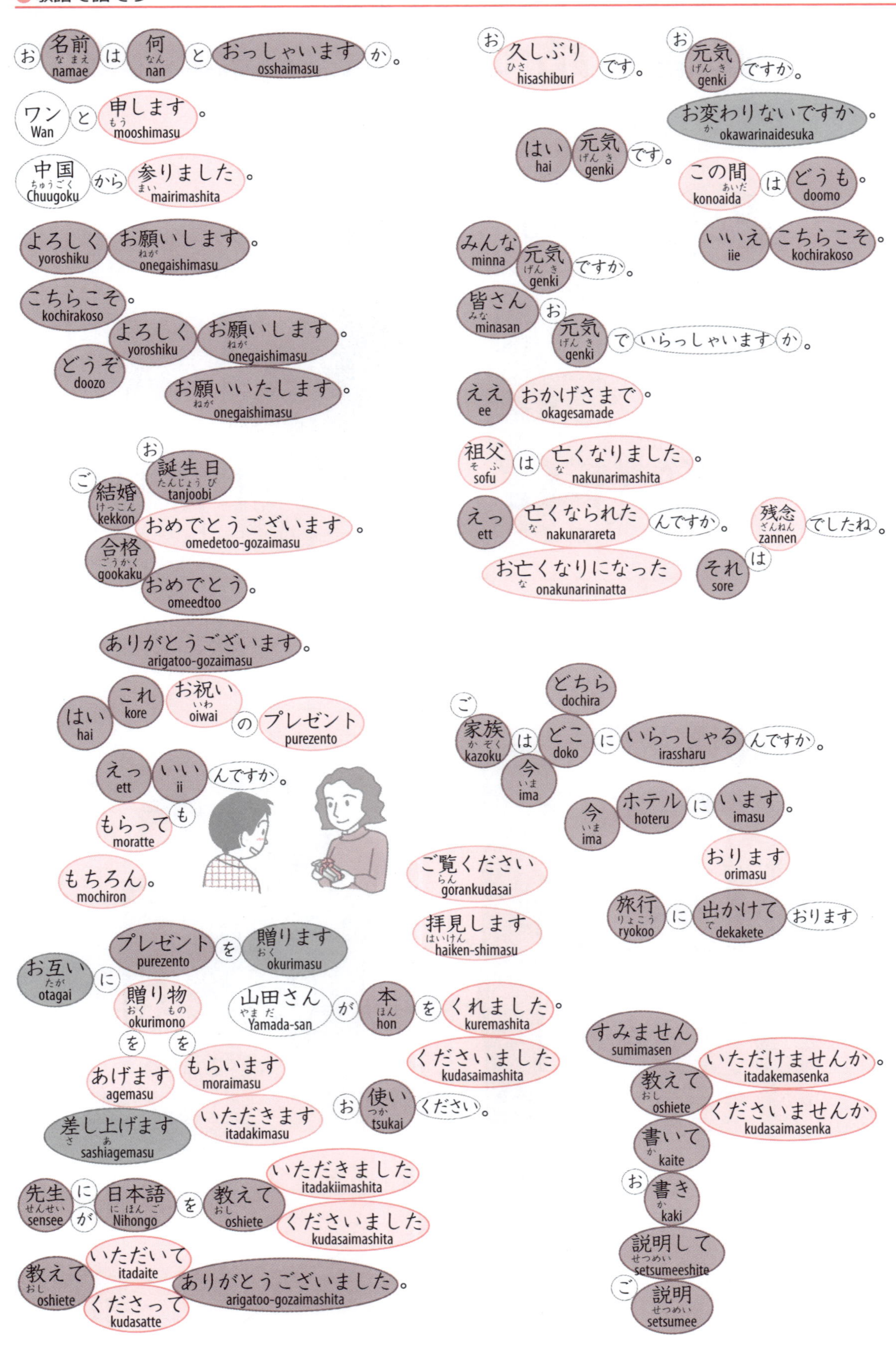
お 名前 namae は 何 nan と おっしゃいます osshaimasu か。
ワン Wan と 申します mooshimasu
中国 Chuugoku から 参りました mairimashita
よろしく yoroshiku お願いします onegaishimasu
こちらこそ kochirakoso
どうぞ doozo よろしく yoroshiku お願いします onegaishimasu
お願いいたします onegaishimasu
ご 結婚 kekkon
お 誕生日 tanjoobi
合格 gookaku
おめでとうございます omedetoo-gozaimasu
おめでとう omeedtoo
ありがとうございます arigatoo-gozaimasu
はい hai これ kore お祝い oiwai の プレゼント purezento
えっ ett いい ii んですか も
もらって moratte
もちろん。mochiron
プレゼント purezento を 贈ります okurimasu
お互い otagai に 贈り物 okurimono を を
あげます agemasu
もらいます moraimasu
いただきます itadakimasu
差し上げます sashiagemasu
山田さん Yamada-san が 本 hon を くれました kuremashita
くださいました kudasaimashita
お 使い tsukai ください。
先生に sensee に が 日本語 Nihongo を 教えて oshiete
いただきました itadakiimashita
くださいました kudasaimashita
教えて oshiete いただいて itadaite
くださって kudasatte
ありがとうございました。arigatoo-gozaimashita
お 久しぶり hisashiburi です。
お 元気 genki ですか。
お変わりないですか okawarinaidesuka
はい hai 元気 genki です。
この間 konoaida は どうも doomo
みんな minna 元気 genki ですか。
いいえ iie こちらこそ kochirakoso
皆さん minasan お 元気 genki で いらっしゃいます か。
ええ ee おかげさまで。okagesamade
祖父 sofu は 亡くなりました nakunarimashita
えっ ett 亡くなられた nakunarareta んですか。
残念 zannen でしたね。
お亡くなりになった onakunarininatta それ sore は
ご 家族 kazoku は どちら dochira
どこ doko に いらっしゃる irassharu んですか。
今 ima
今 ima ホテル hoteru に います imasu
おります orimasu
旅行 ryokoo に 出かけて dekakete おります
ご覧ください gorankudasai
拝見します haiken-shimasu
すみません sumimasen
いただけませんか itadakemasenka
教えて oshiete
くださいませんか kudasaimasenka
書いて kaite
お 書き kaki
説明して setsumeeshite
ご 説明 setsumee

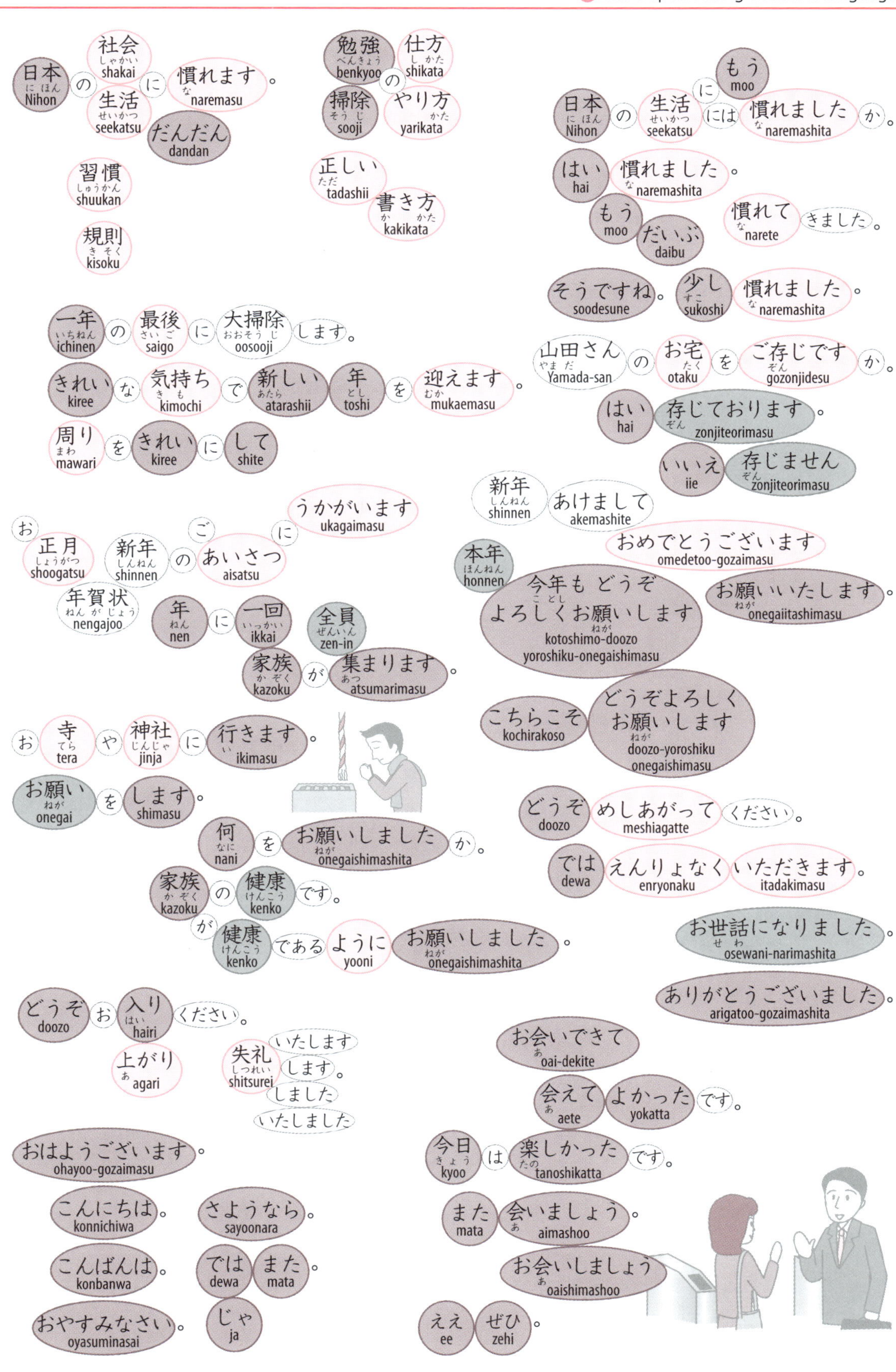
日本 Nihon の 社会 shakai に 慣れます naremasu 。
生活 seekatsu だんだん dandan
習慣 shuukan
規則 kisoku
勉強 benkyoo の 仕方 shikata
掃除 sooji やり方 yarikata
正しい tadashii 書き方 kakikata
一年 ichinen の 最後 saigo に 大掃除 oosooji します。
きれい kiree な 気持ち kimochi で 新しい atarashii 年 toshi を 迎えます mukaemasu 。
周り mawari を きれい kiree に して shite
お 正月 shoogatsu 新年 shinnen の ご あいさつ aisatsu に うかがいます ukagaimasu
年賀状 nengajoo 年 nen に 一回 ikkai 全員 zen-in
家族 kazoku が 集まります atsumarimasu 。
お 寺 tera や 神社 jinja に 行きます ikimasu
お願い onegai を します shimasu 。
何 nani を お願いしました onegaishimashita か。
家族 kazoku の 健康 kenko です。
健康 kenko である ように yooni お願いしました onegaishimashita 。
どうぞ doozo お 入り hairi ください。
上がり agari 失礼 shitsurei いたします します。 しました いたしました
おはようございます ohayoo-gozaimasu
こんにちは。 konnichiwa
こんばんは。 konbanwa
おやすみなさい。 oyasuminasai
さようなら。 sayoonara
では dewa また mata
じゃ ja
日本 Nihon の 生活 seekatsu には もう moo 慣れました naremashita か。
はい hai 慣れました naremashita 。
もう moo だいぶ daibu 慣れて narete きました。
そうですね soodesune 。 少し sukoshi 慣れました naremashita 。
山田さん Yamada-san の お宅 otaku を ご存じです gozonjidesu か。
はい hai 存じております zonjiteorimasu
いいえ iie 存じません zonjiteorimasu
新年 shinnen あけまして akemashite
本年 honnen おめでとうございます omedetoo-gozaimasu
今年も どうぞ よろしくお願いします kotoshimo-doozo yoroshiku-onegaishimasu
お願いいたします onegaiitashimasu 。
こちらこそ kochirakoso どうぞよろしく お願いします doozo-yoroshiku onegaishimasu
どうぞ doozo めしあがって meshiagatte ください。
では dewa えんりょなく enryonaku いただきます itadakimasu 。
お世話になりました osewani-narimashita 。
ありがとうございました arigatoo-gozaimashita
お会いできて oai-dekite
会えて aete よかった yokatta です。
今日 kyoo は 楽しかった tanoshikatta です。
また mata 会いましょう aimashoo
お会いしましょう oaishimashoo
ええ ee ぜひ zehi 。

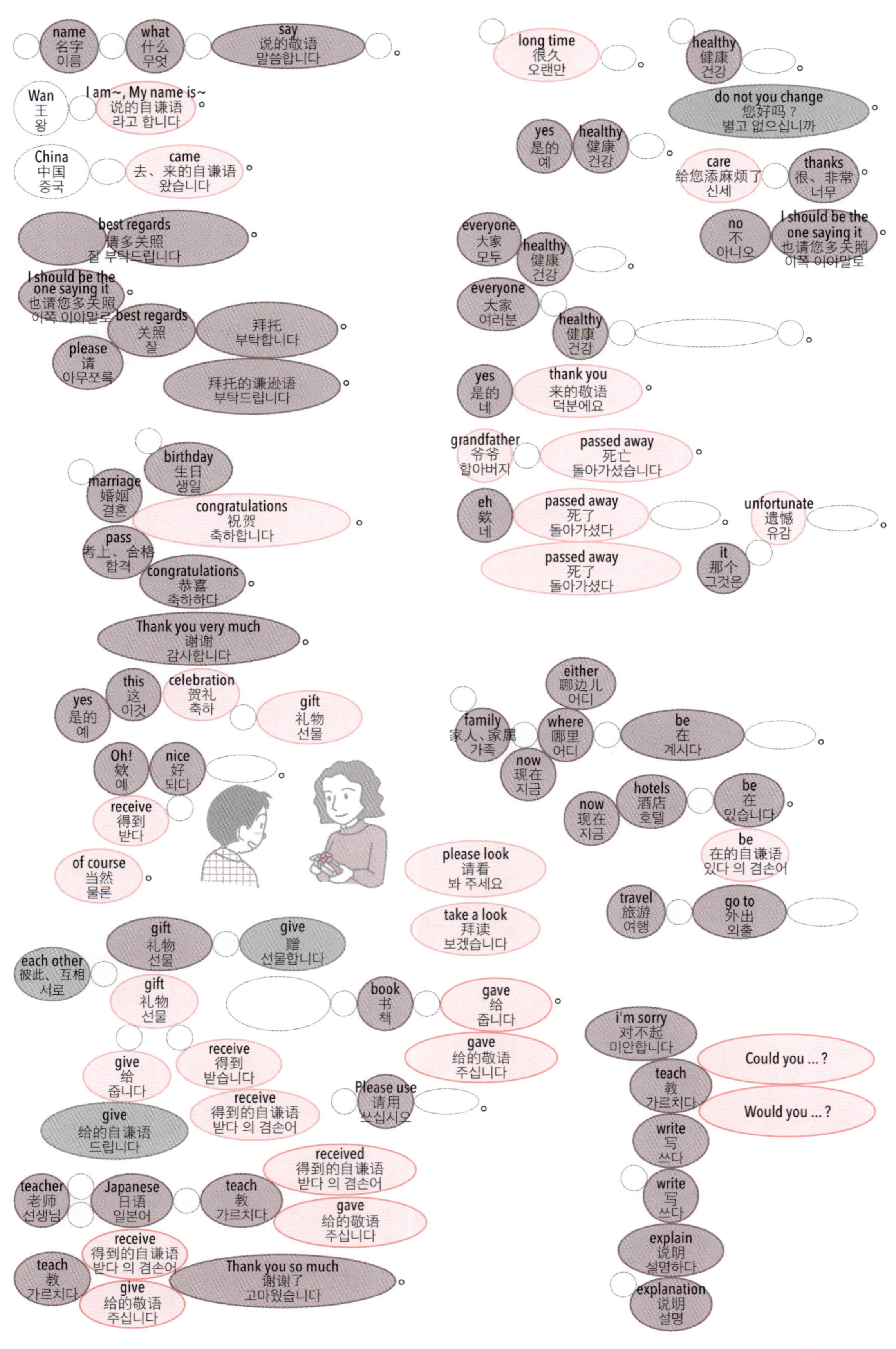

name 名字 이름
what 什么 무엇
say 说的敬语 말씀합니다
Wan 王 왕
I am~, My name is~ 说的自谦语 라고 합니다
China 中国 중국
came 去、来的自谦语 왔습니다
best regards 请多关照 잘 부탁드립니다
I should be the one saying it 也请您多关照 이쪽 이야말로
best regards 关照 잘
please 请 아무쪼록
拜托 부탁합니다
拜托的谦逊语 부탁드립니다
birthday 生日 생일
marriage 婚姻 결혼
congratulations 祝贺 축하합니다
pass 考上、合格 합격
congratulations 恭喜 축하하다
Thank you very much 谢谢 감사합니다
yes 是的 예
this 这 이것
celebration 贺礼 축하
gift 礼物 선물
Oh! 欸 예
nice 好 되다
receive 得到 받다
of course 当然 물론
gift 礼物 선물
give 赠 선물합니다
each other 彼此、互相 서로
gift 礼物 선물
give 给 줍니다
receive 得到 받습니다
receive 得到的自谦语 받다 의 겸손어
give 给的自谦语 드립니다
received 得到的自谦语 받다 의 겸손어
teacher 老师 선생님
Japanese 日语 일본어
teach 教 가르치다
gave 给的敬语 주십니다
receive 得到的自谦语 받다 의 겸손어
teach 教 가르치다
give 给的敬语 주십니다
Thank you so much 谢谢了 고마웠습니다
long time 很久 오랜만
healthy 健康 건강
do not you change 您好吗？ 별고 없으십니까
yes 是的 예
healthy 健康 건강
care 给您添麻烦了 신세
thanks 很、非常 너무
no 不 아니오
I should be the one saying it 也请您多关照 이쪽 이야말로
everyone 大家 모두
healthy 健康 건강
everyone 大家 여러분
healthy 健康 건강
yes 是的 네
thank you 来的敬语 덕분에요
grandfather 爷爷 할아버지
passed away 死亡 돌아가셨습니다
eh 欸 네
passed away 死了 돌아가셨다
passed away 死了 돌아가셨다
unfortunate 遗憾 유감
it 那个 그것은
either 哪边儿 어디
family 家人、家属 가족
where 哪里 어디
be 在 계시다
now 现在 지금
now 现在 지금
hotels 酒店 호텔
be 在 있습니다
be 在的自谦语 있다 의 겸손어
travel 旅游 여행
go to 外出 외출
please look 请看 봐 주세요
take a look 拜读 보겠습니다
book 书 책
gave 给 줍니다
gave 给的敬语 주십니다
Please use 请用 쓰십시오
i'm sorry 对不起 미안합니다
teach 教 가르치다
Could you ...?
Would you ...?
write 写 쓰다
write 写 쓰다
explain 说明 설명하다
explanation 说明 설명

Japan
日本
일본

society
社会
사회

living
生活
생활

get used to
习惯
습관됩니다

gradually
逐渐
점점

custom
习惯（名词）
습관

rule
规则
규칙

study
学习
공부

way
办法
방법

cleaning
打扫
청소

way
方法、做法
방식

correct
正确
정확하다

writing style
写法
쓰는 방식

Japan
日本
일본

living
生活
생활

already
另
쓰써，이미

be accustomed
习惯
습관됐습니다

yes
是的
예

be accustomed
习惯
습관됐습니다

already
另
쓰써，이미

quite a lot
～得多
많이

used to

that's right
是啊，对
글쎄요

a little
一点
조금

be accustomed
习惯
습관됐습니다

one year
一年
일년

last
最后
마지막

housecleaning
大扫除
대청소

clean
清洁
깨끗이

feeling
心情
기분

new
新
새

year
年
해

greet
迎接
맞이합니다

surroundings
周边
주위

clean
清洁
새로운

do
使
하다

one's home
府上
댁

know
知道的敬语
알다 ' 의 존경어

yes
是
예

know
知道的敬语
알다 ' 의 존경어

no
不
아니요

don't know

new year
新年
새해

(new year) comes
新年
새해

New Year's
holidays
新年
정월

new year
新年
새해

I'll go there.
拜访
찾아뵙습니다

greeting
问候
인사

this year
今年
올해

Congratulations
祝贺
축하합니다

new year's card
贺年片
연하장

year
年
년

once
一次
한 번

all members
所有成员
다

family
家人、家属
가족

gather
集合
모입니다

wish
拜托
기원합니다

I would be grateful for your
support again this year
今年也请多关照
올해도 잘 부탁드립니다

temple
寺庙
절

shrine
神社
신사

go
去
갑니다

I should be the
one saying it
也请您多关照
어쪽 이야말로

I would be grateful
for your support
请多关照
잘 부탁드립니다

please
祈愿
빌다

do
做
합니다

what
什么
무엇

wished
拜托了
기원했습니다

please
请
어서

have, eat
吃的敬语
드시다

family
家人、家属
가족

health
健康
건강

Well
那么
그럼

without reserve
不客气
사양않고

receive
得到的自谦语
받다 의 겸손어

health
健康
건강

as
如
도록

wished
拜托了
기원했습니다

thank you for all your help
给您添麻烦了
신세를 집니다

Thank you very much
谢谢
감사합니다

please
请
어서

go in
进
들어가다 . 들어오다

go into the house
进屋
들어오다

rude
打扰
실례하다

the chance to meet you
见到您
만나서

meet
见、见面
만나다

was good
很好
좋았다

good morning
早安
안녕하세요

today
今天
오늘

it was fun
很快乐
즐거웠다

hello
你好
안녕하세요

goodbye
再见
안녕

again
再
또

let's meet
见、见面
만납시다

good evening
晚上好
안녕하세요

then
那么
그럼

again
再
또

let's meet
见、见面
만납시다

good night
晚安
안녕히 주무세요

well
那么
그럼

yes
好的
그래

please
一定
꼭

表 現
（ひょう げん）

◆ Here is a list of the basic verbs which have special honorific forms (We will also have some of them in other chapters).
★ 敬语特殊单词的归纳：
● 경어의 특별한 동사에 대해 기본적인 것을 정리합니다 (⇒다른 과에서도 일부 채택하고 있습니다).

特別な動詞
（とくべつ　どうし）　　　　　　　　　　　　　　Verbs which have special honorific forms
特殊动词　　特별한 동사

尊敬語 (そんけいご)	普通形 (ふつうけい)	謙譲語 (けんじょうご)
honorific forms 敬语 존경어	regular forms 보통형	humble forms 自谦语 겸양어
いらっしゃいます irasshaimasu (to go / to come)	行きます・来ます ikimasu・kimasu (to go・to come)	伺います／参ります ukagaimasu/mairimasu (to go)
いらっしゃいます irasshaimasu (to be)	います imasu (to be)	おります orimasu (to be)
～ていらっしゃいます ~te irasshaimasu (to be ~ing)	～ています ~te orimasu (to be ~ing)	～ております ~te orimasu (to be ~ing)
召し上がります meshiagarimasu (to eat / to drink)	食べます・飲みます tabemasu・nomimasu (to eat・to drink)	いただきます itadakimasu (to eat・to drink)
お休みになります oyasumininarimasu (to sleep)	寝ます nemasu (to sleep)	—
おっしゃいます osshaimasu (to say)	言います iimasu (to say)	申します・申し上げます moushimasu・moushiagemasu (to say)
ご覧になります goranninarimasu (to see)	見ます mimasu (to see)	拝見します haikenshimasu (to see)
なさいます nasaimasu (to do)	します shimasu (to do)	いたします itashimasu (to do)
—	ききます・たずねます kikimasu・tazunemasu (to ask)	うかがいます ukagaimasu (to ask)
ご存じです gozonjidesu (to know)	知っています shitteimasu (to know)	存じております zonjiteorimasu (to know)
お亡くなりになります onakunarininarimasu (to die)	死にます shinimasu (to die)	—
—	あげます agemasu (to give)	差し上げます sashiagemasu (to give)
—	もらいます moraimasu (to receive)	いただきます itadakimasu (to receive)
くださいます kudasaimasu (to give)	くれます kuremasu (to give)	—

特別な形がない場合
とくべつ　かたち　　ば あい

When verbs don't have special forms　非特殊形动词　특별한 형이 없는 경우

尊敬語 honorific forms
そんけい ご　　敬語　존경어

お〜になります o〜ni narimasu	お待ちになります ま	お教えになります おし
お〜くださいます o〜kudasaimasu	お待ちくださいます ま	お教えくださいます おし
お〜ください o〜kudasai	お待ちください ま	お教えください おし

謙譲語 humble forms
けんじょうご　　自謙語　겸양어

お〜します o〜shimasu	お待ちします ま	お教えします おし
ご〜します go〜shimasu ※漢語動詞 かんごどうし (Chinese origin verbs　한자어 동사)	ご案内します to show around あんない 请跟我来 안내하겠습니다	ご説明します to explain せつめい 我来说明一下 설명하겠습니다
お〜いただきます o〜itadakimasu	お待ちいただきます ま	お書きいただきます か

名詞・形容詞
めい し　　けいようし

nouns, adjectives　名词．形容词　명사・형용사

- You can make honorific forms using "o-" or "go-". Nouns sometimes become humble with "o-" or "go-").
  Nouns: お名前 (name)、お仕事 (job)、ご住所 (address)、ご家族 (family)、ご趣味 (hobby)、ご連絡 (contact), etc
  Adjectives: お忙しい (busy)、お暇 (free,)、お元気 (healty)、ご心配 (worrying), etc.
- "o-" "go-" could make polite nouns.
  Ex: お茶 (tea)、おはし (chopsticks)、ご飯 (rice),etc.

- 头接「お」「ご」表示尊敬，名词有时候也表示自谦语。
  名词： お名前 (您的姓名)、お仕事 (您的工作)、ご住所 (您的住所)、ご家族 (您的家人)、ご趣味 (您的兴趣)、ご連絡 (您的联络方式) 等等
  形容词：お忙しい (您白忙之中)、お暇 (您有时间)、お元気 (您好吗)、ご心配 (您的担心) など
★「お」「ご」也有一种说话有品味的语气。
  例：お茶 (茶)、おはし (筷子)、ご飯 (饭) 等

- 「お」「ご」 가 붙어 존경어가 됩니다 . 명사는 겸양어가 될 때도 있습니다 .
  명사：お名前、お仕事、ご住所、ご家族、ご趣味、ご連絡　など 이름 일 주소 가족 취미 연락 등
  형용사：お忙しい、お暇、お元気、ご心配　など 바쁘다 한가하다 건강함 걱정스럽다 등
- 「お」「ご」 는 정중어도 있습니다 .
  예：お茶、おはし、ご飯　など 차 젓가락 밥 등

A：グエンです。新年のごあいさつにうかがいました。

B：ああ、いらっしゃい。

A：新年明けましておめでとうございます。昨年はいろいろとお世話になりました。今年もどうぞよろしくお願いします。

B：明けましておめでとう。こちらこそよろしく。どうですか。お元気ですか。

A：はい。田中さんも、お元気ですか。

B：ええ、元気ですよ。ご家族の皆さんも元気でいらっしゃいますか。

A：ええ、おかげさまで。

B：日本の生活には慣れましたか。

A：はい。だいぶ慣れてきました。日本の習慣について、いろいろ教えていただいて、ありがとうございました。

B：どういたしまして。

グエンさんはもう初詣に行きましたか。

A：はい。けさ、友達と近くのお寺に行ってきました。

B：何をお願いしましたか。

A：家族が健康であるようにお願いしました。

B：それが一番ですね。…あ、グエンさんに合格祝いのプレゼントを渡さないと。

A：えっ？

B：ちょっと待ってくださいね。…はい、これ。合格おめでとう！

A：えー、いいんですか。

B：どうぞ、どうぞ。

A：ありがとうございます。じゃ、遠慮なくいただきます。

B：気に入ってくれるといいんだけど。

A：もちろんです。大切にします。

A: This is Guen. I came to wish you happy new year.
B: Oh, hello.
A: Happy new year. Thank you for all of your kind help last year. I'm looking forward to working with you again this year.
B: Happy new year. Thanks to you. How are you? Are you doing well?
A: Yes, I am. How are you, Mr. Tanaka?
B: I'm fine. Is your family doing well?
A: Yes, thank you.
B: Have you become accustom to life in Japan?
A: Yes, I'm getting used to it quite well. Thank you for telling me about Japanese customs.
B: You are welcome.

Have you been to a shrine or a temple to make wishes for this year?
A: Yes, I went to a temple nearby with my friends.
B: What did you wish for?
A: I wished that my family will be healthy.
B: That's the best. ...oh, I should give you a present to cerebrate your success on the exam.
A: What?
B: Please wait a second....Here you are. Congratulations!
A: Really, is it all right?
B: Please, please.
A: Thank you very much. I feel happy to receive it.
B: I hope you will like it.
A: Of course. This will be my treasure.

A：我是グエン，来给您拜年了。
B：啊！欢迎欢迎。
A：新年快乐！去年承蒙您多方面的关照，今年也请多多关照。
B：新年快乐！哪里哪里，也请你多关照。怎么样？最近好吗？
A：好！田中先生您也好吧。
B：好！好！您家人也都好吧。
A：托您的福，都好。
B：习惯日本的生活了吗？
A：嗯！习惯多了。谢谢您介绍给我日本的各种习惯。
B：哪里哪里。

グエン你去新年参拜了吗？
A：去了。今天早上跟朋友去附近的寺院参拜了。
B：你祈愿了什么？
A：祈愿家人健康。
B：那是最好的。啊！我有礼物要送给你，祝贺你考试通过。
A：欸？
B：请等一下。给，恭喜你！
A：嗯，我可以接受吗？
B：请！请！
A：太谢谢了！那我就不客气了。
B：希望你能喜欢。
A：当然会喜欢。我会好好珍惜的。

A：구엔입니다. 신년 인사 드리러 왔습니다.
B：그래, 어서 와요.
A：새해 복 많이 받으십시요. 지난 해는 여러 가지로 감사했습니다. 올해도 잘 부탁드리겠습니다.
B：새해 복 많이 받으세요. 저야말로 잘 부탁해요. 어때요？ 건강하죠？
A：네. 다나카 씨도 건강하세요？
B：네, 건강해요. 가족 분들도 건강히 잘 계세요？
A：네, 덕분에요.
B：일본 생활에는 익숙해 졌어요？
A：네. 많이 익숙해 졌어요.
　일본 풍습에 대해 여러 가지 가르쳐 주셔서 고마웠습니다.
B：천만에요.

구엔 씨는 벌써 신년 참배 갔다 왔어요？
A：네. 오늘 아침에 친구하고 가까운 절에 갔다 왔어요.
B：무얼 빌었어요？
A：가족이 건강하기를 빌었어요.
B：그게 제일이네요. …아, 구엔 씨에게 합격 축하 선물을 건네야지.
A：네？
B：잠시 기다려요. …자, 이것, 합격 축하해요！
A：어, 받아도 돼요？
B：그럼요. 받으세요.
A：고맙습니다. 그럼, 사양하지 않고 받겠습니다.
B：마음에 들었으면 좋겠는데.
A：당연하죠. 소중히 잘 간직하겠습니다.

17 コミュニケーション／気持ち Communication, Feelings

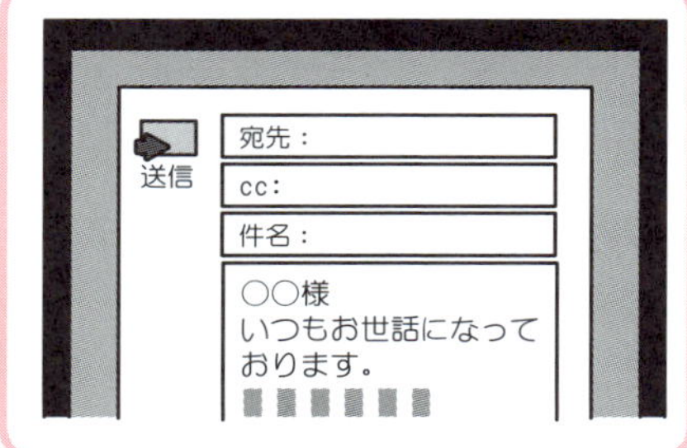

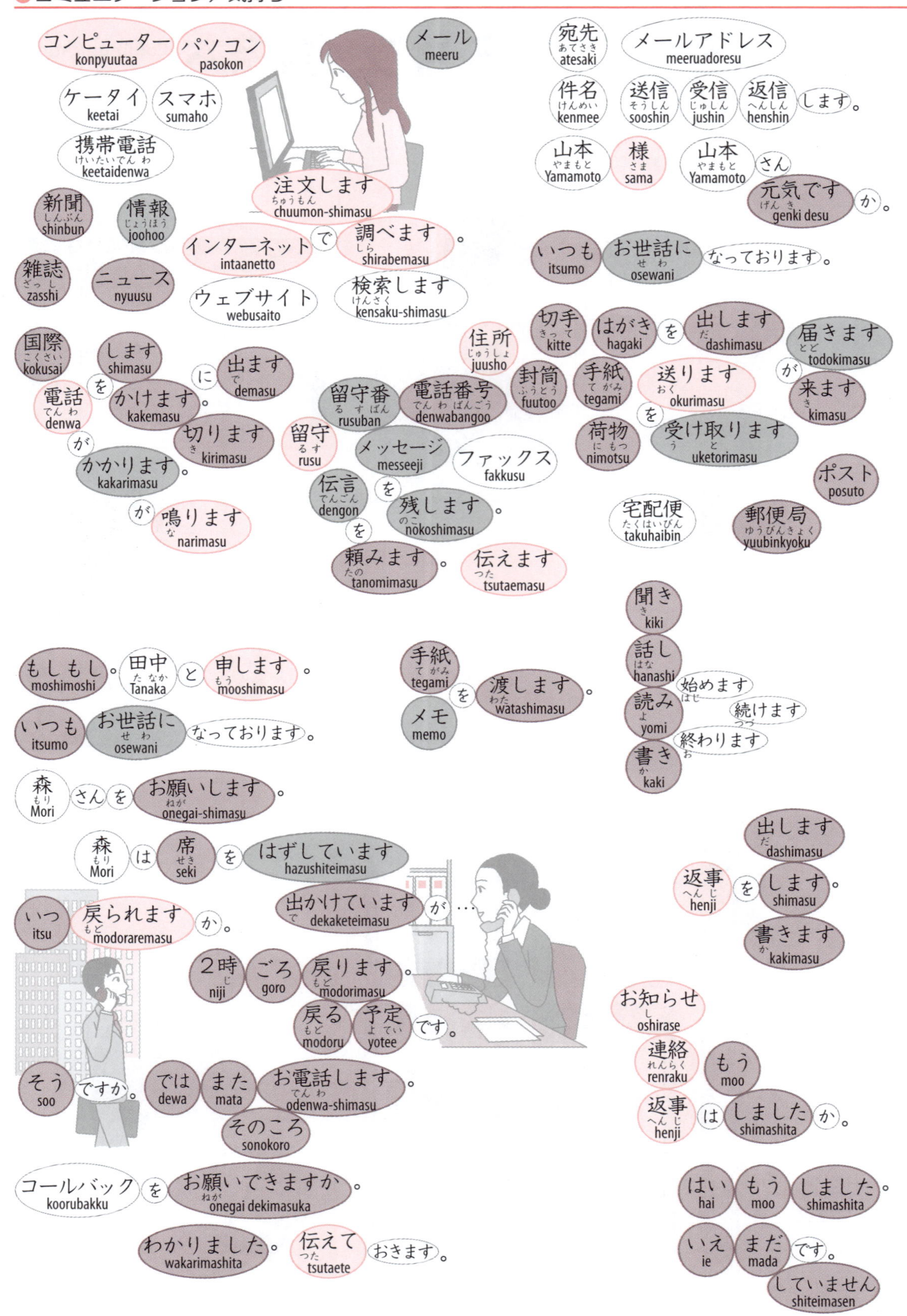
コンピューター
konpyuutaa
パソコン
pasokon
メール
meeru
ケータイ
keetai
スマホ
sumaho
携帯電話
けいたいでん わ
keetaidenwa
注文します
ちゅうもん
chuumon-shimasu
新聞
しんぶん
shinbun
情報
じょうほう
joohoo
調べます
しら
shirabemasu
インターネット で
intaanetto
検索します
けんさく
kensaku-shimasu
雑誌
ざっ し
zasshi
ニュース
nyuusu
ウェブサイト
webusaito
宛先
あてさき
atesaki
メールアドレス
meeruadoresu
件名
けんめい
kenmee
送信
そうしん
sooshin
受信
じゅしん
jushin
返信
へんしん
henshin
します。
山本
やまもと
Yamamoto
様
さま
sama
山本
やまもと
Yamamoto
さん
元気です
げん き
genki desu
か。
いつも
itsumo
お世話に
せ わ
osewani
なっております。
国際
こくさい
kokusai
します
shimasu
に
出ます
で
demasu
電話
でん わ
denwa
を
かけます。
kakemasu
切ります
き
kirimasu
住所
じゅうしょ
juusho
留守番
る す ばん
rusuban
電話番号
でん わ ばんごう
denwabangoo
封筒
ふうとう
fuutoo
切手
きって
kitte
はがき
hagaki
を
出します
だ
dashimasu
届きます
とど
todokimasu
手紙
て がみ
tegami
送ります
おく
okurimasu
来ます
き
kimasu
が
かかります
kakarimasu
留守
る す
rusu
メッセージ
messeeji
ファックス
fakkusu
荷物
に もつ
nimotsu
を
受け取ります
う と
uketorimasu
が
鳴ります
な
narimasu
伝言
でんごん
dengon
を
残します
のこ
nokoshimasu
宅配便
たくはいびん
takuhaibin
ポスト
posuto
郵便局
ゆうびんきょく
yuubinkyoku
を
頼みます
たの
tanomimasu
伝えます
つた
tsutaemasu
もしもし。
moshimoshi
田中
た なか
Tanaka
と
申します。
もう
mooshimasu
いつも
itsumo
お世話に
せ わ
osewani
なっております。
手紙
て がみ
tegami
メモ
memo
を
渡します
わた
watashimasu
聞き
き
kiki
話し
はな
hanashi
読み
よ
yomi
書き
か
kaki
始めます
はじ
続けます
つづ
終わります
お
森
もり
Mori
さん を
お願いします。
ねが
onegai-shimasu
森
もり
Mori
は
席
せき
seki
を
はずしています
hazushiteimasu
いつ
itsu
戻られます
もど
modoraremasu
か。
出かけています
で
dekaketeimasu
が …
2時
じ
niji
ごろ
goro
戻ります
もど
modorimasu
戻る
もど
modoru
予定
よ てい
yotee
です。
そう
soo
ですか。
では
dewa
また
mata
お電話します
でん わ
odenwa-shimasu
そのころ
sonokoro
出します
だ
dashimasu
返事
へん じ
henji
を
します。
shimasu
書きます
か
kakimasu
お知らせ
し
oshirase
連絡
れんらく
renraku
もう
moo
返事
へん じ
henji
は
しました
shimashita
か。
コールバック
koorubakku
を
お願いできますか。
ねが
onegai dekimasuka
わかりました。
wakarimashita
伝えて
つた
tsutaete
おきます。
はい
hai
もう
moo
しました。
shimashita
いえ
ie
まだ
mada
です。
していません
shiteimasen

心（こころ）kokoro

鈴木（すずき）Suzuki　さん　は　どんな　donna　人（ひと）hito　ですか。

楽しい（たのしい）tanoshii　うれしい ureshii

恥ずかしい（はずかしい）hazukashii

気持ち（きもち）kimochi

優しい（やさしい）yasashii　親切（しんせつ）shinsetsu　な　人（ひと）hito　だ　と　思います（おもいます）omoimasu

明るい（あかるい）akarui　暗い（くらい）kurai

教えて（おしえて）oshiete　くれます。

嫌（いや）iya　な　気分（きぶん）kibun　が　いい ii　悪い（わるい）warui

つめたい tsumetai　怖い（こわい）kowai

うそつき usotsuki

安心（あんしん）anshin　つらい tsurai　さびしい sabishii　悲しい（かなしい）kanashii

いい ii　悪い（わるい）warui　いじわる ijiwaru　な

うそ uso

本当（ほんとう）hontoo　の　こと koto

不安（ふあん）fuan　な　残念（ざんねん）zannen　な

心配（しんぱい）shinpai　な　します。

笑います（わらいます）waraimasu　泣きます（なきます）nakimasu

おもしろい omoshiroi　たのしい tanoshii

不（ふ）fu　まじめ majime　な　へん hen　な

よろこびます yorokobimasu　怒ります（おこります）okorimasu

かっこいい kakkoii　かわいい kawaii

かなしみます kanashimimasu　びっくりします bikkuri-shimasu

たよれる tayoreru　子供っぽい（こども）kodomoppoi

無理（むり）muri　な　お願い（おねがい）onegai　楽しみ（たのしみ）tanoshimi　おどろきます odorokimasu　に

ユーモア yuumoa　が　ある aru

困ります（こまります）komarimasu　しています。shiteimasu

お礼（おれい）orei　を　言います（いいます）iimasu。

自由（じゆう）jiyuu　に　意見（いけん）iken　を　言って（いって）itte　ください。

断ります（ことわります）kotowarimasu　謝ります（あやまります）ayamarimasu

理由（りゆう）riyuu　約束（やくそく）yakusoku　用事（ようじ）yooji

一人（ひとり）hitori　ずつ zutsu

ごめんなさい。gomennasai

私（わたし）watashi　は　田中さん（たなか）Tanaka-san　に　賛成（さんせい）sansee　です。

すみません。sumimasen　すみませんでした。sumimasendeshita

反対（はんたい）hantai　します。

申し訳ありません（もうしわけ）mooshiwakearimasen。

成功する（せいこう）seikoosuru　反対される（はんたい）hantaisareru　でも demo

あのう anoo　ちょっと chotto

失敗する（しっぱい）shippai-shimasu　かもしれません　しかし shikashi

すみません sumimasen　相談したい（そうだん）soodan-shitai　ことが　ある aru　んですか。

いいですよ。iidesuyo　どうしたんですか。doo-shitandesuka

丁寧（ていねい）teinee　な　説明（せつめい）setsumee　わかり wakari　やすい yasui　話（はなし）hanashi　にくい nikui

とても totemo

どうしたんですか。doo-shitandesuka　うれし ureshi　そう　ですね。

やはり yahari　無理だ（むり）murida

きっと kitto　できる dekiru　と

不（ふ）fu　可能（かのう）kanoo　だ　と　思います（おもいます）omoimasu。

やっぱり yappari　難しい（むずかしい）muzukashii

元気（げんき）genki　が　ない nai

やめた yameta　ほうがいい　です。

先生（せんせい）sensee　に　ほめられた homerareta　んです。

社長（しゃちょう）shachoo　叱られた（しかられた）shikarareta

叱ります（しかります）shikarimasu

ほめます homemasu

気楽に（きらくに）kirakuni　考えた（かんがえた）kangaeta　ほうがいい　ですよ。

あまり　考え（かんがえ）kangae　すぎない

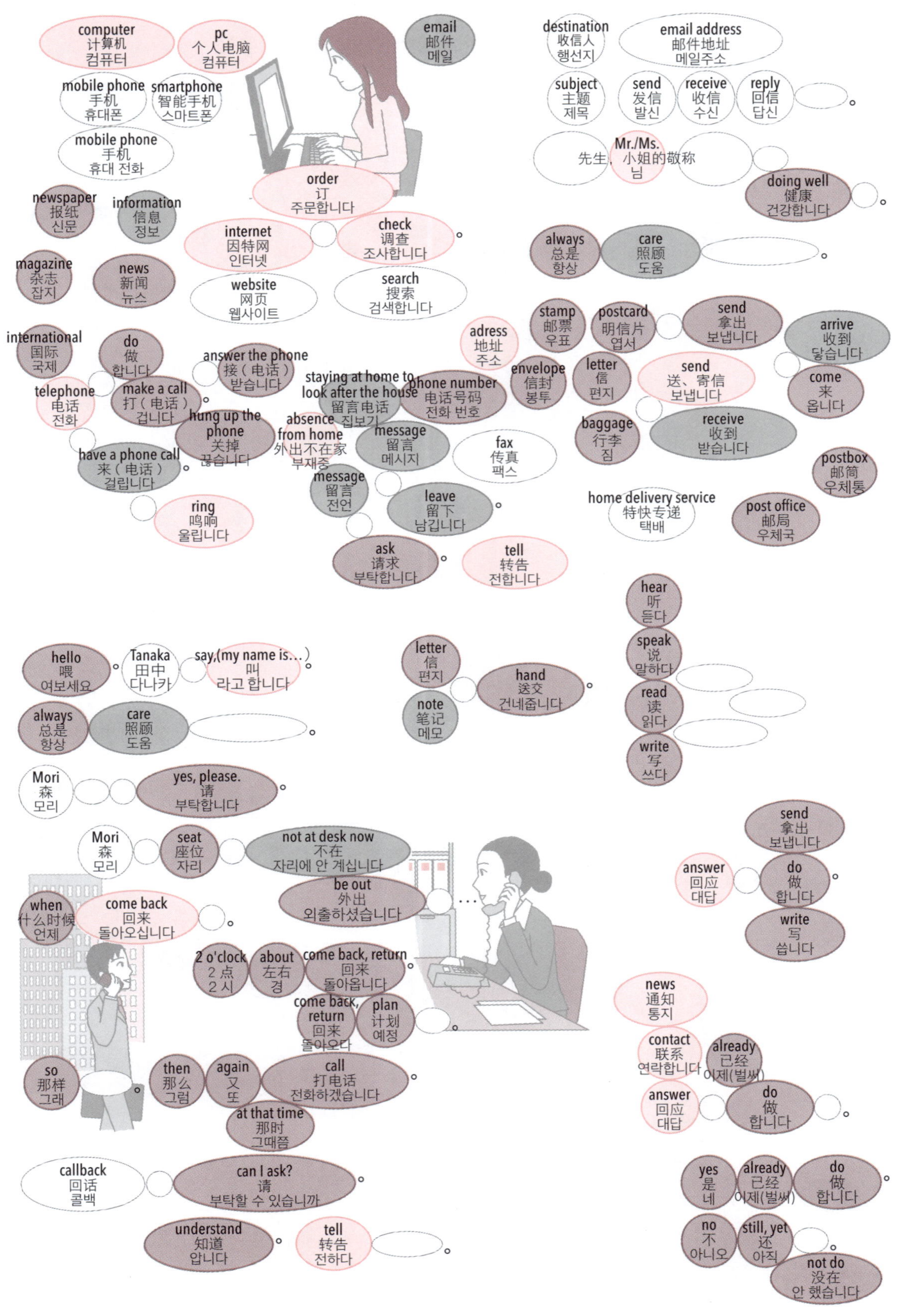

computer 计算机 컴퓨터
pc 个人电脑 컴퓨터
email 邮件 메일
mobile phone 手机 휴대폰
smartphone 智能手机 스마트폰
mobile phone 手机 휴대 전화
destination 收信人 행선지
email address 邮件地址 메일주소
subject 主题 제목
send 发信 발신
receive 收信 수신
reply 回信 답신
Mr./Ms. 先生、小姐的敬称 님
doing well 健康 건강합니다
order 订 주문합니다
newspaper 报纸 신문
information 信息 정보
internet 因特网 인터넷
check 调查 조사합니다
always 总是 항상
care 照顾 도움
magazine 杂志 잡지
news 新闻 뉴스
website 网页 웹사이트
search 搜索 검색합니다
international 国际 국제
do 做 합니다
answer the phone 接（电话） 받습니다
stamp 邮票 우표
postcard 明信片 엽서
send 拿出 보냅니다
arrive 收到 닿습니다
adress 地址 주소
telephone 电话 전화
make a call 打（电话） 겁니다
staying at home to look after the house 留言电话 집보기
phone number 电话号码 전화 번호
envelope 信封 봉투
letter 信 편지
send 送、寄信 보냅니다
come 来 옵니다
hung up the phone 关掉 끊습니다
absence from home 外出不在家 부재중
message 留言 메시지
fax 传真 팩스
baggage 行李 짐
receive 收到 받습니다
have a phone call 来（电话） 걸립니다
message 留言 전언
leave 留下 남깁니다
postbox 邮筒 우체통
home delivery service 特快专递 택배
post office 邮局 우체국
ring 鸣响 울립니다
ask 请求 부탁합니다
tell 转告 전합니다
hear 听 듣다
speak 说 말하다
read 读 읽다
write 写 쓰다
hello 喂 여보세요
Tanaka 田中 다나카
say,(my name is…) 叫 라고 합니다
letter 信 편지
note 笔记 메모
hand 送交 건네줍니다
always 总是 항상
care 照顾 도움
Mori 森 모리
yes, please. 请 부탁합니다
send 拿出 보냅니다
answer 回应 대답
do 做 합니다
write 写 씁니다
Mori 森 모리
seat 座位 자리
not at desk now 不在 자리에 안 계십니다
when 什么时候 언제
come back 回来 돌아오십니다
be out 外出 외출하셨습니다
2 o'clock 2点 2 시
about 左右 경
come back, return 回来 돌아옵니다
come back, return 回来 돌아오다
plan 计划 예정
news 通知 통지
contact 联系 연락합니다
already 已经 이제(벌써)
answer 回应 대답
do 做 합니다
so 那样 그래
then 那么 그럼
again 又 또
call 打电话 전화하겠습니다
at that time 那时 그때쯤
yes 是 네
already 已经 이제(벌써)
do 做 합니다
no 不 아니오
still, yet 还 아직
not do 没在 안 했습니다
callback 回话 콜백
can I ask? 请 부탁할 수 있습니까
understand 知道 압니다
tell 转告 전하다

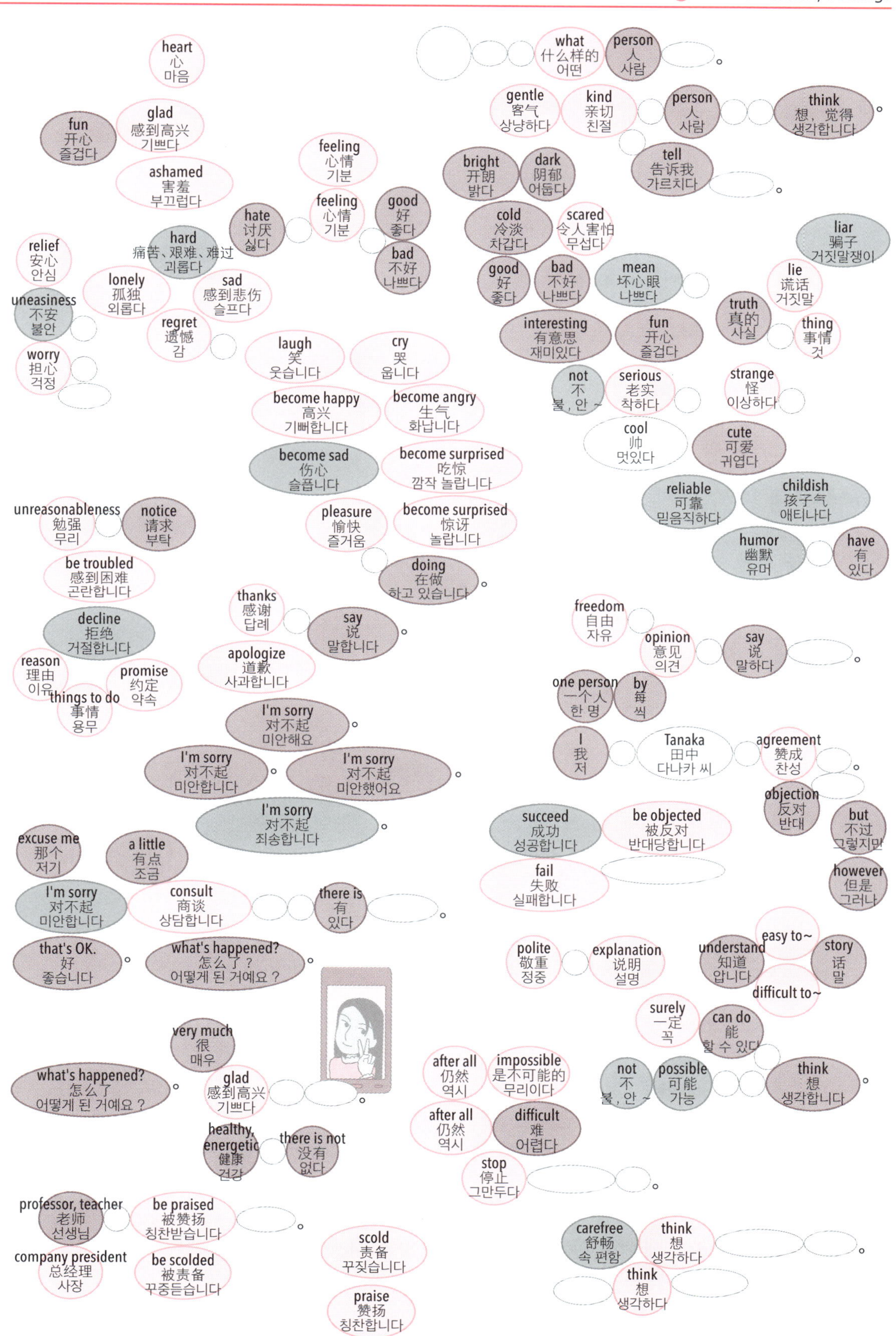

heart 心 마음
fun 开心 즐겁다
glad 感到高兴 기쁘다
ashamed 害羞 부끄럽다
feeling 心情 기분
feeling 心情 기분
good 好 좋다
bad 不好 나쁘다
hate 讨厌 싫다
hard 痛苦、艰难、难过 괴롭다
relief 安心 안심
uneasiness 不安 불안
lonely 孤独 외롭다
sad 感到悲伤 슬프다
regret 遗憾 감
worry 担心 걱정
what 什么样的 어떤
person 人 사람
gentle 客气 상냥하다
kind 亲切 친절
person 人 사람
think 想，觉得 생각합니다
tell 告诉我 가르치다
bright 开朗 밝다
dark 阴郁 어둡다
cold 冷淡 차갑다
scared 令人害怕 무섭다
liar 骗子 거짓말쟁이
mean 坏心眼 나쁘다
lie 谎话 거짓말
good 好 좋다
bad 不好 나쁘다
truth 真的 사실
thing 事情 것
interesting 有意思 재미있다
fun 开心 즐겁다
laugh 笑 웃습니다
cry 哭 웁니다
not 不 불, 안 ~
serious 老实 착하다
strange 怪 이상하다
become happy 高兴 기뻐합니다
become angry 生气 화납니다
cool 帅 멋있다
cute 可爱 귀엽다
become sad 伤心 슬픕니다
become surprised 吃惊 깜작 놀랍니다
reliable 可靠 믿음직하다
childish 孩子气 애티나다
unreasonableness 勉强 무리
notice 请求 부탁
pleasure 愉快 즐거움
become surprised 惊讶 놀랍니다
humor 幽默 유머
have 有 있다
be troubled 感到困难 곤란합니다
doing 在做 하고 있습니다
freedom 自由 자유
decline 拒绝 거절합니다
thanks 感谢 답례
say 说 말합니다
opinion 意见 의견
say 说 말하다
reason 理由 이유
apologize 道歉 사과합니다
promise 约定 약속
things to do 事情 용무
one person 一个人 한 명
by 每 씩
I'm sorry 对不起 미안해요
I 我 저
Tanaka 田中 다나카 씨
agreement 赞成 찬성
I'm sorry 对不起 미안합니다
I'm sorry 对不起 미안했어요
objection 反对 반대
but 不过 그렇지만
I'm sorry 对不起 죄송합니다
succeed 成功 성공합니다
be objected 被反对 반대당합니다
excuse me 那个 저기
a little 有点 조금
fail 失败 실패합니다
however 但是 그러나
I'm sorry 对不起 미안합니다
consult 商谈 상담합니다
there is 有 있다
that's OK. 好 좋습니다
what's happened? 怎么了？ 어떻게 된 거예요？
polite 敬重 정중
explanation 说明 설명
understand 知道 압니다
easy to~
story 话 말
surely 一定 꼭
can do 能 할 수 있다
difficult to~
very much 很 매우
glad 感到高兴 기쁘다
what's happened? 怎么了？ 어떻게 된 거예요？
after all 仍然 역시
impossible 是不可能的 무리이다
not 不 불, 안 ~
possible 可能 가능
think 想 생각합니다
healthy, energetic 健康 건강
there is not 没有 없다
after all 仍然 역시
difficult 难 어렵다
stop 停止 그만두다
professor, teacher 老师 선생님
be praised 被赞扬 칭찬받습니다
scold 责备 꾸짖습니다
carefree 舒畅 속 편함
think 想 생각하다
company president 总经理 사장
be scolded 被责备 꾸중듣습니다
think 想 생각하다
praise 赞扬 칭찬합니다

表現（ひょうげん）

1　うれしそうですね。
（〜そう）

You look happy.
看样子很高兴啊。
기뻐 보이네요.

- Expresses to see something and guess the state of it or what kind of thing it is. 「そう」 is connected to the stem word of an *I*- or *Na*- adjective.
- This expression cannot be used to a thing that one can see and recognize. Ex: きれいな人を見て→×きれいそうです。

★ 对所看到的状态或性质进行推测的表达方式。接在イ・ナ形容词的词干。
★ 从表面上就能看出来时不能用。　例如：きれいな人を見て→×きれいそうです。

● 어떤 것을 보고, 그것이 어떤 상태인지, 어떤 것인지를 추측하는 표현입니다. イ・ナ형용사의 어간에 접속됩니다.
● 보면 알 수 있는 것에 대해서는 쓸 수 없습니다.　예) きれいな人を見て→×きれいそうです。

2　読み始めます・読み終わります
（〜始める／〜終わる／〜続ける）

Start reading / Finish reading
开始读 / 读完。
읽기 시작하겠습니다. / 읽기 끝납니다.

- 「〜始めます」 is used to start action and movement, and 「〜終えます」 is used to finish action and movement.
- 「〜続ける」 is used to continue the same action and movement.
- 「Masu-form verb」 is placed before both of these expressions.　* Reference ⇒ Chapter 14

★ ‘〜始めます’ 表示动作或行为的开始，‘〜終えます’ 表示使动作结束，‘〜終わります’ 表示动作或行为在结束的状态。
★ ‘〜続ける’ 表示继续同一动作或行为。
★ 前面分别都用‘动词的ます形’。　※ 请参考 14 课‘〜続けます’

● 「〜始めます」 는 동작이나 행위를 시작하는 것, 「〜終えます」 는 동작을 끝내는 것, 「〜終わります」 는 동작이나 행위가 끝나는 것을 표현합니다.
● 「〜続ける」 는 같은 동작이나 행위를 계속하는 것을 표현합니다.
● 각각의 앞에는 [동사의 ます형] 이 옵니다.　※참조⇒ 14 과 「〜続けます」

3　わかりやすい話・わかりにくい話
（〜やすい・〜にくい）

Easy story to understand / Difficult story to understand
容易理解的话 / 不好理解的话
알기 쉬운 이야기 / 알기 어려운 이야기

- 「〜やすい」 is used to indicate something is done easily or something is easy. 「〜にくい」 is used to indicate something is difficult.
- This expression comes after the *masu*-form verb.　食べます＋やすい→食べやすい　食べます＋にくい→食べにくい

★ ‘〜やすい’ 表示‘容易做〜’‘做〜很容易’。‘〜にくい’ 表示‘做〜很难’。
★ 接在动词的ます形。食べます＋やすい→食べやすい　食べます＋にくい→食べにくい

● 「〜やすい」 는 [쉽게 〜하다][〜하기 쉽다] 를 의미합니다. 「〜にくい」 는 [〜하기 어렵다] 를 의미 합니다.
● 동사의 ます형에 붙입니다. 食べます＋やすい→食べやすい　食べます＋にくい→食べにくい

4　やっぱり・やはり

as expected / likewise
果然 / 不出所料
역시

- Expresses that something is expected. 「やっぱり」 is more colloquial than 「やはり」.
  Ex: テストは（難しいだろうと思っていたが）やっぱり難しかった。（The test (which I thought was to be difficult) was difficult, as I expected.）

★ 表示如所预料的。‘やっぱり’ 跟 ‘やはり’ 比，多用于口语。
　例如：テストは（難しいだろうと思っていたが）やっぱり難しかった。（考试（预料到会很难）果然很难。）

● 생각한 대로라는 의미입니다. 「やっぱり」 가 「やはり」 보다 구어적입니다.
　예) テストは（難しいだろうと思っていたが）やっぱり難しかった。

5 考えすぎないほうがいいですよ。
（〜ほうがいい）

You had better not to think about it too much.
最好不要想太多
너무 생각하지 않는 것이 좋겠어요 .

◆ Expresses that when giving someone advice or warning.
◆ *Ta*-form and *nai*-form verbs are used. → "〜たほうがいい" "〜ないほうがいい"
Ex: 早く帰ったほうがいいですよ。（You had better go home early.）／そこへは行かないほうがいいですよ。（You had better not go there.）

★ 劝告或忠告他人时的表达方式。
★ 用在夕形或ナイ形后面。→「〜たほうがいい」「〜ないほうがいい」
例如：早く帰ったほうがいいですよ。（最好早点儿回去。）／そこへは行かないほうがいいですよ。（最好别去那儿。）

● 사람에게 조언이나 경고를 할 때 쓰는 표현입니다 .
● 夕형과 ナイ형을 씁니다 . →「〜たほうがいい」「〜ないほうがいい」
예) 早く帰ったほうがいいですよ。（빨리 돌아가는 것이 좋겠습니다 . ）／そこへは行かないほうがいいですよ。（ 거기에는 가지 않는 것이 좋겠습니다 . ）

6 失敗するかもしれません。
（〜かもしれません）

I may fail.
也许会失败。
실패할 지도 모르겠습니다 .

◆ Expresses that there is a possibility of something, although it is not so high. 「〜かもしれない」 comes after a normal form. However, *da* of *na*-adjective and the noun will be deleted.
Ex: 寒くなってきました。明日は雪（だ×）かもしれません。（It becomes cold. It might snow tomorrow.）
◆ 「〜かもしれない」 is often used with 「もしかすると」 or 「ひょっとすると」.

★ 表示可能性不太高，但也有可能。接在普通体后面。但，な形容词和名词要去掉 '〜だ'。
例) 寒くなってきました。明日は雪（だ×）かもしれません。（例如：变冷了。明天也许会下雪。）
★ 有时跟 'もしかすると' 或 'ひょっとすると' 一起使用。

● 확률은 높지 않지만 , 그 가능성이 있다는 것을 나타내는 표현입니다 . 보통체와 접속됩니다 . 다만 , な형용사와 명사의「〜だ」는 삭제됩니다 . 예 : 寒くなってきました。明日は雪（だ×）かもしれません。추워졌습니다 . 내일은 눈이 올 지도 모릅니다 .
● 「もしかすると」 [혹시] 나「ひょっとすると」 [어쩌면] 등과 같이 쓸 경우가 있습니다 .

7 森は席を外しております。

Mori isn't at his desk.
森现在不在座。
모리씨는 지금 자리에 없습니다 .

◆ 「席をはずす」 is used to indicate that a person is not here at the moment. This expression is used at an office to answer a call from other companies.
◆ When answering a call from other companies, even if that call is to your boss, do not use his / her title such as 「さん」 or 「部長」. Ex: 森部長は席を外しております。

★ '席をはずす' 表示现在不在座。在公司接电话时经常用。
★ 接外部电话时，即使是找自己的上司的电话，也不该对上司加 'さん' 或 '部長' 等敬语称呼，而应该只叫姓。
例如：森部長は席を外しております。

● 「席をはずす」 는 , 지금 그 장소에 없다는 것을 의미합니다 . 회사에서 , 다른 회사에게 온 전화 등에서 씁니다 .
● 외부에서 온 전화에는 자신의 상사에게 온 전화일 경우에도 , 상사에게 [상] 이나「部長」 등의 경칭을 쓰지 않고 , 이름 만을 말합니다 . 예) 森部長は席を外しております。

8 もうしました。／まだしていません。
（もう／まだ）

Have done something already. / Haven't done yet.
已经做了。/ 还没有做。
벌써 했습니다 / 아직 안 했습니다 .

◆ 「もう」 is used to indicate that something has already done, and 「まだ」 is used to indicate that something has not done yet.　Ex: それはもう勉強しました。（I have already studied that.）／それはまだ勉強していません。（ I haven't studied it yet.）

★ 'もう' 表示事情已经发生， 'まだ' 表示事情还没有发生。以 'もう＋〜た' 'まだ〜ていません' 的形式来使用。
例如：それはもう勉強しました。／それはまだ勉強していません。

● 「もう」 는 그 일이 벌써 일어났다는 것 ,「まだ」 는 아직 일어나지 않았다는 것을 표현합니다 .「もう＋〜た」「まだ〜ていません」 의 형태로 씁니다 .　예) それはもう勉強しました。／それはまだ勉強していません。

①

A：じゃ、明日は8時半に駅ね。
B：8時半か…。ちょっと心配だなあ。遅れそうになったらメールする。
A：だめだよ、遅れたら！　会場に早く着かないと困るから。1分でも遅れたら、先に行くよ。
B：わかったよ。でも、場所がわからないなあ。
A：ネットで調べればすぐわかるよ。
B：そうだね。
A：でも、ちゃんと来てね。
B：うん。

②

A：鈴木さんはどんな人ですか。
B：とても親切な人ですよ。
A：じゃあ、質問したらいろいろ教えてくれるかな。
B：大丈夫だと思いますよ。まじめだし、やさしいし、いい人ですから。
A：よかった。今度日本語で分からないところ、質問してみます。

A: OK. Let's see at eight thirty at the station tomorrow.
B: Hmmm, eight thirty. A bit worried about it. I'll send you a mail when I'll be about to be late."
A: No! Don't be late. It might be a trouble if we're not arriving there early. If you're late for even 1 minute, I'll go there ahead.
B: OK. But I don't know the place.
A: You'll easily find out if you use an internet.
B: Oh, Yes. That's right.
A: Please go there on time, OK?
B: Yes.

A: What's Mr. Suzuki like?
B: He's a very kind person.
A: Really? Do you think he's going to tell me a lot if I ask him a question?
B: I'm sure he will. He's serious, gentle and nice.
A: I'm glad to hear that. I'll ask him some questions about Japanese that I don't understand next time.

A：那，明天8点半在车站见。
B：8点半啊…有点儿担心啊，赶不上就给你发伊妹儿。
A：不行的，不可以迟到！得提前点儿到会场。晚1分钟，我也会先走的。
B：知道了。不过，我不知道场所呀。
A：上网查查就知道了。
B：是呵。
A：不过，一定要来的。
B：嗯。

A：铃木先生是什么样的人？
B：很亲切的人啊。
A：那，问问题的话，他会告诉我吗？
B：应该没问题的。很老实，又亲切，他是个好人。
A：太好了。下次日语有不懂的地方就去问问他。

A : 그럼 , 내일은 8 시 반에 역에서 보자 .
B : 8 시반… 조금 걱정이네 . 늦을 것 같으면 메일 할께 .
A : 늦으면 안돼！회장에 일찍 도착하지 않으면 곤란하니까 , 1 분이라도 늦으면 먼저 갈 거야 .
B : 알았어 . 근데 , 장소를 잘 모르겠네 .
A : 인터넷으로 검색하면 바로 알 거야 .
B : 그러네 .
A : 그래도 , 잘 와야 해 .
B : 응 .

A : 스즈키씨는 어떤 사람이에요 ?
B : 아주 친절한 사람이에요 .
A : 그럼 , 질문을 하면 여러 가지 가르쳐 줄까요 ?
B : 그렇다고 생각해요 . 진지하고 , 친절하고 , 좋은 사람이니까 .
A : 다행이네 . 다음에 일본어로 모르는 것을 질문 해 볼게요 .

復習ドリル ①
ふくしゅう

／30＋α 点

I 絵を見てことばを書いてください。（　　　　）にはひらがな、□には漢字を書いてください。
え み か　　　　　　　　　　　　　　　　　　　　　　　　　　　　　　かんじ か
Look at the illustration and write the corresponding word. Write hiragana and katakana in ( ), and kanji in □ .　1×16＝16

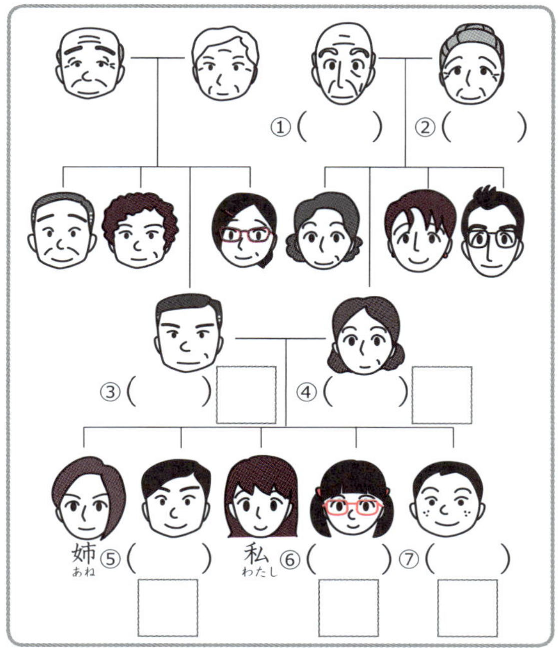
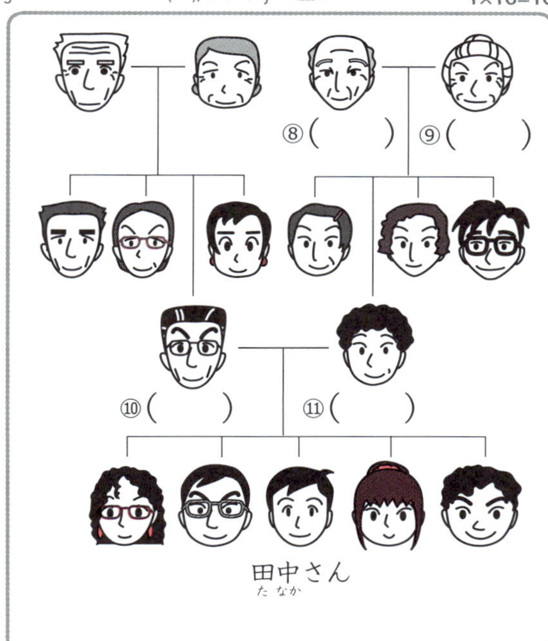

II 絵を見て文を完成させてください。　Look at the illustration and try to complete the sentence.　1×7＝7
え み ぶん かんせい

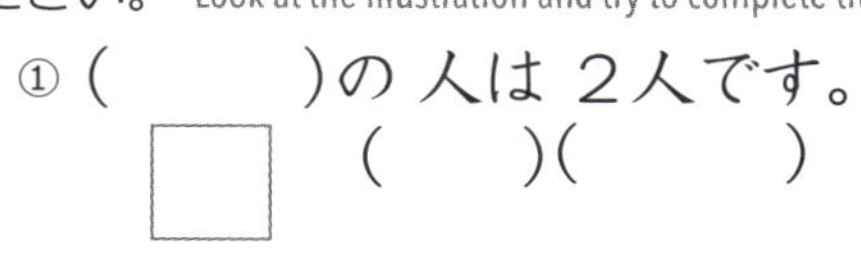

① （　　　　　　）の 人は ２人です。
　　　□　　（　　　）（　　　　　）

② （　　　　　　）の 人は ３人です。
　　　□　　　　　（　　　　　）

III 会話を完成させてください。　Try to complete the conversation.　1×5＝5
かい わ かんせい

①A：あなたの（　　　　　）は
　　（　　　　　）ですか。
　B：４人です。
　　　にん

②A：（　　　　　）がいますか。
　B：４人です。
　　　にん
　A：そうですか。（　　　　）さんは
　　（　　　　　）ですか。
　B：25歳です。
　　　さい

IV 絵を見て思いつくことばを２つ書いてください。漢字がわかるときは漢字も書きましょう。
え み おも か　　　　　　　　　　　　　　　　　　　　かんじ　　　　　　　　かんじ か
３つ以上書くとボーナスポイントになります。
い じょう か　　　　　　　　　　　　　　　　　1×2＝2 ＋ **Bonus Point!** (1×α)

Write 2 words that come to mind when you see the illustration. Try writing a term in kanji whenever you can. If you write three or more, you will earn bonus points.

①　＿＿＿＿＿　　②　＿＿＿＿＿　　＿＿＿＿＿

　　＿＿＿＿＿　　　　＿＿＿＿＿　　＿＿＿＿＿

復習ドリル ❷
ふくしゅう

／30+α 点

I 絵を見てことばを書いてください。（　　　　）にはひらがなかカタカナを、□には漢字を書いてください。
え　み　　かん じ　か

1×28=28

② （　　　　　　　　）
① （　　　　　　　　）　□□
③ （　　　　　　　　）　④ （　　　　　　　　）　⑤ （　　　　　　　　）　□□
（　　　　　　　　）

⑥ （　　　　　　　　）の子　□
こ
（　　　　　　　　）の子　□
こ
⑦ （　　　　　　　　）　□□
⑧ （　　　　　　　　）□□ で （　　　　　　　　）□ いています。

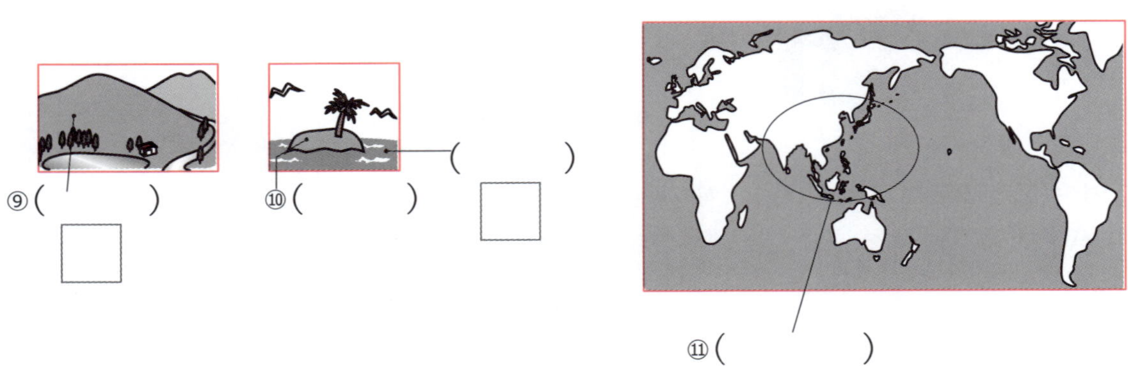

⑨ （　　　　　　　　）　□
⑩ （　　　　　　　　）□　（　　　　　　　　）
⑪ （　　　　　　　　）

II 上の絵を見て思いつくことばを2つ以上書いてください。3つ以上書くとボーナスポイントになります。
うえ　え　み　おも　　　　　　　　　い じょう か　　　　　　　　　　い じょう か

1×2=2 + Bonus Point! (1×α)

① ＿＿＿＿＿＿＿　② ＿＿＿＿＿＿＿　③ ＿＿＿＿＿＿＿　④ ＿＿＿＿＿＿＿　⑤ ＿＿＿＿＿＿＿

＿＿＿＿＿＿＿　＿＿＿＿＿＿＿　＿＿＿＿＿＿＿　＿＿＿＿＿＿＿　＿＿＿＿＿＿＿

復習ドリル ❸
ふくしゅう

I 絵を見てことばを書いてください。（　　　）にはひらがな、□には漢字を書いてください。
かんじ か

1×20=20

例) （ ひ ）
れい

□日 （さし）ます

② （　　　）

③ （　　　）

① （　　　）い

④ （　　　）い

⑤ （　　　）い

⑥ （　　　）

⑦ （　　　）

⑧ （　　　）い

⑨ （　　　）（　　　）

予報

⑩ （　　　）

⑪ （　　　）

⑫ （　　　）

□ が （　　　）ます。

II 1の絵を見て思いつくことばを10書きましょう。漢字がわかるときは漢字も書きましょう。
え み おも か かんじ かんじ か

11以上書くとボーナスポイントになります。
いじょうか

1×10=10 ＋ **Bonus Point!** (1×α)

① ＿＿＿＿＿＿＿

② ＿＿＿＿＿＿＿

③ ＿＿＿＿＿＿＿

④ ＿＿＿＿＿＿＿

⑤ ＿＿＿＿＿＿＿

⑥ ＿＿＿＿＿＿＿

⑦ ＿＿＿＿＿＿＿

⑧ ＿＿＿＿＿＿＿

⑨ ＿＿＿＿＿＿＿

⑩ ＿＿＿＿＿＿＿

＿＿＿＿＿＿＿　＿＿＿＿＿＿＿　＿＿＿＿＿＿＿　＿＿＿＿＿＿＿

復習ドリル ❹
ふくしゅう

／30+α 点

I ①〜⑫の（　　　）にひらがなを、□には漢字を書いてください。　　　1×14=14

□　　　　　□　　　　　□

⑩（　　　）ようび　⑪（　　　）ようび　⑫（　　　）ようび

2014年10月

月	■	■	木	■	土	日
	①	2	③	4	⑤	
⑥	7	⑧	9	⑩	11	12
13	⑭	15	16	17	18	19
⑳	21	22	23	24	25	26
27	28	29	30	31		

①（　　　　）　　⑥（　　　　）

②（　　　　）　　⑦（　　　　）

③（　　　　）　　⑧（　　　　）

④（　　　　）　　⑨（　　　　）

⑤（　　　　）

II 時間の言い方をひらがなで書いてください。　　　1×5=5
じかん　い　かた　　　か

AM 11:24　④（　　　　　）

PM 1:50

①（　　　　）　②（　　　　）　③（　　　　）　⑤（　　　　）

III 絵を見てことばを書いてください。（　　　）にはひらがな、□には漢字を書いてください。
え　み　　　か　　　　　　　　　　　　　　　　　　　かんじ　か

1×9=9

①（　）い（　）します　　□□　　③（　　　　）します　　□□

②（　　　　）します　　④（　　　　）します

IV 絵をヒントにスポーツの名前を2つ書いてください。3つ以上書くとボーナスポイントに
え　　　　　　　　　　なまえ　　　か　　　　　　　いじょうか
なります。

1×2=2 + **Bonus Point!** (1×α)

①　________________　　②　________________

　________________　　　________________

　________________　　　________________

　________________

復習ドリル❺ ふくしゅう

/30＋α 点

I 絵を見てことばを書いてください。え み か　　　1×8=8

①（　　　　　）を（　　　）ます。

②（　　　　　）を（　　　）ます。

③（　　　　　）を（　　）ます。

④（　　　）を（　　　）ます。

II 絵を見てことばを書いてください。え み か　＿＿＿には色を、いろ（　　　）にはものの名前を書いてください。なまえ か
□には漢字を書いてください。かんじ か　　　1×15=15

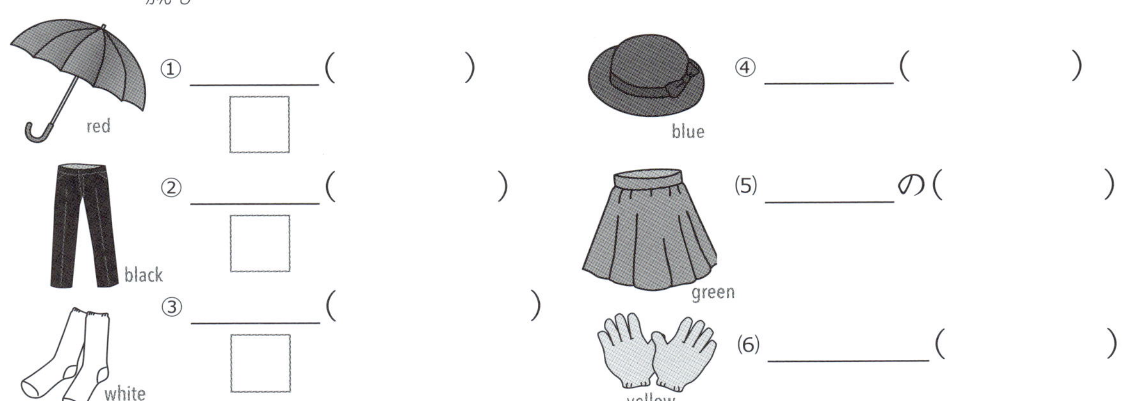

① ＿＿＿＿＿（　　　　　）　□

red

② ＿＿＿＿＿（　　　　　）　□

black

③ ＿＿＿＿＿（　　　　　）　□

white

④ ＿＿＿＿＿（　　　　　）

blue

(5) ＿＿＿＿＿の（　　　　　）

green

(6) ＿＿＿＿＿（　　　　　）

yellow

III 会話を完成させてください。かい わ かんせい　　　1×4=4

A：これを（　　　　）。

B：（　　　　　　）ですか。
　　　　gift

A：はい。（　　　　　　）用に（　　　　）ください。
　　　　present　　よう　　wrap

IV 絵を見て思いつくことを書いてください。3つ以上書いてください。え み おも か　い じょう か　1×3=3 ＋ **Bonus Point!** (1×α)

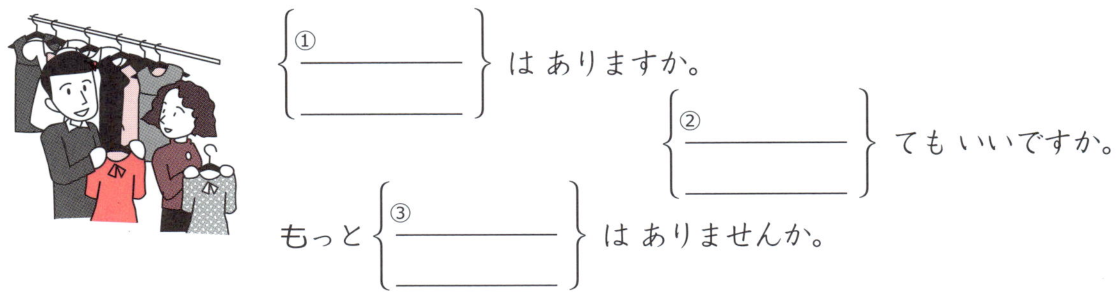

①｛＿＿＿＿＿｝は ありますか。

②｛＿＿＿＿＿｝ても いいですか。

もっと③｛＿＿＿＿＿｝は ありませんか。

155

復習ドリル❻
ふくしゅう

／30＋α 点

Ⅰ 数字の読み方 （How to read numbers）、数のかぞえ方 （How to count）をひらがなで書いてください。
すうじ　よ　かた　　　　　　　　　　　　　　　　　かず　　　　かた　　　　　　　　　　　　　　　　　　　　　　　　　　か

1×9=9

① 79　　　　② 321　　　　③ 1600　　　　④ 33800　　　　⑤ 18654
（　　　　　）（　　　　　）（　　　　　）（　　　　　）（　　　　　）

⑥ ×3　　　⑦ ×1　　　⑧ ×2　　　⑨ ×8
（　　　　　）（　　　　　）（　　　　　）（　　　　　）

Ⅱ 絵を見てことばを書いてください。
え　み　　　　　　　　　か

1×14=14

① （　　　　　）　　② （　　　　　）　　③ （　　　　　）

④ 人が（　　　　　）います。
ひと

⑤ （　　）です。
　（　　）さまですか。

⑥ A：（　　　　　）しましょう。

B：私はカレーに（　　　）。
　わたし

A：え？　早いですね。
　　　　はや

Ⅲ 料理 （Cooking）や飲み物 （Cooking）の名前を7以上書いてください。
りょうり　　　　　　　　の　もの　　　　　　　　なまえ　　い じょうか

1×7=7 ＋ **Bonus Point!** （1×α）

① ＿＿＿＿＿　② ＿＿＿＿＿　③ ＿＿＿＿＿　④ ＿＿＿＿＿　⑤ ＿＿＿＿＿

⑥ ＿＿＿＿＿　⑦ ＿＿＿＿＿

復習ドリル❼
ふくしゅう

I 絵を見てことばを書いてください。（　　　　）にはひらがな、□には漢字を書いてください。
え み　　　　　　か　　　　　　　　　　　　　　　　　　　　　　　　　　かん じ　か

1×10=10

① （　　　　　）　② （　　　　　）　③ （　　　　　）　④ （　　　　　）

⑤ （　　　　　）　⑥ （　　　　　）　⑦ （　　　　）を（　　　）ます。

II 会話を完成させてください。
かい わ　かんせい

1×9=9

A：この（　　　　　　）の作り方を教えてください。
　　　　　　　　　　　　つく　かた　おし

B：はい。（　　　）、野菜を（　　　）ます。
　　　　　　　　　　　や さい　　　cut

　次に、（　　　　　　）を（　　　）きます。
　つぎ　　　chicken　　　　　焼

　（　　　　　　）、野菜をなべに（　　　　　　　）煮ます。
　　　　　　　　　や さい　　　　　　　　　　　boil 煮 끓이다

　（　　　　　　）、（　　　　　　　）にもりつけておわりです。
　　　　　　　　　　　　　　　put~ in a serving dish
　　　　　　　　　　　　　　　拼盘　담는다

III 絵を見て、言葉を書いてください。ほかにも、わかることばを４つ以上書いてください。ボー
え み　こと ば　か　　　　　　　　　　　　　　　　　　　　い じょう か
ナスポイントになります。

1×8=8 + **Bonus Point!** (1×α)

① （　　　　　　　）　② （　　　　　）

③ （　　　　　）

④ （　　　　　）

IV あなたが好きな料理と材料 (ingredients) を２つ以上書いてください。
す　りょう り　ざいりょう　　　　　　　　　　　　　い じょう か

1×3=3 + **Bonus Point!** (1×α)

好きな料理は　　　材料
す　　りょう り　　ざい りょう
　　　　　　　　　ingredients

□ です。

復習ドリル❽（ふくしゅう）

/30＋α 点

I 絵を見てことばを書いてください。（　　　）にはひらがなかカタカナ、□には漢字を書いてください。
1×27＝27

①５階（かい）（　　）てのマンションに（　　　）います。

②（　　　）

③（　　　）　④（　　　）

⑤（　　　）　⑦（　　　）

⑧（　　　）

⑥（　　　）に入ります。（はい）

⑨（　　　）でくつを（　　　）ます。

⑩（　　　）を（　　　）ます。

⑪引き出し（ひ　だ）の（　　）に（　　）が（　　）ます。

⑫不動産屋（ふ　どうさん　や）で（　　　）をさがします。

⑬（　　　）い　⑭（　　　）い

⑮子（こ）どもが（　　）ません。

II あなたは今不動産屋（いま ふ どうさん や）（Realtor）にいます。部屋の条件（へ や じょうけん）（Room requirements）を言いましょう。
「～がいいです」「～てもかまいません」などのことばを使（つか）って３つ以上（い じょう か）書いてください。

1×3＝3 ＋**Bonus Point!**（1×α）

①＿＿＿＿＿＿＿＿＿＿＿＿＿＿＿＿＿

②＿＿＿＿＿＿＿＿＿＿＿＿＿＿＿＿＿

③＿＿＿＿＿＿＿＿＿＿＿＿＿＿＿＿＿

＿＿＿＿＿＿＿＿＿＿＿＿＿＿＿＿＿　＿＿＿＿＿＿＿＿＿＿＿＿＿＿＿＿＿

復習ドリル ❾
ふくしゅう

／30+α 点

I 絵を見てことばを書いてください。（　　　）にはひらがな、□には漢字を書いてください。
え み　　　　　　　　　　　　　か　　　　　　　　　　　　　　　　　　　　　　　　　かんじ　か

1×16=16

②（　　　　　　　）をしました。

①テレビが（　　　　　）ました。
　テレビが（　　　　　）しました。

③お皿が（　　　　　　　）ました。
　さら
　お皿を（　　　　　　　）ました。
　さら

⑤（　　　　　）をとられる。

④かぎを（　　　　　）ました。

⑥（　　　　）（　　　　）が起きました。
　　　　　　　　　　　　　　　　お

⑧まど（　　　　　　）が
　（　　　　　　）います。

⑨（　　　　　）の部屋の
　　　　　　　　　　　へ や
　（　　）が（　　　　　）です。

⑦本だなが（　　　　　　）います。
　ほん

□

II 会話を完成させてください。
かい わ　かんせい

1×10=10

① A：地震が起きたらどうすればいいですか。
　　　じ しん　お
　 B：（　　　　　　）な（　　　　　）に（　　　　　　）ください。

② A：友達にお金を（　　　）しましたが、（　　　　　　）くれません。
　　　とも だち　かね

□

　　どうすればいいですか。
　 B：もう一度、よく話してみてください。
　　　　　　いち ど　　　　はな

③ A：電話で（　　　　）ができないときはどうしますか。
　　　でん わ
　 B：インターネットを（　　　）といいですよ。

④ A：（　　　　　）かったね。車にひかれそうだったよ。
　　　　　　　　　　　　　　くるま
　 B：うん。ちょっと（　　　　）かった。

III あなたがいやだと思うこと、困ることはどんなことですか。思いつくことを４以上書いて
　　　　　　　　　　　　　おも　　　　　　こま　　　　　　　　　　　　　　　　　　おも　　　　　　いじょう か
ください。

1×4=4 + **Bonus Point!** (1×α)

① _________________　　② _________________　　③ _________________

④ _________________　　　 _________________　　　 _________________

復習ドリル⑩ ふくしゅう

/30+α 点

Ⅰ 絵を見てことばを書いてください。（　　　）にはひらがなかカタカナ、□には漢字を書いてください。
え み か　　　かんじ か

1×17=17

① (　　　　　　　)　② (　　　　　　)　③ (　　　　　　　　　)

④ (　　　　　　　)

⑤ (　　　　　　)　⑥ (　　　　)　⑦ (　　　　　　)　⑧ (　　　　)に(　　　　)ます。

⑨ (　　　　　　)　⑩ (　　　　　　)　⑪ (　　　　　　　　)　⑫ (　　　　　)

Ⅱ 絵を見て、道案内の会話を完成させてください。
え み みちあんない かいわ かんせい

1×8=8

A：すみません、小学校は(　　　)ですか。
しょうがっこう

B：ここを(　　　　　)行って、(　　　　　)を(　　　)
い

　に(　　　　)ください。

　少し行く(　)、(　　　　)にありますよ。
すこ い

A：ありがとうございました。

Ⅲ 絵を見て思いつくことばを5つ以上書きましょう。6つ以上書くとボーナスポイントになります。
え み おも いじょうか いじょうか

1×5=5 ＋ Bonus Point! (1×α)

① ____________　② ____________　③ ____________　④ ____________　⑤ ____________

____________　____________　____________　____________　____________

復習ドリル ⑪
ふくしゅう

/30+α 点

I 絵を見てことばを書いてください。（　　　）にはひらがな、□には漢字を書いてください。
え み　　　　　　　　　　　　か

1×19=19

○○HOTEL

② 旅行の（　　　　　　）をする。
りょこう

① （　　　　　）を（　　　　　）する。

③ 東京駅を９時に（　　）ます。
とうきょうえき　　じ

（　　　　　　）します。

東京駅に５時に（　　　）ます。
とうきょうえき　　じ

④ （　　　　　　）な（　　　　　）を見に行きます。
み　い

⑤ 旅行（　　　　）にとった（　　　　　）を旅行の（　　）で友達に（　　　）ます。
りょこう　　　　　　　　　　　　　　　　　　　　りょこう　　　　ともだち

II (1) あなたはどこへ行ったことがありますか。そこはどうでしたか。
い

3×2=6

　　　　　　　　へ 行ったことがあります。
い

(2) あなたがしたことがあることについて書いてください。どうでしたか。
か

　　　　　　　　ことがあります。

III (1) タクシー以外の(Other than a taxi)乗り物を２つ以上書いてください。
いがい　　　　　　　　　　　　の もの　　いじょう か

1×5=5 + **Bonus Point!** (1×α)

① ＿＿＿＿＿　② ＿＿＿＿＿　＿＿＿＿＿　＿＿＿＿＿　＿＿＿＿＿

(2) 旅行に何を持って行きますか。思いつくことばを３つ以上書いてください。
りょこう　なに　も　い　　　　　　　おも　　　　　　　　　いじょう か

① ＿＿＿＿＿　② ＿＿＿＿＿　③ ＿＿＿＿＿　＿＿＿＿＿　＿＿＿＿＿

161

復習ドリル⑫

／30 点

I 絵を見てことばを書いてください。（　　　　）にはひらがなかカタカナ、□には漢字を書いてください。

1×28=28

① （　　　）を（　　　）みます。

② （　　）に（　　　）ます。

③ （　　　）を 植えます。

④ （　　　　）を します。

⑤ （　　　　）に（　　）きます。

⑥ （　　　）を します。

⑦ （　　）が（　　　　）です。　⑧ （　　　）が（　　）です。

⑨ （　　　）を（　　）ます。

あまり（　　）くありません。

⑩毎日（　　　　）の
（　　　　　）を します。

II 趣味は何ですか。いつごろはじめましたか。自分の趣味ついて書いてください。

2×1=2

私のしゅみは　　　　　　ことです。

復習ドリル⑬
ふくしゅう

／30+α 点

I 絵を見てことばを書いてください。（　　　）にはひらがな、□には漢字を書いてください。
え み　　　　　　 か　　　　　　　　　　　　　　　　　　　　　　　かんじ か

1×21=21

①高校を（　　　　　）します。　　②先生が（　　　　　）ます。
こうこう　　　　　　　　　　　　　　　せんせい

大学に（　　　　　）します。　　学生が（　　　　　）ます。
だいがく　　　　　　　　　　　　　　　がくせい

③先生に（　　　　）します。　　④書いて（　　　　）えます。
せんせい　　　　　　　　　　　　　　か

先生が（　　　）えます。　　　　（　　　　）れます。
せんせい

⑤試験を（　）けて合格しました。
しけん　　　　　　　ごうかく

試験に落ちました。
しけん お

⑥ことばの（　　）を
（　　　）で（　　　）ます。

⑦授業（　）欠席します。　　⑦授業の前に勉強します＝（　　　　）する
じゅぎょう けっせき　　　　　　　じゅぎょう まえ べんきょう

授業（　）（　　　　　）します。　授業の後に勉強します＝（　　　　）する
じゅぎょう　　　　　　　　　　　　　じゅぎょう あと べんきょう

II 会話を完成させてください。
かい わ　かんせい

1×7=7

①A：（　　　　）なってすみません。

B：どうして（　　　　）んですか。

A：（　　　　）してしまったんです。

②A：（　　　　）します。山田先生は
やまだせんせい

（　　　　　　）か。

B：先生は（　　　）帰られました。
せんせい　　　　　　 かえ

A：わかりました。

（　　　　）しました。

III 大学の専門(University major)には何がありますか。思いつくことばを2つ以上書いてください。
だいがく せんもん　　　　　　　　　　なに　　　　　　おも　　　　　　　　　い じょう か

1×2=2 ＋ **Bonus Point!** (1×α)

①＿＿＿＿＿＿＿　　②＿＿＿＿＿＿＿

＿＿＿＿＿＿＿　　＿＿＿＿＿＿＿

＿＿＿＿＿＿＿　　＿＿＿＿＿＿＿

復習ドリル⑭
ふくしゅう

I 絵を見てことばを書いてください。（　　　　　）にはひらがなかカタカナ、□には漢字を書いてください。
え　み　　　　　　か　　　　　　　　　　　　　　　　　　　　　　　　　　　　　　　　　かんじ　か
1×6=6

①（　　　　　　　　　）

②（　　　　　　　　　）
　（　　　　　　　　　）

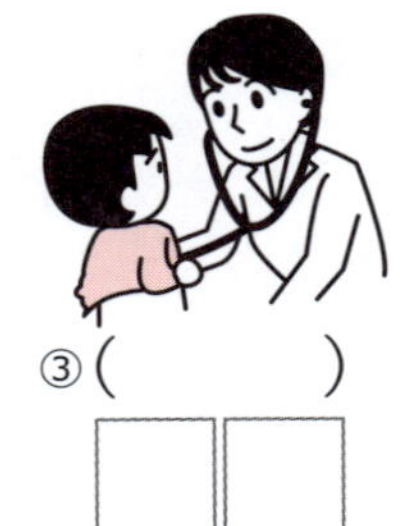

③（　　　　　　　　　）

□□

II ことばを書いてください。（　　　　　）にはひらがな、□には漢字を書いてください。　1×12=12
か　　　　　　　　　　　　　　　　　　　　　　　　　　　　かんじ　か

①しんぶんしゃで働いています。
　　　　　　　はたら
　　　　＝
しんぶんしゃに（　　　　　　）います。

② （　　　　　　　　）←→後輩
　　　　　　　　　　　　こうはい

③ 大変な仕事←→（　　　）な仕事
　たいへん　しごと　　　　　　　　しごと

④ 忙しい日←→（　　　）な日
　いそが　ひ　　　　　　　　　ひ

⑤ 初めて←→（　　　　　　）がある
　はじ

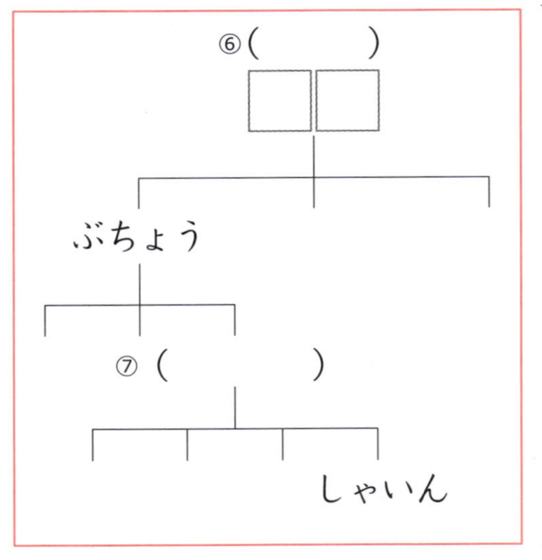

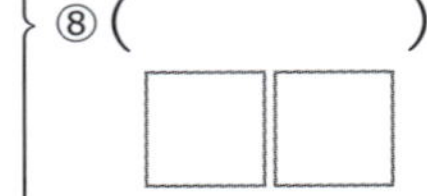

⑧（　　　　　　　）
□□

III 面接をしています。AとBの会話を自由につくってください(Create one as you wish)。　12×1=12
めんせつ　　　　　　　　　　　　　　　かいわ　じゆう

A： <u>この仕事ははじめてですか。</u>
　　　　しごと

B： <u>はい。</u>

A： _______________________________

B： _______________________________

A： _______________________________

B： _______________________________

復習ドリル ⑮
ふくしゅう

I 絵を見てことばを書いてください。（　　　）にはひらがなを、□には漢字を書いてください。
え　み　　　　　か　　　　　　　　　　　　　　　　　　　　　　　かん じ　か

1×25=25

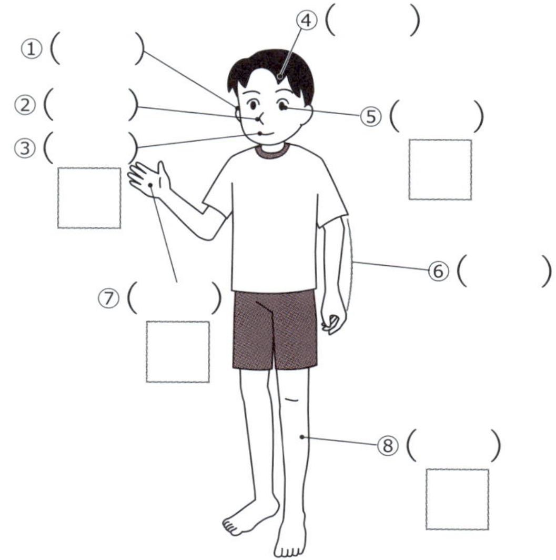

① （　　　　）
② （　　　　）
③ （　　　　）□
④ （　　　　）
⑤ （　　　　）□
⑥ （　　　　）
⑦ （　　　　）□
⑧ （　　　　）□

⑧ （　　　　）が（　　　）いです。

⑨ （　　　）が（　　　）ます。
具合が（　　　）いです。□
ぐ あい

⑩ （　　　　）を（　　　）ます。

⑪ （　　　　）に（　　　　）も
いいですか。

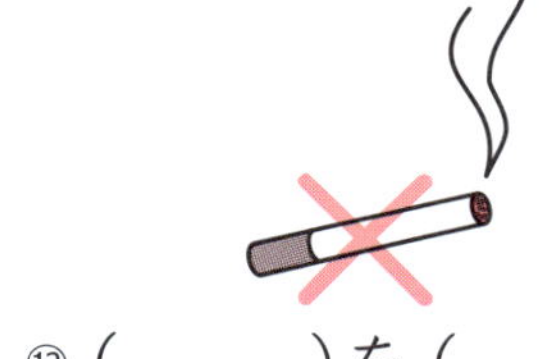

⑫ （　　　　）を（　　　　）は
いけません。

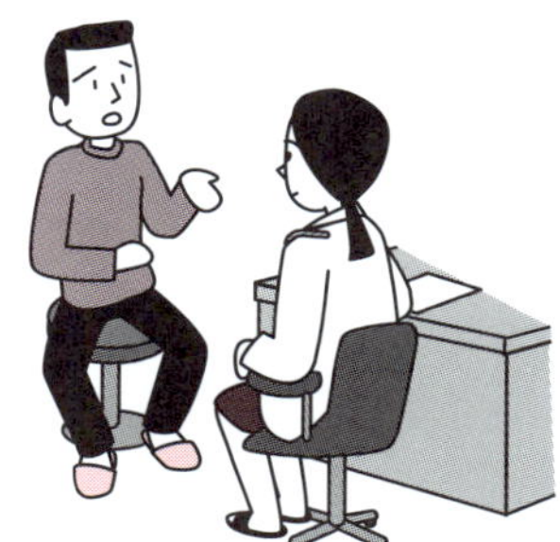

⑬ A：どうしましたか。
B：（　　　　　）を引いたみたいです。
ひ

II 1の絵を見て思いつくことばを5つ以上書いてください。
え み おも　　　　　　　　　　　い じょう か

1×5=5 + **Bonus Point!** (1×α)

① ____________
② ____________
③ ____________
④ ____________
⑤ ____________

____
____
____
____
____

復習ドリル ⑯

／30＋α 点

Ⅰ 敬語で書いてください。（　　　）にはひらがな、□には漢字を書いてください。　　1×16=16

①

　①A：（　　）名前は何と（　　　　　　　　　）か。

　　B：ワンと（　　　　　　　）。　中国から（　　　　　　　）。留学生です。

　　A：（　　）家族はどちらに（　　　　　　　）ますか。

　　B：北京に（　　　　　）。

②A：よくここがわかりましたね。

　B：｛森先生に場所を教えて（　　　　　　）ました。

　　　森先生が場所を教えて（　　　　　　）ました。

③A：今日は楽しかったです。

　　また（　）（　）いしましょう。

　B：ええ。ぜひ。

④みんな元気？→（　　　　　）（　）元気ですか。

　何をもらったんですか。→ 何を（　　　　　　）んですか。

　本をくれたんですか。→ 本を（　　　　　　）んですか。

Ⅱ （　　　）に入ることばを書いてください。　　1×4=4

①このカメラの（　　　　　）方

②ギターの（　　　）方

③きっぷの（　　　）方

④横浜までの（　　方）

｝を 教えてください。

Ⅲ 絵を見てことばを書いてください。（　　　　）にはひらがな、□には漢字を書いてください。

1×6=6

①（　　　　　　　）を（　　　　）ます。

② あけまして（　　　　　　　　　　　）。

　今年も（　　　　　　　　　　　）。

③A：日本の生活にはもう（　　　）ましたか。

　B：はい、（　　　　　　　）で。

Ⅳ 「お」「ご」のつくことばを4以上書いてください。　　例）お名前　　1×4=4 ＋ **Bonus Point!**（1×α）

①＿＿＿＿＿　②＿＿＿＿＿　③＿＿＿＿＿　④＿＿＿＿＿　＿＿＿＿＿　＿＿＿＿＿

166

復習ドリル ⑰
ふくしゅう

／30+α 点

I 絵を見てことばを書いてください。（　　　）にはひらがなを、□には漢字を書いてください。
え　み　　　　か　　　　　　　　　　　　　　　　　　　　　　　　　かんじ　か

1×10=10

②（　　　　）ります

④（　　　　）します
（　　　　）ます

①（　　　　）で（　　　　）を
します。□□

③（　　　　）ます
（　　　　）しい

⑤少し
すこ
（　　　　）ます

II 電話の会話を完成させてください。
でん わ　かい わ　かんせい

1×6=6

A：もしもし、田中と（　　　　）ます。
　　　　　　　　たなか
　　いつもお世話になっております。
　　　　　　せ わ
　　森さんを（　　　　）ます。
　　もり
B：森は（　　　　）おりますが。
　　もり
A：いつ（　　　　）ますか。
B：2時ごろ（　　　　）予定です。
　　　じ　　　　　　　　　よ てい
A：そうですか。またそのころ（　　　　）します。

III 反対の(Opposite)ことばを書いてください。（　　　）にはひらがなを、□には漢字を書いてく
ださい。
かんじ　か

1×11=11

①（　　　　）⟷くらい
□

② いい⟷（　　）い

③ 成功する⟷（　　　　）する
せいこう

④ 本当⟷（　　）
ほんとう

⑤ わかりやすい⟷わかり（　　）い

⑥ ほめられます⟷（　　　　）ます

⑦ 手紙を（　　）ります⟷手紙を受け取ります
　てがみ　　　　　　　　　てがみ　う　と
□

⑧ 読み始めます⟷読み（　　）わります
よ　はじ　　　　　　　　よ
□

IV あなたはどんな性格(Personality)だと思いますか。3以上書いてください。
せいかく　　　　　　　　　おも　　　　　いじょうか

1×3=3 + **Bonus Point!** (1×α)

① ____________________

② ____________________

③ ____________________

____

____

____

復習ドリル1

Ⅰ ①そふ　②そぼ　③ちち　④はは　⑤あに　⑥いもうと　⑦おとうと　⑧おじいさん　⑨おばあさん　⑩おとうさん　⑪おかあさん

Ⅱ ①女（おんな）／ひと／ふたり　②男（おとこ）／さんにん

Ⅲ ①（ご）かぞく／なんにん　②（ご）きょうだい／おにい・おねえ・いもうと・おとうと

Ⅳ （ご）家族／何人／祖父／母／おじいさん／大人／女の人／男の子ペット／犬／11人

復習ドリル2

Ⅰ ①医者（いしゃ）　②かんごし　③はいしゃ　④先生（せんせい）　⑤けいかん／おまわりさん　⑥男（おとこ）／女（おんな）　⑦学生（がくせい）　⑧工場（こうじょう）／働（はたら）　⑨山（やま）　⑩しま／海（うみ）　⑪アジア

Ⅱ

復習ドリル3

Ⅰ ①あたたかい　②春（はる）　③夏（なつ）　④あつ　⑤さむ　⑥冬（ふゆ）　⑦秋（あき）　⑧すずしい　⑨天気（てんき）／よほう　⑩はれ　⑪くもり　⑫雨（あめ）／ふり

Ⅱ

復習ドリル4

Ⅰ ①ついたち　②むいか　③じゅうよっか　④はつか　⑤ようか　⑥みっか　⑦いつか　⑧とおか　⑨じゅうくにち　⑩火（か）　⑪水（すい）　⑫金（きん）

Ⅱ ①よじ　②しちじはん／しちじさんじゅっぷん　③くじじゅうごふん　④ごぜんじゅういちじにじゅうよんぷん　⑤ごごいちじごじゅっぷん

Ⅲ 買（か）／物（もの）　②旅行（りょこう）　③勉強（べんきょう）　④けっこん　⑤さんぽ

Ⅳ サッカー／やきゅう／テニス／ジョギング

復習ドリル5

Ⅰ ①ネクタイ／し　②めがね／かけ　③スーツ／き　④くつ／はき

Ⅱ ①赤（あか）／かさ　②黒（くろ）／ズボン　③白（しろ）／くつした　④青（あお）／ぼうし　⑤みどり／スカート　⑥きいろ／てぶくろ

Ⅲ ください／おくりもの／プレゼント／つつんで

Ⅳ ①これのあか／Mサイズ　②きてみ／み　③ちいさい／やすい

復習ドリル6

Ⅰ ①ななじゅうきゅう　②さんびゃくにじゅういち　③せんろっぴゃく　④さんまんさんぜんはっぴゃく　⑤いちまんはっせんろっぴゃくごじゅうよん　⑥さんばい　⑦いっぽん　⑧ふたつ　⑨はちさつ

Ⅱ ①グラス　②（お）さら　③スプーン　④ならんで　⑤二人（ふたり）／なんめい　⑥注文（ちゅうもん）／します　★この答えでよいか？

Ⅲ おすし／ラーメン／ハンバーグ／サンドイッチ／パン／チーズ／サラダ／スープ／ケーキ／ジュース／お（酒）　など

復習ドリル7

Ⅰ ①たまご　②肉（にく）　③魚（さかな）　④ぎゅうにゅう　⑤おべんとう　⑥くだもの　⑦しょうゆ／つけ

Ⅱ りょうり／まず／きり／とりにく／や／それから／いれて／さいごに

Ⅲ ①はし　②フォーク　③ナイフ　④ちゃわん（れい）りょうり／たべもの／こめ／ごはん／おさら／しずか／つくえ／ふたり

Ⅳ （れい）好きな料理：カレー　材料：とりにく／やさい／ごはん

復習ドリル8

Ⅰ ①建（だ）／住（すんで）　②ほんだな　③カーテン　④まど　⑤シャワー　⑥おふろ　⑦かいだん　⑧かべ　⑨げんかん／ぬぎ　⑩スリッパ／はき　⑪中（なか）／かぎ／あり　⑫部屋（へや）　⑬広（ひろ）　⑭せま　⑮起き（おき）

Ⅱ 部屋が狭くてもかまいません。／広い部屋がいいです。／駅が遠くてもいいです。／便利な場所がいいです。／家ちんが安い部屋がいいです。　など

復習ドリル9

Ⅰ ①こわれ／こしょう　②けが　③われ／わり　④なくし　⑤さいふ　⑥こうつう／じこ　⑦たおれて　⑧／われて　⑨となり／音（おと）／うるさい

Ⅱ ①つくえ／した／かくれて　②貸（か）／かえして　③はなし／つかう　④あぶな／こわ

Ⅲ かじ／こうつうじこ／くるまのこしょう／かぎをなくすこと／さいふをぬすまれること／おかねをかすこと

復習ドリル 10

Ⅰ ①ゆうびんきょく　②銀行（ぎんこう）　③どうぶつえん　④こうえん　⑤飛行機　⑥ふね　⑦電車（でんしゃ）　⑧タクシー／のり　⑨こうさてん　⑩しんごう　⑪ちゅうしゃじょう　⑫はし

Ⅱ どこ／まっすぐ／かど／右（みぎ）／まがって／と／左（ひだり）

Ⅲ （れい）しょくどう／はなや／とこや／にくや／ほんや／レストラン／やっきょく／きっさてん／さかなや／くつや

復習ドリル 11

Ⅰ ①ホテル／よやく　②じゅんび　③出（で）／しゅっぱつ／着（つ）き　④有名（ゆうめい）／おてら　⑤中（ちゅう）／写真（しゃしん）／あと／見せ

Ⅱ （れい）ほっかいどう　けしきがきれいでした。
（れい）スキーをした　うまくできませんでしたが、楽しかったです。

Ⅲ （れい）①バス／しんかんせん／でんしゃ／くるま
②カメラ／ちず／おかね／きっぷ

復習ドリル 12

Ⅰ ①本（ほん）／読（よ）　②山（やま）／のぼり　③花（はな）　④ゲーム　⑤買い物／行（い）　⑥スキー　⑦歌（うた）／上手（じょうず）　⑧おどり／下手（へた）　⑨ギター／ひき／うま　⑩ピアノ／れんしゅう

Ⅱ （れい）まんがをかくことです。高校生のころから始めました。

復習ドリル 13

Ⅰ ①そつぎょう／入学（にゅうがく）　②教（おしえ）／習（ならい）　③しつもん／こた　④おぼ／わす　⑤う　⑥いみ／じしょ／しら

べ　⑦を／に／ちこく　⑦よしゅう　⑧ふくしゅう

Ⅱ ①おそく／おくれた／ねぼう　②しつれい／いらっしゃいます／もう／しつれい

Ⅲ ほうりつ／けいざい／せいじ／しゃかい／ぶんがく／せいようぶんか／れきし／いがく／えいご　など

復習ドリル 14

Ⅰ ①ニュース　②こうばん　③医者（いしゃ）

Ⅱ ①つとめて　②せんぱい　③らく　④ひま　⑤けいけん　⑥社長（しゃちょう）　⑦かちょう　⑧会社（かいしゃ）

Ⅲ れい）A：だれでもできる仕事ですから、だいじょうぶですよ。
　　　B：がんばります。
　　　A：週3日以上働けますか。
　　　B：はい。よろしくお願いします。

復習ドリル 15

Ⅰ ①みみ　②はな　③口（くち）　④かみ　⑤目（め）　⑥（うで）　⑦手（て）　⑧（あし）　⑧おなか／いた　⑨ねつ／あり／悪（わる）　⑩くすり／のみ　⑪おふろ／はいって　⑫たばこ／すって　⑬かぜ

Ⅱ からだ／くび／ゆび／あたまがいたい／びょうき／からだがおもい／びょういんにかよう／やっきょく／びょうきをなおします　など

復習ドリル 16

Ⅰ ①お／おっしゃいます／もうします／まいりました／ご／いらっしゃい／おります　②いただき／ください　③お／会（あ）　④みなさん／お／いただいた／くださった

Ⅱ ①つかい　②ひき　③かい　④いき

Ⅲ ①プレゼント／あげ（もらい）　②おめでとうございます。／よろしくおねがいします。　③なれ／おかげさま

Ⅳ （れい）おげんき／ごけっこん／おたんじょうび／ごせつめい／ごあいさつ／おてら

復習ドリル 17

Ⅰ ①パソコン／仕事？　②おこ　③なき／かな　④びっくり／おどろき　⑤わらい

Ⅱ もうし／おねがいし／でかけて（席をはずして）／もどられ／もどる／おでんわ

Ⅲ 明（あかるい）／わる／しっぱい／うそ／にく／しかられ／送（おく）／終（お）

Ⅳ （れい）まじめ／あかるい／こどもっぽい／やさしい／つめたい　など

1 自己紹介①〜家族

赤ちゃん	あかちゃん
赤ん坊	あかんぼう
あなた	
兄	あに
姉	あね
あの	
いいえ	
1歳	いっさい
5つ	いつつ
犬	いぬ
います	
妹	いもうと
うん	
ええ	
お母さん	おかあさん
おかげさまで	おかげさまで
お子さん	おこさん
叔父	おじ
伯父	おじ
おじいさん	
叔父さん	おじさん
伯父さん	おじさん
おじょうさん	
夫	おっと
お父さん	おとうさん
弟	おとうと
男の子	おとこのこ
男の人	おとこのひと
お年寄り	おとしより
大人	おとな
お兄さん	おにいさん
お姉さん	おねえさん
叔母	おば
伯母	おば
おばあさん	おばあさん
叔母さん	おばさん
伯母さん	おばさん
親	おや
女の子	おんなのこ
女の人	おんなのひと
家族	かぞく
方	かた
彼女	かのじょ
彼	かれ
彼ら	かれら
9歳	きゅうさい
99歳	きゅうじゅうきゅうさい
90人	きゅうじゅうにん
9人	きゅうにん
兄弟	きょうだい
〜くん	
元気	げんき
ご家族	ごかぞく
ご兄弟	ごきょうだい
9つ	ここのつ
5歳	ごさい

53歳	ごじゅうさんさい
50人	ごじゅうにん
子供	こども
小鳥	ことり
5人	ごにん
この	この
ご両親	ごりょうしん
〜歳	さい
さま	
〜さん	
3歳	さんさい
31歳	さんじゅういっさい
30人	さんじゅうにん
3人	さんにん
自己紹介	じこしょうかい
七人	しちにん
自分	じぶん
10	じゅう
11人	じゅういちにん
11歳	じゅういっさい
12歳	じゅうにさい
10人	じゅうにん
10歳	じゅっさい
紹介	しょうかい
女性	じょせい
そうです	
そうですか	
そうですね	
その	
祖父	そふ
祖母	そぼ
〜たち	
田中	たなか
誰	だれ
男性	だんせい
父	ちち
〜ちゃん	
妻	つま
どうぞよろしくお願いします	
	どうぞよろしくおねがいします
どなた	
飛びます	とびます
友達	ともだち
鳥	どり
鳴きます	なきます
7歳	ななさい
70人	ななじゅうにん
76歳	ななじゅうろくさい
7つ	ななつ
7人	ななにん
名前	なまえ
何歳	なんさい
何人	なんにん
2歳	にさい
20人	にじゅうにん
似ます	にます
〜人	〜にん
人数	にんずう

猫	ねこ
年齢	ねんれい
はい	
はじめまして	
20歳	はたち
80人	はちじゅうにん
88歳	はちじゅうはっさい
8人	はちにん
8歳	はっさい
母	はは
人	ひと
1つ	ひとつ
1人／一人	ひとり
100歳	ひゃくさい
100人	ひゃくにん
2つ	ふたつ
2人	ふたり
二人	ふたり
僕	ぼく
3つ	みっつ
みなさま	
みなさん	
みんな	
息子	むすこ
息子さん	むすこさん
娘	むすめ
娘さん	むすめさん
6つ	むっつ
申します	もうします
8つ	やっつ
山田	やまだ
4つ	よっつ
4人	よにん
呼びます	よびます
4歳	よんさい
42歳	よんじゅうにさい
40人	よんじゅうにん
両親	りょうしん
零歳	れいさい／ぜろさい
6歳	ろくさい
65歳	ろくじゅうごさい
60人	ろくじゅうにん
6人	ろくにん
若い	わかい
私	わたし

	語	読み
☐	アジア	
☐	アフリカ	
☐	アマゾン川	アマゾンがわ
☐	アメリカ	
☐	あります	
☐	ある	
☐	いい	
☐	いいえ	
☐	医者	いしゃ
☐	一年生	いちねんせい
☐	一番	いちばん
☐	田舎	いなか
☐	今	いま
☐	海	うみ
☐	運転手	うんてんしゅ
☐	英語	えいご
☐	エベレスト	
☐	お医者さん	おいしゃさん
☐	多い	おおい
☐	大きい	おおきい
☐	大阪	おおさか
☐	オーストラリア	
☐	億	おく
☐	オセアニア	
☐	お巡りさん	おまわりさん
☐	海岸	かいがん
☐	外国	がいこく
☐	介護師	かいごし
☐	会社	かいしゃ
☐	会社員	かいしゃいん
☐	学生	がくせい
☐	学校	がっこう
☐	川	かわ
☐	看護師	かんごし
☐	木	き
☐	機会	きかい
☐	北	きた
☐	来ます	きます
☐	教師	きょうし
☐	きれい(な)	
☐	キロ	
☐	国	くに
☐	〜くらい/ぐらい	
☐	比べます	くらべます
☐	車	くるま
☐	警官	けいかん
☐	景色	けしき
☐	研究生	けんきゅうせい
☐	〜語	〜ご
☐	工業	こうぎょう
☐	高校生	こうこうせい
☐	工場	こうじょう
☐	公務員	こうむいん
☐	盛ん(な)	さかん(な)
☐	砂漠	さばく
☐	産業	さんぎょう
☐	仕事	しごと
☐	静か(な)	しずか(な)
☐	島	しま
☐	首都	しゅと
☐	小学生	しょうがくせい
☐	知ります	しります
☐	〜人	〜じん
☐	人口	じんこう
☐	少ない	すくない
☐	スペイン	
☐	住みます	すみます
☐	生産	せいさん
☐	生徒	せいと
☐	世界	せかい
☐	ぜひ	
☐	千	せん
☐	先生	せんせい
☐	そこ	
☐	タイ	
☐	大学院生	だいがくいんせい
☐	大学生	だいがくせい
☐	高い	たかい
☐	田中	たなか
☐	小さい	ちいさい
☐	中央	ちゅうおう
☐	中学生	ちゅうがくせい
☐	勤めます	つとめます
☐	店員	てんいん
☐	〜という	
☐	東京	とうきょう
☐	東南	とうなん
☐	所	ところ
☐	都市	とし
☐	どちら	
☐	どっち	
☐	どんな	
☐	長い	ながい
☐	〜など	
☐	にぎやか(な)	にぎやか(な)
☐	西	にし
☐	2倍	にばい
☐	二番目(に)	にばんめ(に)
☐	2分の1	にぶんのいち
☐	日本	にほん
☐	農家	のうか
☐	農業	のうぎょう
☐	はい	
☐	歯医者	はいしゃ
☐	パソコン	
☐	働きます	はたらきます
☐	話します	はなします
☐	林	はやし
☐	バンコク	
☐	東	ひがし
☐	低い	ひくい
☐	病院	びょういん
☐	広い	ひろい
☐	びわ湖	びわこ
☐	富士山	ふじさん
☐	ベトナム	
☐	町	まち
☐	万	まん
☐	真ん中	まんなか
☐	湖	みずうみ
☐	南	みなみ
☐	村	むら
☐	メートル	
☐	もちろん	
☐	森	もり
☐	約	やく
☐	山	やま
☐	有名(な)	ゆうめい(な)
☐	輸出	ゆしゅつ
☐	輸入	ゆにゅう
☐	ヨーロッパ	
☐	留学生	りゅうがくせい
☐	ルーマニア	
☐	6千万	ろくせんまん
☐	私	わたし

☐ 上がります	あがります	
☐ 秋	あき	
☐ 明けます［年が～］	あけます	
☐ 朝	あさ	
☐ 明日	あした／あす	
☐ 暖かい	あたたかい	
☐ 暑い	あつい	
☐ あまり～ない	あまり～ない	
☐ 雨	あめ	
☐ あります	あります	
☐ 良い	いい／よい	
☐ 石	いし	
☐ 1月／一月	いちがつ	
☐ 一年	いちねん	
☐ 一番	いちばん	
☐ インドネシア		
☐ 雨季	うき	
☐ うさぎ		
☐ 美しい	うつくしい	
☐ 運動	うんどう	
☐ 枝	えだ	
☐ おかしい		
☐ お正月	おしょうがつ	
☐ お月見	おつきみ	
☐ お花見	おはなみ	
☐ 泳ぎます	およぎます	
☐ 蚊	か	
☐ 会	かい	
☐ 傘	かさ	
☐ 風	かぜ	
☐ 雷	かみなり	
☐ 枯れます	かれます	
☐ 乾きます	かわきます	
☐ 乾季	かんき	
☐ 乾燥	かんそう	
☐ 気温	きおん	
☐ 季節	きせつ	
☐ 急に	きゅうに	
☐ 空気	くうき	
☐ 9月／九月	くがつ	
☐ 草	くさ	
☐ 国	くに	
☐ 曇り／曇	くもり	
☐ 曇ります	くもります	
☐ 暮れます	くれます	
☐ 洪水	こうずい	
☐ 紅葉	こうよう	
☐ ゴールデンウィーク		
☐ 5月／五月	ごがつ	
☐ サーフィン		
☐ 下がります	さがります	
☐ 咲きます	さきます	
☐ 桜	さくら	
☐ さします	さします	
☐ 寒い	さむい	
☐ 3月／三月	さんがつ	
☐ 4月／四月	しがつ	
☐ 四季	しき	
☐ 7月／七月	しちがつ	
☐ 湿度	しつど	
☐ 11月／十一月	じゅういちがつ	
☐ 10月／十月	じゅうがつ	
☐ 12月／十二月	じゅうにがつ	
☐ 水泳	すいえい	
☐ スキー		
☐ スケート		
☐ 涼しい	すずしい	
☐ ずっと	ずっと	
☐ 砂	すな	
☐ スノーボード		
☐ 洗濯	せんたく	
☐ 空	そら	
☐ 高い	たかい	
☐ 出します	だします	
☐ だんだん		
☐ 月	つき	
☐ 続きます	つづきます	
☐ ～続く	～つづく	
☐ 積もります	つもります	
☐ 梅雨	づゆ	
☐ 強い	つよい	
☐ 強く	つよく	
☐ 天気	てんき	
☐ 天気予報	てんきよほう	
☐ 動物	どうぶつ	
☐ ときどき	ときどき	
☐ 年	とし	
☐ とても		
☐ 夏	なつ	
☐ 夏休み	なつやすみ	
☐ 波	なみ	
☐ 鳴ります	なります	
☐ なります	なります	
☐ 2月	にがつ	
☐ 入学	にゅうがく	
☐ ぬれます	ぬれます	
☐ 熱帯	ねったい	
☐ 登ります	のぼります	
☐ 葉	は	
☐ 8月／八月	はちがつ	
☐ 花	ばな	
☐ 春	はる	
☐ 春休み	はるやすみ	
☐ 晴れ／晴	はれ	
☐ 晴れます	はれます	
☐ 日	ひ	
☐ 日傘	ひがさ	
☐ 低い	ひくい	
☐ 日ざし	ひざし	
☐ 日焼けします	ひやけします	
☐ プール		
☐ 吹きます	ふきます	
☐ 冬	ふゆ	
☐ 冬休み	ふゆやすみ	
☐ 降ります	ふります	
☐ 変(な)	へん (な)	
☐ 星	ほし	
☐ 虫	むし	
☐ 持っていきます	もっていきます	
☐ 物	もの	
☐ 焼けます	やけます	
☐ 山	やま	
☐ やみます	やみます	
☐ 雪	ゆき	
☐ よい		
☐ よく		
☐ 弱い	よわい	
☐ 6月／六月	ろくがつ	
☐ 私	わたし	
☐ 悪い	わるい	

語	読み
会います	あいます
朝	あさ
明後日	あさって
明日	あした
雨	あめ
あります	あります
アルバイト	
いい	いい
行きます	いきます
1時	いちじ
いつ	
5日	いつか
1分	いっぷん
イベント	
今	いま
起きます	おきます
一昨日	おととい
一昨年	おととし
おめでとうございます	
会議	かいぎ
買い物	かいもの
変えます	かえます
帰ります	かえります
火曜日	かようび
カレンダー	
変わります	かわります
帰国	きこく
記念	きねん
昨日	きのう
来ます	きます
決まります	きまります
9分	きゅうふん
今日	きょう
去年	きょねん
金	きん
金曜日	きんようび
9月	くがつ
9時	くじ
〜くらい/ぐらい	
今朝	けさ
月	げつ
結婚	けっこん
月曜日	げつようび
午後	ごご
9日	ここのか
5時	ごじ
午前	ごぜん
今年	ことし
5分	ごふん
ごみ/ゴミ	
〜ごろ/ころ	
今月	こんげつ
コンサート	
今週	こんしゅう
今度	こんど
今晩	こんばん
今夜	こんや
サッカー	
再来月	さらいげつ
再来週	さらいしゅう
再来年	さらいねん
3時	さんじ
3時間	さんじかん
31日	さんじゅういちにち
30日	さんじゅうにち
30分	さんじゅっぷん
3分	さんぷん
散歩	さんぽ
試合	しあい
四季	しき
仕事	しごと
7時	しちじ
します	
しません	
週末	しゅうまつ
祝日	しゅくじつ
出張	しゅっちょう
食事	しょくじ
11時	じゅういちじ
11日	じゅういちにち
19日	じゅうくにち
15日	じゅうごにち
15分	じゅうごふん
13日	じゅうさんにち
10時	じゅうじ
17日	じゅうしちにち
12時	じゅうにじ
12日	じゅうににち
18日	じゅうはちにち
14日	じゅうよっか
16日	じゅうろくにち
授業	じゅぎょう
10分	じゅっぷん
ジョギング	
水曜日	すいようび
スケジュール	
すみません	
先月	せんげつ
先週	せんしゅう
先々月	せんせんげつ
先々週	せんせんしゅう
誕生日	たんじょうび
中止	ちゅうし
1日	ついたち
都合	つごう
デート	
テニス	
10日	とおか
どこ	
土日	どにち
友達	ともだち
土曜日	どようび
夏休み	なつやすみ
7分	ななふん
何	なに
7日	なのか
何月何日	なんがつなんにち
何時	なんじ
何分	なんぷん
2時	にじ
21日	にじゅういちにち
29日	にじゅうくにち
25日	にじゅうごにち
23日	にじゅうさんにち
27日	にじゅうしちにち
22日	にじゅうににち
28日	にじゅうはちにち
24日	にじゅうよっか
26日	にじゅうろくにち
日	にち
日曜日	にちようび
2分	にふん
日本	にほん
寝ます	ねます
年	ねん
歯医者	はいしゃ
8月	はちがつ
8時	はちじ
20日	はつか
8分	はっぷん
半	はん
晩	ばん
ピアノ	
飛行機	ひこうき
引っ越し	ひっこし
暇	ひま
病院	びょういん
美容院	びよういん
昼	ひる
昼間	ひるま
昼休み	ひるやすみ
2日	ふつか
勉強	べんきょう
変更	へんこう
北海道	ほっかいどう
ボランティア	
毎朝	まいあさ
毎週	まいしゅう
毎月	まいつき
毎年	まいとし
毎日	まいにち
毎晩	まいばん
3日	みっか
見ます	みます
6日	むいか
もうすぐ	
木曜日	もくようび
戻ります	もどります
野球	やきゅう
約束	やくそく
休み	やすみ
やめます	
夕方	ゆうがた
用	よう
8日	ようか
用事	ようじ
曜日	ようび
4時	よじ
4日	よっか
予定	よてい
予約	よやく

☐	夜	よる
☐	4分	よんぷん
☐	来月	らいげつ
☐	来週	らいしゅう
☐	来年	らいねん
☐	ランチ	
☐	旅行	りょこう
☐	0時	れいじ
☐	練習	れんしゅう
☐	6時	ろくじ
☐	6週間	ろくしゅうかん
☐	6分	ろっぷん
☐	悪い	わるい

合います	あいます
青	あお
青い	あおい
赤	あか
赤い	あかい
アクセサリー	アクセサリー
新しい	あたらしい
あります	
あんな	
いい	
いかが	
幾つ	いくつ
いくら・幾ら	いくら
1円	いちえん
1階	いっかい
1個	いっこ
五つ／5つ	いつつ・いつ
糸	いと
いらっしゃい（ませ）	
色	いろ・しき・しょく
いろいろ（な）	
売ります	うります
売り場	うりば
上着	うわぎ
S	エス
M	エム
選びます	えらびます
L	エル
〜円	えん
大きい	おおきい
お金	おかね
億	おく
贈り物	おくりもの
おつり	
同じ	おなじ
お願いします	おねがいします
重い	おもい
カード	
〜階	かい
買います	かいます
買い物	かいもの
傘	かさ
形	かたち・かた・けい
格好	かっこう
かぶります	
軽い	かるい
革	かわ
黄色	きいろ
黄色い	きいろい
絹	きぬ
着ます	きます
決めます	きめます
着物	きもの
9円	きゅうえん
9階	きゅうかい
9個	きゅうこ
きれい（な）	
ください	
靴	くつ
靴下	くつした
黒	くろ
黒い	くろい
5円	ごえん
コート	
5階	ごかい
5個	ごこ
九つ／9つ	ここのつ
これ	
こんな	
サイズ	
財布	さいふ
探している	さがしている
探します	さがす
触ります	さわります
3円	さんえん
3階	さんかい・さんがい
3個	さんこ
サンダル	
下着	したぎ
品物	しなもの
シャツ	
十／10	じゅう・とお
10円	じゅうえん
十万	じゅうまん
10階	じゅっかい・じっかい
10個	じゅっこ・じっこ
白	しろ・はく
白い	しろい
スーツ	
スカート	
ズボン	
製品	せいひん
セーター	
背広	せびろ
千	せん
千万	せんまん
それ	
大体	だいたい
タイプ	
高い	たかい
小さい	ちいさい
小さな	ちいさな
違う	ちがう
茶色	ちゃいろ・ちゃいろい
茶色い	ちゃいろ・ちゃいろい
ちょうどいい	
つけます	
包みます	つつみます
デザイン	
デパート	
手袋	てぶくろ
どうぞ	
十／10	とお・じゅう
取り替え	とりかえ
長い	ながい
7円	ななえん
7階	ななかい
7個	ななこ
七つ／7つ	ななつ
何円	なんえん
何階	なんかい
何個	なんこ
2円	にえん
2階	にかい
2個	にこ
脱ぎます	ぬぎます
ネクタイ	
値段	ねだん
はい	はい
履きます	はきます
8円	はちえん
8階	はちかい・はっかい
8個	はちこ・はっこ
払います	はらいます
一つ／1つ	ひとつ
百	ひゃく
百万	ひゃくまん
服	ふく
二つ／2つ	ふたつ
古い	ふるい
プレゼント	
別	べつ
帽子	ぼうし
ほか	
ポケット	
欲しい	ほしい
ボタン	
マフラー	
迷います	まよいます
万	まん
短い	みじかい
三つ／3つ	みっつ・みつ
緑	みどり
見ます	みる
六つ／6つ	むっつ・むつ
もう	もう
もう少し	
もっと	
木綿	もめん
もらいます	
安い	やすい
八つ／8つ	やっつ・やつ
指輪	ゆびわ
用	よう
洋服	ようふく
4円	よえん
四つ／4つ	よっつ・よつ
4階	よんかい
4個	よんこ
両方	りょうほう
零	れい
レジ	
レシート	
6円	ろくえん
6階	ろっかい
6個	ろっこ
〜製	〜せい

- [ ] アイス
- [ ] アイスクリーム
- [ ] アイスコーヒー
- [ ] 温かい　　　　あたたかい
- [ ] 熱い　　　　　あつい
- [ ] アルコール
- [ ] いえ[no]
- [ ] 以上　　　　　いじょう
- [ ] いす
- [ ] お酒　　　　　おさけ
- [ ] お皿　　　　　おさら
- [ ] おすし
- [ ] おすすめ
- [ ] おなか
- [ ] お願いします　おねがいします
- [ ] お待たせしました　おまたせしました
- [ ] かしこまりました　かしこまりました
- [ ] 硬い　　　　　かたい
- [ ] カップ
- [ ] カレー
- [ ] 喫茶店　　　　きっさてん
- [ ] グラス
- [ ] ケーキ
- [ ] 紅茶　　　　　こうちゃ
- [ ] コーヒー
- [ ] コップ
- [ ] 混みます　　　こみます
- [ ] さしみ
- [ ] ～様　　　　　～さま
- [ ] サラダ
- [ ] サンドイッチ
- [ ] します
- [ ] ジャム
- [ ] ジュース
- [ ] 食堂　　　　　しょくどう
- [ ] スープ
- [ ] すきます
- [ ] ステーキ
- [ ] スプーン
- [ ] すみません
- [ ] そば[そばを食べる]
- [ ] 食べます　　　たべます
- [ ] チーズ
- [ ] 注文　　　　　ちゅうもん
- [ ] 冷たい　　　　つめたい
- [ ] デザート
- [ ] てんぷら
- [ ] 特別(な)　　　とくべつ(な)
- [ ] どれ
- [ ] ナイフ
- [ ] なさいます
- [ ] 何　　　　　　なに
- [ ] 並びます　　　ならびます
- [ ] 並べます　　　ならべます
- [ ] 日本　　　　　にほん
- [ ] ぬるい
- [ ] ～のうち
- [ ] 飲みます　　　のみます
- [ ] 飲み物　　　　のみもの

- [ ] はい
- [ ] はし
- [ ] バター
- [ ] パン
- [ ] ハンバーガー
- [ ] ハンバーグ
- [ ] ビール
- [ ] ～風　　　　　～ふう
- [ ] フォーク
- [ ] 2人　　　　　ふたり
- [ ] ホット
- [ ] 3つ　　　　　みっつ
- [ ] ～名　　　　　～めい
- [ ] 召し上がります　めしあがります
- [ ] 珍しい　　　　めずらしい
- [ ] メニュー
- [ ] 柔らかい　　　やわらかい
- [ ] 寄ります　　　よります
- [ ] よろしい
- [ ] ラーメン
- [ ] 料理　　　　　りょうり
- [ ] レストラン
- [ ] ワイン
- [ ] 私　　　　　　わたし

☐	朝ご飯	あさごはん
☐	明日	あした・あす
☐	遊び	あそび
☐	後	あと
☐	油	あぶら
☐	余ります	あまります
☐	あめ[あまいあめ]	あめ
☐	洗います	あらいます
☐	いい	
☐	いいえ	
☐	いただきます	
☐	1時間	いちじかん
☐	いつも	
☐	入れます	いれます
☐	お菓子	おかし
☐	置きます	おきます
☐	お皿	おさら
☐	お茶	おちゃ
☐	音	おと
☐	お昼	おひる
☐	お弁当	おべんとう
☐	お湯	おゆ
☐	終わり	おわり
☐	買います	かいます
☐	紙	かみ
☐	噛みます	かみます
☐	軽い	かるい
☐	簡単(な)	かんたん(な)
☐	昨日	きのう
☐	来ます	きます
☐	客	きゃく
☐	牛肉	ぎゅうにく
☐	牛乳	ぎゅうにゅう
☐	今日	きょう
☐	切ります	きります
☐	くだもの	
☐	ここ	
☐	こしょう	
☐	ごちそう	
☐	ごちそうさま	
☐	ごちそうさまでした	
☐	ごちそうします	
☐	ご飯	ごはん
☐	細かい	こまかい
☐	米	こめ
☐	今度	こんど
☐	さあ	
☐	最後	さいご
☐	魚	さかな
☐	砂糖	さとう
☐	塩	しお
☐	自分	じぶん
☐	します	
☐	しょうゆ	
☐	食事	しょくじ
☐	食料	しょくりょう
☐	少し	すこし
☐	捨てます	すてません
☐	スプーン	

☐	全然	ぜんぜん
☐	それから	
☐	たばこ	
☐	食べます	たべます
☐	食べ物	たべもの
☐	卵	たまご
☐	足ります	たりません
☐	茶わん	ちゃわん
☐	チョコレート	
☐	次に	つぎに
☐	作ります	つくります
☐	つけます[しょうゆに〜]	
☐	手	て
☐	〜ておく	
☐	できました	
☐	できます	
☐	でも	
☐	どういたしまして	
☐	どうぞ	
☐	途中	とちゅう
☐	友達	ともだち
☐	鳥肉	とりにく
☐	ナイフ	
☐	鍋	なべ
☐	生	なま
☐	におい	
☐	肉	にく
☐	似ます	にます
☐	煮ます	にます
☐	残ります	のこります
☐	飲み物	のみもの
☐	場合	ばあい
☐	はい	
☐	おはし	
☐	初めに	はじめに
☐	バター	
☐	晩ご飯	ばんごはん
☐	ビール	
☐	冷えます	ひえます
☐	冷やします	ひやします
☐	昼ご飯	ひるごはん
☐	フォーク	
☐	ふた	
☐	豚肉	ぶたにく
☐	ぶどう	
☐	弁当	べんとう
☐	前	まえ
☐	まず	
☐	また	
☐	丸い	まるい
☐	みかん	
☐	水	みず
☐	みそ	
☐	みそ汁	みそしる
☐	もりつけます	
☐	焼きます	やきます
☐	野菜	やさい
☐	易しい	やさしい
☐	夕飯	ゆうはん
☐	よく	
☐	料理	りょうり

☐	りんご	
☐	わかします	
☐	わきます	
☐	私	わたし

☐ 1か月	1かげつ
☐ 5階	5かい
☐ 明るい	あかるい
☐ 開けます	あけます
☐ 上げます	あげます
☐ 明日	あした
☐ アパート	
☐ 浴びます	あびます
☐ 洗います	あらいます
☐ あります	
☐ いい	
☐ 家	いえ
☐ 行きます	いきます
☐ いす	
☐ 急ぎます	いそぎます
☐ いらっしゃい	
☐ 伺います	うかがいます
☐ うち	
☐ 内	うち
☐ 裏	うら
☐ うるさい	
☐ エアコン	
☐ 駅	えき
☐ お帰りなさい	おかえりなさい
☐ 起きます	おきます
☐ 屋上	おくじょう
☐ 起こします	おこします
☐ 押し入れ	おしいれ
☐ お宅	おたく
☐ お手洗い	おてあらい
☐ お風呂	おふろ
☐ おやすみなさい	
☐ 降ります	おります
☐ 温度	おんど
☐ カーテン	
☐ 階段	かいだん
☐ 帰ります	かえります
☐ 鏡	かがみ
☐ 鍵	かぎ
☐ ガス	
☐ 片付けます	かたづけます
☐ 角	かど
☐ 花びん	かびん
☐ 壁	かべ
☐ かまいません	
☐ 側	がわ
☐ 消えます	きえます
☐ 汚い	きたない
☐ 近所	きんじょ
☐ 暗い	くらい
☐ 消します	けします
☐ 下宿します	げしゅくします
☐ 玄関	げんかん
☐ 郊外	こうがい
☐ ごめんください	
☐ コンビニ	
☐ 下げます	さげます
☐ 静かな	しずかな
☐ 7時	しちじ

☐ します	
☐ 締めます	しめます
☐ 閉めます	しめます
☐ じゃま（な）	
☐ シャワー	
☐ 住所	じゅうしょ
☐ 十分	じゅっぷん
☐ 招待します	しょうたいします
☐ 丈夫	じょうぶ
☐ 食事	しょくじ
☐ 白い	しろい
☐ ストーブ	
☐ 隅	すみ
☐ 住みます	すみます
☐ 済む	すむ
☐ 生活	せいかつ
☐ 石けん	せっけん
☐ 狭い	せまい
☐ 先生	せんせい
☐ 洗濯	せんたく
☐ 掃除	そうじ
☐ 外	そと
☐ そろそろ	
☐ 代	だい
☐ 台所	だいどころ
☐ 訪ねます	たずねます
☐ ただいま	
☐ 〜建て	〜だて
☐ 建てます	たてます
☐ 建物	たてもの
☐ 暖房	だんぼう
☐ 近い	ちかい
☐ つきます[でんきが〜]	
☐ 机	つくえ
☐ つけます[でんきを〜]つけます	
☐ 連れます	つれます
☐ 手	て
☐ テーブル	テーブル
☐ 出かけます	でかけます
☐ 手伝います	てつだいます
☐ 電気	でんき
☐ 電灯	でんとう
☐ 戸	と
☐ ドア	
☐ トイレ	
☐ 東京	とうきょう
☐ 道具	どうぐ
☐ 遠い	とおい
☐ 止めます	とめます
☐ 友達	ともだち
☐ 中	なか
☐ 庭	にわ
☐ 塗ります	ぬります
☐ 寝坊	ねぼう
☐ 寝ます	ねます
☐ 眠ります	ねむります
☐ 上ります	のぼります
☐ 灰皿	はいざら
☐ 履きます	はきます
☐ 運ぶ	はこぶ
☐ 初めて	はじめて

☐ 払います	はらいます
☐ 火	ひ
☐ 引き出し	ひきだし
☐ 引っ越し	ひっこし
☐ 表	ひょう
☐ 広い	ひろい
☐ ベッド	
☐ 部屋	へや
☐ 本棚	ほんだな
☐ マッチ	
☐ 窓	まど
☐ マンション	
☐ 門	もん
☐ 用事	ようじ
☐ 汚れます	よごれる
☐ 寮	りょう
☐ 留守	るす
☐ 冷蔵庫	れいぞうこ
☐ 冷房	れいぼう
☐ ろうか	
☐ 私	わたし

☐	頭	あたま
☐	危ない	あぶない
☐	あります	
☐	あわてます	
☐	安心します	あんしんします
☐	安全(な)	あんぜん(な)
☐	いくら	
☐	命	いのち
☐	要ります	いります
☐	インターネット	
☐	飲料	いんりょう
☐	動きます	うごきます
☐	うるさい	
☐	運転	うんてん
☐	影響	えいきょう
☐	大	おお
☐	大雨	おおあめ
☐	起きます	おきます
☐	起こります	おこります
☐	お皿	おさら
☐	落ち着きます	おちつきます
☐	落ちてきます	おちてきます
☐	落ちます	おちます
☐	音	おと
☐	落とします	おとします
☐	返します	かえします
☐	帰ります	かえります
☐	鍵	かぎ
☐	かくれます	
☐	火山	かざん
☐	火事	かじ
☐	貸します	かします
☐	ガス	
☐	家族	かぞく
☐	必ず	かならず
☐	カメラ	
☐	ガラス	
☐	借ります	かります
☐	軽い	かるい
☐	看護	かんご
☐	漢字	かんじ
☐	看板	かんばん
☐	危険	きけん
☐	救急車	きゅうきゅうしゃ
☐	救助	きゅうじょ
☐	気をつけます	きをつけます
☐	国	くに
☐	車	くるま
☐	訓練	くんれん
☐	経験	けいけん
☐	警察	けいさつ
☐	警報	けいほう
☐	けが	
☐	けが人	けがにん
☐	決して〜ない	けっして〜ない
☐	煙	けむり
☐	原因	げんいん
☐	けんか	
☐	洪水	こうずい

☐	交通	こうつう
☐	行動	こうどうします
☐	ここ	
☐	故障	こしょう
☐	こと	
☐	困ります	こまります
☐	これから	
☐	怖い	こわい
☐	壊します	こわします
☐	壊れます	こわれます
☐	混乱	こんらん
☐	災害	さいがい
☐	財布	さいふ
☐	探します	さがします
☐	さわぎます	
☐	さわります	
☐	事故	じこ
☐	地震	じしん
☐	静か(な)	しずか
☐	下	した
☐	しっかり	
☐	します	
☐	情報	じょうほう
☐	知らせます	しらせます
☐	調べます	しらべます
☐	知ります	しりません
☐	震度	しんど
☐	心配	しんぱい
☐	水道	すいどう
☐	すぐに	
☐	少し	すこし
☐	すみません	
☐	すり	
☐	大丈夫	だいじょうぶ
☐	大切	たいせつ
☐	台風	たいふう
☐	大変	たいへん
☐	倒れます	たおれます
☐	高い所	たかいところ
☐	確か(な)	たしか(な)
☐	確かめます	たしかめます
☐	助け合います	たすけあいます
☐	助けます	たすけます
☐	だめ	
☐	〜ために	
☐	誰か	だれか
☐	知識	ちしき
☐	注意	ちゅういします
☐	注意報	ちゅういほう
☐	使います	つかいます
☐	捕まえます	つかまえます
☐	捕まります	つかまります
☐	机	つくえ
☐	つながります	
☐	津波	つなみ
☐	できます	できない
☐	でも	でも
☐	電気	でんき
☐	電話	でんわ
☐	どう	
☐	どうしたらいいですか	

☐	どうすればいい	
☐	どうぞ	
☐	とても	
☐	隣	となり
☐	止まります	とまります
☐	友達	ともだち
☐	とれる	とれない
☐	泥棒	どろぼう
☐	中	なか
☐	泣きます	なきます
☐	なくします	
☐	なくなります	
☐	何	なに
☐	何か	なにか
☐	なります	
☐	何回	なんかい
☐	逃げます	にげます
☐	日本語	にほんご
☐	盗まれます	ぬすまれます
☐	入ります	はいらない
☐	場所	ばしょ
☐	パソコン	
☐	パニック	
☐	判断	はんだん
☐	火	ひ
☐	被害	ひがい
☐	ひかれます	
☐	被災	ひさい
☐	被災者	ひさいしゃ
☐	非常階段	ひじょうかいだん
☐	非常口	ひじょうぐち
☐	人	ひと
☐	ひどい	
☐	避難	ひなん
☐	避難所	ひなんじょ
☐	110番	ひゃくとおばん
☐	病人	びょうにん
☐	防ぎます	ふせぎます
☐	噴火	ふんか
☐	防災	ぼうさい
☐	ボランティア	
☐	本だな	ほんだな
☐	まず	
☐	窓	まど
☐	守ります	まもります
☐	水	みず
☐	見つかります	みつかります
☐	見つけます	みつけます
☐	みんな	
☐	無理	むり
☐	迷惑	めいわく
☐	メール	
☐	もう	
☐	毛布	もうふ
☐	物	もの
☐	問題	もんだい
☐	揺れます	ゆれます
☐	呼びます	よびます
☐	読めます	よめません
☐	冷静	れいせい
☐	連絡	れんらく

□	分かりません	わからない
□	私	わたし
□	割ります	わります
□	割れます	われます

☐	間	あいだ
☐	会います	あいます
☐	開きます	あきます
☐	あの	
☐	あります	
☐	歩きます	あるきます
☐	いい	
☐	家	いえ
☐	行きます	いきます
☐	池	いけ
☐	田舎	いなか
☐	入り口	いりぐち
☐	映画館	えいがかん
☐	駅	えき
☐	大阪	おおさか
☐	大勢	おおぜい
☐	大通り	おおどおり
☐	オートバイ	
☐	遅い	おそい
☐	遅く	おそく
☐	ガソリン	
☐	ガソリンスタンド	
☐	学校	がっこう
☐	川	かわ
☐	汽車	きしゃ
☐	喫茶店	きっさてん
☐	切符	きっぷ
☐	急行	きゅうこう
☐	教会	きょうかい
☐	京都	きょうと
☐	銀行	ぎんこう
☐	区	く
☐	空港	くうこう
☐	車	くるま
☐	警察	けいさつ
☐	県	けん
☐	県民	けんみん
☐	公園	こうえん
☐	交差点	こうさてん
☐	工事	こうじ
☐	交通	こうつう
☐	交番	こうばん
☐	ここ	
☐	この	
☐	サービス	
☐	坂	さか
☐	30分	さんじゅっぷん
☐	市	し
☐	自転車	じてんしゃ
☐	自動車	じどうしゃ
☐	閉まります	しまります
☐	市民	しみん
☐	10分	じゅっぷん
☐	食堂	しょくどう
☐	新幹線	しんかんせん
☐	神社	じんじゃ
☐	新宿	しんじゅく
☐	水道	すいどう
☐	スーパー	

☐	スピード	
☐	すみません	
☐	すると	
☐	狭い	せまい
☐	線路	せんろ
☐	そこ	そこ
☐	そば[〜のそば]	
☐	タクシー	
☐	たぶん	
☐	〜ため	
☐	近い	ちかい
☐	地下鉄	ちかてつ
☐	駐車場	ちゅうしゃじょう
☐	捕まえます	つかまえます
☐	次	つぎ
☐	次の	つぎの
☐	着きます	つきます
☐	停留所	ていりゅうじょ
☐	出口	でぐち
☐	寺	てら
☐	電車	でんしゃ
☐	展覧会	てんらんかい
☐	都	と
☐	東京	とうきょう
☐	動物園	どうぶつえん
☐	道路	どうろ
☐	遠い	とおい
☐	通ります	とおります
☐	どこ	どこ
☐	床屋	とこや
☐	ところ	
☐	図書館	としょかん
☐	特急	とっきゅう
☐	どっち	
☐	どの	
☐	飛びます	とびます
☐	止まります	とまります
☐	とめます	
☐	取ります	とり
☐	何	なに
☐	にぎやか(な)	にぎやか
☐	乗り換え	のりかえ
☐	乗り換えます	のりかえます
☐	乗り場	のりば
☐	乗ります	のります
☐	乗り物	のりもの
☐	橋	はし
☐	走ります	はしります
☐	バス	
☐	バス停	ばすてい
☐	早い	はやい
☐	速い	はやい
☐	早く	はやく
☐	飛行機	ひこうき
☐	飛行場	ひこうじょう
☐	美術館	びじゅつかん
☐	左	ひだり
☐	人	ひと
☐	広い	ひろい
☐	2つ	ふたつ
☐	普通	ふつう

☐	舟	ふね
☐	船	ふね
☐	不便	ふべん
☐	降ります	ふります
☐	辺	へん
☐	便利	べんり
☐	〜ほう	
☐	細い	ほそい
☐	曲がります	まがります
☐	町	まち
☐	待ちます	まちます
☐	まっすぐ	
☐	祭り	まつり
☐	周り	まわり
☐	見えます	みえます
☐	右	みぎ
☐	店	みせ
☐	道	みち
☐	3つ	みっつ
☐	港	みなと
☐	村	むら
☐	〜目	〜め
☐	八百屋	やおや
☐	役所	やくしょ
☐	安い	やすい
☐	郵便局	ゆうびんきょく
☐	よく	
☐	利用します	りようします
☐	列車	れっしゃ
☐	忘れ物	わすれもの
☐	渡ります	わたります

11 旅行

- あそこ
- あちら
- あっち
- 集まります　あつまります
- あります
- 案内　あんない
- いえ[no]
- 行き　いき
- 行きます　いきます
- 急ぎます　いそぎます
- 一度　いちど
- 一日　いちにち
- 1万円　いちまんえん
- 一緒　いっしょ
- 入口　いりぐち
- 受付　うけつけ
- 写します　うつします
- お金　おかね
- お願いします　おねがいします
- お土産　おみやげ
- 思います　おもいます
- お湯　おゆ
- 買います　かいます
- 帰り　かえり
- カメラ
- 観光　かんこう
- 切符　きっぷ
- 客　きゃく
- キャンセル
- 京都　きょうと
- 空港　くうこう
- 9時　くじ
- 車　くるま
- 計画　けいかく
- 景色　けしき
- 見物　けんぶつ
- ここ
- こっち
- こと
- これ
- これから
- ～ごろ/ころ
- お土産物屋　おみやげものや
- さあ
- 残念　ざんねん
- 時間　じかん
- します
- 写真　しゃしん
- 10月　じゅうがつ
- 12時　じゅうにじ
- 出発　しゅっぱつ
- 準備　じゅんび
- 所　しょ・じょ
- 調べます　しらべます
- 素晴らしい　すばらしい
- そっち
- タクシー
- 立てます　たてます
- 食べ物　たべもの

- 近く　ちかく
- 地図　ちず
- 着きます　つきます
- つもり
- ～ておく
- 出ます　でます
- 電車　でんしゃ
- ～という
- 東京　とうきょう
- 遠く　とおく
- どこ
- ところ
- どっち
- 泊まります　とまります
- 撮ります　とります
- ない
- なるべく
- 何　なん
- 2時間　にじかん
- 荷物　にもつ
- 登ります　のぼります
- 初めて　はじめて
- 場所　ばしょ
- バス
- 必要　ひつよう
- 一人　ひとり
- 富士山　ふじさん
- 船　ふね
- ～ほう
- ホテル
- 前　まえ
- 間に合います　まにあいません
- 回ります　まわります
- 見えます　みえます
- 店　みせ
- 見せます　みせます
- みんな
- 向こう　むこう
- 持っていきます　もっていきます
- もらいます
- 安い　やすい
- 有名　ゆうめい
- ゆっくり
- 用意　ようい
- 予定　よてい
- 呼びます　よびます
- 予約　よやく
- 旅館　りょかん
- 旅行　りょこう

☐	5年	ごねん
☐	～くらい	
☐	～ころ／ごろ	
☐	～になる	
☐	CD	
☐	遊び	あそび
☐	遊びます	あそびます
☐	集めます	あつめます
☐	アニメ	
☐	あまり～ない	
☐	ありがとうございます	
☐	あります	
☐	家	いえ
☐	行きます	いきます
☐	いつ	
☐	いつも	
☐	植えます	うえます
☐	歌	うた
☐	歌います	うたいます
☐	打ちます	うちます
☐	うまい	
☐	運動	うんどう
☐	絵	え
☐	映画	えいが
☐	えさ	
☐	枝	えだ
☐	演奏	えんそう
☐	多い	おおい
☐	音	おと
☐	踊り	おどり
☐	踊ります	おどります
☐	面白い	おもしろい
☐	おもちゃ	
☐	泳ぎます	およぎます
☐	音楽	おんがく
☐	会場	かいじょう
☐	飼います	かいます
☐	買い物	かいもの
☐	かきます	
☐	勝ちます	かちます
☐	楽器	がっき
☐	カラオケ	
☐	彼	かれ
☐	頑張ります	がんばります
☐	きこえない	
☐	木	き
☐	聞きます	ききます
☐	聞こえます	きこえます
☐	ギター	
☐	切手	きって
☐	昨日	きのう
☐	興味	きょうみ
☐	去年	きょねん
☐	嫌い	きらい
☐	草	くさ
☐	ゲーム	
☐	公園	こうえん
☐	声	こえ
☐	こと	

☐	子供	こども
☐	小鳥	ことり
☐	ゴルフ	
☐	コンサート	
☐	魚	さかな
☐	サッカー	
☐	散歩	さんぽ
☐	試合	しあい
☐	自然	しぜん
☐	時代	じだい
☐	します	
☐	写真	しゃしん
☐	柔道	じゅうどう
☐	趣味	しゅみ
☐	上手	じょうず
☐	小説	しょうせつ
☐	ジョギング	
☐	水泳	すいえい
☐	ずいぶん	
☐	好き	すき
☐	スキー	
☐	～すぎる	
☐	すごく	
☐	少し	すこし
☐	スポーツ	
☐	します	
☐	全然～ない	ぜんぜん～ない
☐	それほど	
☐	大事(な)	だいじ(な)
☐	大切(な)	たいせつ(な)
☐	たいてい	
☐	だいぶ	
☐	大変	たいへん
☐	楽しい	たのしい
☐	楽しみます	たのしみます
☐	たまに	
☐	ダンス	
☐	ちょっと	
☐	疲れます	つかれます
☐	つまらない	
☐	釣り	つり
☐	釣ります	つります
☐	テニス	
☐	テレビ	
☐	どう	
☐	動物	どうぶつ
☐	ときどき	
☐	得意	とくい
☐	とても	
☐	友達	ともだち
☐	ドラマ	
☐	撮ります	とります
☐	どれくらい	
☐	どんな	
☐	泣きます	なきます
☐	投げます	なげます
☐	何	なに
☐	習います	ならいます
☐	何	なん
☐	苦手	にがて
☐	日本	にほん

☐	日本語	にほんご
☐	人形	にんぎょう
☐	登ります	のぼります
☐	葉	は
☐	パーティー	
☐	はい	
☐	ハイキング	
☐	～ばかり	
☐	花	はな
☐	話	はなし
☐	話せます	はなせます
☐	番組	ばんぐみ
☐	日	ひ
☐	ピアノ	
☐	弾けます	ひけます
☐	非常に	ひじょうに
☐	びっくりします	
☐	人	ひと
☐	広い	ひろい
☐	プール	
☐	古い	ふるい
☐	下手	へた
☐	ペット	
☐	放送	ほうそう
☐	ボール	
☐	本	ほん
☐	前	まえ
☐	負けます	まけます
☐	漫画	まんが
☐	水	みず
☐	見ます	みます
☐	虫	むし
☐	難しい	むずかしい
☐	もっと	
☐	もの	
☐	野球	やきゅう
☐	休み	やすみ
☐	山	やま
☐	やります	
☐	よい	
☐	用	よう
☐	読みます	よみます
☐	旅行	りょこう
☐	練習	れんしゅう
☐	ワイン	
☐	わかりません	
☐	私	わたし
☐	笑います	わらいます

⑬ 学校

あげます		
明日	あした／あす	
あります		
アルバイト		
いい		
医学	いがく	
行きます	いきます	
一番	いちばん	
今	いま	
意味	いみ	
いらっしゃいます		
受けます	うけます	
英語	えいご	
ええ		
円	えん	
鉛筆	えんぴつ	
遅れます	おくれます	
教えます	おしえます	
落ちます	おちます	
お願いします	おねがいします	
覚えます	おぼえます	
親	おや	
終わります	おわります	
音楽	おんがく	
外国語	がいこくご	
会話	かいわ	
帰ります	かえられました	
科学	かがく	
書きます	かきます	
学習	がくしゅう	
学生	がくせい	
学部	がくぶ	
学校	がっこう	
通います	かよいます	
考えます	かんがえます	
関係	かんけい	
漢字	かんじ	
聞きます	ききます	
技術	ぎじゅつ	
きっと		
昨日	きのう	
今日	きょう	
教育	きょういく	
教科書	きょうかしょ	
教室	きょうしつ	
クラス		
くれます	くれます	
詳しい	くわしい	
経済	けいざい	
消しゴム	けしゴム	
消します	けします	
結構	けっこう	
欠席します	けっせきします	
研究	けんきゅう	
研究室	けんきゅうしつ	
合格します	ごうかくします	
講義	こうぎ	
高校	こうこう	
講堂	こうどう	

高等学校	こうとうがっこう	
国際	こくさい	
答え	こたえ	
答えます	こたえます	
言葉	ことば	
この		
これ		
今度	こんど	
作文	さくぶん	
字	じ	
CD	シーディー	
試験	しけん	
辞書	じしょ	
質問	しつもん	
失礼しました	しつれいしました	
失礼します	しつれいします	
辞典	じてん	
字引	じびき	
自分	じぶん	
じゃ	じゃ	
社会	しゃかい	
授業	じゅぎょう	
塾	じゅく	
宿題	しゅくだい	
出席	しゅっせきします	
小学校	しょうがっこう	
調べます	しらべます	
知ります	しります	
座ります	すわります	
政治	せいじ	
生徒	せいと	
西洋	せいよう	
世界	せかい	
席	せき	
先生	せんせい	
先輩	せんぱい	
専門	せんもん	
育ちます	そだちます	
育てます	そだてます	
卒業	そつぎょうします	
体育館	たいいくかん	
大学	だいがく	
足します	たします	
出します	だします	
正しい	ただしい	
たぶん		
チェック		
知識	ちしき	
中学校	ちゅうがっこう	
地理	ちり	
使います	つかいます	
テキスト		
〜てしまう		
テスト		
出ます	でます	
点	てん	
どうして		
東洋	とうよう	
取ります	とります	
〜ながら		
〜なければなりません		

なぜ		
何	なに	
習います	ならいます	
なります		
日本	にほん	
日本語	にほんご	
入学	にゅうがくします	
寝坊	ねぼうします	
ノート		
始まります	はじまります	
パソコン		
発音	はつおん	
番号	ばんごう	
引きます	ひきます	
平仮名	ひらがな	
開きます	ひらきます	
復習	ふくしゅう	
不合格	ふごうかく	
文	ぶん	
文化	ぶんか	
文学	ぶんがく	
文章	ぶんしょう	
ページ		
ペン		
勉強	べんきょうします	
法律	ほうりつ	
ボールペン		
また		
間違えます	まちがえます	
学びます	まなびます	
万年筆	まんねんひつ	
もう		
もう一度	もういちど	
もらいます		
問題	もんだい	
休みます	やすみます	
予習	よしゅう	
読みます	よみます	
喜びます	よろこびます	
料理	りょうり	
歴史	れきし	
レポート		
練習	れんしゅうします	
わかりました		
わかります		
忘れます	わすれます	
私	わたし	

14 仕事・将来

☐	上がります	あがります
☐	明日	あした
☐	アナウンサー	
☐	アニメ	
☐	ありがとう	
☐	あります	
☐	アルバイト	
☐	家	いえ
☐	行きます	いきます
☐	いくら	
☐	医者	いしゃ
☐	以上	いじょう
☐	忙しい	いそがしい
☐	いつ	
☐	いります	
☐	伺います	うかがいます
☐	受け付けます	うけつけます
☐	受けます	うけます
☐	駅員	えきいん
☐	覚えます	おぼえます
☐	面白い	おもしろい
☐	思います	おもいます
☐	会議	かいぎ
☐	会社	かいしゃ
☐	会社員	かいしゃいん
☐	かしこまりました	
☐	方[あちらの方]	かた
☐	課長	かちょう
☐	学校	がっこう
☐	カメラ	
☐	関係	かんけい
☐	簡単	かんたん
☐	厳しい	きびしい
☐	希望	きぼう
☐	900円	きゅうひゃくえん
☐	給料	きゅうりょう
☐	警官	けいかん
☐	経験	けいけん
☐	工業	こうぎょう
☐	工場	こうじょう
☐	校長	こうちょう
☐	後輩	こうはい
☐	ご存じ	ごぞんじ
☐	コピー	
☐	ご覧ください	ごらんください
☐	ご覧になります	ごらんになります
☐	これ	
☐	最初	さいしょ
☐	材料	ざいりょう
☐	残業	ざんぎょう
☐	3時	さんじ
☐	時給	じきゅう
☐	仕事	しごと
☐	知ります	しっています
☐	します	
☐	自動車	じどうしゃ
☐	自分	じぶん
☐	事務所	じむしょ
☐	社員	しゃいん
☐	社長	しゃちょう
☐	週3日	しゅうみっか
☐	出張	しゅっちょう
☐	紹介	しょうかい
☐	小学校	しょうがっこう
☐	上司	じょうし
☐	承知しました	しょうちしました
☐	消費	しょうひします
☐	消費税	しょうひぜい
☐	商品	しょうひん
☐	将来	しょうらい
☐	職場	しょくば
☐	資料	しりょう
☐	心配	しんぱい
☐	新聞社	しんぶんしゃ
☐	好き	すき
☐	少しずつ	すこしずつ
☐	スマホ	
☐	生産	せいさん
☐	製品	せいひん
☐	説明	せつめい
☐	先生	せんせい
☐	先輩	せんぱい
☐	そちら	
☐	それから	
☐	大丈夫(な)	だいじょうぶ(な)
☐	大変(な)	たいへん(な)
☐	助けます	たすける
☐	誰	だれ
☐	ちょっと	
☐	使います	つかいます
☐	作ります	つくります
☐	勤めます	つとめます
☐	できます	
☐	では	
☐	でも	
☐	店員	てんいん
☐	店長	てんちょう
☐	どう	
☐	どうして	
☐	どこ	
☐	どんな	
☐	～など	
☐	何	なに
☐	なります	なります
☐	慣れます	なれます
☐	20部	にじゅうぶ
☐	日本語	にほんご
☐	パート(タイム)	
☐	はい	
☐	拝見します	はいけんします
☐	初めて	はじめて
☐	パソコン	
☐	働きます	はたらきます
☐	日	ひ
☐	人	ひと
☐	暇	ひま
☐	病気	びょうき
☐	部下	ぶか
☐	部長	ぶちょう
☐	部品	ぶひん
☐	貿易	ぼうえき
☐	ほかに	
☐	毎日	まいにち
☐	まじめ(な)	
☐	まだ	
☐	店	みせ
☐	見ます	みます
☐	面接	めんせつ
☐	持ちます	もちます
☐	休み	やすみ
☐	休みます	やすみます
☐	やります	
☐	輸出	ゆしゅつ
☐	輸入	ゆにゅう
☐	夢	ゆめ
☐	用意	よういします
☐	40歳	よんじゅっさい
☐	楽	らく
☐	レストラン	
☐	わかります	
☐	私	わたし

15 体・病気

青い	あおい
上がります	あがります
足	あし
頭	あたま
後	あと
あります	
歩きます	あるきます
いえ[no]	
行きます	いきます
生きます	いきます
いけませんね	
医者	いしゃ
痛い	いたい
痛くない	いたくない
1日	いちにち
いつ	
インフルエンザ	
受けます	うけます
打ちます	うちます
腕	うで
生まれます	うまれます
おかげさまで	
お大事に	おだいじに
お腹	おなか
お見舞い	おみまい
重い	おもい
帰ります	かえります
顔	かお
かかります	
風邪	かぜ
壁	かべ
髪	かみ
髪の毛	かみのけ
通います	かよいます
体	からだ
渇きます	かわきます
昨日	きのう
気分	きぶん
今日	きょう
切ります	きります
キロ	きろ
具合	ぐあい
薬	くすり
薬屋	くすりや
口	くち
首	くび
苦しい	くるしい
詳しい	くわしい
毛	げ
けが	
けがします	
元気	げんき
検査	けんさ
子ども	こども
ご飯	ごはん
最近	さいきん
下がります	さがります
寒い	さむい
3回	さんかい

3キロ	さんきろ
自転車	じてんしゃ
死にます	しにます
します	
吸います	すいます
すごく	
すっかり	
すみません	
座ります	すわります
背	せ
背中	せなか
センチ	
それ	
それほど	
そんなに	
退院します	たいいんします
体重	たいじゅう
大丈夫です	だいじょうぶです
高い	たかい
立ちます	たちます
食べます	たべます
血	ち
力	ちから
注射	ちゅうしゃ
調子	ちょうし
強く	つよく
手	て
出ます	でます
出ません	でません
どう	
どうしましたか	
どうぞ	
治します	なおします
治ります	なおります
なさいます	なさいます
何	なに
なります	
入院します	にゅういんします
熱	ねつ
寝ます	ねます
眠い	ねむい
のど	
飲みます	のみます
歯	は
はい	
走ります	はしります
鼻	はな
鼻水	はなみず
早めに	はやめに
引きます	ひきます
低い	ひくい
ひげ	
190センチ	
	ひゃくきゅうじゅっせんち
100歳	ひゃくさい
病院	びょういん
病気	びょうき
増えます	ふえます
ぶつかります	
太ります	ふとります
減ります	へります

前	まえ
磨きます	みがきます
診ます	みます
耳	みみ
胸	むね
目	め
めがね	
もう	
もらいます	
休みます	やすみます
やせます	やせます
薬局	やっきょく
ゆっくり	
指	ゆび
よい	
よく	
楽（な）	らく（な）
両〜	りょう〜
わかります	
悪い	わるい

- おります
- あいさつ
- 会います　　あいます
- あけましておめでとうございます
- 明けます　　あけます
- あげます
- 朝　　あさ
- 新しい　　あたらしい
- 集まります　　あつまります
- 洗います　　あらいます
- ありがとうございました
- ありがとうございます
- いい
- いいえ
- 行きます　　いきます
- いただきます
- 一年　　いちねん
- 一回　　いっかい
- いつも
- 今　　いま
- います
- いらっしゃいます
- 入れます　　いれます
- 上　　うえ
- 後ろ　　うしろ
- ええ
- えっ
- 会いましょう　　おあいしましょう
- お祝い　　おいわい
- 大掃除　　おおそうじ
- おかげさまで　　おかげさまで
- お変わりないですか
　　　　おかわりないですか
- 起きます　　おきます
- 贈ります　　おくります
- 贈り物　　おくりもの
- 教えます　　おしえます
- お互い　　おたがい
- おっしゃいます
- お願いします　　おねがいします
- おはようございます
- おめでとう
- おめでとうございます
- おやすみなさい
- おります
- 顔　　かお
- 書きます　　かきます
- 家族　　かぞく
- ～方[つかい方]　　かた
- 規則　　きそく
- 着ます　　きます
- 気持ち　　きもち
- 今日　　きょう
- きれい(な)
- 結婚　　けっこん
- 元気　　げんき
- 健康　　けんこう
- 公園　　こうえん
- 合格　　ごうかく

- コーヒー
- こちらこそ
- 今年もどうぞよろしくお願いします
　　　ことしもどうぞよろしくおねがいします
- この間　　このあいだ
- これ
- こんにちは
- こんばんは
- 最後　　さいご
- 咲きます　　さきます
- 桜　　さくら
- 差し上げます　　さしあげます
- 砂糖　　さとう
- さようなら
- 残念(な)　　ざんねん
- 仕方　　しかた
- 下　　した
- します
- じゃ
- 社会　　しゃかい
- 週間　　しゅうかん
- 正月　　しょうがつ
- 神社　　じんじゃ
- 新年　　しんねん
- 少し　　すこし
- 生活　　せいかつ
- 説明　　せつめい
- ぜひ
- 世話　　せわ
- 全員　　ぜんいん
- 先生　　せんせい
- 掃除　　そうじ
- そうですね
- 祖父
- それから
- だいぶ
- だけ
- 正しい　　ただしい
- 縦　　たて
- 楽しい　　たのしい
- 誕生日　　たんじょうび
- だんだん
- 近く　　ちかく
- 中国　　ちゅうごく
- 出かけます　　でかけます
- では
- 寺　　てら
- どうぞよろしくお願いします
　　　　どうぞよろしくおねがいします
- どうも
- どこ
- 年　　とし
- どちら
- 亡くなります　　なくなります
- 何　　なに・なん
- 名前　　なまえ
- 慣れます　　なれます
- 日本　　にほん
- 日本語　　にほんご
- 寝ます　　ねます
- 年　　ねん

- 年賀状　　ねんがじょう
- 飲みます　　のみます
- はい
- 花　　はい
- パジャマ
- 花見　　はなみ
- 久しぶり　　ひさしぶり
- 左　　ひだり
- プレゼント　　プレゼント
- 勉強　　べんきょう
- ホテル　　ホテル
- 本年　　ほんねん
- 参ります　　まいります
- 前　　まえ
- まず
- また
- まだ
- 周り　　まわり
- 右　　みぎ
- 水　　みず
- 皆さん　　みなさん
- ミルク
- みんな
- 迎えます　　むかえます
- もう
- 申します　　もうします
- もうすぐ
- もちろん
- もらいます
- やっと
- やり方　　やりかた
- ～ように
- よかった
- 横　　よこ
- よろしく
- よろしくお願いします
　　　　よろしくおねがいします
- 旅行　　りょこう
- 私　　わたし・わたくし

- あのう
- あまり〜ない
- 謝ります　あやまります
- あります
- 安心　あんしん
- いい
- 言います　いいます
- いえ[no]
- 意見　いけん
- いつ
- 嫌(な)　いや(な)
- インターネット
- 受け取ります　うけとります
- うそ
- うれしい
- 送ります　おくる
- 怒ります　おこります
- 教えます　おしえます
- お願い　おねがい
- お願いします　おねがいします
- 思います　おもいます
- お礼　おれい
- 終わります　おわります
- かかります
- 書きます　かきます
- かけます[でんわを〜]
- 悲しい　かなしい
- かもしれません
- 考えます　かんがえます
- 切手　きって
- 気分　きぶん
- 気持ち　きもち
- 気楽　きらく
- 切ります　きります
- 来ます　きます
- くれます
- 携帯電話　けいたいでんわ
- ケータイ
- 元気　げんき
- コールバック
- 国際　こくさい
- 心　こころ
- こと
- 断ります　ことわります
- 困ります　こまります
- ごめんなさい
- 〜ごろ/ころ
- 怖い　こわい
- コンピューター
- 雑誌　ざっし
- さびしい
- 賛成　さんせい
- 残念(な)　ざんねん(な)
- しかし
- 叱ります　しかります
- 失敗　しっぱい
- します
- 社長　しゃちょう
- 自由(な)　じゆう(な)

- 情報　じょうほう
- 知らせ　しらせ
- 調べます　しらべます
- 親切(な)　しんせつ(な)
- 心配　しんぱい
- 新聞　しんぶん
- 〜すぎる
- 〜ずつ
- スマホ
- すみません
- すみませんでした
- 成功します　せいこうします
- 席　せき
- 説明　せつめい
- 世話　せわ
- 先生　せんせい
- そう
- 相談　そうだん
- そのころ
- 出します　だします
- 楽しい　たのしい
- 楽しみ　たのしみ
- 頼みます　たのみます
- 注文　ちゅうもん
- ちょっと
- 伝えます　つたえます
- 続けます　つづけます
- つらい
- 丁寧(な)　ていねい(な)
- 〜ておく
- 出かけます　でかけます
- 手紙　てがみ
- では
- でも
- 出ます　でます
- 伝言　でんごん
- 電報　でんぽう
- 電話　でんわ
- 電話番号　でんわばんごう
- どうしたんですか
- とても
- 届きます　とどきます
- ない
- 鳴ります　なります
- なります　なります
- 〜にくい
- 2時　にじ
- 荷物　にもつ
- ニュース
- 残します　のこします
- はい
- はがき
- 始めます　はじめます
- 恥ずかしい　はずかしい
- 外しています　はずしています
- パソコン
- 話　はなし
- 早く　はやく
- 反対　はんたい
- 人　ひと
- 一人　ひとり

- ファックス
- 不安(な)　ふあん(な)
- 封筒　ふうとう
- 返事　へんじ
- 〜ほうがいい
- ポスト
- ほめます
- 本当　ほんとう
- また
- まだ
- 難しい　むずかしい
- 無理(な)　むり(な)
- メール
- メッセージ
- メモ
- もう
- 申し訳ありません　もうしわけありません
- 申します　もうします
- もしもし
- 戻ります　もどる
- 約束　やくそく
- 優しい　やさしい
- 〜やすい
- やっぱり
- やはり
- やめます
- 用事　ようじ
- 予定　よてい
- 読みます　よみます
- 理由　りゆう
- 留守　るす
- 留守番　るすばん
- 連絡　れんらく
- わかります
- 私　わたし
- 渡します　わたします
- 悪い　わるい

日本語能力試験 N5・N4 レベルの漢字リスト

Kanji list levels N5 and N4 of the Japanese Language Proficiency Test ／
日语能力考试 N5・N4 水平汉字表／일본어능력시험 N5「N4 레벨 한자리스트

■ Ｎ５レベルの漢字 （103字）

ア	安
イ	一 飲
ウ	右 雨 駅
エ	円
カ	下 火 何 花 会 外 学 間
キ	気 九 休 魚 金
ク	空
ケ	月 見 言
コ	古 五 午 後 語 口 行 校 高 国 今
サ	左 三 山
シ	子 四 耳 時 七 社 車 手 週 十 出 書 女 小 少 上 上 食 新 人
ス	水
セ	生 西 千 川 先 前 足
ソ	多
タ	大 男 中
チ	長
テ	天 店 電 土 東
ト	道 読
ナ	南
ニ	二 日 入 年 買
ネ	白
ハ	八 半 百 父 分 聞 母
ヒ	北
フ	木 本 毎
ホ	万 名 友
マ	来
メ	立
ユ	六
ラ	話
リ	
ロ	
ワ	

ア 悪	＊学	験	始
＊安	楽	元	姉
暗	寒	＊言	思
イ 以	＊間	**コ** ＊古	紙
医	漢	＊五	試
意	館	＊午	字
＊一	顔	＊後	耳
引	**キ** ＊気	＊語	自
員	起	＊口	事
院	帰	工	持
＊飲	＊九	広	＊時
ウ ＊右	＊休	光	＊七
＊雨	究	好	室
運	急	考	質
エ 英	牛	＊行	写
映	去	＊校	＊社
＊駅	＊魚	＊高	＊車
＊円	京	合	者
遠	強	＊国	借
オ 屋	教	黒	弱
音	業	＊今	＊手
カ ＊下	近	**サ** ＊左	主
＊火	＊金	菜	首
＊何	銀	作	秋
＊花	区	＊三	終
夏	**ク** ＊空	＊山	習
家	**ケ** 兄	産	＊週
歌	計	**シ** ＊子	集
画	軽	止	＊十
回	＊月	仕	住
＊会	犬	＊四	重
海	＊見	市	＊出
界	建	死	春
開	研	私	所
＊外	県	使	＊書

暑 *女 *小 *少 *上 乗 場 色 *食 心 真 進 森 *新 親 *人
ス 図 *水
セ 世 正 *生 *西 声 青 夕 赤 切 説 *千 *川 *先 洗 *前
ソ 早 走 送

*足 族 村
タ *多 太 体 待 貸 *大 代 台 題 短 *男
チ 地 池 知 茶 着 *中 注 昼 町 *長 鳥 朝
ツ 通
テ 低 弟 *天 *店 転 田 *電
ト 都 *土

度 冬 *東 答 頭 同 動 堂 *道 働 特 *読
ナ *南
ニ *二 肉 *日 *入
ネ *年
ハ 売 *買 *白 *八 発 *半 飯
ヒ *百 病 品
フ 不 *父 風 服 物 *分 文 *聞

ヘ 別
ホ 便 勉 歩 *母 方 *北 *木 *本
マ *毎 妹 *万
ミ 味 民
メ *名 明
モ *目 門 問
ヤ 夜 野 薬
ユ *友 有
ヨ 用 洋 曜
ラ *来 理
リ *立 旅 料 力 林
ロ *六
ワ *話

（『日本語能力試験　出題基準』による）

●監修・著

徳弘康代（とくひろ　やすよ）　名古屋大学特任准教授

本文レイアウト・DTP　　オッコの木スタジオ／トライデント
カバーデザイン　　　　　土岐晋二
本文イラスト　　　　　　杉本智恵美
翻　　訳　　　　　　　　Alex Ko Ransom ／ Ako Fukushima ／ Shin Andrew Hattori ／
　　　　　　　　　　　　Chinatsu Kadota ／司馬黎／王雪／呉春姫／宋貴淑／崔明淑／
　　　　　　　　　　　　金大翼
制作協力　　　　　　　　有田聡子／北村優子／高橋尚子／青木幸子／松本知恵

語彙マップで覚える漢字と語彙　初級 1400

平成 27 年（2015 年）　1 月 10 日　初版第 1 刷発行

監修者・著者　　　徳弘康代
発行人　　　　　　福田富与
発行所　　　　　　有限会社　Ｊリサーチ出版
　　　　　　　　　〒 166-0002
　　　　　　　　　東京都杉並区高円寺北 2-29-14-705
　　　　　　　　　電話　03(6808)8801（代）　FAX　03(5364)5310
　　　　　　　　　編集部　03(6808)8806
　　　　　　　　　http://www.jresearch.co.jp

印刷所　　　　　　株式会社シナノ パブリッシング プレス

ISBN978-4-86392-214-3
禁無断転載。なお、乱丁、落丁はお取り替えいたします。
©2015 Yasuyo Tokuhiro All rights reserved. Printed in Japan